Dorothee M. Meister · Uwe Sander
Klaus Peter Treumann
Eckhard Burkatzki · Jörg Hagedorn
Mareike Strotmann · Claudia Wegener

Mediale Gewalt

Dorothee M. Meister · Uwe Sander
Klaus Peter Treumann
Eckhard Burkatzki · Jörg Hagedorn
Mareike Strotmann · Claudia Wegener

Mediale Gewalt

Ihre Rezeption, Wahrnehmung
und Bewertung durch Jugendliche

Unter Mitarbeit von Sonja Ganguin

VS VERLAG FÜR SOZIALWISSENSCHAFTEN

Bibliografische Information Der Deutschen Nationalbibliothek
Die Deutsche Nationalbibliothek verzeichnet diese Publikation in der
Deutschen Nationalbibliografie; detaillierte bibliografische Daten sind im Internet über
<http://dnb.d-nb.de> abrufbar.

1. Auflage 2008

Alle Rechte vorbehalten
© VS Verlag für Sozialwissenschaften | GWV Fachverlage GmbH, Wiesbaden 2008

Lektorat: Stefanie Laux

Der VS Verlag für Sozialwissenschaften ist ein Unternehmen von Springer Science+Business Media.
www.vs-verlag.de

Das Werk einschließlich aller seiner Teile ist urheberrechtlich geschützt. Jede Verwertung außerhalb der engen Grenzen des Urheberrechtsgesetzes ist ohne Zustimmung des Verlags unzulässig und strafbar. Das gilt insbesondere für Vervielfältigungen, Übersetzungen, Mikroverfilmungen und die Einspeicherung und Verarbeitung in elektronischen Systemen.

Die Wiedergabe von Gebrauchsnamen, Handelsnamen, Warenbezeichnungen usw. in diesem Werk berechtigt auch ohne besondere Kennzeichnung nicht zu der Annahme, dass solche Namen im Sinne der Warenzeichen- und Markenschutz-Gesetzgebung als frei zu betrachten wären und daher von jedermann benutzt werden dürften.

Umschlaggestaltung: KünkelLopka Medienentwicklung, Heidelberg
Druck und buchbinderische Verarbeitung: Krips b.v., Meppel
Gedruckt auf säurefreiem und chlorfrei gebleichtem Papier
Printed in the Netherlands

ISBN 978-3-531-15672-9

Inhaltsverzeichnis

Vorwort 9

1. Einleitung, Fragestellung und theoretische Rahmung 13
1.1 Einleitung 13
1.2 Fragestellung 15
1.3 Theoretische Rahmung 18
  1.3.1 Das Bielefelder Medienkompetenz-Modell 18
  1.3.2 Der Uses-and-Gratifications-Approach 20
  1.3.3 Habituskonzept und Kapitalsortenansatz 21
  1.3.4 Sozialökologischer Ansatz 25
  1.3.5 Die Wissenskluft-Hypothese 25

2. Forschungsdesign und Methodologie der Studie 27
2.1 Quantitative Untersuchungsphase 28
  2.1.1 Standardisierte Fragebogenerhebung 28
  2.1.2 Stichprobe 28
  2.1.3 Aufdeckung der hauptkomponentenanalytischen
    Binnenstruktur der Unterdimensionen des Bielefelder
    Medienkompetenz-Modells 29
  2.1.4 Entwicklung einer empirisch fundierten Typologie der
    Medienkompetenz Jugendlicher 30
  2.1.5 Externe Validierung der Clustertypologie 33
2.2 Qualitative Untersuchungsphase 34
  2.2.1 Definition und Selektion prototypischer Jugendlicher 34
  2.2.2 Durchführung und Auswertung leitfadengestützter qualitativer
    Interviews mit prototypischen Jugendlichen 35
  2.2.3 Durchführung, Analyse und Interpretation von
    Gruppendiskussionen 37

3. Gruppendiskussionen 41
3.1 Fragestellung 41
3.2 Gewaltakzeptanz und Medienwahrnehmung 42
3.3 Legitimierte und nicht-legitimierte Gewaltdarstellung 45

3.4 Gewalt als alltägliches Fernseherlebnis 47
3.5 »Mystery« als Referenz für »Welterklärung« 53
3.6 Mediale Gewalt und deren Wirkung aus der Sicht Jugendlicher 56
3.6.1 Angst 56
3.6.2 Nachahmung 59
3.6.3 Desorientierung und Desillusionierung 61
3.6.4 Medienwirkung im Kontext gesellschaftlichen Wandels 63
3.7 Zur Dramaturgie medialer Gewalt 69
3.8 Zusammenfassung 72

4. Qualitative Einzelinterviews 75
4.1 Einführung 75
4.2 Typen jugendlichen Medienhandelns unter der Perspektive von
Rezeption, Wahrnehmung und Bewertung medialer Gewalt 76
4.2.1 Die Allrounder 76
4.2.2 Die Bildungsorientierten 91
4.2.3 Die Konsumorientierten 102
4.2.4 Die Kommunikationsorientierten 118
4.2.5 Die Deprivierten 130
4.2.6 Die Mediengestalter 142
4.2.7 Die Positionslosen 157
4.3 Zusammenfassung 171

5. Standardisierte Umfrage 177
5.1 Problemaufriss und Fragestellung 177
5.2 Methode und Daten 179
5.2.1 Operationalisierung zentraler Untersuchungsgrößen 179
5.2.2 Verfahren der Datenanalyse 183
5.3 Ergebnisse 183
5.3.1 Medienkompetenz und gewaltbezogene Genrepräferenzen 183
5.3.2 Selbstwertgefühl, Kontrollüberzeugung und gewaltbezogene
Genrepräferenzen 191
5.3.3 Genrepräferenz für Kriegsfilme bei gewaltorientierten
Jugendlichen 200
5.4 Zusammenfassung 206

Inhalt 7

6. Fazit: Zusammenfassung und medienpädagogische Empfehlungen zum Themenbereich mediale Gewalt 209

6.1 Zusammenfassung der Teilstudie »Mediale Gewalt« 209

   6.1.1 Hoher Stellenwert von medialer Gewalt im Alltag von Jugendlichen 209

   6.1.2 Genuss an medialer Gewalt speist sich aus Realitätsferne 210

   6.1.3 Nutzung medialer Gewalt ist sozial eingebunden 211

   6.1.4 Risikofaktoren medialer Gewalt 211

6.2 Medienpädagogische Empfehlungen 213

   6.2.1 Bedarf an Reflexion und Auseinandersetzung mit dem Thema Gewalt 214

   6.2.2 Jugendliche brauchen Orientierung und Selbstvergewisserung 215

   6.2.3 Problemgruppen brauchen eine »extra Portion« Medienkompetenz 216

   6.2.4 Stärkung des pädagogischen Jugendschutzes ist erforderlich 217

7. Literatur 219

8. Verzeichnis der Tabellen 223

9. Verzeichnis der Abbildungen 225

10. Namensverzeichnis 227

11. Verzeichnis der Autorinnen und Autoren 231

Vorwort

Das vorliegende Buch beschäftigt sich mit einem viel diskutierten Thema, nämlich dem Verhältnis von Medien und Gewalt bei Jugendlichen. Die damit verbundene Problematik stellt einen sowohl in der sozialwissenschaftlichen Forschung sowie der medienpädagogischen Reflexion und Bewertung als auch in der interessierten und zugleich besorgten Öffentlichkeit immer wiederkehrenden Topos dar. Die von uns vorgelegte Arbeit untersucht das Thema rekonstruktiv aus *der Perspektive der Jugendlichen* selbst. Sie beabsichtigt vor allem, Antworten auf folgende Fragen zu geben: Welchen Stellenwert besitzen Gewaltdarstellungen in den Medien – seien es Computerspiele, Filme und Fernsehserien oder aber als Teile von Nachrichtensendungen – für Jugendliche, aus welchen Motiven heraus rezipieren sie gewalthaltige Inhalte, wie nehmen sie Gewaltdarstellungen wahr und bewerten sie diese, welche Genrepräferenzen besitzen sie und welche Rechtfertigungsstrategien entwickeln sie bezüglich ihres eigenen Medienkonsums? In diesem Zusammenhang haben wir sowohl *fiktionale* gewaltbezogene Inhalte als auch die mediale Präsentation *realer* Gewalt und ihrer Folgen in den Blick genommen.

Diese Studie zur Rezeption medialer Gewalt durch Jugendliche entstand im Anschluss an die Hauptstudie »Medienhandeln Jugendlicher« (Treumann, Meister, Sander et al. 2007): Während letztere – als Panoramastudie angelegt – ein zugleich breit gefächertes und facettenreiches Bild jugendlicher Mediennutzung und Medienkompetenz am Anfang des 21. Jahrhunderts nachzuzeichnen sucht, analysiert die hier vorgelegte Untersuchung im Kontext der Debatte um Medien und Gewalt vertiefend ein spezifisches Thema von erheblicher medienpädagogischer Relevanz und Brisanz.

Sie umfasst insgesamt sechs Kapitel. Im *ersten* Hauptabschnitt der Publikation wird die subjekttheoretische Perspektive der Anschlussstudie erläutert, werden die Fragestellungen der empirischen Arbeit entwickelt und wird der allgemeine theoretische Bezugsrahmen aufgespannt, der zugleich die Brücke zur Hauptstudie bildet. Im Zentrum steht dabei das Bielefelder Medienkompetenzmodell, dessen Operationalisierung und empirische Analyse zu einer Typologie jugendlichen Medienhandelns führte, welche die zentrale Strukturkategorie beider Studien bildet und damit eine weitere Verknüpfung inhaltlicher Art zwischen ihnen konstituiert. Das *zweite* Kapitel, in dem das Forschungsdesign und die Methodologie dieser Studie dargestellt werden, expliziert als einen Schwerpunkt das in Bielefeld entwickelte Verfahren der Bestimmung und Auswahl prototypischer Fälle (hier der Jugendlichen), die mithilfe qualitativer Methoden vertiefend analysiert und vergleichend betrachtet werden.

Die Ergebnisse unserer Untersuchungen werden in den drei folgenden Hauptabschnitten dargestellt. Das *dritte* Kapitel liefert Befunde zur Rezeption realer Gewalt in Nachrichtensendungen und Muster ihrer Legitimierung durch Heranwachsende. Der *vierte* Hauptabschnitt enthält vor allem Ergebnisse darüber, was prototypische Jugendliche gemäß ihrer Selbstauskünfte dazu motiviert, fiktionale gewalthaltige Medieninhalte zu rezipieren, auf welche Weise sie Gewaltdarstellungen wahrnehmen, welche Genrepräferenzen sie zeigen und wie sie diese rechtfertigen. Befunde zu Einflüssen der Medienkompetenz von Jugendlichen auf ihre Rezeption gewaltbezogener Medieninhalte, etwa in Form verschiedener Spielfilm-Genres, sowie zur Identifizierung von Risikogruppen Jugendlicher entlang psychosozialer Merkmalskonstellationen werden im *fünften* Kapitel dargestellt.

Das *Schlusskapitel* fasst zum einen die Hauptergebnisse unserer Studie zusammen und entwickelt zum anderen pädagogische Empfehlungen zum Problemzusammenhang der Rezeptionen, Wahrnehmung und Bewertung medialer Gewalt durch Jugendliche.

Wie in der Hauptuntersuchung auch haben wir das Buch zum einen mit einem umfangreichen Namensverzeichnis versehen, das es erlaubt, zügig alle jenen Textstellen zu finden, in denen Jugendliche selbst sich beispielsweise auf konkrete Fernsehprogramme und -sendungen, Kinofilme, Medienprotagonisten oder Computerspiele (kursiv hervorgehoben) beziehen. Vielfach finden sich am Ende der angezeigten Seiten dazugehörige Kurzbeschreibungen, was der Leserin oder dem Leser angesichts des schnelllebigen Wandels im Medienbereich den Nachvollzug des Textes erleichtern soll.

Die Autorinnen und Autoren danken der Deutschen Forschungsgemeinschaft (DFG) ausdrücklich für eine zusätzliche Förderung im Anschluss an die Finanzierung der Hauptstudie, welche die nachfolgende Durchführung dieses Teilprojekts erst ermöglichte. Nachdrücklich bedanken wir uns bei allen Jugendlichen, die an der standardisierten Fragebogenerhebung, den qualitativen Interviews und den Gruppendiskussionen teilgenommen haben.

Die mannigfaltigen Schreibarbeiten führte Petra Buchalla souverän aus. Das Korrekturlesen und das Textlayout lagen – wie auch in der Hauptstudie – in den bewährten Händen von Horst Haus. Karl Hülsewedde und Jörg Vos vom Dekanat der Fakultät für Erziehungswissenschaft unterstützten uns bei allen

Vorwort

Fragen der Projektmittelverwaltung. Frau Stefanie Laux und Frau Britta Laufer vom Lektorat Erziehungswissenschaften berieten uns zugleich professionell, entgegenkommend und geduldig bei allen Stadien, die vom Manuskript bis hin zum Buch zu bewältigen waren.

Für die Autorinnen und Autoren

Klaus Peter Treumann   Bielefeld, im März 2008

1. Einleitung, Fragestellung und theoretische Rahmung

1.1 Einleitung

Die hier vorgelegte empirische Untersuchung ist Teil des Forschungsprojekts »Mediennutzung und Medienkompetenz im Jugendalter«, welches an den jeweiligen Fakultäten respektive Instituten für Erziehungswissenschaft der Universität Bielefeld, der Universität Rostock und der Universität Halle-Wittenberg unter Leitung von Klaus Peter Treumann, Uwe Sander und Dorothee Meister entwickelt und von der Deutschen Forschungsgemeinschaft im Zeitraum von 2001 bis 2004 gefördert wurde. Die inzwischen veröffentlichte Hauptstudie des DFG-Projekts (s. Treumann/Meister/Sander et al. 2007) sucht, ein breit gefächertes Bild des Medienhandelns Heranwachsender zu Beginn des 21. Jahrhunderts in seiner sozialen Kontextuierung im Sinne einer Panoramastudie nachzuzeichnen. Demgegenüber stellt die hier nun vorgelegte Untersuchung »Mediale Gewalt. Ihre Rezeption, Wahrnehmung und Bewertung durch Jugendliche« eine mehr themenspezifische Arbeit aus dem DFG-Projekt vor. Sie beleuchtet anhand qualitativ und quantitativ erhobener und ausgewerteter Daten die sowohl in der Medienwissenschaft und Medienpädagogik als auch in der interessierten gesellschaftlichen und politischen Öffentlichkeit diskutierte Frage der Rezeption gewalthaltiger Medieninhalte durch Jugendliche und deren Stellenwert in ihrer Lebenswelt.

Zugleich hat die hier vorgelegte empirische Studie damit den Vorteil, dass sie nicht eine vom übrigen Medienhandeln isolierte Fragestellung bearbeitet, sondern inhaltlich *anschlussfähig* ist an die von uns durchgeführte Untersuchung zum Mediennutzungsverhalten und zur Medienkompetenz Jugendlicher: So übernimmt sie aus der Hauptstudie als zentrale Struktur- bzw. Ordnungskategorie die *clusteranalytisch fundierte Typologie jugendlichen Medienhandelns,* sei es als Bezugsrahmen zur Auswahl der qualitativ interviewten prototypischen Fälle (s. Kap. 4: 75ff.), sei es als eine Form der abgeleiteten Operationalisierung von Medienkompetenz bei der quantitativen Analyse der repräsentativen standardisierten Umfragedaten (vgl. Kap. 5: 177ff.).

Jenseits von medienwissenschaftlich inzwischen fraglich gewordenen monokausalen Wirkungsvorstellungen im Sinne eines Stimulus-Response-Modells, das eine unmittelbare unmoderierte Beziehung zwischen der Rezeption violenter Medieninhalte und dem Auftreten aggressiven Verhaltens postuliert, wird in dieser Untersuchung – ausgehend von einem *handlungstheoretischen Bezugsrahmen* – eine zugleich deskriptive und analytische Forschungsperspektive eingenommen, die von den subjektiven Bedürfnissen, Sichtweisen und Bewertungsmustern der Jugendlichen im Hinblick auf den Umgang mit gewalthaltigen Medieninhalten ausgeht und sie zu rekonstruieren sucht. Es geht also vor allem darum, wie Subjekte ihr Medienhandeln im Hinblick auf diese Facette wahrnehmen, beschreiben, einordnen, bewerten und legitimieren sowie welche Zusammenhänge sie zwischen ihren Handlungen herstellen. Des Weiteren werden diese individuellen Betrachtungsweisen von Heranwachsenden zugleich zusammen gesehen mit möglichen Einbindungen in ihre Lebenswelten, in denen sie agieren. Insofern nimmt die vorliegende Arbeit eine dezidiert *subjekttheoretische* Position ein, als sie unter Bezugnahme auf eine phänomenologische und interaktionistisch verstandene Handlungstheorie davon ausgeht, dass Heranwachsende sich aktiv und produktiv mit der gesellschaftlichen Realität auseinandersetzen. Sie sucht daher, die Rezeption gewalthaltiger Medieninhalte, wie sie sich aus der Perspektive der Jugendlichen darstellt, interpretativ zu rekonstruieren. Die Jugendlichen kommen vor allem *selbst* zu Wort, und zwar äußern sie sich zum einen in leitfadengestützten qualitativen Interviews, zum anderen in Diskussionen, die sie in kleinen Gruppen über das Thema Gewalt in den Medien geführt haben. Es wird also nicht einfach der besorgte Blickwinkel der Erwachsenen eingenommen, der sich immer wieder auf das Thema »Mediale Gewalt« richtet – sei es aus einer kulturkritischen Haltung, sei es aus einer oftmals bewahrpädagogischen Perspektive heraus –, sondern jener der Jugendlichen, der durchaus nicht deckungsgleich mit der Sichtweise der Angehörigen der älteren Generation ist, die zum einen unter anderen mediensozialisatorischen Bedingungen aufgewachsen ist und zum anderen die neuen Möglichkeiten der digitalen Medien zumindest zum Teil nicht oder nur selten nutzt. Man denke etwa an das Ausmaß der Nutzung von Computerspielen, wo deutliche intergenerationale Wissensklüfte bestehen (s. z.B. Treumann/Baacke/ Haacke et al. 2002: 147-148, 155 u. 159). Es geht also damit auch um die Frage, ob Jugendliche gegenüber den »von außen« an sie herangetragenen Bewertungen Erwachsener aus einem qualitativ anderen generationenbezogenen Erfahrungs- und Erlebnishintergrund heraus so etwas wie *»Eigen-Sinn«* entwickelt haben. Systemtheoretisch formuliert lässt sich verallgemeinernd konstatieren, dass Jugendliche als Generationsgestalt gegenüber einseitigen Vorgaben und Bestimmungen durch *soziale* Umwelten – etwa jener der Generation der Eltern – eigene Präferenzen und subjektive Weltentwürfe zu entwickeln und aufrechtzuerhalten in der Lage sind (vgl. Willke 2000: 46). Eigen-Sinn von Jugendlichen

1.2 Fragestellung

stellt sich ebenso ein als Ergebnis ihrer *selbstsozialisatorischen* Aktivitäten mit je eigenen Selektionsleistungen aus den sie umgebenden *mediatisierten* Umwelten (z.b. Fromme/Kommer/Mansel/Treumann 1999), zu der eben auch (gewalthaltige) Computerspiele gehören. Im Prozess der Medienaneignung und -nutzung emergieren eigene Handlungsfähigkeiten, Rezeptions- und Bewertungsschemata sowie Identitätsfacetten, die es ihnen erlauben, sich von den Kontingenzen der sie umgebenden Erwachsenengeneration abzugrenzen, ihnen zugleich Anschlusskommunikationen zu Gleichaltrigen ermöglichen, und zwar in spezifischen Ausformungen entlang typologischer Konstellationen, zu denen auch die bereits genannten Clustertypen jugendlichen Medienhandelns gehören, oder aber etwa hinsichtlich unterschiedlicher informeller jugendkultureller Szenezugehörigkeiten (s. Kap. 5, S. 183ff.). Diese Hinwendung zu Jugendkulturen und den entsprechenden Medien(-inhalten) kann in Teilen als ein selbstsozialisatorischer Akt Jugendlicher angesehen werden.

Die Einnahme einer dezidiert subjekttheoretischen Perspektive, welche die Wahrnehmungs-, Deutungs- und Bewertungsmuster der jugendlichen Rezipienten in den Mittelpunkt der medienwissenschaftlichen Rekonstruktionsarbeit stellt, nimmt gleichwohl die Frage eines möglichen Zusammenhangs zwischen dem Konsum gewalthaltiger Medieninhalte und dem Ausmaß aggressiven Verhaltens bei Jugendlichen auf, und zwar besonders am Beispiel des jugendlichen Amokläufers Robert Steinhäuser, der im April 2002 am Erfurter Gutenberggymnasium 16 Menschen tötete. Dessen Tat, die in Deutschland eine breite gesellschaftliche und politische Debatte über die Nutzung gewalthaltiger Computerspiele und deren Einfluss auf das Verhalten von Heranwachsenden auslöste und kritische Fragen im Hinblick auf den Umgang mit und die Auswirkungen von medialer Gewalt aufwarf, die durch einen ähnlich gearteten Amoklauf im November 2006 an einer Realschule in Emsdetten erneut aufflammte, führte offenbar dazu, dass viele Jugendliche in den qualitativen Interviews bereits *von sich aus* auf dieses für sie schockierende Ereignis eingingen. Augenscheinlich haben sie sich auch aufgrund der breiten öffentlichen Diskussion mit diesem Thema intensiv auseinandersetzt.

1.2 Fragestellung

Die empirisch ausgerichtete Teilstudie »Mediale Gewalt« ist vor allem den folgenden Fragestellungen nachgegangen:

1. Inwieweit ist der Medienalltag Jugendlicher durchsetzt mit der Rezeption gewalthaltiger Medieninhalte und mit welcher Selbstverständlichkeit betrach-

ten Heranwachsende solche Darstellungen im alltäglichen Mediengeschehen?

2. Welche Gratifikationen ziehen die Jugendlichen aus der Nutzung violenter Inhalte? Ist es das Interesse an gewalthaltigen Inhalten *per se,* das die Heranwachsenden in Kinos, an Fernseher, Computer oder Spielkonsolen zieht, oder kommen nicht doch weitere Belohnungen ins Spiel, die die Heranwachsenden für sich aus der Rezeption von medialer Gewalt erlangen? Damit stellt sich zugleich die Frage, ob die dargestellten violenten Medieninhalte in der Rezeptionssituation tendenziell in den Hintergrund rücken und zum Vehikel zur Befriedigung andersartiger Bedürfnisse werden.

3. Wie und mit welchen Gründen bewerten und legitimieren die Jugendlichen selbst ihre Rezeption gewalthaltiger Inhalte auch und gerade angesichts distanzierter, ablehnender oder gar verbotsorientierter Einstellungen in ihrem familiären oder gesellschaftlichen Umfeld?

4. Zeigen Gruppen von Jugendlichen mit unterschiedlichen Ausprägungen von Medienkompetenz differente Reflexions- und Nutzungsmuster medialer Gewalt?

5. Welche soziodemografischen, psychosozialen und jugendkulturellen Rahmenbedingungen moderieren bei Jugendlichen ihre Präferenzen für gewalthaltige Medieninhalte?

6. Welche Gefährdungspotenziale lassen sich angesichts des Konsums medialer Gewalt bei Jugendlichen ausmachen? Lässt sich eine durchgängige Gefährdung feststellen oder lassen sich eher bestimmte Problemgruppen Heranwachsender identifizieren, die in besonderem Maße die Rezeption violenter Inhalte in den Medien präferieren?

Die obigen sechs zentralen Untersuchungsperspektiven werden in den Kapiteln 3 bis 5 weiter ausdifferenziert. Dies geschieht *erstens* vor dem Hintergrund unterschiedlicher inhaltlicher Ausformungen medialer Gewalt, *zweitens* unter Bezug auf bestimmte (medien-)theoretische Rahmungen und *drittens* im Hinblick auf die Beschaffenheit der erhobenen Daten sowie bezüglich der verwendeten Auswertungsverfahren (s. Kap. 2, S. 27ff.).

Was die differenten Qualitäten medialer Gewalt betrifft, so geht es im dritten Kapitel vornehmlich um die Darstellung und Rezeption *realer* Gewalt und deren Legitimation in Nachrichtensendungen des Fernsehens am Beispiel der Berichterstattung über die Terroranschläge auf die Twin Towers am 11. September 2001 in New York. Die Darstellungen des dritten Kapitels beruhen auf der Applizierung und Auswertung von Gruppendiskussionen mit Jugendlichen. Im vierten Kapitel richtet sich das Augenmerk hingegen primär auf die Rezeption *fiktionaler* Gewalt, einschließlich entsprechender Umgangs- und Bewertungs-

1.2 Fragestellung 17

muster, und zwar zum einen im Hinblick auf gewalthaltige *Computerspiele* und zum anderen auf violente *Fernseh-* und *Filmformate*. Dabei kommt in der Analyse und Darstellung der qualitativen Interviewdaten mit prototypischen Jugendlichen die bereits angesprochene *typologische Ordnungsstruktur* zum Tragen. Aufgrund von Clusteranalysen zum Mediennutzungsverhalten und zur Medienkompetenz von insgesamt n=1.662 Jugendlichen ließ sich eine Typologie jugendlichen Medienhandelns rekonstruieren, die insgesamt sieben Clustertypen umfasste, nämlich »Die Allrounder« (11,9 %), »Die Bildungsorientierten« (20,4 %), »Die Konsumorientierten« (17,4 %), »Die Kommunikationsorientierten« (19,1 %), »Die Deprivierten« (7,8 %), »Die Mediengestalter« (3,1 %) und »Die Positionslosen« (20,3 %). Diese empirisch fundierten Clustertypen des Medienhandelns repräsentieren unterschiedliche Profile über die vier Dimensionen des Bielefelder Medienkompetenz-Modells, nämlich der Mediennutzung, der Medienkunde, der Mediengestaltung und der Medienkritik. Dabei weisen diese vier Hauptfacetten eine empirisch abgesicherte Binnenstruktur von insgesamt 32 verschiedenen inhaltlich interpretierbaren Hauptkomponenten auf. Die differierenden Medienhandlungstypen, die jeweils Heranwachsende mit sich einander ähnelnden Profilen entlang ihrer Ausprägungen auf den 32 Hauptkomponenten vereinen, werden in ihrer charakteristischen Ausformung zu Beginn der einzelnen Abschnitte des vierten Kapitels komprimiert dargestellt.[1]

Aus diesen sieben Clustern wurden jeweils drei bis sechs *prototypische* Jugendliche qualitativ interviewt, d.h., es wurden jene Heranwachsenden leitfadenorientiert befragt, die eine möglichst geringe euklidische Distanz zum Schwerpunkt desjenigen Clustertyps aufwiesen, dem sie angehören (s. Treumann/ Meister/Sander et al. 2007: 798). Das fünfte Kapitel, welches Ergebnisse darstellt, die auf standardisierten Fragebogendaten der obigen Stichprobe Jugendlicher beruhen, nimmt die Clustertypologie ebenfalls auf, wobei wir danach gefragt haben, ob die Präferenz für fiktionale gewaltbezogene Filmgenres von der Medienkompetenz der Heranwachsenden abhängt. Insbesondere vergleicht die quantitativ orientierte Analyse die Typen der *Allrounder* und der *Bildungsorientierten,* bei deren Angehörigen Medienkompetenz – in differierenden Medienprofilen – vergleichsweise am stärksten ausgeprägt ist, mit den *Deprivierten,* die unterdurchschnittlich medienkompetent sind. Des Weiteren gehen wir der Frage nach, ob sich unter Konstanthaltung von Einflüssen des *Selbstwertgefühls* und der *Kontrollüberzeugung* (locus of control) ein unabhängiger Effekt der

---

1 Detaillierte Beschreibungen sowohl der internen Struktur der Dimensionen des Bielefelder Medienkompetenz-Modells anhand der einzelnen Hauptkomponenten als auch der empirisch fundierten Typologie jugendlicher Mediennutzer finden sich in den Kapiteln 5 und 6 der Hauptuntersuchung (Treumann/Meister/Sander et al. 2007, S. 144-194 u. 195-215).

Medienkompetenz auf die Präferenz zur Rezeption gewaltbezogener Medieninhalte – etwa im Hinblick auf das Genre Kriegsfilm – bei Jugendlichen feststellen lässt. In einem letzten Auswertungsschritt untersuchen wir bei Heranwachsenden, die sich der gewalthaltigen Jugendszene der *Skinheads* zurechnen, ob deren Vorliebe für Kriegsfilme von ihrer Medienkompetenz, ihrem Selbstwertkonzept und von ihrer Kontrollüberzeugung – unter Konstanthaltung der moderierenden Effekte der Variablen Geschlecht, Lebensalter und Bildung – beeinflusst wird. Im abschließenden sechsten Kapitel werden die wichtigsten Befunde der gesamten empirischen Arbeit in systematischer Form zusammengefasst und eine Reihe von medienpädagogischen Empfehlungen zum Themenbereich mediale Gewalt entwickelt.

1.3 Theoretische Rahmung

An dieser Stelle erfolgt ein knapper Überblick über einige zentrale Perspektiven, die sowohl in der Hauptstudie als auch in dieser Untersuchung aufeinander bezogen wurden, um das Medienhandeln Jugendlicher in ihrer Lebenswelt facettenreich zu beschreiben und zu erklären.[2]

In Ergänzung dazu werden im Hinblick auf die entwickelte Fragestellung der Teilstudie zur Rezeption, Wahrnehmung und Bewertung medialer Gewalt durch Jugendliche eine Reihe weiterer relevanter theoretischer Aspekte erörtert.

1.3.1 Das Bielefelder Medienkompetenz-Modell

Ein für diese empirische Studie zentrales Konzept ist das der Kompetenz. Es findet seine theoretische Verankerung vor allem in den Arbeiten von Chomsky, Habermas, Bourdieu und Weinert. In Anknüpfung und Weiterführung der von Habermas vorgestellten Theorie der kommunikativen Kompetenz versteht Baacke *Medienkompetenz* als eine besondere Form von kommunikativer Kompetenz und von Handlungskompetenz, nämlich »als die Fähigkeit, in die Welt aneignender Weise auch alle Arten von Medien für das Kommunikations- und Handlungsrepertoire von Menschen einzusetzen« (Baacke 1996: 119). Dieses Konstrukt findet – bezogen auf den Bereich der Aneignung von und des Umgangs mit Medien – seine begriffliche Ausdifferenzierung im vor allem von Baacke entwickelten Bielefelder Medienkompetenz-Modell, das vier Haupt-

---

2 Eine relativ ausführliche Darstellung der verwendeten (medien-)theoretischen Ansätze findet sich in Treumann/Meister/Sander et al. 2007, Kap. 2).

1.3 Theoretische Rahmung   19

dimensionen umfasst, die sich wiederum in insgesamt neun Unterdimensionen auffächern:

- Die Dimension der *Mediennutzung* wird im Modell in zwei Teilaspekte ausdifferenziert. Das ist zum einen die *rezeptiv-anwendende* Unterdimension (Programm-Nutzungskompetenz), welche die Fähigkeit umfasst, das Gesehene, Gehörte oder Gelesene zu verarbeiten und in das Bildungs- und Bilderrepertoire einzuarbeiten. Die Facette der *interaktiven* Mediennutzung beinhaltet dialogfördernde Kommunikation und aktive medienbezogene Beteiligung.
- Die Dimension der *Medienkunde* zielt zum einen auf die *informative* Teildimension, d.h. auf Wissensbestände – etwa über das Mediensystem. Der informative Aspekt der Jugendlichen wurde über Wissensfragen zu verschiedenen Themengebieten erfasst, die Fragen (a) nach Buchautoren (beispielsweise »Weißt du, wer das Buch ›Der Herr der Ringe‹ geschrieben hat?«) oder nach Vertretern medienspezifischer Inhalte, (b) zu Spezifika einzelner Medien (etwa »Was sind Cookies?«) und (c) zu den gegebenen Strukturen des Mediensystems (z.b. »Wodurch finanziert sich RTL?«) beinhalten. Zum anderen umfasst sie die *instrumentell-qualifikatorische* Unterdimension im Sinne von Bedienungs- u. Problemlösefähigkeiten beim Umgang mit Medien, z.B. Handy, Computer oder Internet. Eine Frage bezog sich auf die bevorzugte Vorgehensweise der Jugendlichen beim Erlernen der Bedienung technischer Geräte (z.B. Handy, Computer), eine andere richtete sich auf ihre individuelle Vorgehensweise bei Problemen mit dem Computer.
- Die Dimension der *Mediengestaltung* bezieht sich vor allem auf den produktiven Umgang mit Medien und Medienangeboten oder auf deren Veränderung, wobei die *innovative* Teildimension vor allem die Weiterentwicklung des Mediensystems umfasst, während die *kreative* Facette in unserer Untersuchung etwa darüber operationalisiert wurde, ob Jugendliche ihre persönliche Webseite selbst gestalten, etwas programmieren, Videos erstellen oder eigene Texte, etwa Briefe, Gedichte, respektive Kurzgeschichten verfassen.
- Die Dimension *Medienkritik* fokussiert darauf, vorhandenes Wissen sowie Erfahrungen bei der Aneignung und dem Umgang mit Medien immer wieder reflektierend einzuholen sowie zu bewerten, und zwar auf dreifache Weisen: (a) Die *analytische* Unterdimension beinhaltet Hintergrundwissen, welche dazu befähigt, Medieninhalte und -entwicklungen nicht kritiklos hinzunehmen, sondern differenziert und begründet zu beurteilen. Dazu wurden die Jugendlichen gebeten, den Wirklichkeitsgehalt von Nachrichten einzuschätzen. (b) Die *reflexive* Facette der Medienkritik bezieht sich auf den Gedanken, dass jeder Mensch sein analytisches und weiteres Wissen auf sich selbst und sein persönliches Medienhandeln beziehen und anwenden können muss. Um

dieses Konstrukt zu erfassen, wurden die Heranwachsenden beispielsweise befragt, was ihnen selbst im Zuge der Aufbereitung von Inhalten in Zeitungen, Büchern oder Zeitschriften besonders wichtig sei. (b) Die *ethische* Unterdimension bindet analytisches Denken und reflexive Haltungen in sittliche Konzepte ein, stimmt sie somit als sozial verantwortet ab und definiert sie entsprechend. Als Indikator für diesen Aspekt von Medienkritik wurden Meinungen und Urteile Jugendlicher zu der Frage herangezogen, wie die Ausstrahlung schrecklicher Bilder in den (Fernseh-)Nachrichten zu bewerten sei.

Da Medien die Lebenswelten Jugendlicher heute zentral mitbestimmen – von Spiel, Freizeit und Unterhaltung über Qualifizierungen und berufliches Handeln bis hin zu sozialen und politischen Öffentlichkeiten sowie kulturellen Sinngebungsangeboten und Vergesellschaftungen –, ist die Entfaltung von Medienkompetenz durch sowohl informelle als auch formale Lernaktivitäten als eine zentrale Entwicklungsaufgabe des sich die Welt aneignenden Subjekts anzusehen, die sich zwischen den Polen von Selbstsozialisation einerseits und pädagogisch institutionalisierten sowie kontrollierten Kontexten andererseits bewegen kann. Dabei wird vorausgesetzt, dass der Zusammenhang zwischen Kommunikations-, Handlungs- und Medienkompetenz für Weltaneignung konstitutiv ist und damit auch ein wichtiges Erkenntnisziel empirischer Medienforschung darstellt.

1.3.2 Der Uses-and-Gratifications-Approach

Besonders bei der Bearbeitung der zweiten Fragestellung unserer Untersuchung haben wir den Uses-and-Gratifications Approach oder den Nutzen- und Belohnungsansatz herangezogen. Er fragt nicht – wie die am Stimulus-Response-Modell orientierte Medienwirkungsforschung –, was die Medien mit den Menschen machen, sondern legt das Schwergewicht seiner Analyseperspektive darauf, was die Menschen – hier die Jugendlichen – mit den Medien machen (vgl. Katz/Gurevitch/Haas 1973). Dieser Ansatz richtet also sein Augenmerk darauf, welche Gründe die Heranwachsenden anführen, ein bestimmtes Medium zu nutzen, und nach dem Nutzen der durch Medien vermittelten Inhalte für den Rezipienten. Da die Mediennutzer gemäß ihren Bedürfnissen und Interessen aus den Medien und deren Angeboten etwas auswählen, wird der (jugendliche) Rezipient als »aktiv« angesehen, und zwar im Sinne einer gezielten Selektion und Verarbeitung von Medienbotschaften; zugleich wird Kommunikation – unter diesem Blickwinkel – symmetrisch, denn eine gelin-

1.3 Theoretische Rahmung   21

gende Kommunikation erfordert nun nicht nur einen aktiven Sender oder Kommunikator, sondern ebenso einen *aktiven* Empfänger respektive Mediennutzer. Damit wird das in der Wirkungsforschung verwendete nachrichtentechnische Sender-Empfänger-Modell überwunden, welches davon ausgeht, dass eine vom Sender über einen Kanal übertragene Botschaft in der *gleichen Weise*, wie sie von ihm konzipiert wurde, von *allen* Empfängern aufgefasst wird. Die Aktivität des Nutzers zeigt sich vor allem in seinen Entscheidungen zur *Selektion*: Was dem (jugendlichen) Rezipienten Nutzen oder Bedürfnisbefriedigung verschafft, dient ihm zum physischen und psychischen Wohlbefinden oder verhilft ihm zu sozialer Anerkennung (Katz/Blumler/Gurevitch 1974). Die Nutzer stellen sich somit ihr eigenes Medienmenü zusammen. Allerdings geschieht dies vor allem unter einer *funktionalen* Perspektive, da sozial-strukturelle Lebenslagen oftmals jenseits der eigenen Definition des (jugendlichen) Mediennutzers mitbestimmen, was für ihn beispielsweise Wohlbefinden oder Anpassung an gesellschaftliche Notwendigkeiten heißen kann.

Im Sinne einer *interaktionistischen* Version des Uses-and-Gratification-Ansatzes, die stärker die eigenaktive Nutzung von Jugendlichen berücksichtigt (vgl. Mc Quail/Blumler/Brown 1972), haben wir in unserer Studie versucht, die medialen Wissensbestände und Nutzungsmuster der jugendlichen Rezipienten (operationalisiert über die Zugehörigkeit zu einem der Clustertypen des Medienhandelns), ihre Präferenzen für bestimmte Medieninhalte (gemessen über Vorlieben für filmische Genres), Aspekte ihres Selbstkonzeptes, das Ausmaß ihrer empfundenen subjektiven Geborgenheit in der Familie und in ihrem Freundeskreis sowie die sozialen Kontexte, in denen sie sich bewegen, einzubeziehen, wie etwa die Einbindung der Jugendlichen in eine Freundesclique oder ihre informelle Zugehörigkeit zu jugendkulturellen Gruppierungen respektive Szenen. Diese analytische Sichtweise begreift damit den jugendlichen Mediennutzer als ein Subjekt, das die (soziale) Realität produktiv zu verarbeiten sucht und nicht einfach die von den Sozialisationsagenten angebotenen Wissens- und Wertemuster zum Medienumgang übernimmt. Durch diese Aneignung kann sich das Subjekt in mehr oder weniger ex- oder impliziter Weise an gesellschaftlichen Wandlungsprozessen beteiligen.

1.3.3 Habituskonzept und Kapitalsortenansatz

Der bereits im Zusammenhang mit der funktionalen Perspektive der Mediennutzung angeführte Hinweis auf mögliche Einflüsse sozialstruktureller Lebenslagen bietet Anschlussmöglichkeiten an die *Habitustheorie* von Bourdieu (1982, 1997a) und den sie enthaltenen *Kapitalsortenansatz*. Er konzipiert den Begriff

Habitus als Vermittlungsinstanz zwischen der vor allem ökonomisch bestimmten Soziallage der Individuen, die einer bestimmten gesellschaftlichen Gruppierung angehören, und deren individueller psychischer Struktur, insoweit sie während ihres bisherigen Lebenslaufs die in der sozialen Einheit vorherrschenden kulturellen Praktiken mit je typischen Deutungs-, Wahrnehmungs-, Bewertungs- und Handlungsschemata verinnerlicht haben und die sie in ihrer alltäglichen sozialen Praxis – etwa über Akte des Klassifizierens – fortlaufend anwenden, um ihre Beziehungen zu Angehörigen der eigenen und fremden sozialen Einheiten zu strukturieren. Dabei schränkt der jeweilige Habitus einerseits zwar den Handlungsspielraum ein, andererseits lässt er aber für die Individuen Gestaltungsräume innerhalb des durch ihn gesteckten Rahmens zu.

Das Repertoire kultureller Praktiken, das den Mitgliedern einer sozialen Einheit – etwa einer bestimmten sozialen Klasse oder einer jugendkulturellen Szene – jeweils gemeinsam ist, korrespondiert nicht nur mit ökonomisch bedingten Differenzen, sondern ebenso mit einer unterschiedlichen Ausstattung an sozialem und kulturellem Kapital (einschließlich des vor allem in Familie und Schule vermittelten Bildungskapitals als einer Teilform des inkorporierten Kulturkapitals) bei den Angehörigen differenter Einheiten.

Bourdieu überwindet in seiner Habitustheorie die einseitige Ausrichtung an Theorien schichtenspezifischer Sozialisation, die die Verfügung über materielle Ressourcen in das Zentrum ihrer Analysen stellen, und belegt empirisch den sozialisationsbedingten Charakter kultureller Bedürfnisse und Praxen, die primär mit dem Ausbildungsgrad und sekundär mit der sozialen Herkunft korrelieren (Bourdieu 1982). In diesem Zusammenhang erweitert er den ökonomischen Kapitalbegriff um das kulturelle und das soziale Kapital (Bourdieu 1997b).[3] Auf die jeweiligen Konstellationen der Kapitalsorten »ist es zurückzuführen, dass die Wechselspiele des gesellschaftlichen Lebens (...) nicht wie einfache Glücksspiele verlaufen, in denen jederzeit eine Überraschung möglich ist« (Bourdieu 1997b: 49), sondern – so könnte man ergänzen – in den unterschiedlichen sozialen Einheiten aufgrund entsprechender spezifischer Ausformungen des Habitus ihrer Angehörigen typische Regelhaftigkeiten des Wahrnehmens, Deutens, Bewertens und Handelns erzeugen. Der Habitus als *Vermittlungsmechanismus* zwischen »objektiven« Lebensbedingungen und »subjektiven« Lebensweisen lässt gleichwohl innerhalb der von ihm erzeugten Grenzen den Akteuren Raum für situativ bedingte Variationen des eigenen Handelns und für eine individuelle kreative Aneignung und Gestaltung von Welt.

---

3 Auf eine weitere von Bourdieu konzipierte »uneigentliche« Kapitalform, nämlich das *symbolischen* Kapital, welches Zeichen gesellschaftlicher Anerkennung und Macht – Prestige, Reputation, Privilegien etc. – beinhaltet und von ihm als abgeleiteter Effekt der anderen drei Sorten angesehen wird, sowie auf mögliche Austauschprozesse zwischen den drei erstgenannten Kapitalsorten gehen wir hier nicht weiter ein.

1.3 Theoretische Rahmung 23

Bourdieu versteht unter *ökonomischem* Kapitel den Besitz von Ware, die unmittelbar und direkt in Geld konvertierbar ist. Des Weiteren unterscheidet er drei Formen des *kulturellen* Kapitels, wobei im Hinblick auf die Fragestellungen unserer Untersuchung die erste besonders relevant ist: »Das kulturelle Kapital kann in drei Formen existieren: (1.) in verinnerlichtem, *inkorporiertem Zustand,* in Form von dauerhaften Dispositionen des Organismus, (2.) in *objektiviertem Zustand,* in Form von kulturellen Gütern, Bildern, Büchern, Lexika, Instrumenten oder Maschinen, in denen bestimmte Theorien und deren Kritiken, Problematiken usw. Spuren hinterlassen oder sich verwirklicht haben, und schließlich (3.) in *institutionalisiertem Zustand,* einer Form von Objektivation, die deswegen gesondert behandelt werden muss, weil sie – wie man beim schulischen Titel sieht – dem kulturellen Kapital, das sie ja garantieren soll, ganz einmalige Eigenschaften verleiht« (Bourdieu 1997b: 53).

Grundlegend für die Vererbung kulturellen Kapitals ist vor allem die Herkunftsfamilie sowie das Schul- und Ausbildungssystem. Des Weiteren spielen bei den Jugendlichen gerade im Medienbereich ihre *selbstsozialisatorischen* Aktivitäten eine zentrale Rolle, um kulturelles Kapital zu akkumulieren. So antworten in unserer Hauptstudie von n=2.725 Jugendlichen auf die Frage »Durch wen hast du den Umgang mit dem Computer gelernt?« (Mehrfachantworten waren möglich), rund zwei Drittel, dass sie sich dies selbst beigebracht haben (66 %); des Weiteren haben 46 % der Jugendlichen die Nutzung des PCs von ihren Freunden, 29 % von ihrem Vater, 24 % von Bekannten, 22 % von ihren Geschwistern, 21 % von Lehrern, 11 % von ihrer Mutter und 5 % von sonstigen Personen erlernt. Lehrer als Sozialisationsagenten des schulischen Systems spielen für die Heranwachsenden, wenn es um Aneignungsprozesse dieses Neuen Mediums geht, offenbar eine sehr untergeordnete Rolle (s. Treumann/Meister/Sander et al. 2007: 107). Im Gegensatz zum ökonomischen Kapitel setzt das kulturelle Kapital zu seiner Aneignung Prozesse der Interiorisierung voraus und ist damit prinzipiell körpergebunden. Derjenige, der sich bildet, muss zunächst Zeit aufwenden und Lernanstrengungen auf sich nehmen, um sich Kulturkapital einzuverleiben. »Inkorporiertes Kapital ist ein Besitztum, das zu einem festen Bestandteil der ›Person‹, zum Habitus geworden ist; aus ›Haben‹ ist ›Sein‹ geworden« (Bourdieu 1997b: 56).

Der Besitz von kulturellem Kapital ist für den Einzelnen über den subjektiven Gewinn hinaus, besser gebildet zu sein, auch deswegen von Vorteil, weil es eingesetzt werden kann, um materielle oder symbolische *Profite* zu erzielen. Derjenige, der etwa über Medienkompetenz als kulturelles Kapital verfügt, kann Medien vorteilhafter für seine Ziele und Interessen einsetzen, seien sie beruflicher oder privater Art. Kulturkapital lässt sich auf diese Weise gezielt investieren, um ökonomische Vorteile zu erreichen (z.B. Computerkenntnisse bei Jugendlichen zur Erlangung eines Ausbildungsplatzes) oder Statusgewinne zu erlangen (etwa durch das Erreichen eines hohen Levels und einer vorteilhaften Ausrüstung der Spielfigur im Multiplayer-Online-Rollenspiel »World of Warcraft (WoW)« innerhalb einer »Gilde« von Jugendlichen).

Des Weiteren ist nach Bourdieu das objektivierte Kulturkapital nur als juristisches Eigentum auf Personen übertragbar. Seine angemessene Aneignung und Anwendung setzt aber wiederum die Verfügbarkeit von entsprechendem inkorporiertem kulturellem Kapital voraus, etwa als Fähigkeit eine (käuflich erworbene) Computersoftware zu nutzen oder als voller *Genuss* des bei Jugendlichen sehr beliebten Spielfilms »Der Wixxer« aus dem Jahr 2004, durch das Erkennen von Zitaten aus den parodierten Kinofilmen und der Anspielungen auf die sehr populäre Edgar-Wallace-Krimiserie der fünfziger, sechziger und siebziger Jahre des vorherigen Jahrhunderts, deren erfolgreichste immer wieder in bestimmten Kanälen des Privatfernsehens (v.a. bei Kabel 1) gezeigt werden. Gleichwohl ist der Besitz von oder zumindest der Zugang zu objektiviertem Kulturkapital – beispielsweise die Verfügbarkeit über eigene Bücher oder die (kostenlose) Entleihmöglichkeit über öffentliche Büchereien oder Bibliotheken – eine notwendige Bedingung, um Kulturkapital zu interiorisieren. Wo sich diese Möglichkeiten nicht oder nur unvollständig realisieren lassen, können etwa Heranwachsende durch daraus entstehende *Wissensklüfte* benachteiligt werden. Man denke nur an das Problem einer Digitalen Spaltung (digital divide) in modernen Informations- und Kommunikationsgesellschaften, wenn von Armut betroffene Kinder und Jugendliche keinen privaten Zugang zu Rechnern oder zu schnellen Internetanschlüssen in ihren Herkunftsfamilien besitzen.

Als *soziales Kapital* definiert Bourdieu »die Gesamtheit der aktuellen und potentiellen Ressourcen, die mit dem Besitz eines dauerhaften Netzes von mehr oder weniger institutionalisierten *Beziehungen* gegenseitigen Kennens oder Anerkennens verbunden sind; oder, anders ausgedrückt, es handelt sich dabei um Ressourcen, die auf der *Zugehörigkeit zu einer Gruppe* beruhen (...). Sozialkapitalbeziehungen können nur in der Praxis auf der Grundlage von materiellen und/oder symbolischen Tauschbeziehungen existieren, zu deren Aufrechterhaltung sie beitragen« (Bourdieu 1997b: 64). Der Aufbau und Erhalt derartiger sozialer Netze setzt einerseits bei den Angehörigen eine mehr oder weniger kontinuierliche Beziehungsarbeit voraus, erbringt aber andererseits früher oder später für sie persönlich einen direkten Nutzen, wenn sie ein solches Netz insgesamt oder über einzelne Mitglieder in Anspruch nehmen. Jugendliche etwa, die in tragfähigen sozialen Netzen in Familie, Nachbarschaft, Schule, Gleichaltrigengruppe, aber auch über die Medien und in ihnen selbst eingebunden sind, können an deren Ressourcen teilhaben. Damit kommt ihrem Sozialkapital ein besonderer *Multiplikatoreffekt* zu, der noch dadurch verstärkt wird, dass für sie Informationen, Hilfen und Unterstützung nicht nur durch die Angehörigen des eigenen sozialen Netzes verfügbar sind, sondern möglicherweise auch über jene weiteren Beziehungsgeflechte erhältlich sind, denen zwar nicht der Nachfragende, jedoch der Angesprochene aus ihrem Netz angehört (s. auch Treumann/Baacke/Haacke et al. 2002: 28). So kann etwa ein Heranwachsender, der sich in ein bestimmtes Softwareprogramm einarbeiten will und dazu selbst allein nicht in der Lage ist, Familienangehörige, Verwandte, Peers oder Kommunikationspartner aus seiner Newsgroup um Hilfe bitten. Falls keiner der Adressaten über die dazu notwendige Kompetenz verfügt, ließe sich möglicherweise Hilfe über ein Mitglied einer anderen Gruppe mobilisieren, der einer der ursprünglich Angesprochenen angehört – dies allerdings in der Regel mit nachlassendem Verpflichtungsgrad gegenüber dem eigentlich Hilfe suchenden Jugendlichen.

1.3.4 Sozialökologischer Ansatz

Aus medienpädagogischer Sicht bedarf es zur adäquaten Einschätzung des Medienhandelns Jugendlicher eines erweiterten Nutzenbegriffs, der der Komplexität des sozialen Feldes gerecht wird und lebensweltliche sowie sozialisatorische Aspekte berücksichtigt. Heranwachsende nehmen Medien im lebensweltlichen Kontext wahr und auch ihr Aufenthalt in sog. Medienumgebungen (z.B. Internet-Cafés) wird durch diese Kontexte beeinflusst. Das lebensweltliche Kontextarrangement ist dabei nicht zuletzt geprägt durch die jeweils spezifische soziale und räumliche Umwelt, durch die Peergroups und durch den familialen Lebensstil. Der Nutzenbegriff kann deshalb nicht nur auf die Funktion eines Mediums (und der damit vermittelten Inhalte) reduziert werden, sondern sollte die Handlungs- und Erfahrungszusammenhänge der Rezipienten – etwa ihre Einbindung in jugendkulturelle Szenen – mit berücksichtigen und damit die Medienumgebungen und die »Medienwelten« (Baacke/Sander/Vollbrecht 1991; Sander/Vollbrecht 1987) der Kinder und Jugendlichen.

1.3.5 Die Wissenskluft-Hypothese

Die Einführung Neuer Medien bringt einerseits einen größeren Individualisierungsspielraum für den einzelnen Nutzer mit sich. Die Möglichkeiten aktiver Mediennutzung werden erweitert, die Vielfalt medialer Optionen kann letztendlich zu einem auf spezielle Wünsche und Bedürfnisse der einzelnen

Rezipienten abgestimmten Medienangebot führen. Diese Optionenvielfalt kann andererseits jedoch nur in Anspruch genommen werden, sofern der Nutzer über die entsprechenden Zugangsmöglichkeiten verfügt und diese beherrscht. Wenn dies nicht der Fall ist, können aktuelle mediale Wandlungsprozesse in Richtung einer Ausgrenzung verlaufen, indem beim Medienpublikum neue soziale Einschränkungen in der Nutzung aufgebaut werden (vgl. Arnold 2003; Berghaus 1994; Zillien 2006). Diese Tendenzen lassen sich in Analogie zur Hypothese der wachsenden Wissenskluft (Increasing-Knowledge-Gap-Hypothesis) begründen, die von Tichenor, Donohue und Ohen 1970 erstmals formuliert wurde. Anhand einer Langzeituntersuchung stellten sie fest, dass medienvermitteltes Wissen über den Zeitverlauf in unterschiedlichen Teilen der Bevölkerung in unterschiedlichem Maße genutzt wird, sodass sich die Lücke zwischen Informationsreichen und Informationsarmen immer mehr vergrößert.

Die Ausgangsthese der Wissenskluftforschung wird derweil als modifizierungs- und ausgestaltungsbedürftig angesehen (vgl. Saxer 1988: 145). Nicht nur der sozioökonomische Status bzw. die formale Bildung ist entscheidend für die Entstehung von Wissensklüften; vielmehr beeinflussen offenbar auch weitere Variablen Stärke und Dynamik von Wissensklüften im Zeitablauf. Bonfadelli (1994) unterscheidet drei Ebenen von Faktoren und Prozessen, die hier zusammenwirken:

a) Auf der Ebene des *Entstehens* von Wissensklüften sind soziale Kommunikationsbarrieren auszumachen, die den Zugang zu medienvermittelten Informationen erschweren;
b) Im *Verlauf* von Wissensklüften wirkt verstärkend, dass die sowieso schon »Informationsreichen« (Mittelschichten) die Medien stärker informationsorientiert nutzen, wohingegen »Informationsarme« (Unterschichten) die Medien eher unterhaltungsorientiert nutzen;
c) Schließlich spielen auf der Ebene des *Rezeptionsprozesses* unterschiedliche Motivationen sowie kognitive Faktoren eine Rolle, also etwa Vorwissen, Erwartungshaltungen und kognitive Kompetenzen.

2. Forschungsdesign und Methodologie der Studie

In diesem Kapitel werden die wichtigsten Schritte des Untersuchungsplans in konzentrierter Form dargestellt. Die einzelnen Phasen werden durch solche konkreten Ergebnisbeispiele aus der Hauptstudie veranschaulicht, die das Verständnis für die nachfolgenden Kapitel dieser Studie erleichtern. Das Design besteht vor allem aus einer Kombination qualitativer und quantitativer Methoden der Datenerhebung und -analyse, um den komplexen Forschungsgegenstand (s. Kap. 1, S. 18ff.) der Studie mehrperspektivisch erfassen und rekonstruieren zu können.[4]

Die zentrale methodologische Prämisse bei der Triangulation qualitativer und quantitativer Forschungsmethoden in unserer Studie geht – im Hinblick auf deren Erkenntnisziele – davon aus, dass diese Methodenkombination hilft, einen *Zielkonflikt* zwischen zwei konkurrierenden Ansprüchen zu lösen, nämlich zwischen

- Der *Generalisierbarkeit* von Ergebnissen, um möglichst verallgemeinerungsfähige bzw. repräsentative Aussagen über Einstellungen und Verhaltensweisen von Akteuren in einer Population zu erreichen und
- der Erfassung von *sozialen Kontexten* einschließlich der *Deutungen* und *Pläne* der in ihnen *handelnden Subjekte* (vgl. Treumann 1998: 164).

Während die klassische Phasenabfolge in einem Forschungsdesign zur Verknüpfung beider Methodenklassen so angelegt ist, dass zuerst qualitative Verfahren eingesetzt werden, um Hypothesen zu bilden und Messinstrumente (z.B. Fragebögen) zu entwickeln und dann eine standardisiert-quantitative Studie an einer repräsentativen Stichprobe durchgeführt wird, um die zuvor gebildeten hypothetischen Aussagen zu überprüfen, haben wir eine zweite Variante gewählt, die eine *Umkehrung* der obigen Stufenfolge darstellt: *zuerst quantitative, dann qualitative* Forschung (vgl. Seipel/Rieker 2003: 243-245; Treumann 1998: 170f.). Die methodologische Legitimation für dieses Vorgehen liegt darin begründet, dass in unserem Fall die Phase der quantitativen Forschung

---

4   Detaillierte Informationen über die methodologischen Grundlagen und die einzelnen forschungsmethodischen Phasen finden sich im dritten Kapitel von »Medienhandeln Jugendlicher« (Treumann/Meister/Sander et al. 2007: 41-75). Um inhaltliche Verdoppelungen zu vermeiden, verweisen wir zudem auf den umfangreichen Anhangsteil der Hauptstudie (Kap. 15, S. 717-807), in dem u.a. die Erhebungsinstrumente enthalten sind.

auf einem bereits entwickelten *theoretischen Bezugsrahmen* basiert, der sich sowohl in der empirischen Medienforschung als auch in der medienpädagogischen Praxis bewährt hat. Es handelt sich dabei vor allem um das Bielefelder Medienkompetenz-Modell (s. Kap. 1, S. 18f.).

2.1 Quantitative Untersuchungsphase

2.1.1 Standardisierte Fragebogenerhebung

Gemäß der Anlage des Forschungsdesigns wurde in einem ersten Schritt mithilfe einer standardisierten Fragebogenerhebung das Mediennutzungsverhalten und die Medienkompetenz Jugendlicher erhoben. Der Fragebogen, der sich zu einem großen Teil an dem Konzept der Medienkompetenz orientiert und den Ausgangspunkt für die nachfolgenden multivariaten Analysen bildete, enthielt u.a. m=141 Variablen (z.B. Fragebogenitems/Schätzskalen), mittels derer acht der neun Unterdimensionen des Bielefelder Medienkompetenz-Modells operationalisiert wurden.[5] In Bezug auf die Fragestellungen unserer Teilstudie umfasste das Erhebungsinstrument Fragen zu drei Merkmalsgruppen:

- Variablen, die sich auf die jugendlichen *Rezipienten* beziehen (z.B. Geschlecht, Alter, kulturelles Kapital, Medienkompetenz, Selbstwertgefühl, internale Kontrollüberzeugungen);
- Merkmale, die *Medieninhalte* einschließen (etwa Präferenzen für gewalthaltige Film- und Computerspiel-Genres wie das Genre des Kriegsfilms oder Egoshooter-Spiele) und
- Aspekte des *sozialen Kontextes,* die sich auf Familie, Peergroup sowie jugendkulturelle Szenen (z.B. die Skinheads) beziehen.

2.1.2 Stichprobe

Der Erhebungsplan für die standardisierte Befragung der Jugendlichen zu ihrem Medienhandeln war als Querschnittsstudie angelegt. Die Grundgesamtheit setzt sich aus Jugendlichen der drei Bundesländer Mecklenburg-Vorpommern, Nordrhein-Westfalen und Sachsen-Anhalt zusammen, die im Befragungs-

---

5   Nicht berücksichtigt wurde in der Untersuchung die Teildimension »Innovative Mediengestaltung«, da uns die valide Erfassung bzw. Messung von Veränderungen und die Weiterentwicklung des Mediensystems mithilfe von standardisierten Fragebogenitems nicht adäquat erschien.

2.1 Quantitative Untersuchungsphase   29

zeitraum ein Lebensalter von 12 bis einschließlich 20 Jahren erreicht hatten, Deutsch als Muttersprache beherrschten,[6] mindestens drei Jahre in demselben Ort und jeweils in einem der drei folgenden Sozialräume wohnten: (a) Ländliche Wohngegenden ($\leq$ 25.000 Einw.), Mittelstädte ($\leq$ 50.000 Einw.) und (c) Großstädte ($\geq$ 100.000 Einw.). Es ergab sich über alle drei Bundesländer hinweg eine bereinigte *Nettostichprobe* von insgesamt $n=3.271$ Jugendlichen, die den Ausgangspunkt für sämtliche nachfolgende Teilauswertungen bildete.

2.1.3 Aufdeckung der hauptkomponentenanalytischen Binnenstruktur der Unterdimensionen des Bielefelder Medienkompetenz-Modells

Um die interne Struktur der Dimensionen von Medienkompetenz zu explorieren, interkorrelierten wir diejenigen m=141 Items des standardisierten Fragebogens, welche die verschiedenen Teildimensionen des Bielefelder Medienkompetenz-Modells (s. Kap. 1, S. 18f.) operationalisieren. Dieses Geflecht der Zusammenhänge zwischen den einzelnen Items untersuchten wir – getrennt für jede der acht Unterdimensionen – mit dem multivariaten statistischen Verfahren der *Hauptkomponentenanalyse*, um die Forschungsfrage zu beantworten, ob die Items zur Messung verschiedener Felder des Medienhandelns Jugendlicher, welche sich an den Teildimensionen des Bielefelder Medienkompetenz-Modells (z.B. »Interaktive Mediennutzung«) orientieren, derart klassifiziert werden können, dass sich *inhaltlich interpretierbare Binnenstrukturen* ergeben. Dazu wurden die varianzstärksten Komponenten (K) zu ihrer besseren Interpretierbarkeit gemäß Varimax-Kriterium auf eine orthogonale Einfachstruktur hin rotiert. Darüber hinaus lässt sich dann für die verschiedenen Felder des Medienhandelns nachweisen, ob entweder eine eindimensionale oder eine mehrdimensionale Ordnungsstruktur ableitbar ist, die mit den erhobenen Daten verträglich ist und zugleich den empirischen Gehalt des Bielefelder Medienkompetenz-Modells verdeutlicht.

Die Ergebnisse der Hauptkomponentenanalysen zeigen, dass sich für jede der acht Unterdimensionen aussagekräftige Variablenbündel (Komponenten bzw. Faktoren) interpretieren lassen. Mithilfe von insgesamt k=32 Haupt-

---

6   Die Daten der standardisierten Befragung der Teilstichprobe derjenigen Jugendlichen, die *nicht* mit Deutsch als Muttersprache aufgewachsen sind, wurden im Rahmen eines Dissertationsvorhabens von Mareike Strotmann ausgewertet. Die Arbeit wird im Laufe des Jahres 2008 abgeschlossen werden. Sie wird unter dem Titel »Mediennutzungsverhalten und Medienaneignung von türkischen Jugendlichen. Eine empirische Analyse sozialer Bedingungen und ihrer Konsequenzen bei dem Erwerb von Medienkompetenz am Beispiel der Neuen Medien« aller Wahrscheinlichkeit 2009 als Buchpublikation vorgelegt werden.
    Des Weiteren verweisen wir an einer Stelle darauf, dass die Antworten der Jugendlichen zu Fragen nach ihren medialen Bezugspersonen (»Vorbilder« und »Idole«) in dem Erhebungsinstrument unserer Hauptstudie von Claudia Wegener im Rahmen ihrer Habilitationsschrift ausgewertet wurden (s. Wegener 2008).

komponenten, die wechselseitig voneinander unabhängig sind, lassen sich für die 12- bis 20-jährigen Jugendlichen inhaltlich interpretierbare Binnenstrukturen bei allen untersuchten Teildimensionen des Bielefelder Medienkompetenz-Modells rekonstruieren. Diese Komponenten stellen die Hauptquellen der Variation bzw. der Unterschiede dar, welche die Heranwachsenden in ihrer Medienkompetenz zeigen. Beispielsweise ergibt sich für die Unterdimension *»Interaktive Mediennutzung«* eine Binnenstruktur von insgesamt sechs Komponenten:

a) Die *Konsumorientierte Mediennutzung* (K1) vereinigt Items zu Praktiken aus dem Bereich der PC- und Internetnutzung, die den konkreten Nutzungsaspekt dieser Medien für zum Beispiel den Gebrauch neuer Software, das Hören von Musik oder das Abwickeln von Internetgeschäften in den Vordergrund stellen.

b) Die Komponente K2 *Handy-Nutzung* bündelt solche Items zur interaktiven Mediennutzung, die sich auf das Medium Handy und seine verschiedenen Funktionen beziehen.

c) Auf der Komponente K3 *Informationsorientierte Nutzung* laden insgesamt sieben Items hoch, die sich einerseits auf die Nutzung von Informationen aus Bibliotheken und (autodidaktischer) Lernsoftware am Computer, zum anderen auf die Nutzung des Internets für Zwecke der Informationsrecherche beziehen.

d) Die *Spielorientierte Mediennutzung* K4 vereinigt solche Items auf sich, die auf die Nutzung von Computer- und Internetspielen verweisen.

e) Auf der Komponente K5 *Partizipative Mediennutzung* laden durchgängig jene Items, die sich auf verschiedene Formen der Teilnahme an Fernsehsendungen (von [1] »Hingeschrieben und Meinung gesagt« bis [7] »Teilnahme als Zuschauer im Studio«) beziehen.

f) Die Komponente K6 *Kommunikative Mediennutzung* bündelt schließlich die Variablen, die – zum einen bezogen auf das Internet (z.B. Chatten, E-Mails), zum anderen bezogen auf das klassische Telefon (z.B. längere Gespräche) – Formen der kommunikationsorientierten Mediennutzung indizieren.[7]

2.1.4 Entwicklung einer empirisch fundierten Typologie der Medienkompetenz Jugendlicher

Dieses Untersuchungsziel haben wir durch Anwendung der Clusteranalyse zu erreichen versucht. Wenn es gelingt, die repräsentative Stichprobe der befragten Jugendlichen in ihrem vielfältigen Medienhandeln auf einige wenige Cluster zu

---

7 Siehe Treumann/Meister/Sander et al. 2007: 159-163.

2.1 Quantitative Untersuchungsphase 31

»verdichten«, dann gewinnt man eine empirisch gestützte Personen-Typologie, die zum einen die fast unüberschaubare Komplexität verschiedener personengebundener Verhaltensmuster auf einige wenige überschaubare Konfigurationen modellhaft reduziert und zum anderen zu einer forschungsökonomischen Beschreibung medienkompetenzgesteuerten Handelns Jugendlicher führt. Damit lassen sich dann die verschiedenen rekonstruierten Clustertypen als relativ *homogene* Gruppen Jugendlicher interpretieren, die relativ ähnliche Medienkompetenzprofile aufweisen und damit verwandte Muster des Umgangs mit Medien auf der Performanzebene praktizieren.

Die Ausgangsdaten für die Clusteranalyse bildeten die individuellen Ausprägungen, welche die Jugendlichen auf den obigen 32 Hauptkomponenten der Medienkompetenz besitzen, und zwar in Form von z-Werten.[8] Das Ziel der Analyseprozedur bestand darin, alle jene Heranwachsenden, die jeweils einander ähnliche Kompetenzprofile entlang der 32 Hauptkomponenten aufwiesen, zu möglichst homogenen Clustertypen zusammenzufassen. Der Klassifikationsprozess der 12- bis 20-Jährigen erfolgt in mehreren Teilschritten: Zuerst wurden aus dem Datensatz diejenigen Jugendlichen ausgeschieden, die auf den 32 Hauptkomponenten mehr als 10 fehlende Werte *(Missing Values)* aufwiesen sowie jene, die als multivariate *Outlier* identifiziert wurden. So ergab sich eine *Analysestichprobe* von insgesamt *n=1.662* Heranwachsenden. Danach ist als Ähnlichkeitsmaß zwischen den Personenpaaren der Stichprobe – bezogen auf die Hauptkomponenten – die *quadrierte Euklidische Distanz* berechnet und für die Fallrelationen innerhalb der gesamten Stichprobe eine Distanzmatrix erstellt worden. Auf der Grundlage der so ermittelten Distanzmatrix wurden zunächst *hierarchische Clusteranalysen* nach Ward zur Bestimmung der Anzahl der Personencluster und der Anfangsschätzungen der Clusterschwerpunkte durchgeführt. In einem abschließenden Schritt wendeten wir die *Clusterzentrenanalyse* nach dem sog. K-means-Verfahren an, um eine möglichst große Homogenität innerhalb der einzelnen Personencluster zu erreichen.

Im Rahmen der quantitativen Analysen konnten insgesamt sieben Cluster rekonstruiert werden, die typische Konstellationen bzw. Profile entlang der 32 Komponenten von Medienkompetenz aufweisen.[9] Oder anders ausgedrückt:

---

8 Jeder Jugendliche lässt sich also durch einen Personenvektor, bestehend aus 32 z-Werten mit gegebenenfalls unterschiedlichen Vorzeichen charakterisieren. Die z-standardisierten Werte der *Gesamtstichprobe* der Jugendlichen weisen pro Hauptkomponente einen arithmetischen Mittelwert von Null (a. M. z=0) und eine Standardabweichung von Eins (s_z=1) auf. Alle z-Werte mit einem *positiven* Vorzeichen sind *größer* und alle z-Werte mit einem *negativen* Vorzeichen sind *kleiner* als der Mittelwert der z-Skala. Hiervon zu unterscheiden sind die Mittelwerte der Angehörigen der *einzelnen Cluster* auf den 32 verschiedenen z-skalierten Hauptkomponenten, die substanziell von Null abweichen können.

9 Jeder Clustertyp besitzt also ein für ihn charakteristisches Kompetenzprofil, dessen Ausprägungen auf den einzelnen Hauptkomponenten als arithmetischer Mittelwert aller individuellen Ausprägungen der Angehörigen des betreffenden Clusters auf den verschiedenen Komponenten – skaliert als z-Werte –

Die einzelnen Cluster zeichnen sich dadurch aus, dass die in ihnen jeweils zusammengefassten Jugendlichen bezüglich ihrer Medienkompetenz vergleichsweise wenig voneinander differieren (Prinzip der relativen *Homogenität*) und Heranwachsende aus unterschiedlichen Clustertypen sich vergleichsweise stark voneinander unterscheiden (Prinzip der *Heterogenität*). Die Bezeichnungen (»Namen«) der sieben Cluster und die empirische Verteilung der Clusterzugehörigkeiten sind bereits in Kap. 1 referiert worden (s. S. 17). Im Folgenden sollen die Clustertypen der ›Bildungsorientierten‹, ›Allrounder‹ und ›Deprivierten‹ kurz beschrieben werden,[10] da sie in Kap. 5 kontrastierend betrachtet werden. Die Typen der ›Bildungsorientierten‹ und der ›Allrounder‹ können aufgrund der Ausprägungen ihrer Clusterprofile entlang der 32 Hauptkomponenten als Gruppierungen von Jugendlichen gelten, die – in jeweils anderer Konstellation – besonders medienkompetent sind, während die Angehörigen der ›Deprivierten‹ vergleichsweise unterdurchschnittliche Kompetenzen im Umgang mit alten und Neuen Medien aufweisen:

- ›Die *Bildungsorientierten‹* zeichnen sich durch eine weit überdurchschnittliche Nutzung von Belletristik und Sachliteratur sowie von Zeitungen aus. Typisch und prägnant für sie ist ferner, dass sie die Gruppe mit dem mit Abstand fundiertesten literarischen Bildungswissen sind. Das Lesen wird zwar entsprechend den erwünschten Bewertungen eines traditionellen Bildungskanons von ihnen positiv normiert, aber klassische Literatur wird dagegen kaum freiwillig gelesen, sondern diese Jugendlichen favorisieren die Genres »Kriminal-, Fantasy- und Horrorgeschichten«. Schaut man sich die soziodemografische Verteilung innerhalb des Clusters an, so wird deutlich, dass es insbesondere die höher gebildeten Mädchen sind, die den Bildungsorientierten zuzuordnen sind.
- Kennzeichnend für die ›*Allrounder‹* ist, dass sie – verglichen mit der Nutzungsintensität anderer Jugendlicher – sowohl von alten als auch von Neuen Medien mit stark überdurchschnittlicher Häufigkeit Gebrauch machen. Bei den Angehörigen dieses Clusters beschränkt sich der Umgang mit Neuen Medien nicht bloß auf deren anwendungsbezogene Nutzung. Typisch und prägnant für die ›Allrounder‹ ist vielmehr, dass sie sich ebenfalls gestalterisch in ihren Medien betätigen und ein stark überdurchschnittliches informa-

---

definiert ist. Die entsprechende Cluster-Profillinie ergibt sich also als Verbindung aller 32 z-skalierten Hauptkomponenten-Mittelwerte.

10 Eine ausführliche Darstellung der Cluster und ihrer Kompetenzprofile findet sich im 6. und 15. Kapitel der Hauptstudie (s. Treumann/Meister/Sander et al. 2007, S. 196-215; S. 770-773. Auf S. 772 hat sich in der Abb. 15.10.1 leider ein Druckfehler eingeschlichen: Dort müssen am linken Rand von Abbildung 15.10.1 die Clusterbezeichnungen vertauscht werden, sodass sich dann korrekt ergibt: ⊠ — Kommunikationsorientierte und ▲ — Konsumorientierte). Ferner ist in der Überschrift von Abbildung 7.5.2.2 auf S. 351 der Passus »in der Familie« zu ersetzen durch »im Freundeskreis«.

2.1 Quantitative Untersuchungsphase 33

tionsorientiertes Lösungsverhalten bei Problemen mit dem PC oder dem Internet aufweisen. Sie besitzen zudem ein überdurchschnittliches Wissen über die Sachzusammenhänge des Mediensystems. In übergreifender Betrachtung stellen sie unter den Jugendlichen diejenige Gruppe dar, die intensiver und zugleich selbst bestimmter als andere die Klaviatur der Medien für ihre eigenen Zwecke nutzen kann. In Bezug auf die Aneignung der Neuen Medien können sie tendenziell als avantgardistisch bezeichnet werden. Unter soziodemografischen Gesichtspunkten handelt es sich bei den ›Allroundern‹ um ein stark männlich dominiertes Cluster von Jugendlichen jüngeren bis mittleren Alters (12 bis 17 Jahre), in dem insbesondere die Gruppe der Realschüler überrepräsentiert ist.

- Im Gegensatz zu den ›Bildungsorientierten‹ und ›Allroundern‹ handelt es sich bei den *Deprivierten* um ein Cluster, das als Typus jugendlichen Medienhandelns – bezogen auf die verschiedenen Dimensionen des Bielefelder Medienkompetenz-Modells – vorwiegend defizitär bestimmt ist. So weisen die Angehörigen dieses Clusters im Vergleich zur Gesamtstichprobe fast durchgängig in allen Bereichen der Mediennutzung unterdurchschnittliche Kennwerte auf. Eine Ausnahme stellt lediglich die Rezeption audiovisueller Medien (Fernsehen, Video, Kino) dar. Dies gilt sowohl für den Bereich der rezeptiven als auch für den der interaktiven Mediennutzung. Auch gestalterisch treten die ›Deprivierten‹ im Umgang mit den ihnen verfügbaren Medien mit einem vergleichsweise geringen Engagement in Erscheinung. Sie haben ein rudimentäres Wissen über die Gegebenheiten des Mediensystems und weisen im Umgang mit Problemen, die im Kontext des Mediengebrauchs auftreten, kein aktiv strukturiertes Handlungsprofil auf. Auf der Ebene ihrer medienkritischen Einstellungen fallen die Angehörigen dieses Clustertyps im Weiteren durch ein relativ hohes Vertrauen in den Realitätsgehalt medialer Wirklichkeitsdarstellungen auf. Unter soziodemografischen Gesichtspunkten handelt es sich bei den ›Deprivierten‹ um eine Gruppierung vorwiegend männlicher Jugendlicher jüngeren Alters aus dem unteren bis mittleren Bildungssegment (Haupt-, Sekundar-, Realschulen).

2.1.5 Externe Validierung der Clustertypologie

Die Gültigkeit der erhaltenen Clusterlösung überprüften wir anhand einer Reihe von *externen* Merkmalen bzw. Kriterien, d.h. an solchen Variablen, die *nicht* für die clusteranalytische Typenbildung herangezogen wurden. Um dieses Teilziel zu erreichen, führten wir eine Reihe von *logistischen Regressionsanalysen* durch. Als abhängige Variable fungierte die statistische Wahrscheinlichkeit der

Zugehörigkeit zu einem der Clustertypen. Als *un*abhängige Variablen gingen in die Regressionsanalyse jene externen Merkmale ein, von denen angenommen wurde, dass sie die Zugehörigkeit der Jugendlichen zu den Typen der Medienkompetenz beeinflussen. Zu den unabhängigen Variablen gehörten vor allem Merkmale sozialökologischer Rahmenbedingungen (z.b. Ost-West-Unterschied, Urbanitätsgrad, von den Jugendlichen eingeschätzte Freizeitmöglichkeiten am Ort), Aspekte des Sozialisationsmilieus im Elternhaus (etwa Höchster Berufsabschluss des Vaters, Anzahl der Bücher im elterlichen Besitz), soziodemografische Faktoren (beispielsweise Alter und Geschlecht), Interessenlagen der Jugendlichen (Technik- sowie Politikinteresse), die Mitgliedschaft von Heranwachsenden in bestimmten Vereinen und Organisationen (z.b. Sportverein, kirchlich-konfessionelle Gruppen, Jugendverbände, Freiwillige Hilfsorganisationen, wie etwa [Jugend-]Feuerwehr oder Technisches Hilfswerk) sowie die (informelle) Zugehörigkeit zu insgesamt 17 verschiedenen jugendkulturellen Szenen (von Umweltschützern und Kernkraftgegnern über Fußballfans, Computerfreaks und Internetusern, HipHop-/Rap-Fans, Anhängern der Jungle-Breakbeat, Drum'n'Bass-Szene bis zu Grufties und Gothics sowie Skinheads).

Wir greifen als Beispiel für eine externe Variable die (informelle) Zugehörigkeit zur Szene der *Skinheads* heraus, weil sie im Zusammenhang mit der Rezeption gewalthaltiger Medieninhalte in Kap. 5 noch näher betrachtet wird. So ist die Chance eines Jugendlichen, der *nicht* der Szene der Skinheads *angehört*, im Cluster der ›*Bildungsorientierten*‹ vertreten zu sein, rund viermal (Kehrwert Exp. (B) = 4,09) so hoch wie für Angehörige dieser Szene (s. Treumann/Meister/ Sander et al. 2007, Tab. 7.2.7.3.1, S. 281). Umgekehrt zeigt der Exp (B)-Wert von 4,01 für die jugendkulturelle Szene der Skinheads an, dass die statistische Chance, dass Angehörige dieser Szene dem Cluster der ›*Deprivierten*‹ *angehören*, relativ zu der entsprechenden Chance von *Nicht*angehörigen dieser Szene, 4,01 : 1 beträgt (vgl. ebd., Tab. 7.5.7.3, S. 370).

2.2 Qualitative Untersuchungsphase

2.2.1 Definition und Selektion prototypischer Jugendlicher

Die Studie bleibt nicht allein bei einer getrennten Erhebung und Auswertung quantitativer und qualitativer Daten stehen, deren Ergebnisse *im Nachhinein* interpretativ aufeinander bezogen werden. Vielmehr strebt sie an, neben einer empirisch-statistisch angeleiteten Kartografierung des Medienhandelns (vgl. Treumann 1998: 169) zu einer möglichst *dichten* Verknüpfung quantitativer und qualitativer Methoden zu gelangen. Dazu wählten wir aus jedem Cluster durchschnittlich fünf

2.2 Qualitative Untersuchungsphase 35

prototypische Fälle für leitfadengestützte Interviews aus. Das sind solche Jugendliche, die sich möglichst nahe am Clustercentroid befinden, d.h. eine – im Vergleich zu den sonstigen Angehörigen des Clustertyps – *minimale euklidische Distanz zum Clusterschwerpunkt aufweisen.*[11] Diese Selektionsprozedur besitzt durch ihre eindeutige Orientierung an einem objektiven Kriterium den Vorteil – unabhängig von der Person eines beliebigen Auswerters – jederzeit nachvollziehbar und streng reproduzierbar zu sein. Durch die Auswahl prototypischer Jugendlicher anhand der clusteranalytisch gewonnenen Typologie einer repräsentativen Personenstichprobe, wobei die Typologie zudem auf einer theoriebezogenen Repräsentativität medientheoretisch bedeutsamer Merkmale basiert, nämlich der Hauptkomponenten innerhalb der einzelnen Subdimensionen des Bielefelder Medienkompetenzmodells, mithin durch diese *doppelte Repräsentativität* von Stichprobe und Variablenset lässt sich – so die Annahme – zumindest prinzipiell eine Auswahl von qualitativ zu gewinnenden Sinndeutungen eben dieser Jugendlichen erreichen, die eine optimale Verallgemeinerungsfähigkeit der spezifischen inhaltlichen Konstellationen der Personen- und Merkmalspopulation leistet (vgl. Treumann 1998: 172 u. 177).

2.2.2 Durchführung und Auswertung leitfadengestützter qualitativer Interviews mit prototypischen Jugendlichen

Um Synergieeffekte mit der standardisierten Fragebogenerhebung nutzen zu können, wurden gemäß der von uns eingeschlagenen triangulativen Strategie die ausgewählten prototypischen Jugendlichen leitfadengestützt interviewt.

Die fünf thematischen Felder des Leitfadens bezogen sich auf (a) die »lebensweltliche Einbettung der Medien«, (b) die »Selbstsozialisation versus Fremdsozialisation und den Einfluss von Gleichaltrigen-Gruppen bei der Aneignung von Medienkompetenz«, (c) die »medialen Lieblingsaktivitäten und der Einfluss von Peergroups« sowie auf die »Bedingungen zur Erlangung eines Expertenstatus«, (d) »Aspekte einer medial vermittelten versus selbst generierten Jugendkultur« sowie (e) auf die »Reflexion der eigenen und der elterlichen Einstellungen und Bewertungen von Medien«.

---

11 Die SPSS-Prozedur »Clusterzentrenanalyse« berechnet unter den Schaltflächen »Optionen/Statistiken/Clusterinformationen für jeden Fall/Abspeichern« für jede Person im Cluster ihre Euklidische Distanz zum entsprechenden Clustermittelpunkt. So weisen etwa die *prototypischen* Jugendlichen Martin, Michaela, Danny, Karl und Christian aus dem Cluster der ›Deprivierten‹ (s. Kap. 4) Euklidische Abstände von 2,55; 2,56; 3,09; 3,15 und 3,154 Einheiten zum Clustercentroid auf, während der arithmetische Mittelwert der Distanzen *aller* 129 Angehörigen dieses Clusters zum Clusterschwerpunkt 15,1 Einheiten beträgt (vgl. Treumann/Meister/Sander et al. 2007, S. 798).

In allen fünf Themenbereichen bezogen sich die Fragen auf die im Bielefelder Modell enthaltenen Dimensionen der Medienkompetenz, sodass eine medientheoretische Klammer bzw. Brücke zwischen den quantitativen und qualitativen Zugängen zum Gegenstandsbereich der Untersuchung bestand. Insgesamt haben wir Einzelinterviews mit 38 Jugendlichen aus den sieben Clustern durchgeführt. Alle der auf Tonträger aufgezeichneten Interviews wurden vollständig transkribiert. 33 der 38 Transkripte gingen in die weitere Analyse ein.[12]

Die Heranwachsenden wurden zu Beginn und im Verlauf des Interviews ermutigt, Erzählungen (»Geschichten«) und Situationsbeschreibungen zu den von ihnen wahrgenommenen Problemen und gemachten Erfahrungen zu generieren. Nach der von uns praktizierten Methode ging es darum, sowohl Charakteristika des narrativen als auch des problemzentrierten Interviews zu realisieren.

Die Auswertung der Interviewtranskriptionen erfolgte zum einen mithilfe der strukturierten qualitativen Inhaltsanalyse (Mayring 1997: 115). Zur Unterstützung des Codierungsprozesses setzen wir dazu das Softwareprogramm MAXqda (Kuckartz 1999) ein. Zum anderen wurde dieses Vorgehen mit der sozialwissenschaftlich orientierten hermeneutischen Interpretation ausgewählter Textstellen kombiniert, die für die Fragestellungen der Untersuchung als besonders relevant angesehen wurden (vgl. Schröer 1994; Soeffner/Hitzler 1994).

In einem *ersten* Auswertungsschritt wurden *Fallbeschreibungen* der prototypischen Jugendlichen jedes einzelnen Clustertyps rekonstruiert, die eine detaillierte und umfassende Betrachtung der Einzelfälle mit Bezug auf deren Deutungsmuster und soziale Kontexte im Hinblick auf ihr Medienhandeln beinhalten. Der *zweite* Auswertungsschritt umfasste die Durchführung von *Fallvergleichen* zwischen den prototypischen Jugendlichen. Diese diente zur Gewinnung von *Clusterportraits als* ganzheitlicher qualitativer Charakterisierung fallübergreifender Merkmale des jeweiligen Medienkompetenztyps.[13] Die hier vorgelegte Teilstudie konzentriert sich auf solche Aspekte der Einzelinterviews, in denen die prototypischen Jugendlichen darlegen, was sie dazu motiviert, gewalthaltige Medieninhalte zu rezipieren, wie sie Gewaltdarstellungen wahrnehmen, welche Genrepräferenzen sie besitzen und welche Rechtfertigungsstrategien sie diesbezüglich entwickeln. In diesem Zusammenhang galt es ebenso zu rekonstruieren, welche Rolle jugendbezogene Orientierungs- und Handlungsrahmen und die soziale Einbindung der Jugendlichen in Familie, Nachbarschaft, Schule,

---

12 Fünf verschriftlichte Interviews wurden wegen ihrer Kürze und mangelnden inhaltlichen Ergiebigkeit im Auswertungsprozess nicht berücksichtigt.

13 Detaillierte Informationen zum methodischen Vorgehen und zu den Ergebnissen finden sich in Treumann/Meister/Sander et al., 2007, Kapitel 3; 8; 15.2; 15.5 und 15.6

2.2 Qualitative Untersuchungsphase 37

Vereinen oder Gleichaltrigengruppen bei der Rezeption und Bewertung medialer Gewalt spielen. Die Darstellung der Analyseergebnisse entfaltet für jeden der sieben Clustertypen jugendlichen Medienhandelns die prägnanten Rezeptions-, Umgangs- und Bewertungsmuster der prototypischen Heranwachsenden: zum einen hinsichtlich gewalthaltiger *Computerspiele* und zum anderen bezüglich violenter *Fernseh- und Filmformate*.

2.2.3 Durchführung, Analyse und Interpretation von Gruppendiskussionen

Unsere Forschungserfahrungen mit der Operationalisierung, Messung und Auswertung des komplexen Konstrukts »Medienkritik« (s. Kap. 1, S. 18f.) mithilfe der standardisierten Befragung Jugendlicher mit einer sich daran anschließenden quantitativen Analyse der Erhebungsdaten, die ja die erste Phase des triangulativen Designs umfasst, ergaben, dass eine inhaltlich facettenreiche und in die Tiefe gehende Erfassung der analytischen, reflexiven und ethischen Aspekte dieser Dimension nur durch den kombinierten Einsatz mit qualitativen Methoden zu erreichen ist. Daher haben wir in der zweiten Phase die drei Unterdimensionen sowohl mittels leitfadenorientierter Interviews als auch durch die Applizierung von Gruppendiskussionen bei den Jugendlichen zu erfassen versucht.

Während sich mittels der qualitativen Einzelinterviews vor allem die subjektiven Intentionen der Jugendlichen bei ihrem Umgang mit gewalthaltigen Inhalten erfassen beziehungsweise interpretativ herausarbeiten lassen, sollen durch die Methode der Gruppendiskussion die *gemeinsam geteilten* Orientierungen und Erfahrungen der Heranwachsenden im Hinblick auf die Rezeption und Bewertung medialer Gewaltdarstellungen rekonstruiert werden. Die Gruppendiskussion wird also gegenüber den Einzelinterviews innerhalb des qualitativen Paradigmas als komplementäres Verfahren eingesetzt (Treumann 1998). Gerade bei *selbstläufigen Diskussionsphasen*, d.h. solchen, die sich selbst tragen, indem sich durch die gegenseitige Beeinflussung der Teilnehmer (konträre) Argumentationsmuster entfalten können (Lamnek 1998: 41), und damit die Gruppendiskussion *nicht* von ihrem Leiter durch Fragen in Gang gehalten werden muss, bilden nicht nur die theoretisch induzierten Bezugssysteme und Rahmungen der Forschenden den Mittelpunkt des Gesprächs, sondern es kommen zudem die *Relevanzstrukturen der Jugendlichen selbst* stärker zur Sprache, die Gegenstand unseres Forschungsinteresses sind. Dieser gegenseitige Austausch und das Aushandeln von Bedeutungen unter den Teilnehmer(innen) der Gruppendiskussionen kommt den alltäglichen Kommunikationssituationen unter ihresgleichen relativ nahe und erlaubt es uns – so die Annahme – zentrale Aspekte der *»kon-*

junktiven Erfahrungsräume« (Bohnsack 2003; Bohnsack/Przyborski/Schäffer 2006) der Jugendlichen zu rekonstruieren, die sich gemäß unserer Fragestellung auf *kollektiv geteilte Orientierungsmuster* hinsichtlich des Umgangs mit gewalthaltigen Medieninhalten beziehen. Dazu gehört auch die Rekonstruktion von *Gegenhorizonten,* so etwa, wenn Jugendliche die Rezeption von medialen Gewaltdarstellungen für sich selbst als unproblematisch ansehen, aber dies für Kinder begründet ablehnen.

Während bei den Einzelinterviews Wahrnehmung, Rezeption und Bewertung *fiktionaler,* gewaltbezogener Inhalte im Fokus der Teilstudie standen, konzentrierten wir uns in den Gruppendiskussionen auf die Rezeption *realer* gewalthaltiger Medieninhalte und deren lebensweltliche Einbettung am Beispiel eines epochalen Ereignisses, dessen mittelbare Zeitzeugen die Heranwachsenden über die Berichterstattung in den Medien rund ein halbes Jahr zuvor wurden, nämlich des Terroranschlags auf die Twin Towers in New York am 11. September 2001.

Dazu führten wir 10 Gruppendiskussionen zum Thema »Berichterstattung über die Ereignisse des 11. Septembers in den Medien« mit insgesamt 78 Teilnehmerinnen und Teilnehmern unterschiedlichen Alters durch, welche entweder eine Haupt-, Gesamt- oder Berufsschule oder ein Gymnasium besuchten und zuvor in der Regel an der standardisierten Befragung teilgenommen hatten. Die Auswahl des Themas wurde von der Annahme geleitet, dass sich Medienkritik – bezogen auf journalistische Berichterstattungen – vor allem bei Emotionen auslösenden Inhalten zeigt, die mit individuellen Vorstellungen von Ethik und Moral verknüpft sind. Als Stimulus wurden den Jugendlichen in einem ersten Schritt vier Fotos auf einer Folie mittels eines Overhead-Projektors gezeigt, die das Einbrechen der beiden Flugzeuge in die Türme des World Trade Centers dokumentierten. Hier lag die Intention erst einmal in der Vergegenwärtigung des Vergangenen. Danach wurde die Gruppendiskussion mit der Frage eröffnet, wie die Jugendlichen von diesem Ereignis erfahren haben und wie sie sich dabei gefühlt haben. Es schlossen sich Leitfragen zu analytischen, reflexiven und ethischen Aspekten von Medienkritik an. In einem zweiten Schritt wurde eine Folie mit weiteren Fotos aufgelegt, die verschiedene Facetten der Berichterstattung über den 11. September enthielten (z.B. Opfer, Überlebende, Angehörige, Politiker). Dieser Teil der Diskussion, der besonders ethische Bezüge thematisierte, wurde mit der Frage eingeleitet, welche der Fotos mit welchen Begründungen die Jugendlichen verwenden und welche sie ablehnen würden, wenn sie einen Zeitungsartikel über die Ereignisse am 11. September zu schreiben hätten, und zwar für Leser, die bislang noch nichts über den Anschlag und seine Folgen gehört haben. In den Gruppendiskussionen von durchschnittlich 90 Minuten Dauer thematisierten die Jugendlichen zum einen verschiedenste Gesichtspunkte der Berichterstattung und setzten sich in ihren Gesprächen zum anderen ausführlich und kontrovers mit Medien und ihren (strukturellen) Bedingungen auseinander.

Die mittels Tonträger aufgezeichneten Gruppendiskussionen wurden vollständig transkribiert. Die Auswertung und Deutung der Diskussionstexte basierte – wie auch bei den Einzelinterviews – zum einen auf der computergestützten qualitativen Inhaltsanalyse mithilfe des Softwareprogramms MAXqda und zum anderen auf der sozialwissenschaftlich orientierten hermeneutischen Interpretation ausgewählter Textpassagen, die für die Fragestellung der Teilstudie von uns als besonders relevant angesehen wurden.[14] Die zentralen textanalytischen Auswertungskategorien beinhalteten die »Gewaltakzeptanz und Medienwahrnehmung« der Jugendlichen, ihre Kriterien einer »Legitimierten und nicht-legitimierten Gewaltdarstellung«, »Gewalt als alltägliches Fernseherlebnis« der Heranwachsenden, »Die Mystery-Serie ›Akte X‹ als ein potenzieller verschwörungstheoretischer Erklärungsrahmen für die Ereignisse um den 11. September 2001«, »Mediale Gewalt und deren Wirkung aus der Sicht Jugendlicher« sowie Überlegungen der Heranwachsenden zu einer »Dramaturgie medialer Gewalt«.

Unsere methodologische Perspektive lässt sich damit wie folgt resümieren: Durch die Anwendung qualitativer Methoden der Datenerhebung, -auswertung und -interpretation wollen wir sicherstellen, dass in dieser Studie zur Rezeption, Wahrnehmung und Bewertung medialer Gewalt durch Jugendliche nicht nur die mittels statistischer Analysen von Personenaggregaten gewonnenen Strukturen ans Licht kommen, sondern ebenso die Handlungsintentionen und Relevanzstrukturen der Subjekte in ihren Lebenswelten zum Sprechen gebracht werden können.

---

14 Weitere methodologische und forschungsmethodische Überlegungen zum Verfahren der Gruppendiskussion sowie der Diskussionsleitfaden, die Liste der fotografischen Grundreize, die Transkriptionsregeln und der Codewortbaum in MAXqda finden sich in Treumann/Meister/Sander et al. (2007) in den Kapiteln 3, 9, 15.3, 15.4, 15.5 und 15.7.

3. Gruppendiskussionen

3.1 Fragestellung

Den im Folgenden dargestellten Ergebnissen liegen insgesamt 10 Gruppendiskussionen zugrunde, die wir mit Jugendlichen zum Thema »Berichterstattung über die Ereignisse des 11. Septembers in den Medien« geführt haben. Während eine erste Auswertung insbesondere mit der Absicht durchgeführt wurde, die Kompetenz der Jugendlichen zur analytisch-reflexiven Medienkritik zu erheben (s. Treumann/Meister/Sander et al. 2007, Kap. 9.1, S. 645-662), setzt die vorliegende qualitative Analyse einen anderen Schwerpunkt. So stehen hier Fragen nach der Rezeption gewalthaltiger Medieninhalte und deren lebensweltlicher Einbettung im Vordergrund, die Aufschluss über Genre- und Programmpräferenzen geben und die Selbstverständlichkeit, mit der Jugendliche solche Darstellungen im alltäglichen Mediengeschehen betrachten. Daneben werden Fragen nach der Bewertung medialer Gewaltdarstellungen gestellt und nach Rechtfertigungsstrategien für die Akzeptanz bzw. Ablehnung gewaltbezogener Inhalte. Des Weiteren sollen Gewalt tolerierende beziehungsweise Gewalt ablehnende Orientierungsmuster bei Jugendlichen betrachtet werden, wobei zu eruieren sein wird, ob und in welcher Form diese mit einem spezifischen Medienverhalten sowie bestimmten Formen der Selektion und Wahrnehmung medialer Inhalte in Zusammenhang stehen. Schließlich geht es uns darum zu analysieren, wie Heranwachsende die Wirkung medialer Gewaltdarstellungen diskutieren und welche Auswirkungen sie hier thematisieren. Auf welche Weise diese unterschiedlichen Aspekte der Medienrezeption, -wahrnehmung und Bewertung mit unterschiedlichen Ausprägungen von Medienkompetenz verbunden sind, ist eine Frage, welche die Auswertungen durchgehend begleitet. Die empirische Analyse und Rekonstruktion kann so aufzeigen, inwieweit Medienkompetenz im Sinne von Medienerfahrungen und somit Medienwissen – auch verstanden als Produktions- und Genrewissen – die Wahrnehmung und Bewertung medialer Gewalt beeinflusst und gruppenspezifische Deutungs- und Interpretationsmuster generiert.

3.2 Gewaltakzeptanz und Medienwahrnehmung

Wenn es darum geht, die Geschehnisse des 11. Septembers zu bewerten, die Seite der Attentäter sowie der Opfer zu reflektieren und angemessene politische Reaktionen auf das Attentat zu diskutieren, zeigen sich Unterschiede insbesondere zwischen den jüngeren und den älteren Teilnehmern der Gruppendiskussionen. Dabei wird mitunter auch deutlich, auf welche Aspekte der Medienberichterstattung sie sich beziehen, um ihre jeweiligen Meinungen zu begründen und zu rechtfertigen. Stellvertretend für die *jüngeren* Jugendlichen soll der folgende Ausschnitt aus einer Diskussion unter Bielefelder Gesamtschülern der 8. Klasse zeigen, welche Zusammenhänge sich zwischen der durch die Medien vermittelten Darstellung des Ereignisses bzw. deren subjektiver Wahrnehmung und Interpretation sowie der verbal geäußerten Gewaltbereitschaft einzelner Schüler finden. Dass es sich bei dieser Form der Gewaltbereitschaft freilich nur um verbale Äußerungen handelt, die zwar als Gewalt tolerierende Orientierungsmuster interpretiert werden können, keineswegs aber für das tatsächliche Ausüben von Gewalt stehen, ist nachdrücklich zu betonen. Von Interesse sind daher auch in erster Linie die Begründung und Reflexion der verbalisierten Gewaltbereitschaft sowie deren Rechtfertigung vor dem Hintergrund medial angeeigneter Wissensbestände.

Bw: (…) Ich verstehe nicht, wie krank dieser Mann sein muss, dass er überhaupt so was macht und also, ich hoffe, dass der jetzt gepackt und die den einmal so richtig foltern. So richtig, dass der so richtig leiden muss, so richtig aber
Am: das hat er aber auch verdient
Bw: das hat er aber <u>richtig</u> verdient
Am: so viele Leute, wie der in den Tod gerissen hat mit seinem Anschlag. Ja, aber ich frage mich, wo dieser Hass herkommen muss, ohne einen Grund zu haben
Cm: ja
Bw: ja, was hat er jetzt davon gehabt. Er hat tausend Menschen umgebracht
Am: ja.
(Gesamtschule, 8. Klasse, Bielefeld, 194-202).[15]

Bei der Wahrnehmung des Ereignisses findet sich eine deutliche Einteilung in Gut und Böse, die mit einer klaren Vorstellung über den (Einzel-)Täter ein-

---

15 Bei allen Zitaten aus dem Datenmaterial der Gruppendiskussionen geben die Zahlen die Zeilennummer(n) an. Die vorliegende Quellenangabe verweist also auf die Gruppendiskussion, die in Bielefeld mit der 8. Klasse der hier untersuchten Gesamtschule geführt wurde ist. Hieraus werden die Zeilen 194-202 zitiert.

hergeht. Auch ein Jahr nach dem Attentat wird als Verursacher der Terroranschläge eindeutig und ausnahmslos Osama bin Laden ausgemacht. Die unmittelbaren Attentäter beispielsweise, die die Flugzeuge tatsächlich in das World Trade Center gelenkt haben, spielen keine Rolle. Damit zeigt sich eine überdeutliche *Personifizierung des Aggressors* in nur einer Person, dessen Motive den Jugendlichen allerdings unbekannt sind (*»ich frage mich, wo dieser Hass herkommen muss«*), sich ihnen darüber hinaus irrational (*»krank«*) und ohne jegliche Legitimation (*»ohne einen Grund zu haben«*) darstellen. Die deutliche Personalisierung des Ereignisses zeigt sich auch, wenn bin Laden als aktiver und unmittelbarer Angreifer ausgemacht wird (*»so viele Leute, wie der in den Tod gerissen hat«*). Die Ereignisse um den 11. September werden so – gleich eines Spielfilms – in der Rollenverteilung Gut und Böse geschildert und dabei mit einer deutlichen Identifizierung des Aggressors wahrgenommen und beschrieben, die eine Positionierung der Befragten ermöglicht. Das Ereignis ist und bleibt auch in der Erinnerung auf diese Weise überschaubar und beurteilbar. Die Kategorien der Beurteilung beziehen sich auf die dramatischen Auswirkungen des Attentats und konzentrieren sich somit primär auf die menschliche Seite des Geschehens. Politische Aspekte werden in diesem Zusammenhang nicht diskutiert. Diese Beobachtungen stimmen auch mit unseren bisherigen Ergebnissen überein, nach denen sich insbesondere jüngere Schüler auf die Perspektive der Opfer beziehen und beispielsweise betonen, dass es für eine gute journalistische Berichterstattung wesentlich sei, sich auf die emotionale und menschliche Seite des Ereignisses zu konzentrieren.

Angesichts des Entsetzens der Schüler über die Auswirkungen des Ereignisses (*»er hat tausend Menschen umgebracht«*) erscheint eine eindeutige und ebenso gewaltbetonte Vergeltung (*»so richtig foltern«*) angemessen. Solche Forderungen finden sich nicht nur unter den Gesamtschülern; auch die jüngeren Gymnasiasten verlangen ähnliche Maßnahmen der Vergeltung: *»Und man soll auch nicht lange fackeln, ihn direkt töten, diesen Osama bin Laden«* (Gymnasium 8. Klasse, Düsseldorf, m, 1111-1112). Es ist davon auszugehen, dass insbesondere die starke *Identifikation mit den Opfern,* die sich bei jüngeren Jugendlichen immer wieder zeigt, zu einer solch eindeutigen Bewertung des Ereignisses führt, die drastische Gewaltanwendungen gegenüber den Tätern zweifelsohne rechtfertigt und legitimiert. Dieses Ergebnis stimmt offenbar weitgehend mit dem von Grimm (1999b) gefundenen *»Robbespierre-Affekt«* überein, bei dem Rezipienten die Opferperspektive einnehmen und aufgrund von Mitleid mit den Betroffenen aus einer moralischen Entrüstung über die aggressiven Handlungen des Täters heraus Rachegelüste und die Bereitschaft zur Gewaltanwendung gegenüber dem Aggressor entwickeln, welche zudem sozial akzeptiert zu sein scheinen. Bei der Frage, wer tatsächlich für Vergeltung zu sorgen hat, bleiben die Schüler allerdings unpräzise und beziehen sich auf keine konkrete Person oder Gruppe, die sich hier verantwortlich zeigen soll. So sollen »*die* den einmal so richtig foltern« und »*man* soll nicht lange fackeln«. Damit bleibt die Personalisierung aufseiten des Aggressors und wird nicht auf die Betroffenen übertragen. So wäre es ja auch denkbar, den insbesondere in der weiteren Medienberichterstattung zugespitzten »Zweikampf«, bei dem George W. Bush auf der einen und Osama bin Laden auf der anderen Seite stand, hier aufzugreifen und Bush entsprechend für Vergeltung verantwortlich zu machen. Dieses geschieht hier allerdings nicht. Möglicherweise steht die starke Identifikation mit den tatsächlichen Opfern des Attentates einer solchen Übertragung entgegen.

Bei den *älteren* Schülern finden sich hingegen differenziertere Formen der Beurteilung, die zwar auch in einer eindeutigen, dabei aber weiter reflektierten Wahrnehmung der Rollenverteilungen zwischen Gut und Böse münden. Die Ursachen hierfür sind wohl neben der geringeren Identifikation mit den Opfern und der distanzierteren Wahrnehmung des Geschehens auch in einer ausgeprägteren Diskursfähigkeit zu sehen, die offenbar eine deutlichere *Reflexion* der eigenen Meinung mit sich bringt: »*Ja, aber unter Schülern hatten wir schon heftige Diskussionen irgendwie. Da waren die Einen dann irgendwie auf der Seite der Amerikaner und meinten dann irgendwie, die sollten alles platt bomben und die sollten weggehen. Also da hatten wir schon heftige Diskussionen so*« (Gymnasium, 12. Klasse, Düsseldorf, 249-253). Auch zeigt sich in dieser Altersgruppe eine nicht mehr so ausgeprägte Personalisierung bei der Identifikation von Opfern und Tätern. So geht es nicht mehr alleine um die tatsächlichen Opfer des Attentates, die verletzt oder ums Leben gekommen sind. Vielmehr wird ganz Amerika als Betroffener ausgemacht und entsprechend ist auch das Land dafür verantwortlich, Konsequenzen aus dem Attentat zu ziehen. Auch wird der Aggressor nicht mehr eindeutig in der Person bin Ladens gesehen. Darüber hinaus findet bei den älteren Schülern ein *Perspektivenwechsel* bei der Identifikation mit Opfer und Täter statt, wie der folgende Diskussionsausschnitt beispielhaft verdeutlicht.

Em: Das fand ich eigentlich schon ziemlich krass, dass sich da welche gefreut haben, dass das World Trade Center eingestürzt ist
Dm: ja, das ist,
Em: jeder Mensch hat
Fm: du musst dich auch mal in die Leute rein versetzen, guck mal, die USA hat seit Jahren da unten rumbombardiert, die haben da unten rumgeschossen, da die ganze Ostseite hier
Em: na, ja
Fm: wie lang, wie lange da unten unterdrücken, das war für die halt wie ne Befreiungsaktion, halt bloß auf bestialische Weise, aber es war für

Dm: ja
Fm: die eine Befreiungsaktion,
Em: ich kann mir das schon vorstellen
(Berufsschule, Halle, 649-668)

Entsprechend fordern die Älteren auch mehrheitlich eine *ausgewogenere* Berichterstattung, wenn es darum geht, die Ereignisse des 11. Septembers zu schildern: *»Also, in einem guten Bericht sollte man die Seite von den Attentätern, (...) also, was sie dazu getrieben hat, Amerikas Seite wurde ja immer hervorgehoben. Und ich finde, seine eigene Meinung könnte man da dann auch noch hinzufügen, aber dann ans Ende. Aber man sollte beiden Seiten überzeugend also darstellen. Weil, ich meine, das wird ja jetzt immer so dargestellt, dass als wären die Amerikaner die Opfer und ja und dass jetzt Rache, dass es jetzt Rache geben muss und ich finde, man sollte auch, also, ich meine, es musste die ja irgendwas dazu getrieben haben«* (Berufsschule, Düsseldorf, w., 332-340). Die differenziertere Betrachtung des Geschehens führt zu einer weitergehenden Reflexion der Ereignisse und mündet schließlich auch in der Forderung nach einer ausgewogeneren Berichterstattung. Als Opfer wird auch hier Amerika beschrieben und nicht mehr die tatsächlichen Personen, die bei dem Anschlag ums Leben gekommen oder verletzt worden sind. Die Fähigkeit zu einer solch abstrakteren Wahrnehmung und Beurteilung des Ereignisses, die schließlich auch in einer reflektierteren Begründung der Ausübung bzw. Vermeidung von Gewalt mündet, ist sicherlich ein altersspezifischer Affekt, der sich bereits in der Wahrnehmung medialer Inhalte manifestiert. Geringere Identifikation mit einzelnen Personen sowie eine weniger auf Personalisierung ausgerichtete Rezeption mögen in diesem Zusammenhang eine wesentliche Rolle spielen. Daraus ist zu schlussfolgern, dass Personalisierung gerade bei jüngeren Jugendlichen auch im Kontext der Nachrichtenberichterstattung einerseits ein wesentlicher Faktor ist, um Aufmerksamkeit zu wecken, dass er andererseits aber durch entsprechende Formen der Einordnung und Aufarbeitung flankiert werden muss, die sowohl vonseiten der Medien als auch dritter Instanzen zu leisten sind.

3.3 Legitimierte und nicht-legitimierte Gewaltdarstellung

Auch bei der Visualisierung von Gewaltopfern finden sich Unterscheidungen zwischen legitimierter und nicht-legitimierter Darstellung von Gewalt bzw. ihrer Konsequenzen, die sich auch hier insbesondere als ein altersspezifisches Phänomen erweisen. Üblicherweise sprechen sich alle von uns befragten Jugendlichen für eine deutliche Wahrung des von ihnen so verstandenen Persönlichkeitsrechtes aus, das es ihrer Meinung nach verlangt, Zurückhaltung bei der Darstellung schwer verletzter Menschen sowie Sterbender und Toter zu üben. Hier sehen die Schülerinnen und Schüler die *Grenzen* des Darstellbaren erreicht und begründen dieses in der Regel aus einer empathischen Haltung heraus, indem sie ihr Mitgefühl mit Opfern und deren Angehörigen zum Ausdruck bringen (vgl. Treumann/Meister/Sander et al. 2007, Kap. 9.1). Einige jüngere Schüler sehen die Darstellung von Gewaltopfern allerdings unter bestimmten Umständen gerechtfertigt, wie die folgenden Diskussionsausschnitte belegen:

Cm: Ich meine, wenn die da was zeigen von Toten und so normal jetzt, dann ist das entweder Raserei, Unfälle, aber mit Selbstverschuldung oder irgendwelche Räuber, die gefasst wurden, die sich nicht ergeben haben und die erschossen werden mussten oder so. Das sind Sachen, (…) kann man zeigen, muss man nicht zeigen und das hier wiederum das sind zu viele Tote, das ist was, was nicht normal ist. Ich meine, wenn jemand absichtlich irgendwie so schnell fährt und besoffen fährt, dass er gegen einen Baum kracht oder so, dann ist er da selbst dran schuld, und wenn er gezeigt wird, hat er auch Pech gehabt, weil da hätten andere drauf gehen können, wenn er so was macht.
(Gesamtschule, 8. Klasse, Bielefeld, 1201-1208)

Empathie mit Verletzten und Toten ist mitunter offenbar eine Frage der Umstände. So verdient nicht jedes Opfer Mitleid. Wer seinen Tod beispielsweise auf fahrlässige Weise selbst verschuldet und dabei möglicherweise auch noch das Leben anderer gefährdet hat, ist nach Meinung des hier zitierten Schülers selber Schuld und darf damit einer Darstellung durch die Medien ausgesetzt werden. Damit spricht er den Medien nicht nur das Recht zur Dokumentation zu, er geht sogar einen Schritt weiter, wenn er die Medien in der Funktion eines ›öffentlichen Prangers‹ sieht, indem sie diese Fahrlässigkeit mit Veröffentlichung der Konsequenzen bestrafen können. Einer seiner Mitschüler fordert gar eine solche Funktionalisierung der Medien und spekuliert mit einem abschreckenden Effekt entsprechender Darstellungen:

Am: Vielleicht nicht in der Zeitung, aber es gibt ja auch, man sollte zum Beispiel bei Unfallopfern durch zum Beispiel Trunkenheit, könnte man die Bilder ja den Leuten zeigen, die zwar mit Alkohol am Steuer gefahren sind, aber keinen Unfall hatten. Und man könnte dann denen mal Bilder zeigen von Leuten, die unter Alkoholeinfluss gestorben sind.
(Gesamtschule, 8. Klasse, Bielefeld, 1228-1231)

3.4 Gewalt als alltägliches Fernseherlebnis

Ein weiteres Argument *für* die drastische Darstellung von Opfern führt ein gleichaltriger Gymnasiast an. Seiner Meinung nach haben die Medien die Möglichkeit, die Ausübung von Gewalt selbst zu *legitimieren* und zu unterstützen, indem sie emotionalisieren und Partei ergreifen:

Am: (...) voller Blut, und das zeigt dann, dass es so grausam war, was die gemacht haben, dass es okay ist, dass die jetzt da zurückschlagen, finde ich. Weil wenn man sieht, dass eine Frau schon so verletzt ist, und es ist ja nicht nur eine. Es sind ja ganz viele, da waren ja auch noch ganz viele tot und so deswegen.
(Gymnasium, 8. Klasse, Düsseldorf, 1127-1130)

Insbesondere jüngere Jugendliche rechtfertigen die mediale Darstellung der Auswirkungen von Gewalt mit ihrer *abschreckenden* Wirkung. Dabei zeigt sich auch eine differenzierte Beurteilung von Gewaltopfern. So weisen sie in der Regel zwar eine starke Identifikation mit diesen auf, diese Form der Empathie gilt aber offensichtlich nicht völlig uneingeschränkt. Wer selbstverschuldet und fahrlässig zum Opfer von Gewalt wird, darf einer Betrachtung durch die Medien ausgesetzt werden. Der Zweck heiligt in diesem Fall die Mittel. Deutlich wird dabei, dass die Jugendlichen den Medien hier eine starke Wirkung zusprechen. So gehen sie einerseits von einer abschreckenden Wirkung entsprechender Bilder aus, andererseits sehen sie die Medien in der Lage, zur Rache und Vergeltung zu motivieren. Eine solche Motivation ist ihrer Ansicht nach rechtens, sofern die Frage von Gut und Böse, Opfer und Täter geklärt ist.

> Die verschiedenen Sichtweisen Jugendlicher auf die Darstellung medialer Gewalt sowie die im Besonderen durch Personalisierung und Identifikation gelenkte Wahrnehmungsperspektive stehen insbesondere mit dem Lebensalter der Rezipienten in Zusammenhang. Sie führen im Weiteren zu unterschiedlichen Begründungs- und Bewertungsstrategien bei der Ausübung von Gewalt und einem differenten Verständnis legitimierter Gewaltanwendung.

3.4 Gewalt als alltägliches Fernseherlebnis

In Diskussionen über die Ereignisse des 11. Septembers nehmen Jugendliche immer wieder Bezug auf andere Fernsehsendungen und -formate, wenn sie ihre Meinungen erläutern, Rechtfertigungsstrategien entwickeln, wenn sie versuchen, das Gesehene zu verarbeiten oder dessen Auswirkungen zu verstehen.

Dabei wird deutlich, dass mediale Gewaltdarstellungen für sie grundsätzlich nicht außergewöhnlich sind, sondern dass diese – ganz im Gegenteil – vielmehr zum *alltäglichen* Bestandteil jugendlicher Medienrezeption gehören und darüber hinaus im alltäglichen Medienerleben auch einen besonderen Reiz auf Jugendliche ausüben. Der folgende Ausschnitt einer Diskussion unter Rostocker Berufsschülern zeigt dieses beispielhaft:

Gm: Also das ist doch, <u>heute</u> ist 'ne Sendung interessant, wenn, wenn ACTION drin ist. Also, ( ) ich würde hier mir lieber irgendwie so'n ACTION-Film angucken, als wenn ich mir irgend so'n SCHACH-Spiel im Fernsehen angucken muss oder so.
Aw: Ja ((lachen))
Gm: TOTAL <u>Ödes, Langweiliges</u> und denn <u>Natur</u>sammlungen (2)
Cm: Ich mein, man wächst ja auch so auf. Also, ich kenn fast nur noch Sendungen mit Mord und Totschlag. Ist doch so.
(Berufsschule, Rostock, 2123-2136)

Mediale Gewalt wird gemeinhin nicht als etwas Bedrohliches wahrgenommen, vor dem man Angst haben oder sich gar fürchten muss. Vielmehr werden entsprechende Inhalte mit Action *gleichgesetzt,* d.h., mit einer Rezeption, die Spannung, Unterhaltung und Abwechslung verspricht und auf diese Weise interessant wird. Entsprechend deutlich wird der Kontrast zu anderen Sendungen formuliert. So ist das Gegenteil von Actionsendungen nicht im Rahmen weiterer Spielfilmformate zu finden. Die Jugendlichen gehen hier beispielsweise nicht auf Zeichentrickserien, Komödien oder Historienfilme ein, die sich für sie ja durchaus auch als Alternativen zu gewaltbetonten Sendungen darstellen könnten. Den Gegensatz zu gewaltbetonten Formaten, mit denen sie Action zweifelsohne gleichsetzen (*»Mord und Totschlag«*) sehen sie also nicht in gewaltfreien Inhalten, sondern im *»Öden und Langweiligen«* und verweisen hier auf Sendungen (*»so'n Schach-Spiel im Fernsehen«*), die wohl grundsätzlich nur auf die Resonanz kleiner Zuschauergruppen treffen dürften und kaum als Interessenfeld Jugendlicher zu betrachten sind. Mit dieser Einstellung sehen sich die Berufsschüler keineswegs als Randgruppe mit sonderlichen Präferenzen. So gehen sie davon aus, dass der Wunsch nach Action verallgemeinerbar ist und möglicherweise gar als Ausdruck generationsübergreifender Rezeptionsbedürfnisse interpretiert werden kann (*»heute ist ne Sendung interessant, wenn Action drin ist«*). Die *Normalität* dieses Rezeptionsbedürfnisses sehen sie darüber hinaus durch das entsprechende Angebot der Medien bestätigt. Wenn Fernsehsender Gewalt selbstverständlich und in breitem Umfang präsentieren, so wird dies auf eine entsprechende Nachfrage des Publikums zurückzuführen sein (*»ich kenn fast* *nur noch Sendungen mit Mord und Totschlag«)*. Als Jugendlicher kann man sich diesem Angebot kaum mehr entziehen (*»man wächst ja auch so auf«*), sodass sich das Bedürfnis nach medialer Action in Form von Gewalt schon aus der Sozialisation durch die Medien selbst ergibt und auf diese Weise schließlich auch legitimiert wird. Als Problem wird dies von ihnen nicht thematisiert, geht es bei dieser Form medialer Gewalt doch ausschließlich darum, sich zu unterhalten und abzulenken. Dass sich diese Äußerungen aber im Besonderen auf *fiktionale* Gewalt beziehen und keineswegs mit der Rezeption realer Gewalt gleichzusetzen sind, wird im Folgenden zu zeigen sein.

Die Normalität von Gewalt in den Medien wird aber nicht nur von den Berufsschülern proklamiert. Auch die gleichaltrigen Gymnasiasten äußern sich entsprechend, beziehen sich dabei aber auf andere Formate und Gewaltformen:

Cw: Ja ich meine, wenn man, wenn man sich irgendwelche Filme anguckt, dann muss ja auch auf jeden Fall nen Problem auftreten, oder irgendwas ganz Schreckliches passieren. Sonst guckt den doch keiner, weil das ist ja langweilig so (…). Wenn man sich die ganzen Soaps anguckt, da sind <u>nur</u> Probleme. Da sind, die stolpern von einem Problem ins andere (…). Weil meistens, wenn die sich über irgendetwas freuen, passiert danach auch wieder etwas ganz, ganz Schreckliches, das was daraus …

Gm: Was unmittelbar auch was mit der Freude zu tun hat, ne?

Cw: Ja genau. Was sich daraus ergibt irgendwie. Weil, dann denkt man schon allein, wenn die sich dann, wenn die dann irgendwie lächeln so: oh ja toll, dann denkt man so

Fw: Jetzt passiert gleich was.

Cw: Jetzt passiert s.

Ew: Das ist vielleicht auch, wenn man sich nicht mit seinen eigenen Problemen beschäftigen will, dann sucht man halt was anderes und sagt: Ja die haben es ja nun.

(Gymnasium, 12. Klasse, Düsseldorf, 1422-1429)

Auch wenn Gewaltformen wie *»Mord und Totschlag«* hier nicht explizit formuliert werden, so legt die Formulierung *»etwas ganz, ganz Schreckliches«* doch spezifische Formen der Gewalt nahe – sei es physische oder psychische, intentionale oder non-intentionale Gewalt –, die sich tatsächlich auch in dem hier angeführten Genre der Soaps immer wieder finden. Gewaltdarstellungen werden dabei als eine *dramaturgische* Komponente gesehen, die letztlich auch hier wieder dazu führt, dass der Zuschauer einschaltet und sich bei der Rezeption entsprechender Inhalte unterhält. Andere Handlungsverläufe würden zu Langeweile führen. Eine solche Aufbereitung fiktionaler Handlungsverläufe kennen und durchschauen die Jugendlichen nicht nur, sie erwarten sie im Sinne der eigenen Rezeptionsbedürfnisse geradezu (»*dann denkt man schon (...), jetzt passierts*«) und entlarven sie so als gängiges Mittel filmischer Dramaturgie. Durch Produktions- und Genrewissen, das sich die Schüler im Kontext eigener Rezeptionserfahrungen aneignen, wird mediale Gewalt im Rahmen ihnen bekannter Genres vorhersehbar und kalkulierbar. Der Zuschauer kann sich auf das Geschehen einstellen und weiß, dass dem Guten das Schlechte und schließlich auch dem Schlechten das Gute folgen wird. Die *Vorhersehbarkeit* des Schrecklichen, der Gewalthandlung, ist damit ein wesentliches Kriterium, das seinen Reiz ausmacht und sich damit auch ganz eindeutig auf fiktionale Formate bezieht. Insofern kann mediale Gewalt hier auch problemlos zur eigenen *Unterhaltung* eingesetzt werden. Zudem wird die Faszination entsprechender Inhalte ganz eindeutig auch mit Ablenkung gleichgesetzt, wenn sie es ermöglicht, die eigenen Probleme für kurze Zeit zu vergessen und zu sehen, dass es anderen auch nicht besser – möglicherweise sogar deutlich schlechter – ergeht als einem selbst.

Während die Diskussion unter den Berufsschülern (s. S. 48) eindeutig von männlichen Teilnehmern bestimmt wird, dominieren bei den Gymnasiasten die Teilnehmer*innen* den Gesprächsverlauf. Damit werden auch die *geschlechtsspezifischen* Interessen bei der Rezeption medialer Gewalt deutlich. Orientieren sich die Jungen an actionbetonten Genres, die Spannung versprechen, beziehen sich die Mädchen auf das Genre der Soaps. Deutlich wird dabei, dass sowohl Jungen als auch Mädchen an gewaltbetonten Inhalten interessiert sind, die sich aber in ihren tatsächlichen inhaltlichen Ausformulierungen offenbar unterscheiden. Während es den männlichen Jugendlichen um »*Action*« in Form von »*Mord und Totschlag*« geht, sehen die weiblichen Jugendlichen ihre Interessen offenbar eher in Konflikten und Problemen bekannter Charaktere realisiert. Allein die verbalen Formulierungen »*Mord und Totschlag*« versus »*etwas ganz, ganz Schreckliches*« verweisen auf eine unterschiedliche Wahrnehmung, die darauf schließen lässt, dass die Jungen ihre Rezeptionsbedürfnisse in der Darstellung schneller und deutlicher (Gewalt-)Handlungen realisiert sehen, während die Mädchen eher die empathische Komponente präferieren, bei der es um Gefühle für oder gegen bekannte Protagonisten geht. Der Verweis auf das Genre der Soaps in diesem Zusammenhang kann als Bestätigung der These fungieren; werden Charaktere hier doch über zahlreiche Folgen entwickelt und aufgebaut, sodass reichlich Zeit bleibt, Sympathien und Antipathien gegenüber den jeweiligen Akteuren zu entwickeln und angesichts ihrer Schicksale mit ihnen zu leiden oder sich mitunter auch zu freuen, wenn es den »bösen Helden« der Serie trifft.

Um die Alltäglichkeit medialer Gewaltdarstellungen im Kontext jugendlicher Fernsehrezeption zu belegen, soll auf eine dritte Textpassage verwiesen werden,

3.4 Gewalt als alltägliches Fernseherlebnis 51

die ebenfalls der Diskussion unter den älteren Gymnasiasten entstammt und weitere gewaltbezogene Genres thematisiert:

Gm: Das ist nicht, das ist, das hätte ein Bild von jedem Unglück sein können
Cw: Ja, oder aus irgendeinem Horrorfilm
Gm: Ja
Cw: Also jetzt so ne'n Psychothriller oder so. Ich meine so was ist man auch gewohnt so aus dem normalen Fernseher. Wenn man da irgendwie abends ab 23 Uhr guckt, dann sieht man so was. Das ist nichts Besonderes
(Gymnasium, 12. Klasse, Düsseldorf, 1135-1139)

Neben den bislang angeführten Actionfilmen und Soaps wird hier auf zwei weitere Genres verwiesen – »Horrorfilme« und »Psychothriller« – die den Schülern ebenfalls geläufig sind und die als Referenz dienen, um Medienerfahrungen einzuordnen. In dieser Textpassage geht es um die Frage, mit welchen Bildern die Ereignisse des 11. Septembers nach Meinung der Jugendlichen illustriert werden sollten. Das Bild einer verletzten und mit Blut befleckten Frau lehnen sie aufgrund seiner Beliebigkeit ab und weil es ihnen als zu unspezifisch erscheint. Interessant ist dabei, dass gerade die Ähnlichkeit zum Horrorfilm *nicht* als Argument für das spektakuläre oder besonders grausame Moment dieses Fotos herangezogen wird, was ja durchaus auch für seine Veröffentlichung sprechen könnte. Für die Jugendlichen sind Horrorfilme aber – ganz im Gegenteil – offenbar zu alltäglich, möglicherweise auch zu durchschaubar, zu unrealistisch und damit letztlich zu unspektakulär, als dass entsprechende Parallelen für die Veröffentlichung eines Fotos sprechen könnten, das einem besonders schrecklichem und dabei realistischen Kontext entstammt. Auch in dieser Textpassage wird deutlich, dass Horror und Gewalt nach Auffassung der Jugendlichen keine Inhalte sind, deren Aufspüren im Fernsehprogramm besonderer Anstrengungen bedarf. Vielmehr sind sie Gewalt aus dem *»normalen Fernsehen«* gewohnt, das im Kontrast zu solchen spektakulären (Medien-)Ereignissen steht, wie es die Berichterstattung über den 11. September darstellte. Fiktionale Gewalt und Horror sind demgegenüber *»nichts Besonderes«.* Eine Einschränkung findet sich hier allerdings, wenn die Schüler darauf verweisen, dass solche Inhalte üblicherweise erst nach 23 Uhr ausgestrahlt werden. Dieser Verweis lässt auf eine Kenntnis der Programmstruktur schließen, die allerdings wohl eher auf eigene Medien- und Rezeptionserfahrungen als auf tatsächliches Wissen um Programmrichtlinien beruht. So dürfen Filme, die für Jugendliche unter 18 Jahren, z.B. aufgrund spezifischer Formen der Gewaltdarstellung, nicht geeignet sind, nicht vor 23 Uhr ausgestrahlt werden. Die obige Textpassage zeigt aber nicht nur die Alltäglichkeit, mit der Jugendliche Gewaltdarstellungen betrachten. Sie macht darüber hinaus deutlich, dass diese Alltäglichkeit, wie sie sich in fiktionalen Genres findet, keineswegs mit einem Abstumpfen und einer Desensibilisierung gegenüber realer Gewalt gleichzusetzen ist. So dürfen die Ereignisse des 11. Septembers nach Auffassung der Schüler eben nicht mit Bildern dokumentiert werden, die sich stetig im Fernsehprogramm finden, weil diese der besonderen Grausamkeit des Ereignisses nicht gerecht werden würden. Die Tatsache, dass es sich hier um reale Gewalt handelt, die der Aufmerksamkeit bedarf und deren Dokumentation nicht der Unterhaltung und Ablenkung dient, erfordert besondere Formen der Visualisierung – gerade weil dieses Ereignis nicht als etwas Normales, sondern als etwas Besonderes herausgestellt werden muss.

Wie diese Formen der Visualisierung allerdings aussehen sollen, die einem solchen Ereignis gerecht werden und die Tatbestände angemessen dokumentieren, bleibt für die Jugendlichen oftmals fraglich. Die stetige und zunehmende *Vermischung* von Fiktion und Realität im alltäglichen Fernsehprogramm – sei es in vermeintlichen Dokumentationen oder auch Spielfilmen wie beispielsweise »Forrest Gump«, die reale Bilddokumente in fiktionale Handlungen einbauen – macht es für die Jugendlichen nach eigenen Aussagen immer schwieriger, tatsächliche Authentizitätsbelege als solche zu erkennen bzw. anzusehen:

Ew: Man realisiert das nicht, weil man halt denkt, ja, okay. Ja was XY gesagt hat, dass es überall schon, dass man so was schon mal gesehen hat
Xw: ja, durch dieses
Xw: nur, dass es halt da realistisch ist
Fw: ja durch diese Augenzeugenberichte und so, finde ich, wird das auch nicht echter. Weil die auch wieder so wie aus ne'm Film irgendwie sind. Irgendwie so weiß ich nicht.
(Gymnasium, 12. Klasse, Düsseldorf, 1241-1248).

Mit Blick auf die Art der Berichterstattung über die Ereignisse des 11. Septembers machen die Jugendlichen deutlich, dass es gerade die *Gewöhnung* an mediale Gewalthandlungen sowie die Vertrautheit mit entsprechenden Formen der visuellen und dramaturgischen Aufbereitung immer schwieriger macht, Realität von Fiktion zu unterscheiden. Der Unterschied zwischen dem Fiktionalen und dem Realen liegt ihrer Ansicht nach eben einzig darin, »*dass es halt da realistisch ist*«. Als Beispiel für die Inszenierung medialer Gewalttakte verweisen sie auf das Einspielen von Augenzeugenberichten, die üblicherweise für die Echtheit eines Ereignisses stehen. Inzwischen werden solche Berichte aber auch in fiktionalen Genres verwendet, sodass sie keineswegs mehr als Authentizitätsbelege zu betrachten sind (vgl. etwa das Hörspiel »Krieg der Welten«, das schon 1938 unter der Regie von Orson Welles entstand und aus einer Mischung von fiktionalen Elementen mit Nachrichten- und Reportageversatzstücken bestand). Resigniert stellt eine Gymnasiastin fest, dass Bilddokumente dadurch nunmehr »*auch nicht echter werden*«. Somit zeigt sich einerseits die Kenntnis Jugendlicher hinsichtlich der Aufbereitung medialer Inhalte, die das Wissen um unterschiedliche Formen der Dramaturgie einschließt und sie in diesem Sinne als kompetente Mediennutzer ausweist. Andererseits machen es die Schnelllebigkeit der Medien, stetig neue Formate, in denen Realität und Fiktion verschwimmen, immer schwieriger, diese Kompetenzen adäquat einsetzen zu können. Die Jugendlichen erkennen diese Problematik, was ebenfalls als Beleg als Kompetenz zur *Differenzierung* realer und medialer Gewalt bewertet werden muss.

Mediale Gewaltdarstellungen stellen für Jugendliche keine Besonderheit dar. Ganz im Gegenteil kennen sie solche aus verschiedenen Genres gut und schätzen sie in der Regel aufgrund ihrer Unterhaltungs- und Spannungsmomente. Mit einem Abstumpfen gegenüber realer Gewalt ist dieses aber nicht gleichzusetzen. So entstammen unterhaltende Gewaltdarstellungen dem fiktionalen Programm und sind im Gegensatz zu realen Gewaltdarstellungen üblicherweise dramaturgisch ebenso durchschaubar wie kalkulierbar. Nicht zuletzt daraus resultiert ihr Unterhaltungsaspekt, wobei sich bei Jungen und Mädchen unterschiedliche Vorlieben hinsichtlich der jeweiligen Gewaltformen abzeichnen. Dass die Elemente realer und fiktionaler Formate in den Medien immer mehr vermischt werden, macht eine erkennbare und angemessene Aufbereitung realer Gewaltereignisse nach Meinung der Jugendlichen allerdings immer schwieriger.

3.5 »Mystery« als Referenz für »Welterklärung«

Bei der Diskussion über Auswirkungen und Ursachen medialer Gewaltdarstellungen betrachten Jugendliche in der Regel nur eine Richtung der Wirkung, nämlich die der medialen Darstellung auf die Realität, also auf das Verhalten und die Emotionen der Zuschauer. Selten finden wir eine *umgekehrte* Richtung der Argumentation, die darauf verweist, dass mediale Gewalt, insbesondere in fiktionalen Formaten, als Spiegel der Realität gesehen werden müsse. Sofern sich eine solche Argumentation zeigt, ist es interessanterweise eine Sendung aus dem Bereich »Mystery«, die hier von unterschiedlichen Jugendlichen immer wieder erwähnt und die als Erklärungsrahmen für die Ereignisse um den 11.

September herangezogen wird. So verweisen die Schüler einer Berufsschule in Halle an der Saale in ihrer Diskussion der Frage, wer die tatsächlichen Verursacher des Attentates sind, auf die Fernsehserie »Akte X« und führen diese als Referenz an. Dabei handelt es sich um eine weltweit außerordentlich populäre Serie, die von den mysteriösen Fällen einer Sonderabteilung des FBI erzählt und davon, wie die amerikanische Regierung in Machenschaften Außerirdischer verstrickt ist:

Dm: Guck doch mal »Akte X«, was die alles hier sonst wie <u>verheimlichen</u>
Em: natürlich (2) es gibt auch viele Sachen die ...
Dm: auch die ganzen,
Em: in den USA verheimlicht werden
Dm: ... die ganzen Filme oder so: Irgendwoher muss es doch kommen, (...) wenn man so 'nen
Aw: genau
Dm: Film drüber schreibt, sagen wir mal, dass sie irgendetwas verheimlichen, am Bürger und so, das kann ja nicht so'ne blanke Idee sein, irgendwoher muss es irgendwie ja kommen, das ist irgendwie, manchmal, der Bürger weiß nichts
Em: ja, Airforce <u>fiftyone</u>,
Dm: genau, zum Beispiel und alles so was
(Berufsschule, Halle, 1238-1256)

Die Serie »Akte X« wird zunächst als glaubwürdige Referenz eingeführt, die *Verschwörungstheorien* belegt. Dabei wird die Serie als bekannt vorausgesetzt und tatsächlich scheint der Inhalt von »Akte X« allen vertraut zu sein, da kein Schüler nachfragt und sich mehrere Jugendliche der Bezugnahme auf diese Serie kompetent anschließen. Die Verursacher entsprechender Verschwörungen bleiben hier allerdings im Unklaren und werden lediglich als anonymes Gegenüber in Form von »die« bezeichnet, denen man sich als »*Bürger*« geradezu machtlos ausgeliefert sieht. Die Medien stellen hier aus der Sicht der Jugendlichen gleichsam einen *Verbündeten* dar, wenn sie solche Verschwörungstheorien aufgreifen und dem Zuschauer in fiktionalen Formaten präsentieren. Dass die Fiktion im Rahmen solcher Formate tatsächlich reine Erfindung ist, glauben die Jugendlichen nicht. Dafür sehen sie ihre eigene Meinung sowie ihre ohnehin vorhandenen Unsicherheiten und mangelnden Orientierungsmaßstäbe hinsichtlich der Ereignisse des 11. Septembers allzu sehr bestätigt. So identifizieren sie sich zweifelsohne mit den Opfern medial präsentierter Verschwörungen, wenn sie diese als Verrat »*am Bürger*« wahrnehmen. Angst macht ihnen die Serie, die sich in ihren Darstellungen mitunter an herkömmliche ›Gruselformate‹ anlehnt, aber ganz offensichtlich nicht. So bringen auch die Schüler einer Düsseldorfer Berufsschule ihre Begeisterung über die Serie zum Ausdruck und führen sie ebenfalls als Referenz für eigene Verschwörungstheorien an.

Cm: Wir gucken zu viel Akte X, (...) müssen Sie sich unbedingt mal anschauen, (...) das öffnet Ihnen die Augen, (...) da geht um Außerirdische.

Am: Verschwörungen teilweise

Y2w: Also, jetzt müssen sie mir nur kurz erklären, was Akte X mit meiner Frage zu tun hat.

Cm: Nein, das hat nur mit der, mit diesen Theorien zu tun, dass es eine Verschwörung gibt.

(Berufsschule, Düsseldorf, 473-486)

Fraglich bleibt hier allerdings, mit welcher ironischen Distanz die Schüler die Serie betrachten. Der unmittelbare Verweis auf die Beteiligung Außerirdischer mag augenzwinkernd als Relativierung der Glaubwürdigkeit der Serie angesehen werden. Dennoch scheint gerade diese Serie den Geschmack Jugendlicher in besonderem Maße zu treffen, was sich auch durch unsere standardisierte Befragung belegen lässt (vgl. Treumann/Meister/Sander et al. 2007: 90). Möglicherweise liegt ihr Reiz einerseits in der dramaturgischen Aufbereitung, die Nervenkitzel und Spannung in besonderem Maße erzeugt, andererseits aber auch in der Bestätigung allgemeiner Theorien von Verschwörung. In einer Zeit, die für Jugendliche ohnehin durch zahlreiche Unsicherheiten geprägt ist, in der gewohnte Orientierungsrahmen zerfallen und gesellschaftliche Entwicklungen eher Unsicherheit und Instabilität als Verlässlichkeit garantieren, treffen Sendungen, die das *Unerklärliche* thematisieren und Alltag mystifizieren möglicherweise den Zeitgeist. Damit zeigen sich die Medien, ohne jugendspezifische Themen direkt aufzugreifen und eigene biografische Aspekte zu problematisieren, gleichsam als »Verbündete«. Das handlungsleitende Thema »Unsicherheit« wird in einer Weise gestreift, die ausreichend Distanz lässt, um sich angesprochen und gleichzeitig abgelenkt und unterhalten zu fühlen.

> Auch bei der Rezeption gewaltbezogener Formate zeigen sich Parallelen zu allgemeinen handlungsleitenden Themen Jugendlicher, die auf das entlastende Moment bei der Betrachtung entsprechender Inhalte verweisen. So scheinen insbesondere die bei Jugendlichen besonders beliebten Mystery-Serien allgemeine Unsicherheiten aufzugreifen und letztlich auch zu bestätigen.

3.6 Mediale Gewalt und deren Wirkung aus der Sicht Jugendlicher

Sofern sich Jugendliche mit der Wirkung medialer Gewaltdarstellungen auseinandersetzen und problematische Aspekte entsprechender Bilder diskutieren, beziehen sie sich häufig auf *Kinder* und nehmen diese als Beispiel für ihre Eindrücke und Vermutungen, aber auch Befürchtungen hinsichtlich medialer Gewalt. Dabei bringen sie sowohl ihre eignen Erfahrungen mit jüngeren Geschwistern oder Bekannten zum Ausdruck als auch spekulative Annahmen über die Wahrnehmungsweisen und Verarbeitungsstrategien jüngerer Rezipienten. Die unterschiedlichen Wirkungsaspekte lassen sich in Angst, Nachahmung, Desillusionierung und Desorientierung einteilen. Darüber hinaus zeigen sich allgemeine Vorstellungen gesellschaftlicher Entwicklungen, die sich in ihren Auffassungen über die Wirkung medialer Gewalt auf Kinder widerspiegeln. Bei der hier aufgeführten Differenzierung der unterschiedlichen *Wirkungsannahmen* handelt es sich mitunter um eine theoretische Trennung, die sich in dieser Form nicht durchgängig in den unterschiedlichen Gruppendiskussionen findet. Dennoch sollen die verschiedenen Vorstellungen über die Wirkung medialer Gewalt an dieser Stelle getrennt voneinander betrachtet werden, um auf diese Weise die Begründungen für vermutete Wirkungen, ihre Differenziertheit sowie angeführte Interventionsmöglichkeiten auch in Abhängigkeit von der Medienkompetenz der Jugendlichen – hier im besonderen Maße verstanden als Medienreflexion und -ethik – aufzeigen zu können. Anhand ausgewählter prägnanter Passagen einzelner Diskussionen werden die Einstellungen, Argumentations- und Reflexionsmuster der Schülerinnen und Schüler im Folgenden nachgezeichnet und erläutert.

3.6.1 Angst

Eine Wirkung, die zahlreiche Schülerinnen und Schüler den Bildern des 11. Septembers wohl zu Recht unterstellen ist, dass sie Angst auslösen und insbesondere Kinder erschrecken und verstören:

> Cw: Also, wir haben auf Arbeit, dadurch, dass ich noch ne kleine Schwester hab und auch viele kleine Kinder da sind, auch viel über die Kinder gesprochen, wie, ja wie ist man mit den Kindern umgegangen, wie hat man's den Kindern erklärt und über so was haben wir auch hauptsächlich gesprochen, weil das sind ja auch teils alles noch Sechs-, Siebenjährige und die verstehen es ja irgendwo, aber wie kann man ihnen jetzt irgendwo doch ein bisschen die Angst nehmen, über so was haben wir auch viel erzählt und so

3.6 Mediale Gewalt und deren Wirkung aus der Sicht Jugendlicher 57

Yw: und was sind da für Ergebnisse rausgekommen?

Cw: na, dass, ja wie soll man sagen, einige haben gleich gesagt, jetzt kommt Krieg und ne, da brauchste dir überhaupt keine anderen Gedanken mehr drüber machen und die anderen haben halt ihre Kinder eben in den Arm genommen und haben versucht, zu beruhigen und so, weil sie können ja doch noch nicht so mit dem Problem umgehen, wie wir vielleicht (...), emotional und so (...).
(Berufsschule, Güstrow, 318-333).

Jugendliche, die auf das Angstpotenzial der Bilder verweisen, haben dieses nicht selten im eigenen Umgang mit jüngeren Kindern erlebt. Dabei handelt es sich also kaum um spekulative Annahmen über die Wirkung medialer Gewaltdarstellungen bei Kindern, sondern um *eigene* Erfahrungen und Beobachtungen, die sie in ihrem unmittelbaren Lebensumfeld gemacht haben. Die Angst, die sie bei den Kindern beobachten konnten, basierte im Wesentlichen auf der Annahme, dass das Ereignis unmittelbar Konsequenzen für das eigene Leben haben könnte, der deutlichen Identifikation mit den Opfern des Anschlags sowie dem Unverständnis, das mit dem Betrachten des Ereignisses verbunden war. Damit handelt es sich um Ängste, die die Jugendlichen auch bei sich selbst beobachten konnten und die sich somit nicht ausschließlich auf Kinder beziehen, wie unsere Auswertungen an anderer Stelle gezeigt haben. Um Kindern diese Ängste zu nehmen, schildern sie *mehrere* Strategien, die ihnen sinnvoll und angebracht erscheinen und auf die sie im persönlichen Umgang mit Kindern mitunter auch tatsächlich selbst zurückgegriffen haben. So halten sie es für wesentlich, Kindern zunächst einmal emotionale Unterstützung zu bieten, sie zu trösten und ihnen das Gefühl zu geben, mit ihren Ängsten und ihrem Unverständnis nicht alleine zu sein. Darüber hinaus erscheint es ihnen wichtig, sich mit Kindern über die Geschehnisse zu unterhalten und ihnen die Bilder zu erklären. Ein wesentlicher Aspekt dabei ist die räumliche Distanz, die es nicht nur den Jugendlichen selbst erlaubt hat, Abstand zu dem Geschehen zu bekommen. Sie dient ihrer Meinung nach darüber hinaus als ein wesentliches Argument, um Kinder zu beruhigen und allzu ausgeprägten Identifikationsprozessen mit den Opfern entgegen zu steuern. Damit erweisen sich Relativierung, Erklärung und kontextuelle Einordnung als besondere Strategien, mit denen Jugendliche versuchen würden, Kindern ihre Ängste zu nehmen. Möglicherweise sind dies Strategien, mit denen sie selbst als Kinder positive Erfahrungen gemacht haben, oder die sie sich vonseiten Erwachsener gewünscht hätten. Deutlich wird dabei auch, dass das Ausblenden, die grundsätzliche Vermeidung der Konfrontation mit solchen gewaltbetonten Ereignissen, nach Meinung der Schüler keine Lösung bietet. Dabei mag eine wesentliche Rolle spielen, dass es sich bei der Dokumentation des 11. Septembers um ein reales Ereignis und nicht um Fiktion handelte. So ließen sich frei erfundene Darstellungen einerseits sicherlich mit dem Argument der Fiktion leichter entkräften und verharmlosen, andererseits wäre es einfacher, Kinder vor der Konfrontation mit dieser Form medialer Gewalt zu bewahren, da diese allein durch spätere Sendezeiten für Kinder in der Regel schwieriger zugänglich sind.

Interessant ist, dass die Jugendlichen auch in diesem Zusammenhang nicht nur die Dokumentation des Ereignisses als Angstauslöser betrachten, sondern ebenso den *Umgang der Medien* mit den Geschehnissen und der Berichterstattung, wie die Äußerungen einer Düsseldorfer Gymnasiastin belegen:

Fw: Mein Bruder hat das auch gesehen, der hat das gleichzeitig gesehen wie ich und der hat das auch verstanden, dass da halt jemand reingeflogen ist und so. Und dann wurde dem das halt erklärt wieso und warum. Aber der hat halt keine Albträume gekriegt und dem wurde, also, ich habe dem auch gesagt: ja Weltkrieg ist erst mal gar nicht. Und hier in Deutschland, das ist sowieso so weit weg und so. Und das wurde ja echt und dann kamen so Psychologen, die dann erklärt haben, ja was man den Kindern erzählen soll. So ne Gutenachtgeschichte, damit die keine Albträume davon haben. Und es wurde echt so die <u>Angst</u> geschürt eigentlich, dass da, dass das was sehr Schlimmes ist.
(Gymnasium, 12. Klasse Düsseldorf, 611-619).

Die Hilfestellung der Medien selbst, den kindgerechten Umgang mit dem Ereignis zu vermitteln, betrachtet die Schülerin eher als eine Verstärkung der Bedrohung, als dass sie eine Erleichterung darstellte. Durch die Aussagen von Experten und Psychologen werden die besonders problematischen Aspekte des Ereignisses ihrer Ansicht nach nochmals betont, sodass sich die Angst aus Sicht der Jugendlichen auf diese Weise offenbar potenziert. Es erscheint geradezu, als würde die sekundäre Berichterstattung über das Ereignis tatsächlich als unangenehmer und angstauslösender empfunden als die ursprünglichen Berichte über den Anschlag. Diese lassen sich nach Meinung der Schülerin durch Erklärungen und Einordnungen Kindern vermitteln und ihre eigenen Erfahrungen mit dem jüngeren Bruder bekräftigen sie hier. Damit bestätigt sich nochmals die These, die sich schon in anderen Abschnitten unserer Studie herauskristallisierte, nach der die Medien als Überbringer und Vermittler der schlechten Nachricht mitunter mit dem Verursacher gleichgesetzt werden.

Fragt man die Jugendlichen, wie sie selbst Kindern das Ereignis schildern würden, ohne diese zu verunsichern und zu verängstigen, so haben selbst die

3.6 Mediale Gewalt und deren Wirkung aus der Sicht Jugendlicher 59

jüngeren Jugendlichen hier schon deutliche und begründete Vorstellungen von einer *kindgerechten* Dokumentation gewaltbezogener Ereignisse:

Am: Mein Bruder zum Beispiel, der ist in der Grundschule und der hat das irgendwie so aufgefasst gar nicht so richtig. Also der wusste gar nicht, wer das jetzt war: oh scheiße, das World Trade Center ist kaputt. Aber so denkt er.

Hw: Die verstehen das auch wahrscheinlich gar nicht richtig

(...)

Am: Ich würde, glaube ich, nur zeigen, wie das danach aussah, also, dass es vorher und nachher so'n Bild ist. Irgendwie so vorher, so sah es vorher aus, und dann ist halt diese Explosion gekommen und dann also war's kaputt und da sind ganz viele Leute gestorben. Aber ich würde kaum Bilder nehmen.

Fw: Ja ich würde vielleicht noch das nehmen, wo die eine Frau vielleicht die Verwandten sucht, weil ich finde, das ist nicht ganz so schlimm wie jetzt die verletzte Frau. Also verletzte Leute würde ich denen nicht zeigen, weil man weiß ja nicht, was in denen vorgeht. Vielleicht haben die dann Angst, dass mit denen morgen oder irgendwann dasselbe passiert und dann bekommen die Albträume davon.

(Gymnasium, Düsseldorf, 8. Klasse, 1189-1207).

Als besonders bedrohlich erscheint den Jugendlichen hier die deutliche *Visualisierung* des Geschehens. Dabei spielen die *Opfer* eine entscheidende Rolle, deren detaillierte Darstellung Kindern nicht zugemutet werden sollte. Blut und Verletzungen werden als besonders angstauslösend betrachtet und auch hier zeigt sich als vermutete Wirkung wieder eine zu große Identifikation mit den Opfern, die letztlich in der Angst münden könnte, selbst einmal Opfer eines solchen Ereignisses zu werden. Ob diese Form der Visualisierung tatsächlich kindgerecht ist, wagen die Jugendlichen an dieser Stelle nur zu vermuten (*»man weiß ja nicht, was in denen vorgeht«*). Dass ein zurückhaltender und verantwortungsvoller Umgang mit medialen Inhalten angebracht ist, die von Kindern rezipiert werden, steht für die Schülerinnen und Schüler aber außer Zweifel.

3.6.2 Nachahmung

Neben der Befürchtung, die Dokumentation realer Gewalt könnte bei Kindern zu Ängsten führen, findet sich insbesondere bei den jüngeren und formal niedriger gebildeten Jugendlichen die Annahme, entsprechende Bilder würden zur Nachahmung auffordern. Ihrer Meinung nach liegt hier die maßgebliche

Gefahr solcher Dokumentationen und aus diesem Grund erscheinen sie ihnen für Kinder ungeeignet.

Am: Ich denke, Bw hat da schon recht, weil, man kann ja nicht so in Mittagsnachrichten, wo Kinder zuschauen, Bilder zeigen, wo Leute aus brennenden Gebäuden springen.

Bw: Ja. Nachher machen die das nach, denken ah, das ist ein Film, da passiert nichts, kleine Kinder können vielleicht nicht so weit denken.

Cm: Vor allen Dingen, die machen ja schon viel nach, ne.

Bw: Ja, und dass sie dann denken, komm, springen wir hinterher und springen auch und zünden die Wohnung an oder so was, ich finde, das hätten sie dann auch nicht zeigen sollen, und wenn sie es dann zeigen wollen, hätten sie auch dann wirklich später zeigen müssen. Da hat er schon recht, hat er völlig recht.

(Gesamtschule, 8. Klasse, Bielefeld, 494-503)

Die Erklärung für eine potenzielle Imitation der Ereignisse sehen sie in der Unfähigkeit jüngerer Rezipienten, zwischen Fiktion und Realität zu unterscheiden. Dabei erscheint es ihnen plausibel, dass Kinder grundsätzlich alles nachmachen, was in fiktionalen Formaten gezeigt wird, und dass sie die Folgen eines Ereignisses nicht einschätzen können bzw. verharmlosen, sobald es sich bei dem Dargestellten um Fiktion handelt. Dies ist ihrer Meinung nach kein spezifischer Aspekt medialer Rezeption, sondern liegt allgemein in der Tatsache begründet, dass Kinder grundsätzlich zur Imitation gesehener Handlungen neigen *»die machen ja schon viel nach«*. Die Lösung für ein solches Gefahrenpotenzial liegt ihrer Meinung nach ausschließlich in der Vermeidung der Ausstrahlung. Wenn entsprechende Inhalte zu einer späteren Uhrzeit gesendet werden, sinkt die Wahrscheinlichkeit, dass Kinder diese wahrnehmen und damit die Möglichkeit zur Imitation. Interaktive oder kommunikative Strategien der Problemlösung thematisieren sie im Gegensatz zu den Jugendlichen, die Angstauslösung als wesentliches Moment der Wirkung formulieren, nicht.

Hinsichtlich der durch Nachahmung problematisierten Gefährdung kristallisieren sich in verschiedenen Diskussionen unterschiedliche Richtungen heraus. Während vonseiten der Gesamtschüler die Gefahr für das eigene Leben der Kinder durch Imitation problematisiert wird, gehen die Schüler einer Düsseldorfer Hauptschule hier gar einen Schritt weiter und sehen die Bedrohung in der Imitation des Attentates:

Dm: Grundschüler, die inspirieren sich davon, dann machen die das vielleicht später auch mal vielleicht. Dann werden die vielleicht auch gleich mal Selbstmordattentäter. Die finden das dann vielleicht cool.

Cw: Ich glaube, die würden das gar nicht verstehen. Die wüssten gar nicht, wie sie mit so einem Problem umgehen müssten.
(Hauptschule, 8. Klasse, Düsseldorf, 699-705)

Die Gefährdung durch Mediengewalt liegt für den Hauptschüler nicht im Erfahren von Gewalt, in der Identifikation mit den Opfern und der daraus resultierenden Angst, sondern vielmehr im Ausüben selbiger, zu dem die Bilder animieren könnten. Die Bedrohung für Kinder zeigt sich in der Inspiration durch Mediengewalt, auch wenn diese an dieser Stelle freilich etwas übertrieben erscheint (*»dann werden die vielleicht auch gleich mal Selbstmordattentäter«*). Dass das Ausüben von Gewalt das eigene Selbstbewusstsein stärkt und zu einem besseren Selbstbild beitragen kann (*»die finden das dann vielleicht cool«*), ist seine Begründung für entsprechende Formen der Nachahmung, zu denen Kinder angeregt werden könnten. Diese Blickrichtung auf das Wirkungspotenzial mag möglicherweise mit *eigenen* Gewalterlebnissen im Kontext alltäglicher Lebenserfahrungen zusammenhängen, in denen der Befragte selbst ähnliche Effekte von Gewaltausübung erlebt hat. In diesem Fall wären die Selbstwahrnehmung sowie das Selbsterleben ein Rahmen, in dem die Auswirkungen medialer Gewalt interpretiert werden würden. Dieses ist allerdings eine Annahme, die rein spekulativen Ursprungs ist und die an dieser Stelle keineswegs durch Fakten belegt werden kann. Dass es sich hier aber um eine besonders individuelle Sichtweise der Dinge handelt, scheint naheliegend. So bleiben seine Vermutungen für die Mitschülerin auch unverständlich, die auf den thematisierten Zusammenhang zwischen Gewaltimitation und eigener Wahrnehmung nicht weiter eingeht, sondern vielmehr davon ausgeht, dass Kinder die Bilder des 11. Septembers gar nicht begreifen und einordnen könnten.

3.6.3 Desorientierung und Desillusionierung

Einige Jugendliche betonen in ihren Ausführungen, Kinder würden durch die Bilder des 11. Septembers, durch Bilder, die reale Gewaltdarstellungen dokumentieren, in besonderem Maße verwirrt und verstört. Die bereits geschilderten Wirkungsvermutungen *Angst* und *Nachahmung* implizieren diese Verwirrung zum Teil und sind als Folgen einer solchen zu betrachten. Darüber hinaus wird aber von einigen Schülerinnen und Schülern gerade der Aspekt des Unverständnisses als besonders problematisch herausgestellt und soll an dieser Stelle daher auch noch einmal getrennt aufgeführt werden. Grundsätzlich lassen sich zwei Arten der Verwirrung bzw. Desorientierung beschreiben, die die Jugendlichen in den Diskussionen als vermutete Auswirkung medialer Gewalt zum

Ausdruck bringen. So betonen sie einerseits, dass Kindern einfach die *kognitiven* Möglichkeiten sowie das nötige Hintergrundwissen und Verständnis fehlen, um reale Gewaltdarstellungen, wie sie sich bei der Dokumentation des 11. Septembers zeigten, angemessen einordnen und verstehen zu können:

Gm: Ja, und was für Schüler ganz schlecht sein könnte, wäre auf jeden Fall das links unten, ja, gut, die können vielleicht noch kein Englisch, aber
Ew: ja, weil die beeinflusst werden direkt
Fw: ja, die laufen dann auch rum oder, oder letztens stand irgendwie auf der Straße mit Kreide geschrieben von Grundschülern irgendwie so: Osama bin Laden, wir bringen Dich um, oder so. Von so Grundschülern noch mit tausend Rechtschreibfehlern und so. Und haben die das, das haben die sich ja auch nicht selber ausgedacht. Das haben die irgendwo von irgendwem gehört. Und wissen, verstehen gar nicht, wer das ist und überhaupt
Gm: geschweige denn, was es heißt, einen Menschen zu töten. *Ich mein das*
Cw: ja.
(Gymnasium, 12. Klasse, Düsseldorf, 1157-1165).

Auch in diesem Diskussionsabschnitt zeigt sich zunächst einmal die Vermutung, Kinder würden durch Medieninhalte unmittelbar beeinflusst. Instanzen der Begleitung und Aufarbeitung, wie sie etwa die Eltern oder die Schule darstellen könnten, werden in diesem Zusammenhang nicht thematisiert. Die Beeinflussung der Kinder führt nach Auffassung der Jugendlichen aber nicht zu Angst oder einer unmittelbaren Imitation des Gewaltereignisses, sondern vielmehr zu einer *mittelbaren* Nachahmung, wenn nicht das Ereignis imitiert wird, sondern die Reaktionen Dritter auf dieses Ereignis. Als Beleg werden eigene Erfahrungen in Form beobachteter Parolen angeführt, die offensichtlich Kinder (*»Grundschüler«*) auf die Straße geschrieben haben. Das Groteske dieser Imitation liegt nach Auffassung der Jugendlichen in dem Kontrast zwischen offensichtlichem Unwissen und altersbezogenen mangelnden kognitiven Kompetenzen, die sich in *»tausend Rechtschreibfehlern«* manifestieren und den bedeutungsschweren Aussagen, die diese Kinder andererseits offenbar völlig unbedarft machen, denn, was *»es heißt einen Menschen zu töten«* können Kinder in diesem Alter nach Meinung der Jugendlichen noch gar nicht wissen. Konkret beziehen sich die Schülerinnen und Schüler in diesem Diskussionsabschnitt auf ein Foto, auf dem ein Mann ein T-Shirt trägt mit dem Aufdruck »the only good terrorist is a dead terrorist«. Damit unterstellen Jugendliche selbst den Medien recht simple Wirkungsmechanismen und halten diese für ebenso bedenklich wie schädlich.

Neben dieser ›kognitiven Desorientierung‹ befürchten Jugendliche eine *emotionale* Desorientierung bzw. eine ›altersinadäquate Desillusionierung‹, wie das folgende Zitat einer Düsseldorfer Gymnasiastin zeigt:

Gw: Und, auch schon wegen kleinere Kinder. Und ich denke mal nicht, wenn die jetzt, sagen wir mal irgendwie die Großtante oder so von denen ist jetzt da umgekommen. Und oft sagt man denen ja auch: ja, die ist jetzt im Himmel. Und die ist einfach nur, also die hatte keine Schmerzen und so. Wenn die dann die sieht, wie die da total am bluten war oder irgendwie irgendwelche Körperteile abgetrennt sind, dass die dann 'nen totalen Schock kriegen. (Gymnasium, 8. Klasse, Düsseldorf, 1292-1289).

Die Medien *rauben* den Kindern mit der realen Dokumentation der Auswirkungen von Gewalt eine *Illusion* von Wirklichkeit. Diese Illusion – hier konkret bezogen auf die Vorstellung von Tod – brauchen Kinder ihrer Ansicht nach aber, um entsprechende Erlebnisse verarbeiten zu können. Das Fernsehen zerstört mit seinen Bildern diese kindgerechte Vorstellung von Tod (*»die ist jetzt im Himmel«*), wenn Leichenteile plötzlich sichtbar werden und sterben vonseiten der Medien visualisiert wird. Mit den Folgen können Kinder nicht umgehen (*»dass die dann 'nen totalen Schock kriegen«*). Damit findet sich in der Argumentation der Schülerin beinahe die These von Postman (1983) wieder, nach der die Medien zum Verschwinden der Kindheit beitragen, indem sie ihnen die Welt der Erwachsenen ohne Zugangsbeschränkungen und kindgerechte Erklärungen präsentieren. Auch in dieser Auffassung spiegelt sich eine sehr überzeugte Meinung von der Nachhaltigkeit der Wirkung der Medien gegenüber jüngeren Rezipienten wider. Dabei wird die Wirkung nicht in schlichter Nachahmung oder Imitation gesehen, sondern manifestiert sich vielmehr in dem Aufbau bzw. in der Zerstörung kindgerechter Weltbilder. Es zeigt sich, dass verschiedene Jugendliche die Gefahren, die in der Visualisierung von Gewalt und deren Folgen liegen, differenziert beurteilen und sehr unterschiedliche Vorstellungen von Medienwirkungen problematisieren.

3.6.4 Medienwirkung im Kontext gesellschaftlichen Wandels

Häufig thematisieren Jugendliche mehrere potenzielle Wirkungen medialer Gewaltdarstellungen, die sie bei Kindern vermuten. Dass die Dokumentation realer Gewalt allerdings keine Wirkung auf Kinder hat, sie diese vielmehr gewohnt sind und mit ihr möglicherweise gar besser umgehen können als andere Generationen zuvor, ist eine Vermutung, die sich im Rahmen einer tendenziell eher als *resignativ* zu bezeichnenden Haltung ausschließlich bei Jugendlichen in den neuen Bundesländern findet. Dabei lassen sich entsprechende Textpassagen in verschiedenen Schulklassen ausmachen, wie die folgenden Diskussionsausschnitte zeigen.

Bw: Ach, ich denk mal schon, dass man darauf ausgerichtet ist, welche Zielgruppe welche Bilder kriegt. Ich kann ja jetzt nicht bei den Zeitungen, die hauptsächlich auch viele kleine Kinder lesen, da kann ich ja jetzt nicht voll die Szenen da rein machen
Dm: Fix und Foxi
Bw: von blutigen Opfern und, keine Ahnung, ja, ich denk mal, dass dann die Eltern das dann auch gar nicht erlauben, dass das Kind so was liest oder sich anguckt oder so, schreckt ja ab
Dm: das kriegste doch sowieso mit, im Fernsehen (...), die bringen ja auch schon ab 15:00 Uhr Sachen, wo du dir manchmal sagst, hallo, also voll die Gewaltszenen, Sexszenen hast du auch, kannst auch morgens den Fernseher anmachen, haste ja in jedem Film heutzutage drinne. Also ich glaub', die heutigen Kinder wachsen damit auch schon ganz anders auf, was heißt heutige Kinder, ich bin eigentlich auch noch, wenn du's so siehst, 'n Kind, aber ich find', ich bin da noch, weiß nicht, das ist alles so schnelllebig, noch anders mit aufgewachsen. Allein, wie sich kleinere Kinder heutzutage schon unterhalten, über was, da hättest du noch gar nicht dran gedacht, so in dem Alter von sechs, sieben Jahren, oder so.
(Berufsschule, Güstrow, 1309-1336).

Während sich in dieser Diskussion zunächst ebenfalls die Tendenz zeigt, Kinder vor besonders gewaltbezogenen Bildern zu bewahren, die das Leid von Opfern deutlich visualisieren, äußert ein Jugendlicher hier eine andere Meinung. Seiner Ansicht nach sind gewaltbezogene Inhalte alltäglicher Bestandteil des Fernsehprogramms und lassen sich zu allen Tageszeiten mühelos finden. Allerdings bezieht er sich auf fiktionale Formate (*»haste ja in jedem Film heutzutage drinne«*) und differenziert nicht zwischen der Dokumentation realer und fiktionaler Gewalt. Kinder, so seine Meinung, wachsen heute selbstverständlich mit solchen Inhalten auf. In Konflikt gerät er bei seiner Argumentation, wenn er feststellt, dass er selbst dieser Generation nicht besonders fern ist und mit entsprechend ähnlichen Inhalten ebenfalls sozialisiert wurde. Dennoch sieht er zwischen sich und der nachfolgenden Generation Unterschiede, die er nicht weiter präzisieren kann, sodass seine Begründungen für die von ihm vermutete Generationenkluft diffus bleiben (*»ich bin da noch anders mit aufgewachsen«*). Wie bereits in anderen Textpassagen (s. Treumann/Meister/Sander et al. 2007, S. 662ff.) zeichnet sich auch hier ein Ideal von *Modernisierung* ab, dem die tatsächliche Entwicklung, die sich in den Einstellungen und dem Verhalten nachwachsender Generationen manifestiert, entgegensteht. Auch wenn diese Idealvorstellungen, die hier in der eigenen Generation noch repräsentiert sind, nicht weiter konkretisiert werden, so sind sie doch in einem verantwortungsvolleren und überlegten Umgang mit medialer Gewalt zu vermuten. Das Gegenteil wird in der Schnelllebigkeit gesehen, die hier mit dem Umgang mit Mediengewalt in Verbindung gebracht wird und die somit für einen unbedarften und unreflektierten Umgang mit entsprechenden Inhalten stehen dürfte. Als Beleg dafür werden eigene Erfahrungen und Beobachtungen angeführt (*»wie sich kleinere Kinder heutzutage schon unterhalten«*), die letztlich auch hier in eine resignative und passive Haltung münden. Die Medien werden allerdings nicht als Versucher dieser Entwicklungen angeklagt, auch wenn der Schüler die von ihm beobachteten problematischen Inhalte keineswegs gutheißen kann und sowohl die Ausstrahlung von Gewalt- als auch von Sexszenen in seiner Argumentation kritisiert (*»wo du dir manchmal sagst, hallo«*). Dass die Medien aber nicht alleinig verantwortlich für den Umgang mit solchen Inhalten sein können und die Ursachen hierfür vielmehr in gesellschaftlichen Entwicklungen und Sozialisationsbedingungen zu sehen sind, zeigt sich, wenn er seiner Generation – trotz gleicher medialer Inhalte – hier andere Umgangsformen zuspricht.

Dass sich diese »Verrohung« und »Abgeklärtheit« heutiger Kinder nicht nur im Umgang mit den Medien zeigt, meinen die Schüler einer Berufsschule in Halle zu beobachten und kommen damit letztlich zu ähnlichen Aussagen wie die Güstrower Jugendlichen gleichen Alters. Im Gegensatz zu diesen schreiben sie den Medien aber eine deutliche Mitschuld zu und nennen konkrete Inhalte, die ihrer Meinung nach als Mitverursacher solch negativer Entwicklungen auszumachen sind.

Aw: Ich hab' auch mal geguckt, da war so ein Puppentheater, da haben sie so ein Märchen vorgespielt und da haben die Ausdrücke gesagt, zum Beispiel: ›Ich haue dir deine Eier blau‹ oder ›du Dampfnudel‹ und da sind Kinder, weißt du, die können noch nicht mal richtig sprechen und da erzählen die so was, die drehen sich um und gehen zu ihrer Mutter ›eh, du Dampfnudel‹ oder so, weißte, das musst du dir mal <u>überlegen</u>, beim Puppentheater können die nicht mal,

Dm: das gab's früher auch schon, wenn der Kasper immer das Krokodil verkloppt hat

Fm: mit'm Hammer, mit'm Hammer

Aw: aber die <u>Ausdrücke</u>

Em: na gut, wenn man mal ins Fernsehen reinguckt, was kommt denn zu der Zeit, wo Kinder zu Hause sind, Talkshows

Dm: Talkshows und hier Recht, Barbara Salesch

Aw: genau und zwanzig Uhr fünfzehn kommen alle Trickfilme

Em: Talkshows etc. etc. und Nachrichtensendungen, zum Beispiel Nachrichtenserien, zum Beispiel taff[16] oder SAM[17] oder so was Ähnliches, was darüber berichtet, zum größten Teil berichtet über Tätigkeiten, was Eltern angeht, STREIT

(…)

Bw: und das, was von RTL2 kommt, das kannste Kindern gar nicht zeigen

Aw: und deswegen, weil das nur Scheiße ist, siehste ja, wenn die da total verblöden

(Berufsschule, Halle, 3745-3782).

Auch in dieser Diskussion ist die Abgrenzung zwischen »*früher*« und »*heute*« zunächst ein wesentlicher Aspekt, den die Jugendlichen betonen. Während sie mit »*heute*« den Umgang und das Verhalten der gegenwärtigen Kindergeneration umschreiben, ist »*früher*« der Zeitabschnitt, in dem sie selbst Kinder waren. Der implizit beschriebene *Gesellschaftswandel* bezieht sich damit auf keine allzu große Zeitspanne, die mit fundamentalen und grundlegenden Entwicklungen verbunden sein kann, sondern lediglich auf einen Zeitraum von ca. 10 Jahren, den die Entwicklung vom Kind zum Jugendlichen umfasst. Als Beispiel dient hier zunächst das Puppentheater, das nach Ansicht eines Jugendlichen bereits Vorlagen bietet, die Kinder zur Nachahmung und dabei zu einem seiner Auffassung nach recht respektlosen Umgang mit den Eltern animiert. Den Einwand eines anderen Schülers, dieses sei früher aber auch schon so gewesen, weist er zurück und verweist insbesondere auf eine Verrohung der Sprache *(»aber die Ausdrücke«)*, die seiner Ansicht nach nicht zu billigen ist.

Im Folgenden wird das Fernsehen als *Prototyp* solcher Tendenzen ausgemacht, das offenbar gesellschaftliche Entwicklungen repräsentiert und gleichsam als Spiegel eben dieser angesehen werden kann. So wirft ein Schüler resignativ ein »*na gut, wenn man mal ins Fernsehen reinguckt, was kommt denn zu der Zeit, wo Kinder zu Hause sind«.* Wenn also selbst das Fernsehen selbstverständlich Inhalte präsentiert, die für Kinder ungeeignet sind, was sollte man dann von anderen Instanzen erwarten, so die Meinung, die sich hinter diesem Statement vermuten lässt. In diesem Zusammenhang führen die Jugendlichen eine Reihe verschiedener Formate an, die nach ihrer Meinung von Kindern nicht rezipiert werden sollten und verweisen auf Sendungen, die gerade in der Gunst der Jugendlichen

---

16 taff (= »täglich aktuelles freches fernsehen«) ist ein auf dem privaten Fernsehsender ProSieben gesendetes Boulevard-Nachrichtenmagazin, welches montags bis freitags ab 17:00 Uhr eine Stunde lang Neuigkeiten aus aller Welt, Klatsch und Tratsch sowie aktuelle Beiträge ausstrahlt.

17 SAM (= »Stunde am Mittag«) ist ein Boulevard-Nachrichtenmagazin auf ProSieben zum aktuellen Tagesgeschehen, mit Berichten und Nachrichten über Prominente sowie zu Themen rund um jugendkulturelle Lifestylefragen und eines von den Zuschauern zu lösenden »Raab-Rätsels«, das sich auf einen Ausschnitt der von Stefan Raab moderierten Fernsehsendung »TV-Total« bezieht.

3.6 Mediale Gewalt und deren Wirkung aus der Sicht Jugendlicher 67

selbst nachweislich besonders hoch stehen; so gehören Talkshows, Gerichts-shows und Boulevardmagazine zu den gerade von *ostdeutschen* Jugendlichen besonders häufig und mit Vorliebe gesehenen Sendungen. Die Problematik sehen sie hier aber nicht in der drastischen Visualisierung von Gewalt, sondern in der thematischen Nähe zur Lebenswelt von Kindern. Beispielhaft verweist ein Schüler darauf, dass Streitigkeiten zwischen Eltern häufig im Mittelpunkt der genannten Formate stehen.

Deutlich wird in diesem Diskussionsabschnitt – wie auch in zahlreichen anderen Interviews unserer Studie – die *Diskrepanz* zwischen Rezeptions-interessen, also dem, was Jugendliche selbst tatsächlich gerne sehen, und der Beurteilung entsprechender Formate. Die normativen Vorgaben, an denen sie sich hier offensichtlich orientieren, entsprechen einem theoretischen Gesell-schaftsideal, das sie vermeintlich überzeugt präsentieren, an das sie sich de facto aber nicht halten. Rezipieren die Jugendlichen einerseits bestimmte Sendungen mit großem Interesse, was sich auch in ihrer detaillierten Kenntnis solcher Formate widerspiegelt, beurteilen sie diese andererseits ganz eindeutig negativ *(»weil das nur Scheiße ist«)*. Sich selbst würden sie in diesem Zusammenhang daher wohl die Fähigkeit zusprechen, mit solchen Inhalten umzugehen und sie aufgrund ihres offensichtlich zutage gelegten Reflexionsvermögens angemessen zu beurteilen. Nachfolgenden Generationen sprechen sie hingegen einen Sozia-lisationskontext ab, der ihnen diese Fähigkeiten vermittelt, wenn sie die negati-ven Auswirkungen aus ihrer Sicht problematischer Medieninhalte für Kinder eindeutig proklamieren und sich sicher sind, dass diese durch das heutige Me-dienangebot *»total verblöden«*. Offenbar kommt in diesem Fall ein Bewertungs-muster zum Tragen, welches in der (medien-)wissenschaftlichen Literatur als *Drit-te-Leute-Effekt* (Third-Person-Effect) bezeichnet wird (s. Kunczik/Zipfel 2004: 6 u. 221). In einer Reihe von empirischen Untersuchungen konnte belegt werden, dass Personen ihre Rezeption solcher medialer Inhalte, die in der gesellschaftlichen Öffentlichkeit als negativ beurteilt werden (beispielsweise wegen ihrer Gewalt-haltigkeit) für sich selbst als unproblematisch ansehen, aber im Gegensatz dazu für andere oder jüngere Rezipienten (z.B. Kinder) negative Auswirkungen postulieren (etwa Hoffner et al. 1999; Peiser/Peter 2000; Sparks/ Sparks 2000).

Lösungen oder Maßnahmen, mit denen man den von ihnen beschriebenen problematischen Entwicklungen entgegenwirken kann, formulieren die Schüle-rinnen und Schüler in den beiden angeführten Diskussionen nicht. Auch dieses kann als Ausdruck einer eher resignativen Haltung interpretiert werden, bei der gesellschaftliche Tendenzen eben zu akzeptieren, aber nicht aufzuhalten oder gar zu verändern sind.

Sofern Lösungen für eine mögliche Gefährdung von Kindern durch mediale Gewaltdarstellungen in Sicht sind, lassen sich diese im Rahmen tatsächlicher gesellschaftlicher Bedingungen nach Meinung anderer ostdeutscher Berufsschüler aber ohnehin nicht realisieren. So wäre die *Vermeidung* der Rezeption entsprechender Inhalte ein probates Mittel, um Kinder vor möglichen negativen Auswirkungen zu beschützen. Eine solche Vorgehensweise würde aber ein entsprechendes Bewusstsein für die Problematik in der Gesellschaft voraussetzen. Dieses sehen die Jugendlichen indessen kaum mehr:

Iw: Sind GENÜGEND Familien da, die ihre Kinder Nachrichten mitgucken
    lassen und DAS ist erschreckend
Dw: ja, deswegen erst gar nicht gucken lassen. Musst du
Iw: das ist wirklich erschreckend
Dw: drauf aufpassen, dass dein Kind
Iw: JA, aber nur weil DU das sagst, ich mein, das find ich lobenswert, das ist
    schön, aber, so IST es in den meisten Familien nicht.
(Berufsschule, Rostock, 1991-1998)

Als verantwortliche Instanz werden hier die *Familien* ausgemacht, die ihre Kinder Nachrichten mitschauen lassen und sie so gewalthaltigen Inhalten aussetzen. Ein solches Vorgehen ist nach Meinung der hier zitierten Berufsschülerin aber keineswegs die Ausnahme, sondern vielmehr die Regel. Mit einer anderen und in diesem Fall verantwortungsvolleren Haltung steht man gegenwärtig recht alleine dar. Auch hier zeigt sich wieder ein resignatives Moment, in dem sich die Jugendlichen mit ihrer Haltung alleine und entgegen dem gesellschaftlichen Mainstream sehen.

Sofern sich Jugendliche Gedanken über die Auswirkung medialer Gewaltdarstellungen machen, stehen Kinder in der Regel im Mittelpunkt ihrer Überlegungen. Dabei vermuten sie unterschiedliche Wirkungen, deren Spektrum von Angst, Nachahmung und Desillusionierung bis schließlich zu einer gewissen Form von Abstumpfung recht. Von einer Wirkungslosigkeit entsprechender Darstellungen oder gar positiven Auswirkungen gehen die Schülerinnen und Schüler nicht aus. Lösungen für die unerwünschten Wirkungen sehen sie in der Rezeptionsvermeidung, Begleitung und Aufarbeitung solcher Medienerlebnisse. Einzig die ostdeutschen Jugendlichen weisen hier eine eher resignative Haltung auf, wenn sie das Abstumpfen gegenüber medialer Gewalt und eine damit einhergehende »Verrohung« als unaufhaltsames Moment gesellschaftlicher Entwicklung formulieren.

3.7 Zur Dramaturgie medialer Gewalt

Jugendliche schätzen die Wirkung medialer Gewalt einerseits differenziert ein und betonen dabei insbesondere die negativen Aspekte, wenn sie hier vornehmlich Kinder auf unterschiedliche Weise gefährdet sehen. Andererseits sind einige von ihnen – wobei es sich dabei um eine Minderheit handelt – ebenso schnell in der Lage, einen *Rollenwechsel* zu vollziehen und sich in die Perspektive der Kommunikatoren hineinzuversetzen, für die Gewaltdarstellungen ein legitimes Mittel der Aufmerksamkeitsoptimierung sind:

Bm: Also, wenn ich nach Einschaltquoten gehen würde, wenn ich jetzt schon mal so gucke, dann würde ich, na als ERSTES das Bild von rechts nehmen

Gm: Joh, würde ich auch nehmen

Bm: mit der großen Explosion. Das wäre erst mal

Yw: Hm

Bm: richtig, na ja richtig BANNEND, das würde erst mal JEDEN vorn Fernseher ziehen. Dann würde ich, also denn kommen ja erst mal die ganzen Fakten und dann würde hier diese ganzen Bilder, die zur Trauer bewegen, wie die Menschen, die da

Yw: Warum denkst du, ist PANIK die BASIS für 'n, für 'nen ...?

Gm: Ja weil's 'n Aufhänger ist jetzt. Also, wenn man jetzt nach Quoten geht, dann ist es 'n absoluter Aufhänger da.

(Berufsschule, Rostock, 1158-1167)

Dass Einschaltquoten im gegenwärtigen Medienzeitalter ein wesentliches Moment für Programmmacher und Sender sind, ist den Jugendlichen klar. Während die Mehrheit der Jugendlichen dieses anklagt und hier deutliche Proteste äußert, finden sich in unseren Diskussionen ebenso Schüler, die gleichzeitig problemlos den Rollenwechsel vom Rezipienten zum Kommunikator vollziehen. Dabei handelt es sich eher um die älteren Jugendlichen sowie tendenziell auch um Jugendliche aus den neuen Bundesländern. Sofern sie sich in die Lage der Programmmacher hineinversetzen, haben sie recht genaue Vorstellungen davon, wie mediale Gewalt inszeniert und aufbereitet werden muss, damit sie die Zuschauer erreicht. So würden die Rostocker Berufsschüler eine entsprechende Dokumentation spektakulär beginnen, mit »*der großen Explosion*«, um zunächst einmal die Aufmerksamkeit der Zuschauer zu gewinnen. Auch die anschließende Dramaturgie ist ihnen geläufig. Nachdem sie die Aufmerksamkeit des Zuschauers geweckt haben, folgen Fakten über das Ereignis, um anschließend durch Bilder trauernder Angehöriger wieder emotional zu werden.

Die Selbstverständlichkeit, mit der die Jugendlichen eine *zuschauergerechte* Dramaturgie gewaltbezogener Ereignisse entwerfen, spricht für einen gewissen Pragmatismus, mit dem an dieser Stelle die ostdeutschen Schülerinnen und Schüler den Medien entgegentreten. Bilder spektakulär aufzubereiten ist ihr Geschäft, und so ist es offenbar keine Frage mangelnder Reflexion oder einer Unfähigkeit, dieses zu hinterfragen, sondern schlicht eine *Akzeptanz* der ohnehin nicht zu ändernden Strukturen des Mediensystems. Entsprechend unaufgeregt gelingt der Rollenwechsel. Mit solchen Darstellungen umzugehen, ist nach Ansicht der Jugendlichen letztlich wohl Sache des Zuschauers. So zumindest könnte man die Tatsache interpretieren, dass sich die hier zitierten Rostocker Berufsschüler an anderer Stelle (S. 68) über den unreflektierten Umgang mit den Medien in der Familie beklagen.

Der Effekt, nach dem die Gestaltung medialer Produkte zunächst aus Sicht der Kommunikatoren und nicht der Rezipienten reflektiert wird, findet sich auch bei einem weiteren Berufsschüler, der ebenfalls in den neuen Bundesländern aufgewachsen ist.

Yw: Findet ihr auch, dass die Wahl der Bilder davon abhängig ist, für wen man die Zeitung schreibt, das hattest du vorhin schon mal ganz kurz erwähnt?

Dm: Ja, auf jeden Fall, dein Vorgesetzter, sag ich mal, der sagt ja nachher auch, das gehört dahin, das Bild nimmst du, das nimmst du nicht, die erstellen ja denn auch an dem PC, an den PCs stellen sie denn ja alles zusammen, haste dann ja deine Designer und weiß ich was, die das alle machen. Da wird dir schon vorgeschrieben, dass du, weiß ich, bei der BILD sicherlich ganz andere Bilder zu nehmen hast als bei 'ner <u>ganz seriösen</u> Tageszeitung, sag ich jetzt mal, also es hängt auf jeden Fall, schätz ich mal, vom Arbeitgeber ab, oder, was du für Bilder zu wählen hast...
(Berufsschule, Güstrow, 1291-1303).

Auf die Frage, ob die Art der medialen Inszenierung von Gewalt davon abhängig ist, für wen sie geschieht, bezieht sich der hier zitierte Schüler zunächst selbstverständlich auf die Perspektive der Macher. Dabei sei betont, dass er der *einzige* Jugendliche ist, der die Frage im Rahmen unserer Gruppendiskussionen auf diese Weise interpretiert. Wie Gewalt visualisiert wird, ist davon abhängig, welches Ziel das jeweilige Medium erreichen möchte. Eine populäre Zeitung, die sich als Massenblatt etabliert hat, wird hier sicherlich andere Kriterien anlegen als eine Zeitung, die sich in erster Linie über ihr seriöses Image definiert. Die Aussage als solche zeugt einerseits sicherlich von einer gewissen Medienkompetenz, wenn die Strukturen des Mediensystems so selbstverständ-

3.7 Zur Dramaturgie medialer Gewalt

lich und zweifelsohne realistisch auf den diskutierten Sachverhalt übertragen werden. Andererseits steht auch dieses Zitat wieder für einen selbstverständlichen und pragmatischen Rollenwechsel mit Blick auf die Darstellung und Inszenierung medialer Gewalt. Dieses ist zu betonen, da wir solche Aussagen im Kontext unserer Interviews selten gefunden haben. In der Regel fühlen sich die Jugendlichen auch *unaufgefordert* dazu angehalten, mediale Gewalt aus Sicht der Zuschauer zu reflektieren.

Einen ähnlichen Rollenwechsel fanden wir schließlich bei den westdeutschen Jugendlichen in einer Bielefelder Gesamtschule. Auch die hier von uns befragten Jugendlichen haben genaue Vorstellungen davon, wie sie die Aufmerksamkeit der Zuschauer auf das Ereignis lenken würden. Sie wählen als Einstieg das gleiche Bild mit den brennenden Türmen des World Trade Centers und betonen auch hier das Moment des Spektakulären.

Am: Also, ich würde sagen, das Bild rechts unten, weil das ist wieder mal Spektakuläres. So was gucken sich die Menschen halt an. Wenn man Flammen sieht und brennende Gebäude. Also, wenn man Aufmerksamkeit auf den Artikel lenken will, würde ich sagen, würde ich dieses Bild nehmen.

Bm: Und dass da diese Staubwolke entsteht.

(...)

Am: Das macht auch generell, wenn es halt jetzt ein Farbfoto ist, jetzt schon mal aufmerksam auf den Artikel, weil überall ist eigentlich, wenn man Bilder mit Flammen sieht und Dinge, die explodieren, da guckt eigentlich jeder mal hin.

Bw: Ja, bei den anderen Bildern würde man vielleicht, jetzt nicht so auf den ersten Blick hingucken, weil die würden dann denken, ach, was weiß ich, aber jetzt gerade bei dem Bild, wenn sie dann die Flammen sehen, dann denken sie schon, mhm, was ist denn da passiert, lesen wir uns das mal durch oder dann gucken wir uns das mal richtig an, wenn sie jetzt nicht Bescheid wissen, <u>was</u> passiert ist.

(Gesamtschule, 8. Klasse, Bielefeld, 833-1036).

Die Begründung für einen spektakulären Einstieg in das Thema liegt auch hier wieder ganz eindeutig in der *Aufmerksamkeitsgenerierung,* die sie einerseits vermuten *»so was gucken sich die Menschen halt an«,* andererseits aber wohl auch schon selbst einmal erlebt haben *»da guckt eigentlich jeder mal hin«.* Die Begründung, die sie im Weiteren für ihre dramaturgische Gestaltung eines eigenen Medienbeitrags angeben, differiert nunmehr aber. So ist es nicht die höhere Einschaltquote, die sie anstreben, sondern vielmehr die Absicht, das Publikum über ein relevantes Ereignis zu informieren (*»dann denken sie schon (...), lesen wir* *uns das mal durch (...), wenn sie jetzt nicht Bescheid wissen*«). Das Spektakuläre wird letztlich mit dem Moment der *Information* legitimiert. Die Steigerung der Aufmerksamkeit wird nicht unmittelbar mit dem Wunsch nach höheren Einschaltquoten gleichgesetzt, sondern muss auch aus Sicht der Rezipienten gerechtfertigt sein.

Dass die ostdeutschen Jugendlichen den Rollenwechsel vom Rezipienten zum Kommunikator nicht nur häufiger, sondern auch selbstverständlicher vollziehen, mag für einen ausgeprägteren Pragmatismus sprechen, mit dem das Mediensystem betrachtet wird. Zudem kommt hier aber auch eine geringere Bezogenheit auf normative Werte und sozial erwünschte Einstellungen zur Geltung, wie sie sich häufiger bei den westdeutschen Jugendlichen findet. So fühlen sich diese in der Regel stärker dazu aufgefordert, mediale Gewaltdarstellungen aus Sicht der Zuschauer zu kritisieren und zu problematisieren. Dass es sich dabei oftmals um eine *theoretische* Normorientierung handelt, die im tatsächlichen Medienhandeln keinesfalls eingelöst wird, haben unterschiedliche Textpassagen gezeigt. So rezipieren sie entgegen ihrer kritischen Einstellung durchaus Sendungen und Sendeformen, die Gewalt auf ihrer Meinung nach unerwünschte Weise dokumentieren.

3.8 Zusammenfassung

Das Fernsehen animiert Jugendliche *nicht* durch die Darstellung gewaltbezogener Inhalte zu Gewalt befürwortenden Orientierungsmustern. Wenn überhaupt, sind es spezifische Strategien der Präsentation und Aufbereitung, die indirekt durch Prozesse der Identifikation mit Opfern von Gewalttaten zu einer Gewalt tolerierenden Haltung führen, die sich dann häufig in dem Wunsch nach Vergeltung manifestiert. Dies ist allerdings vornehmlich bei jüngeren Jugendlichen zu beobachten, die beispielsweise durch die Personalisierung medialer Inhalte zu einer stark ausgeprägten Empathie neigen und dabei gleichzeitig Ereignisse und Charaktere in festgelegte Ordnungskriterien von Gut und Böse einordnen. Mit zunehmendem Alter zeigen sich dann differenziertere Bewertungsmaßstäbe, die mit einer weniger empathischen Medienrezeption einhergehen und gleichzeitig mit differenzierteren Formen der Beurteilung von Medienberichterstattung verbunden sind. Das *Alter* sowie die damit verbundenen kognitiven Kompetenzen sind hier die bestimmenden Variablen und nicht die Inhalte der Medien. Dieses ist freilich kein Freispruch für die Medien, so ist doch in besonderem Maße bei jüngeren Jugendlichen darauf zu achten, auf welche Weise und mit welchen Formen der Inszenierung gewaltbezogene Inhalte vermittelt werden. So sollte eine starke Personalisierung reflektiert eingesetzt werden und mit altersgerechten Formen der Kommentierung und Einordnung verbunden sein.

Die Auswertungen der Gruppendiskussionen haben gezeigt, dass mediale Gewalt durch *Produktions-* und *Genrewissen,* das sich die Jugendlichen im Kontext eigener Rezeptionserfahrungen angeeignet haben, im Rahmen ihnen bekannter Genres vorhersehbar und kalkulierbar wird. Als dramaturgisches Mittel werden solche Darstellungen nicht nur geschätzt, sondern geradezu erwartet, um sich durch Spannung und Action zu *unterhalten.* Diese Rezeptionshaltung beschränkt sich aber ganz eindeutig auf *fiktionale* Genres. So ist die Alltäglichkeit und mitunter Begeisterung, mit der Jugendliche hier Gewaltdarstellungen betrachten, keineswegs mit einem Abstumpfen und einer Desensibilisierung gegenüber realer Gewalt gleichzusetzen. Wer von einer Vorliebe für Thriller und Horrorfilme auf den unsensiblen Umgang mit realen Gewaltdarstellungen oder gar eine grundsätzlich Gewalt befürwortende Haltung schließt, greift ganz eindeutig zu kurz. Entsprechend ist auch bei der Präsentation realer Gewalt darauf zu achten, dass nicht nur Kinder sondern auch Jugendliche hier sensibel reagieren und mitunter keine routinierten Rezeptionsstrategien und Handlungsmuster besitzen, um solche Darstellungen problemlos zu verarbeiten. Dabei führt die *Vermischung* fiktionaler und non-fiktionaler Präsentationsweisen bei der Präsentation gewaltbezogener Inhalte gelegentlich zu Verwirrung und stellt selbst für Jugendliche mit hoher Medienkompetenz eine Herausforderung dar, wenn sich Reales und Fiktionales kaum mehr voneinander unterscheiden lässt. Hier bedarf es nicht nur von medienpädagogischer Seite der Unterstützung. Auch Programmmacher sollten sich in der Verantwortung sehen, wenn allzu spektakuläre Formen der Präsentation den Zuschauer offenbar eher irritieren als informieren.

Geht es darum, die *Auswirkungen* medialer Gewalt einzuschätzen und zu diskutieren, beziehen sich Jugendliche ganz überwiegend auf *Kinder,* die sie durch solche Inhalte gefährdet sehen. Zahlreiche Äußerungen deuten dabei darauf hin, dass eigene Erfahrungen, die Selbstwahrnehmung sowie schließlich das Selbsterleben Rahmen sind, in denen potenzielle Auswirkungen medialer Gewalt interpretiert werden. Die von den Jugendlichen aufgezeigten Wirkungsszenarien sind somit auch immer eine Möglichkeit, Rückschlüsse auf ihre eigene Form der Medienwahrnehmung zu ziehen, und stellen einen Zugang zum Medienerleben Jugendlicher dar. Die vermuteten Auswirkungen lassen sich als Angst, Nachahmung, Desillusionierung und Desorientierung beschreiben. Während die höher gebildeten Jugendlichen sich insbesondere mit der Angst auslösenden Wirkung von Gewalt sowie Desorientierung und Desillusionierung beschäftigen, sehen niedriger Gebildete eher Formen der Nachahmung als unerwünschte Konsequenzen entsprechender Medieninhalte. Dabei gehen die meisten Jugendlichen von einer nachhaltigen Wirkung medialer Botschaften aus und sehen hier eher negative als positive Folgen. Die These der Wirkungslosigkeit hingegen wird kaum von einem Heranwachsenden vertreten.

Sofern Möglichkeiten diskutiert werden, problematische Auswirkungen gewaltbezogener Darstellungen zu vermeiden, zeigen sich die Jugendlichen insbesondere mit Blick auf den formalen Bildungsstatus unterschiedlich reflektiert. Während die höher Gebildeten verschiedene Formen der kindgerechten Kommentierung und Reflexion nicht nur vorschlagen, sondern mitunter auch einfordern, thematisieren die formal niedriger Gebildeten solche Arten »medienpädagogischer Begleitung« in der Regel nicht. Will man Medienkompetenz als Reflexion über die Konsequenzen medialer Gewalt verstanden wissen, ist diese zweifelsohne vom formalen *Bildungsniveau* der Heranwachsenden abhängig.

Eine spezifische Haltung zur Wirkung medialer Gewalt findet sich bei den Jugendlichen aus den *neuen* Bundesländern. Sie gehen davon aus, dass Kinder selbstverständlich mit zahlreichen Formen medialer Gewalt konfrontiert werden und dieses letztlich zu Prozessen der Habitualisierung und Abstumpfung führt. Während sie für sich selbst einen reflektierten Umgang mit den Medien in Anspruch nehmen, sprechen sie den nachfolgenden Generationen einen eher unreflektierten Umgang mit den Medien zu und nehmen diesen resigniert zur Kenntnis. In dieser Form der Medienwahrnehmung kommt eine allgemeine Haltung gegenüber gesellschaftlichen Entwicklungen zum Ausdruck, wenn sich die Jugendlichen resignativ und den von ihnen beobachteten Prozessen machtlos bzw. vornehmlich pragmatisch urteilend gegenübersehen. Auch hier zeigt sich, dass sich in der Reflexion über Medien allgemeine Orientierungs- und Handlungsmuster Jugendlicher widerspiegeln. Medienwahrnehmung und -reflexion kann somit nicht losgelöst aus dem *lebensweltlichen* Kontext Jugendlicher betrachtet und interpretiert werden, sondern muss vielmehr als ein Bestandteil jugendlichen Alltagshandelns gesehen werden. Andererseits machen die Auswertungen der Gruppendiskussionen deutlich, dass das Medienhandeln Jugendlicher eine Möglichkeit darstellt, Zugang zu den leitenden Themen und Orientierungsmustern Jugendlicher zu erhalten, der Aufschluss über Sichtweisen der heranwachsenden Generation bietet. Dieses ist eine Chance, die es seitens der Medienpädagogik zu nutzen gilt, insbesondere wenn es um die Darstellung von Gewalt bzw. Gewalt befürwortende sowie Gewalt ablehnende Orientierungsmuster Heranwachsender geht. Dass monokausale Erklärungsmuster hier zu kurz greifen und schließlich auch die Ausprägung von Medienkompetenz im Zusammenhang mit zahlreichen anderen Variablen gesehen werden muss, konnten die von uns geführten Gruppendiskussionen belegen.

4. Qualitative Einzelinterviews

4.1 Einführung

Den vorliegenden Ergebnissen der Anschlussstudie liegen insgesamt 33 Einzelinterviews zugrunde, die wir mit Jugendlichen im Alter von 12-19 Jahren geführt haben. Die erste Auswertung der qualitativen Interviews basierte auf der Fragestellung, wie sich das alltägliche Medienhandeln der Jugendlichen innerhalb der sieben Cluster beschreiben lässt und wie sich aus ihrer subjektiven Perspektive sowie im Kontext ihrer lebensweltlichen Einbindungen Aspekte von Medienkompetenz nachzeichnen lassen. In Anlehnung an die Ergebnisse der Hauptuntersuchung dokumentiert die hier vorliegende qualitative Analyse der Einzelinterviews *clusterspezifische* Rezeptionsstrategien in Bezug auf gewaltbezogene Medieninhalte sowie variierende Bewertungs- und Orientierungsmuster hinsichtlich Gewalt tolerierender oder gewaltablehnender Verhaltens- und Einstellungsformen der befragten Jugendlichen. In diesem Zusammenhang gilt es zu erklären, welche Rolle jugendbezogene Orientierungs- und Handlungsrahmen respektive die soziale Einbindung der entsprechenden Jugendlichen bei der Rezeption und Bewertung medialer Gewalt spielen. Das heißt, wir wollen der Frage nachgehen, welchen Stellenwert die Beschäftigung mit gewalthaltigen Medien(-inhalten) – wie beispielsweise mit ›brutalen‹ Computerspielen oder Horror- und Actionfilmen – vor dem Hintergrund ihrer Identitätsbildungsprozesse bzw. deren Konstruktion und der damit verbundenen Suche nach sinnstiftenden Orientierungs- und Verhaltensmustern bei den Jugendlichen einnimmt. Die hier vorliegende Auswertung fasst demnach die Äußerungen der befragten Jugendlichen in Bezug darauf zusammen, warum sie mediale Gewalt rezipieren, was sie dazu motiviert, wie sie Gewaltdarstellungen wahrnehmen und bewerten, welche Genrepräferenzen sie besitzen und welche Rechtfertigungsstrategien sie diesbezüglich entwickeln. Von unmittelbarer Bedeutung für die Auswertung der Einzelinterviews sind Aussagen der Jugendlichen[18] über den Amoklauf eines Schülers am Gutenberg-Gymnasium in Erfurt (April 2002), da dieser Fall die öffentliche Diskussion über gewalthaltige

---

18 Die Jugendlichen haben eigenständig, ohne explizite Nachfragen der Interviewer, das Thema ›Amoklauf in Erfurt‹ aufgegriffen und sich dazu geäußert. Die öffentliche Diskussion über einen möglichen Zusammenhang zwischen der Beschäftigung mit gewalthaltigen Computerspielen und dem Ausüben realer Gewalt hat offenbar dazu beigetragen, dass die Jugendlichen sich mit diesem Thema auseinander setzen.

Computerspiele und deren Einfluss auf das Verhalten der Jugendlichen lange Zeit bestimmte und Fragen aufwarf in Bezug auf den Umgang mit und die Auswirkungen von medialer Gewalt. Die empirische Studie zur Rezeption, Wahrnehmung und Bewertung medialer Gewalt durch Jugendliche gliedert sich nach den unterschiedlichen Mediennutzungstypen respektive Clustern und wird in einem abschließenden Fazit die einzelnen Umgangs- und Bewertungsmuster vergleichend oder kontrastierend zusammenfassen.

4.2 Typen jugendlichen Medienhandelns unter der Perspektive von Rezeption, Wahrnehmung und Bewertung medialer Gewalt

4.2.1 Die Allrounder

Die Jugendlichen, die in Anbetracht ihres Medienhandelns dem Cluster der ›Allrounder‹ angehören, lassen sich im Allgemeinen darüber charakterisieren, dass sie in ihrer Freizeit sowohl die so genannten alten Medien, wie Fernsehen, Radio oder Bücher als auch im Besonderen die Neuen Medien häufig rezipieren und für ihre Zwecke zu nutzen wissen. Die quantitativ gewonnenen Aussagen über das Cluster der ›Allrounder‹ besagen, dass diese Jugendlichen neben einem hohen Interesse an Entertainment ein stark instrumentell-qualifikatorisch ausgeprägtes und darüber hinaus ein informations- und gestaltungsorientiertes Nutzungsprofil in Bezug auf ihre medialen Aktivitäten aufweisen. Dieses vielfältige Rezeptionsprofil der ›Allrounder‹ wird begleitet durch ihr relativ ausgeprägtes Wissen über das Mediensystem und ihre in der Regel positive Einstellung den Medien gegenüber. Die ›Allrounder‹ sind im Vergleich zu den anderen Clustern besonders gut in der Lage, das Spektrum der verschiedenen Medien situationsadäquat für sich zu nutzen, ohne dass angenommen werden kann, dass die Jugendlichen ›alles können‹, wie es das Clusterlabel nahe legen könnte. Sie sind allerdings in der Lage, sich in kurzer Zeit mit neuen Inhalten und technischen Voraussetzungen vertraut zu machen, da sie regelmäßig mit allen Medien umgehen. Einen besonderen Stellenwert nehmen für die ›Allrounder‹ die Neuen Medien ein, die sie sowohl zur Informationsrecherche als auch für spielorientierte und kommunikative Interessen nutzen. Im Vergleich zu den Angehörigen der anderen sechs Clustertypen kann man sie, was die Aneignung und Nutzung der Neuen Medien angeht, als *avantgardistisch* bezeichnen. Die beschriebenen Nutzungsinteressen kennzeichnen ein zentrales Clusterkriterium der ›Allrounder‹. Sie bewältigen zielgerichtet eine Gratwanderung zwischen der Befriedigung ihrer informationsorientierten Interessen bzw. Ansprüche an die Medien einerseits und dem Realisieren ihres Bedürfnisses

4.2 Typen jugendlichen Medienhandelns 77

nach Spaß und Unterhaltung andererseits. Das heißt, die ›Allrounder‹ haben sowohl eine *technikbezogene* Leidenschaft bezüglich der Neuen Medien bzw. soft- und hardwarebasierten Gestaltungskomponenten entwickelt als auch ein ausgeprägtes Interesse an *Entertainment*. Inwieweit sich Parallelen zwischen ihrer allgemeinen Mediennutzung und ihren Rezeptions- und Bewertungsmustern in Bezug auf mediale Gewaltdarstellungen finden lassen bzw. wie die clusterspezifische Rezeption und Einschätzung von gewaltbasierten Darstellungen und Formaten generell geprägt ist, soll anhand von fünf prototypischen Einzelinterviews im Folgenden nachgezeichnet werden.

Die Befragten, deren Interviews für diese Auswertung verwendet wurden, sind fünf männliche Jugendliche, die ein unterschiedliches soziodemografisches Profil aufweisen. Der 13-jährige Marco stammt aus einer ländlichen Region in Nordrhein-Westfalen und besucht die 7. Klasse der Hauptschule. Andy dagegen ist 17 Jahre alt, kommt aus einer Kleinstadt in Mecklenburg-Vorpommern und besucht die 11. Klasse des Gymnasiums. Sebastian ist ebenfalls 17 Jahre alt, kommt aus einer Großstadt in Nordrhein-Westfalen und geht in die 9. Klasse der Hauptschule. Der 14-jährige Steven lebt in einer Kleinstadt in Nordrhein-Westfalen und besucht die 8. Klasse der Gesamtschule. Hendrik ist ebenfalls 14 Jahre alt und geht in die 8. Klasse des Gymnasiums. Er lebt in einer ländlichen Region in Sachsen-Anhalt.

4.2.1.1 Rezeption gewalthaltiger Computerspiele sowie diesbezügliche Umgangs- und Bewertungsmuster

Die ›Allrounder‹ sind diejenigen Jugendlichen, die sich im Vergleich zu allen anderen Clustern am *häufigsten* mit dem Computer beschäftigen. Den quantitativen Analyseergebnissen folgend, ist für ihre Computernutzung charakteristisch, dass sie neben einer starken Konsumorientierung (Downloaden, Installieren, Bestellen, Recherchieren etc. mithilfe des Internets) den Computer bzw. das Internet sowohl zur regelmäßigen Informationsrecherche als auch für häufiges Spielen von Computer- oder Konsolenspielen nutzen. Hendrik meint diesbezüglich, dass er den Computer *»ungefähr dreiviertel der Zeit, wo (er) dran (ist), zum Spielen« (Hendrik, 14, 131)*[19] verwendet. Andy schließt sich ihm an und betont, dass seine Hauptbeschäftigung am PC ebenfalls aus *»Spielen hauptsächlich nur« (Andy, 17, 146)* besteht. Die Aussagen von Hendrik und Andy sind symptomatisch für das gesamte Cluster. Die ›Allrounder‹ verbringen im Vergleich zu allen andern Jugendlichen die meiste Zeit am Computer mit der Nutzung von

---

19 Alle Zitate aus den qualitativen Einzelinterviews werden nach dem Muster *Name, Alter, Zeile* belegt. Im vorliegenden Fall wurde aus dem Interview mit dem 14-jährigen Hendrik Zeile 131 zitiert. Alle Namen wurden anonymisiert.

Computerspielen. Die Informationsrecherche bzw. das Surfen im Internet dient neben einer eher allgemeinen Anwendung, *»da haben wir uns Trailer angeguckt« (Hendrik, 14, 725) »oder (…) Virenprogramme (heruntergeladen)« (ebd. 443-444)*, häufig dazu, die favorisierten Spiele zu ergänzen bzw. den Spielspaß zu erhöhen. Marco äußert sich in Bezug auf diesen Zusammenhang sehr deutlich, *»dann (…) gehe ich (…) halt auf so eine Spieleseite (…) und da sind halt total viele Spieltricks und (…) Passwörter, damit ich z.B. Unbesiegbarkeit habe« (Marco, 13, 203-206)*. An dieser Stelle wird deutlich, dass die ›Allrounder‹ die Neuen Medien vielfältig für Ihre Zwecke einsetzen und miteinander verbinden, ohne dass es zu einem Interessenkonflikt kommt bzw. dass die einzelnen Anwendungsbereiche sich gegenseitig ausschließen.

In Bezug auf die Rezeption gewalthaltiger Computerspiele kann für die ›Allrounder‹ in einem ersten Schritt festgestellt werden, dass sie häufig und umfangreich solche Formate wählen und sie regelmäßig konsumieren. Marco spielt beispielsweise oft das Spiel ›Diablo 2‹[20] *»das ist ein Rollenspiel (bzw.) Actionrollenspiel (…), es spielt halt im Mittelalter und da muss man (…) Dämonen zur Strecke bringen« (Marco, 13, 113-114)*. Dennoch kann davon ausgegangen werden, dass gewalthaltige Spiele nur einen Teil der Genres darstellen, die die ›Allrounder‹ rezipieren. Sie spielen verschiedene Spielgattungen: *»das kommt immer darauf an, welche Lust man dazu gerade hat« (ebd., 134)*. Die Genres reichen von *»Autorennen, oder (…) ja einfach (auch) Spiele (wie) Jump and Run«[21] (Steven, 14, 726-727)* über Sportspiele wie *»Basketball, Fußball oder Eishockey, also von IS-Sport die Reihe von FIFA«[22] (Hendrik, 14, 288-289)* und Strategiespiele wie *»Wirtschaftssimulationen« (Andy, 17, 148)* bis zu *»Actionspielen« (ebd., 156)*, *»Rollenspielen« (Steven, 14, 726)* oder *»Egoshooter-Spielen«[23] (Hendrik, 14, 281)*, wie Counterstrike[24] oder *»Tactical Ops«[25] (Steven, 14, 73)*. Wahl und Nutzung der Spiele zeigen ein breit

---

20 Im Fantasy-Rollenspiel »Diablo 2« will die böse Figur »Baal« die Herrschaft über die (Spiel-)Welt erlangen und alle Lebewesen unterwerfen. Der Spieler kann zwischen verschiedenen Charakteren (z.B. Druide, Attentäterin) wählen und sich alleine oder im Team dem Bösen entgegenstellen und versuchen, die Welt zu retten.

21 Das *Jump and Run*-Genre beinhaltet Geschicklichkeitsspiele, bei denen durch geschickte Handhabung und reaktionsschnelle Betätigung der Tastatur bzw. des Joysticks möglichst viele Punkte gesammelt und Erfolge erzielt werden.

22 FIFA zählt zu den Simulations-Sportspielen, bei denen der Spieler gegen ein gegnerisches Fußballteam spielen muss.

23 *Egoshooter* sind Computerspiele, bei denen der Spieler aus der Ichperspektive agiert und dabei durch ein Zielfernrohr schaut, um strategisch virtuelle Gegner zu töten, bevor er selbst getötet wird.

24 »Counterstrike« ist ein bekanntes Egoshooter-Spiel, bei dem Teams von Terroristen und Terroristen-Bekämpfungseinheiten gegeneinander spielen können. Dabei agiert jeder Spieler aus der Ichperspektive, kann zwischen verschiedenen Waffen wählen und kann das Spielgeschehen durch ein Zielfernrohr wahrnehmen. Der Spieler muss strategisch agieren und andere Figuren des Spiels töten, bevor er selbst getötet wird.

25 »Tactical Ops« ist ebenfalls ein Egoshooter-Spiel, bei dem es um Terroristenabwehr geht. Im Mittelpunkt des Spiels steht das Prinzip, ›am Leben zu bleiben‹. Der Spieler kann vor Beginn des Spiels entscheiden,

4.2 Typen jugendlichen Medienhandelns 79

gefächertes Nebeneinander verschiedener Spielformen und -inhalte. Dieses vielfältige Nebeneinander von Inhalten und Formen entspricht für die ›Allrounder‹ einem selbstverständlichen Umgang mit medialen Freizeitangeboten, da sie nicht nur das gesamte Spektrum der Medien für sich nutzbar machen, sondern auch die Facetten eines einzelnen Mediums, z.B. von Computerspielen, umfangreich und interessengeleitet zu nutzen wissen.

Ungeachtet der Tatsache, dass kaum ein Spielgenre von den genannten Jugendlichen nicht gespielt wird oder gespielt wurde, haben die gewaltbasierten Spielgenres einen sehr hohen Stellenwert für die ›Allrounder‹. Steven betont diesbezüglich, *»also in letzter Zeit haben wir oft ›Jedi Knight‹[26] gespielt, dieses (Spiel) von ›Star Wars‹«[27] (Steven, 14, 70-71).* Er spielt gerne Rollenspiele, *»weil du kannst ja deinen (Spiel-)Charakter so machen, wie du die Welt (haben) willst, (d.h.) ob die (Figuren) mehr zaubern oder mehr kämpfen« (ebd., 646-647).* Marco schließt sich ihm an, denn Rollenspiele sind seiner Meinung nach ein Spielgenre, *»wo man auch was denken muss, weil es gibt ja Spiele, (...) da brauchst du einfach nur eine Taste drücken, (...) die werden dann auch langweilig, die Spiele« (Marco, 13, 958-962).* Hendrik behauptet zunächst, *»Rollenspiele mag ich nicht« (Hendrik, 14, 1033).* Er begründet seine Aussage damit, dass sie ihm zu *»komplex (sind), (...) ein bisschen langweilig, weil (...) bis man zum eigentlichen Ziel kommt, (...) wird immer viel um den heißen Brei drum herum gespielt und ich finde es besser, wenn man ein festes Ziel vor Augen hat« (ebd., 1037-1040).* Diese fallspezifisch gegenteilige Genreeinschätzung hebt zwar die verschiedenen Vorlieben der einzelnen Jugendlichen hervor, verdeutlicht aber gleichzeitig die für das gesamte Cluster typische variantenreiche Ausprägung in Bezug auf die Rezeption von Computerspielen im Allgemeinen und gewaltbasierten Genres im Besonderen. Denn obwohl Steven Rollenspiele favorisiert, spielt er genauso häufig *»diese Ballerspiele« (Steven, 14, 619)* wie ›Counterstrike‹ oder ›Tactical Ops‹, und obwohl Hendrik einerseits für schnelle, actionreiche Spiele plädiert, weil bei denen *»alles so aktiv« (Hendrik, 14, 1054)* ist, findet er andererseits die *»Atmosphäre« (ebd., 333),* die über eine komplexere Spielgeschichte transportiert wird, ebenso bedeutsam, denn dabei kann *»man halt ein Gefühl für das Spiel entwickeln, (so) dass man sich halt hineinversetzen kann (und) man halt voll dabei ist« (ebd., 336-338).*

---

ob er sich auf der Seite der Guten oder der Bösen, z.B. in der Rolle des Scharfschützen oder im Stoßtrupp, durchkämpfen will.

26 »Jedi Knight« ist ein Actionspiel, das zum Genre der Abenteuerspiele gehört. Es wurden auch bereits Egoshooterspiele dazu entwickelt. Gemäß den Inhalten der Filmsaga ›Star Wars‹ geht es um den Kampf zwischen der ›guten‹ und der ›bösen‹ Seite der ›Macht‹. Auch hier kann der Spieler wählen, auf welcher Seite er kämpfen will.

27 Die »Star Wars«-Filme weisen eine jahrzehntelange Kinotradition auf und haben heute für viele Sciencefiction-Fans den Status von Kultfilmen. Es geht hauptsächlich darum, dass die ›gute Seite‹ der Bevölkerung des Universums die ›böse Seite‹ besiegt. Die Filmhandlung spielt in einer utopischen Zukunft im Weltraum.

Zusammenfassend kann an dieser Stelle gesagt werden, dass die ›Allrounder‹ in Bezug auf das Spielen gewaltbasierter Computerspiele prinzipiell zwei Strategien verfolgen. Zum einen sind sie an einem kurzweiligen Spaß- und Unterhaltungsgewinn interessiert, für die sie actionreiche Spiele mit weniger Handlungsstruktur wählen. Es geht *»hauptsächlich (…) um Spaß« (ebd., 367)*, und weniger darum *»Gewalt (zu) erleben und (…) alle abzuballern« (ebd., 368)*. Andy fasst diese Wechselbeziehung von Spaß und gewaltreichen Computerspielen zusammen, indem er betont, *»wenn ich mal so richtig (…) Lust (dazu habe), dann spiele ich auch gern mal Actionspiele« (Andy, 17, 156)*, wie *»Counterstrike, (…), Medal of Honor*[28] oder *Soldier of Fortune 2«*[29] *(ebd., 158)*. Zum anderen haben sie parallel dazu ein starkes Interesse an komplex erzählten Geschichten innerhalb gewaltbasierter Computerspiele, bei denen es nicht ausschließlich um das Töten von Gegnern geht bzw. wo *»du dann nur noch am schießen bist« (Marco, 13, 960-961)*. Gewalthaltige Computerspiele werden demnach häufig von den ›Allroundern‹ konsumiert. Sie unterscheiden allerdings zwischen schnellen, actionreichen ›Ballerspielen‹ und strategischen bzw. taktischen Spielgeschichten. Die Entscheidung, welche Spielgattung sie wählen, liegt nicht an der dargestellten Gewalt, denn diese wird in beiden Fällen selbstverständlich in Kauf genommen, sondern an der Befriedigung individueller, situationsabhängiger Bedürfnisse nach Spaß und kurzweiliger Unterhaltung einerseits und dem Anspruch an spielerische Anforderungen, Geschicklichkeit und Denkvermögen andererseits. Die dargestellten Auswahlstrategien entsprechen einem typischen Muster der ›Allrounder‹, in Anbetracht ihres umfangreichen Medienhandelns im Allgemeinen und der Computernutzung im Speziellen. Sie finden sich kontinuierlich in der Situation wieder, sich stimmungsgeleitet entweder spaßorientiert oder anspruchsorientiert zu entscheiden, was dem grundlegendem Clustercharakteristikum entspricht, sich alle medialen Facetten erschließen bzw. diese rezipieren zu wollen.

Aufgrund der beschriebenen Entscheidungsspanne der ›Allrounder‹ in Bezug auf die Wahl des jeweiligen Computerspiels und dem entsprechenden Zusammenhang, dass die dargestellte Gewalt vermeintlich kein Entscheidungskriterium dafür darstellt, wurden die Jugendlichen nach ihren Motiven befragt, die sie veranlassen, gewalthaltige Computerspiele zu rezipieren. In diesem Kontext wurden nicht nur die Rezeptionsmotive deutlich, sondern auch Bewertungsbzw. Einstellungsmuster der ›Allrounder‹ gegenüber gewalthaltigen Computer-

---

28 »Medal of Honor« ist ein Militär-Egoshooter-Spiel, in dem der Spieler die Rolle eines Leutnants im 2. Weltkrieg (die Spielhandlung ist in den Jahren 1942-1945 angesiedelt) übernimmt und sich durch mehr als 20 Level kämpfen muss. Das Spiel hat durch die USK (Unterhaltungssoftware Selbstkontrolle) keine Alterfreigabe vor dem 18. Lebensjahr erhalten.

29 »Soldier of Fortune 2« ist ein Militär-Egoshooter-Spiel, bei dem es darum geht, so viele Gegner wie möglich zu töten, um selber am Leben zu bleiben. Die USK hat gemäß §14 JuSchG das Spiel als nicht jugendfrei (ab 18) eingestuft.

spielen und die Legitimation des eigenen Spielkonsums. Die Motive dafür, gewalthaltige Computerspiele zu spielen, sind vielfältig und beziehen sich nicht auf die mediale Gewalt an sich, denn diese gehört gegenwärtig zur Alltagswelt der Jugendlichen und wird demnach selbstverständlich in ihr mediales Handeln integriert. Gewalthaltige Medienangebote stellen einen zum größten Teil akzeptierten Bestandteil ihrer medialen Erfahrungen und Erlebnisse dar. Es kann also behauptet werden, dass es andere Gründe sind, die die ›Allrounder‹ zur Rezeption medialer Gewalt im Allgemeinen und gewalthaltiger Computerspiele im Besonderen führen oder motivieren. Einmal ist davon auszugehen, dass die Lust am Abenteuerlichen, Phantastischen bzw. Fiktionalen und des darin begründeten Spannungs- und Gruselfaktors Gründe dafür darstellen. *»Manchmal kriegt man auch gut Schiss, da (...) kommt zum Beispiel (...) so eine Riesenspinne aus der Ecke raus und dann erschreckst du dich (...). Du meinst dann auch, du meine Güte, jetzt musst du schnell weglaufen, sonst bist du tot« (Marco, 13, 120-127).* Das Spiel mit der ›fiktionalen Gefahr‹ erhöht den Spaß- bzw. Unterhaltungswert eines Computerspiels. Es scheint eine gewisse ›Angstlust‹ bezüglich medialer Gewaltdarstellungen vorhanden zu sein, die sie darüber befriedigen, dass sie sich spannungsorientierte Medienerlebnisse schaffen und gewaltbasierte Inhalte akzeptieren. Diese ›Lust an der Angst‹ begründet sich offensichtlich dadurch, dass die Jugendlichen einen als relativ spannungsarm wahrgenommen Alltag mit Spannung anreichern wollen. Vermutlich haben die meisten von ihnen in ihrem Leben noch keine tatsächlichen Gewalterfahrungen gemacht und dennoch besteht die Lust daran, das ›Andere‹, das ihnen allerdings täglich über die Medien vermittelt wird und dadurch nichts wirklich Unbekanntes ist, spielerisch zu erleben. Über diesen Zusammenhang erklärt sich die Faszinationskraft von ›brutalen‹, gewalthaltigen, actionreichen oder spannenden Computerspielen und der sich daran anschließenden Rezeption.

Darüber hinaus findet insbesondere bei den jüngeren ›Allroundern‹ eine starke Identifizierung sowohl mit den dargestellten Spielfiguren gewalthaltiger Spielgenres als auch mit deren scheinbarer Omnipotenz statt. *»Bei ›Diablo 2‹ stelle ich mir halt vor, dass ich (...) so ein Barbar bin und (...) ein zwei Meter großes Schwert« (Marco, 13, 1046-1047)* habe. Die entsprechenden Jugendlichen übernehmen in einem Spiel einen *»Charakter« (Steven, 14, 638), »einer zweiten Person irgendwo (...), (bei dem) man so sein kann, wie man sonst nicht ist« (Hendrik, 17, 358-359).* Steven meint dazu *»bei Netzwerkspielen haben wir (...) alle (...) einen Piloten (und) jeder hat ja ein Flugzeug und dann (...) haben wir Luftkämpfe, das (ist) cool« (Steven, 14, 551-553).* Die Identifizierung mit den dargestellten Spielfiguren bzw. mit den Spielinhalten führt z.B. beim 13-jährigen Marco dazu, dass er die Spielhandlung nachahmt, wenn er draußen spielt. Er sucht sich *»einfach einen langen Stock, der an einer Seite ein bisschen spitz ist« (Marco, 13, 1050-1051),* dann stellt er sich vor, dass ein Busch *»das Monster ist (…) und dann werfe ich (den Stock) halt in den Busch«* *(ebd., 1052-1053)*. Der 14-jährige Hendrik benutzt sogar einen *»Nickname (…) mit (dem) ich immer chatte, weil das kommt aus einem Computerspiel, da ist ein Charakter, der mich besonders beeindruckt«* *(Hendrik, 14, 969-971)*. Das Identifizieren mit einer Spielfigur bzw. mit einer anderen Rolle, das Imitieren von gewalthaltigen Szenarien im freien Spiel bedeutet für die ›Allrounder‹ einen Rollentausch. Sie können so agieren, wie sie im wirklichen Leben nicht handeln würden. Das bedeutet für Jugendliche in der Regel, dass sie sich austesten wollen oder spezifische Situationen schaffen wollen, die sich von denen unterscheiden, die ihr tatsächliches Lebensumfeld darstellen. Diese initiierten Erfahrungen bzw. das Austesten von Grenzen oder Machbarem sind Bestandteile jugendlicher Entwicklung, die mithilfe von Spielwelten realisiert werden. Die dargestellte Gewalt und ›Brutalität‹ rückt dabei in den Hintergrund, sie sind z.b. Flugzeugpiloten und sammeln Punkte. Dass dabei Spielgegner getötet werden müssen, spielt in diesem Zusammenhang keine Rolle bzw. ist ein integraler Bestandteil ihres fiktionalen Medienerlebens.

Das Identifizieren mit Spielfiguren oder -inhalten und das Spannungsmotiv bezüglich der Rezeption gewalthaltiger Computerspiele bzw. der Anspruch an Effekte und Gestaltung, *»die (Spiele) werden ja immer anspruchsvoller«* *(Hendrik, 14, 160)*, werden von den ›Allroundern‹ eingebettet in peerspezifische Interaktions- und Kommunikationsabläufe. Das qualitative Clusterportrait der ›Allrounder‹ ergab, dass die entsprechenden Jugendlichen ein starkes Interesse an sozialen und freundschaftsbezogenen Freizeitaktivitäten haben. Aus diesem Grund kann geschlussfolgert werden, dass die ›Allrounder‹ ihr umfangreiches Medienhandeln in kommunikative und interaktive Prozesse mit Freunden integrieren sowie entsprechende Freizeitarrangements bilden, die dazu führen, dass sie beiden Interessen gleichzeitig nachgehen können. Marco stellt an dieser Stelle fest, dass er fast *»immer zu zweit« (Marco, 13, 136)* spielt und im Hinblick auf neue Spiele oder Spieltricks mit Freunden gern *»Erfahrungen austausch(t)«* *(ebd., 109)*. *»Ein Freund von mir, der hat halt auch eine ganze CD voll mit diesen Passwörtern, (…) dann frage ich ihn halt (…) und dann sagt der halt ›Ja, kein Problem‹«* *(ebd., 433-436)*. Andy trifft sich ebenfalls mit Freunden, um über Computerspiele zu reden, *»die neuesten Spiele. Der eine hat da sonst wie viele Spiele, die neusten Programme, dann gehe ich mal hin, um zu gucken, was kann man damit machen«* *(Andy, 17, 621-623)*. Steven ergänzt diesbezüglich, dass er sich mit seinen Freunden darüber unterhält *»welche (Spiele) cool sind und welche nicht«* *(Steven, 14, 64-65)*. Darüber hinaus spielt er mit ihnen häufig gemeinsam Internetspiele, *»wir rufen uns gegenseitig an (und treffen uns zur) Netzwerk-Party (…) ja (und) dann spielen wir alle«* *(ebd., 477-781)*. Hendrik fügt noch hinzu, dass er, während er im Internet spielt, zusätzlich im Spielechat mit anderen Mitspielern kommuniziert, *»bei einigen Spielen (…), da hat man so einen Bildschirm, (das*

4.2 Typen jugendlichen Medienhandelns 83

ist) so eine Art Chatroom (...) bloß im Spiel drin, wo man halt Einsatzbesprechungen macht (...) und dann wird bestimmt, welche Rolle (man spielt), z.B. Scharfschütze« (Hendrik, 14, 951-954). Allerdings gibt er zu, dass er bei der Altersangabe schummelt, *»weil (als Jüngerer) wird man irgendwie nicht so richtig ernst genommen« (ebd., 950).*

Das Spielen von Computerspielen im Allgemeinen und gewalthaltigen Genres im Besonderen ist demzufolge an peerspezifische Kommunikation und gegenseitigen Austausch gekoppelt. Die ›Allrounder‹ initiieren entsprechende Settings, um einerseits ihre peer- und medienbezogenen Bedürfnisse zu befriedigen, andererseits ist die spielorientierte Interaktion mit Freunden ein elementarer Bestandteil ihres Medienhandelns und eine zentrale Orientierungsgröße in Bezug auf das, was ›cool‹ bzw. ›in‹ ist. Das Spielen am Computer oder im Internet entspricht einer gemeinsamen Erlebniswelt, der man im Hinblick auf jugendspezifische Gruppenbildungsprozesse bzw. Kommunikationsabläufe angehören möchte, auch wenn man nach Maßgaben von Kontrollagenturen noch zu jung dafür ist. An dieser Stelle wird der Aspekt von Vorbildern in Bezug auf die Mediennutzung von Jugendlichen sehr deutlich, d.h., die Ausbildung von Nutzungs- und Bewertungsmustern ist daran gebunden, wie die Jugendlichen die Bedeutung von Medien in ihrem peerspezifischen Umfeld erleben und beurteilen. Es kann dennoch vorkommen, das die ›Allrounder‹ ihre Alltagsrealität sowie Bedürfnisse wie z.B. Essen und Schlafen aufgrund eines sogenannten Flow-Erlebens[30] kurzfristig vergessen, wenn sie in ein Computerspiel vertieft sind. Marco beschreibt in diesem Zusammenhang, dass er schon auch mal *»durchspielt« (Marco, 13, 316),* wenn er dabei ist. Das spricht allerdings eher für den großen Enthusiasmus dieser Jugendlichen bzw. ihre hohe Anwendungsorientiertheit gegenüber den Medien als gegen ihren Wunsch nach sozialer Einbindung. Es ist für die ›Allrounder‹ sehr wichtig, z.B. die Rolle des ›Scharfschützen‹ in einem Internetspiel einzunehmen, bei dem viele Jugendliche gemeinsam spielen, d.h. es ist ihnen wichtig, mitmachen bzw. dabei sein zu können; die dabei ablaufenden gewalthaltigen Inhalte und Szenen sind in diesem Zusammenhang eher von nachgeordneter Bedeutung.

Dennoch gibt es stellenweise kritische Äußerungen der ›Allrounder‹ über die Gewaltdarstellungen in Computerspielen, aber es kann an dieser Stelle bereits festgehalten werden, dass das eigentliche Spiel bzw. der Spaßfaktor im Vordergrund stehen und eine kritische Betrachtung medialer Gewalt nur selten stattfindet. Die ›Allrounder‹ wissen ziemlich genau, dass es bei den meisten Spielen, die sie rezipieren, um das *»Abballern« (Hendrik, 14, 349),* das *»zur Strecke*

---

30 Flow-Erlebnisse – so bezeichnen die Motivationspsychologen Tätigkeiten bzw. Aktivitäten, die ohne Anreize wie Geld, Status, Macht oder Prestige um ihrer selbst Willen ausgeführt werden. Die Menschen erleben dabei Tätigkeitsfreude, ein erhöhtes Lebensgefühl und Entspannung.

bringen« (Marco, 13, 114) oder das *»Umbringen« (ebd., 117)* von Gegnern geht. Diese Vokabeln sind allerdings selbstverständliche Aspekte ihrer Computerspielrezeption, *»da geht es jetzt nicht darum (...) Gewalt (zu) erleben, (sondern) das macht ja dann auch irgendwie Spaß« (Hendrik, 14, 367-369).* Die dargestellte Gewalt in Computerspielen wird in der Regel akzeptiert und anders bewertet als es gesellschaftlich oder von den Eltern erwartet wird. Diese eigenen Bewertungsmuster basieren auf den oben beschriebenen Rezeptionsmotiven wie der Lust an spannenden Inhalten oder dem Rollenwechsel. Es geht grundlegend um den *»Reiz, irgendetwas zu machen, (...) wenn (man) am Level ist, (dann) muss man sich das erst erarbeiten und dann kann man weiterkommen« (Andy, 17, 163-164).* Entsprechend dem zentralen Clusterkriterium der ›Allrounder‹, insbesondere die Neuen Medien in all ihren Facetten für sich nutzbar zu machen und erlebnisorientiert für sich anzuwenden, beurteilen sie gewaltbasierte Computerspiele sowohl nach Unterhaltungs- als auch nach Spielanforderungsmaßstäben und weniger nach Gewaltkriterien. Die von Hendrik geäußerte Skepsis in Bezug auf die übertriebene Darstellung von ›Brutalität‹ in einigen Computerspielen wird nicht vertieft, denn ein kausaler Zusammenhang zwischen der Rezeption fiktionaler Gewalt in Computerspielen und gewalttätigem Verhalten in der Realität wird aus der Sicht der ›Allrounder‹ ausgeschlossen.

Im Hinblick auf die Geschehnisse in Erfurt wird der Kausalzusammenhang bezüglich medialer Gewaltdarstellung und dem Ausüben tatsächlicher Gewalt negiert. Sie stellen sich zwar die Frage, *»warum (der Junge) es getan hat« (Steven, 14, 661-662),* aber sie sind überzeugt davon, dass sie selbst *»dann nicht jetzt Amok laufen würde(n)« (ebd., 624-625).* Sie heben den Spaß an einem Spiel hervor, nicht die ›Brutalität‹ und die gewalthaltigen Szenen. Hendrik betont in diesem Zusammenhang, dass es Spiele gibt, *»da kann man alle möglichen Gliedmaßen einzeln abschießen, das ist übertrieben, (aber) die deutsche Version davon, da schießt man auf Roboter und ich glaube nicht, dass das irgendwie (...) zu so was wie in Erfurt führen kann« (Hendrik, 14, 284-287).* Den ›Allroundern‹ ist bewusst, dass sie zum Teil sehr gewalthaltige oder ›brutale‹ Spiele spielen. Stellenweise bewerten sie diese fiktionale Gewalt auch als ›übertrieben‹, dennoch führt es einerseits nicht dazu, dass sie ihr eigenes Spielen hinterfragen oder reduzieren. Andererseits glauben sie trotz der Geschehnisse in Erfurt und der öffentlichen Diskussion über die möglichen Wirkungen von gewalthaltigen Computerspielen nicht daran, dass fiktionale Gewaltdarstellung bzw. deren Rezeption aus allen Jugendlichen, die diese Spiele nutzen, Amokläufer oder Gewalttäter werden lässt. Auf die Frage, was Hendrik im Zusammenhang mit dem Amoklauf in Erfurt empfindet, antwortet er, dass es ihm beim Spielen von gewalthaltigen Computerspielen *»hauptsächlich nur um Spaß (geht), (...) (und) nicht darum, (...) alle (Menschen) abzuballern« (Hendrik, 14, 367-368).*

4.2 Typen jugendlichen Medienhandelns

Die beschriebenen Umgangs- und Bewertungsmuster der ›Allrounder‹ in Bezug auf gewalthaltige Computerspiele lassen sich dahin gehend charakterisieren, dass sie in der Regel zwischen fiktionalen und realen Gewaltdarstellungen unterscheiden können. Ihnen ist bewusst, dass sie häufig gewalthaltige Computerspiele rezipieren, um sich einerseits spannungs- bzw. actionreich zu unterhalten oder um andererseits ihre Spielfähigkeiten, d.h. ihr strategisches Denkvermögen und ihre feinmotorischen Fertigkeiten mithilfe anspruchsvoller Spielgenres zu verbessern und weiterzuentwickeln. Die dargestellte Gewalt wird dabei meist unhinterfragt in Kauf genommen. Die Motive, Präferenzen und Strategien der ›Allrounder‹ in Anbetracht gewalthaltiger Computerspiele spiegeln deren allgemeines Medienhandlungsprofil, das sich in Bezug auf die Dimensionen des Bielefelder Medienkompetenzmodells als stark den Medien zugewandt, sehr ausgeprägt und facettenreich beschreiben lässt. Es geht ihnen darum, sich umfangreiche Medienerlebnisse zu verschaffen, über die für sie sowohl individuelle Unterhaltungs- und Qualifizierungsmomente als auch peerspezifische Gesprächssituationen und Erfahrungen verfügbar werden – den ›Reiz, irgendetwas zu machen‹ –, bei denen die Einordnung und Bewertung der jeweiligen Medien bzw. ihres eigenen Medienhandelns eine nachrangige Bedeutung erhält. Sie haben eine überdurchschnittlich affirmative Meinung gegenüber den Medien, *»also Computer steuern gerade alles« (Andy, 17, 865), »und deshalb denk ich mal, dass die in Zukunft, doch ziemlich wichtig werden« (Hendrik, 14, 806).*

Diese stark medienzugewandte Einstellung verdeutlicht, warum sich die ›Allrounder‹ weniger häufig kritisch gegenüber den Medien äußern und dass sie (so legen das auch die Ergebnisse der quantitativen Clusteranalyse nahe), in Bezug auf die Medienerziehung von Kindern, eine eher reglementierungsaverse Haltung einnehmen (vgl. Treumann/Meister/Sander et al. 2007: 199). Denn man *»braucht die Medien, um zu wissen, was los ist« (Steven, 14, 327-328).* Wenn es um die Rezeption von Computerspielen geht, sagt beispielsweise Marco, *»die würde ich denen schon erlauben, (…) also so Spiele (…), wo die sich wenigstens (…) auch was kaputt lachen können (…) (und) wo man auch was denken muss« (Marco, 13, 955-958).* Hendrik meint dazu abschließend, *»ich hoffe mal, dass man intelligente Kinder immer hat, die wissen, was sie da machen« (Hendrik, 14, 791-792).* Dennoch lehnen die ›Allrounder‹ bestimmte Medienformate und -inhalte ab, *»so Seiten, wo man jetzt zum Beispiel Hundekämpfe sehen kann (…), so halt Gewaltseiten (…), wo einem schlecht werden kann« (ebd., 781-783)* oder *»halt so Pornoseiten« (Marco, 13, 892).* Solche Inhalte oder Formate würden sie auch ihren Kindern verbieten, *»wenn ich die dann erwische und die hängen da so rum, dann würde ich denen erst einmal Computerverbot für vier oder fünf Monate geben« (ebd., 893-894).* Diese extremen Äußerungen sind bei den ›Allroundern‹ allerdings eher eine Ausnahme. In der Regel vertrauen sie auf Erziehungsmaßnahmen, die weniger verbotsgeleitet sind, und orientieren sich an ihrem eigenen affirmativen Medienhandeln. Marco fasst seine medienpädagogischen Ansichten in Bezug auf die zukünftige Computerspielanwendung seiner Kinder so zusammen, *»ich würde mal sagen: ›Ja, leih dir mal das Spiel aus und dann gucken wir zwei da mal rein und wenn das (etwas) ist, dann (...) darfst du dir das kaufen (...), und wenn das halt nichts ist, dann lässt du halt die Finger davon‹« (ebd., 966-969).* Das heißt, die ›Allrounder‹ tendieren bezüglich der zukünftigen Medienerziehung ihrer eigenen Kinder zu wenigen Reglementierungen, aber in der Regel nicht zu kompletten Verboten.

Zusammenfassend kann gesagt werden, dass die ›Allrounder‹ häufig gewaltbasierte Computerspiele spielen. Darüber hinaus haben sie *eigene* Bewertungsmuster entwickelt, mittels derer sie ihren Spielkonsum beschreiben, einschätzen und darüber hinaus auch legitimieren. Denn es kann an dieser Stelle festgehalten werden, dass sie ein starkes Interesse sowohl an *unterhaltungsbasierten* als auch *anspruchsvollen* Spielgenres haben. Die dargestellte Gewalt ist ein von ihnen relativ akzeptierter Bestandteil und wird größtenteils *nicht* hinterfragt. Eine kritische Auseinandersetzung mit dem Computer bzw. den Computerspielen findet in der Regel aufgrund technischer oder finanzieller Zugangsprobleme statt. *»Da stört mich das mit der Prozessorleistung, (...) man hat sich gerade mal einen neuen Prozessor gekauft (...), und dann kommt schon eines neues Spiel raus, was (...) darauf fast schon nicht mehr läuft, das ist dann ein bisschen doof« (Hendrik, 14, 418-422).* Gewalthaltige Elemente innerhalb der Spiele werden im Vergleich dazu seltener erwähnt bzw. weniger als problematische Aspekte der Spielrezeption thematisiert. Das dargestellte Verhalten der ›Allrounder‹ gegenüber gewaltbasierten Computerspielen ist charakteristisch für ihr allgemeines Medienhandeln. Sie haben ein großes Interesse an individuellen oder peerspezifischen Medienerlebnissen und wissen die Medien diesbezüglich facettenreich für ihre Bedürfnisse zu nutzen. Sie haben einen großen Ehrgeiz in Bezug auf den Umgang mit Medien entwickelt und ihr Anwenderprofil stark ausgeprägt. Die Auseinandersetzung mit medialer Gewalt ist dabei *nachrangig.* Ob sich diese Umgangs- und Bewertungsmuster auch bei der Rezeption gewalthaltiger Film- und Fernsehformate wiederfinden lassen, soll im Folgenden dargestellt werden.

4.2.1.2 Rezeption gewalthaltiger Fernseh- und Filmformate sowie diesbezügliche Umgangs- und Bewertungsmuster

Die ›Allrounder‹ weisen auf der Ebene der rezeptiven Mediennutzung in Bezug auf den Gebrauch der audiovisuellen Medien wie Film und Fernsehen im Vergleich zu allen anderen Clustern die höchste Nutzungshäufigkeit auf. Es konnte herausgestellt werden, dass sie sich über ein sehr ausgeprägtes und facettenreiches Anwendungsprofil hinsichtlich ihres allgemeinen Medienhandelns charakterisieren lassen. Anhand der Äußerungen der ›Allrounder‹ kann

4.2 Typen jugendlichen Medienhandelns

behauptet werden, dass sie einen breit gefächerten Anspruch an die Medien haben, der sich sowohl auf unterhaltungsorientierte als auch auf informations- und qualifikationsbezogene Aspekte bezieht. Sie verbringen ihre Freizeit häufig damit, dass sie sich mediale Erlebnisse schaffen und sich medienspezifisch weiterqualifizieren. Der Anspruch gründet sich demnach auf dem Interesse, die Medien variantenreich zu rezipieren und weniger darauf, die Inhalte differenziert zu hinterfragen. Im Folgenden wird beschrieben, wie sie gewalthaltige Film- und Fernsehsendungen rezipieren und ob sich das Profil ihres allgemeinen Medienhandelns in diesem Zusammenhang wiederfinden lässt bzw. ob die ›Allrounder‹ bei der audiovisuellen Medienrezeption vergleichbare Muster wie bei der Nutzung gewaltbasierter Computerspiele aufweisen.

In der Regel legen sich die ›Allrounder‹ gegenüber Film und Fernsehen nicht auf bestimmte Sendungen, Genres oder Formate fest. Vielmehr kann behauptet werden, dass sie ihr Interesse an Unterhaltungs- und Informationssendungen gleichermaßen verwirklichen: Sie versuchen, über Dokumentarsendungen und -filme ihr Bedürfnis nach Wissenserwerb zu befriedigen und mit der Wahl von Comedysendungen oder Actionfilmen ihrem Wunsch nach Unterhaltung, Entspannung oder Ablenkung zu entsprechen. Auf die Frage, ob der Fernseher ein Unterhaltungs- oder Informationsmedium ist, antwortet Andy, *»es ist beides«* *(Andy, 17, 558)*. Einerseits sagen sie *»Comedyshows sind ja wohl ganz lustig, wie ›TV-Total‹*[31] *oder (...) ›Was guckst du‹«*[32] *(Steven, 14, 338-339)*, andererseits sind für sie diejenigen Sendungen interessant, die informieren, bei denen man sich *»Wissen rausziehen (kann bzw. sich darüber informieren kann), was da passiert, wie ist was aufgebaut, wie funktioniert das« (Andy, 17, 559-560)*. In Bezug auf die Rezeption bestimmter gewalthaltiger Film- und Fernsehformate sind die ›Allrounder‹ ebenfalls nicht festgelegt. Sie rezipieren das, *»was halt Spaß macht« (Marco, 13, 191)*, d.h. sie sehen sich genauso häufig Action- bzw. Abenteuerfilme an wie Mangazeichentrickserien oder Horrorfilme. Marco sieht demzufolge regelmäßig *»RTL2 (...), wo Comics (...) laufen (und) Actionfilme« (Marco, 13, 70-71)* wie *»Dragonball Z«*[33] *(ebd., 622)* oder *»Jackie Chan«*[34] *(ebd., 677)*. Steven mag zusätzlich gerne Abenteuerfilme, wie *»James Bond«*[35]

---

31 »TV-Total« ist eine Sendung des Privatsenders ProSieben. Der Initiator und Veranstalter ist Stefan Raab. Das Sendungsformat ist darauf zugeschnitten, (vermeintliche) Fehler und Pannen von Fernsehbeiträgen verschiedenster Anbieter, Genres und Ausrichtungen zu zeigen, um das Publikum zum Lachen zu bringen.

32 »Was Guckst Du« ist eine Comedysendung des Privatsenders SAT1. Sie wird einmal wöchentlich ausgestrahlt und moderiert von Kaya Yanar, einem in Deutschland geborenen Türken. Das Sendungskonzept basiert darauf, in Sketchform das Verhältnis zwischen ausländischen und deutschen Menschen zu parodieren.

33 »Dragonball Z«, ist eine japanische Comic-Serie, in der gute und böse Protagonisten mithilfe von magischen Drachen-Kugeln um die Macht auf der Welt kämpfen.

34 Jackie Chan, geboren 1954 in Hongkong, ist Schauspieler und wird in der Regel für Kung-Fu-Filme wie »Rumble in the Bronx« oder »Rush Hour« besetzt. Er begann als Stuntman und ist mittlerweile ein weltweit bekannter Action-Schauspieler.

35 James Bond ist die Titelfigur der gleichnamigen Action-Filme. Der Schriftsteller Ian Fleming hat die Figur 1953 erfunden. Bis heute wurden 21 Filme über den Geheimagenten des Britischen Geheimdienstes

(Steven, 14, 569) oder *»Bud Spencer«[36] (ebd., 527)*. Hendrik favorisiert Actionserien, wie *»Alarm für Cobra 11«[37] (Sebastian, 17, 677)* oder Fantasy-Genres, wie *»Star Trek – Raumschiff Voyager«[38] (Hendrik, 14, 624)* oder *»Star Wars« (ebd., 632)*. Des Weiteren rezipieren die ›Allrounder‹ neben Horrorfilmklassikern von Stephen King, z.B. *»Shining«[39] (Sebastian, 17, 731)*, auch neuere Grusel-Comedyformate, wie z.B. *»Scary Movie«[40] (Andy, 17, 577)*, bei denen der Horror- und Gruselaspekt des klassischen Horrorgenres parodiert wird. Manchmal sehen die ›Allrounder‹ auch Filme wie *»American History X‹,[41] da ging es um einen Nazi, der hat Leute umgebracht und dann wurde er wieder (...) normal, (der) hat eine gute Handlung« (Sebastian, 17, 719-723)*. Das rezipierte Genrespektrum ist in Bezug auf gewalthaltige Film- und Fernsehformate ähnlich wie bei der Computerspielnutzung relativ umfangreich, was in einem ersten Schritt ihr vielfältiges Mediennutzungsprofil widerspiegelt.

Welche Nutzungsmotive hinsichtlich der Rezeption audiovisueller Gewaltdarstellungen für die ›Allrounder‹ von Bedeutung sind und welche Bewertungsmuster sie anwenden, soll nun nachgezeichnet und mit der Computerspielrezeption verglichen werden. Ähnlich wie bei der Nutzung gewaltbasierter Computerspiele ist der Wunsch nach Spaß und guter Unterhaltung ein wesentlicher Aspekt der Rezeption gewalthaltiger Darstellungen und Formate im audiovisuellen Bereich. Steven betont bezüglich der Manga-Serie ›Dragonball Z‹ *»da kommen immer Gegner und dann müssen die immer kämpfen, (...) (das) ist spaßeshalber (und) total lustig« (Steven, 14, 517-519)* und auch Marco behauptet bezüglich der Kung-Fu Filme von Jackie Chan, dass *»die halt auch manchmal witzig (sind)« (Marco, 13, 614-615)*. Wesentliche Rezeptionskriterien, die die entsprechenden Jugendlichen besonders reizen und faszinieren, sind demzufolge Formate, *»wo man sich halt auch was kaputt lachen kann« (ebd., 643)*. Des Weiteren

---

gedreht, in denen es immer darum geht, die Welt zu retten. ›James Bond-007‹ zählt zu den erfolgreichsten Kinoserien weltweit. Die Figur des Agenten wurde bisher von fünf verschiedenen Schauspielern verkörpert.

36 Bud Spencer wurde 1929 in Neapel (Italien) als Carlo Pedersoli geboren. 1967 drehte er gemeinsam mit Mario Girotti (Terence Hill) seinen ersten Film. Es folgten besonders in den 70er und 80er Jahren viele Filme des erfolgreichen europäischen Action-Duos.

37 »Alarm für Cobra 11« – die Autobahnpolizei« ist eine wöchentlich ausgestrahlte Action-Serie des Privatsenders RTL, in der ein Polizisten-Team Verbrechen aufklärt, die sich auf der Autobahn ereignen.

38 »Star Trek – Raumschiff Voyager« ist die Anschluss-Serie der erfolgreichen »Raumschiff Enterprise«-Reihe. Die in der Zukunft angesiedelte Serie spielt im Weltraum und handelt von einer Raumschiff-Crew, die zurück zur Erde will, weil sie durch ein Unglück in ein fernes Universum geraten ist.

39 »The Shining« ist ein Horrorfilmklassiker von 1980 nach dem gleichnamigen Roman von Stephen King, in dem der Hauptdarsteller in einem einsam gelegenen Hotel dem Wahnsinn verfällt und versucht, seine Familie zu ermorden.

40 »Scary Movie« ist eine Horrorkomödie aus dem Jahr 2000, in der fast alle Protagonisten von einer Person im schwarzen Mantel mit einer Maske vor dem Gesicht getötet werden. Das Filmkonzept basiert darauf, Horrorfilme wie »Scream« oder »Ich weiß, was du letzten Sommer getan hast«« zu parodieren.

41 »American History X« ist ein Gesellschaftsdrama von 1998, in dem ein Mann mit rechtsextremer Vergangenheit versucht, nachdem er wegen Mordes im Gefängnis gesessen hat, seinen jüngeren Bruder davor zu bewahren, dieselben Fehler zu machen wie er.

4.2 Typen jugendlichen Medienhandelns 89

begründen die ›Allrounder‹ ihr Interesse an gewaltbasierten und mitunter ›brutalen‹ Filmen und Sendungen damit, dass sie es *»total spannend (finden), wenn der jetzt mit zwei auf einmal am Kämpfen ist (...) und dann liegen die beiden am Boden (...), weil die da so ein paar Tritte hingekriegt haben«* (ebd., 644-647). Außerdem betont Sebastian hinsichtlich seines Interesses für Horrorfilme, dass im Vergleich zum Buch *»der Horroreffekt irgendwie besser«* (Sebastian, 17, 751-752) und *»der Film gruseliger als das Buch«* (ebd., 741) ist. Trotz deutlicher Äußerungen über filmische ›Brutalität‹ – *»bei Dragonball Z, da hat dann halt einer einem den Arm irgendwie abgeschlagen«* (Marco, 13, 747-748) – bleibt die kritisch-distanzierte Auseinandersetzung mit und die Reflexion über gewalthaltige Filme weitestgehend aus. Den ›Allroundern‹ ist es wichtig, ein vielfältiges Genrespektrum abzudecken und dabei vor allem spaß-, spannungs- und gruselorientierte Bedürfnisse zu befriedigen. Die befragten Jugendlichen wollen ganz explizit spannende Medienerlebnisse erfahren und sich dabei entsprechend gruseln bzw. erschrecken. Einerseits ist das dadurch begründet, dass sie Langeweile vorbeugen wollen: *»Wenn ich Langeweile habe und nicht richtig weiß, was ich machen soll und irgendwie keine Lust habe, mich zu bewegen, dann knall ich mich in den Sessel und schalte den Fernseher an«* (Hendrik, 14, 460-462). Andererseits sind sie fasziniert von spannenden, actionreichen, fiktionalen oder unwirklichen Filminhalten, vermutlich, weil diese kein Bestandteil ihrer realen Lebenserfahrungen sind. Die entsprechenden Jugendlichen entwickeln genauso wie bei der Rezeption gewaltbasierter Computerspiele eine gewisse ›Angstlust‹, d.h. sie wollen spannende und gruselige Erfahrungen machen, ohne wirkliche, reale Angst um ihr Leben oder das anderer Menschen haben zu müssen. Marco sagt dazu beispielsweise, *»das ist ja gerade das Beeindruckende (...), wenn man das nicht selber machen kann, (...) du weißt (das) ganz genau, (...) aber das sieht so total krass aus«* (Marco, 13, 728-730).

An dieser Stelle kann vermutet werden, dass diese Jugendlichen in erster Linie ihre eigene, mitunter als etwas spannungsarm wahrgenommene Lebensrealität mit fiktionaler Gewaltdarstellung anregen bzw. bereichern wollen. In den beschriebenen Formaten werden heldenähnliche Protagonisten abgebildet, mit denen bzw. mit deren Handlungsmustern oder Verhaltenseigenschaften sich die Jugendlichen in der Regel identifizieren, was ebenfalls zu einer kontinuierlichen Rezeption beiträgt und darüber hinaus individuelle Grenzerfahrungen in Bezug auf sich selber eröffnet. Steven meint in Bezug auf ›James Bond‹, *»wie er die Sachen schafft, (...) er fährt dem Flugzeug mit dem Motorrad hinterher und springt dann mitten im Flug das Flugzeug an, (das ist) schon gut, finde ich«* (Steven, 14, 587-590). Insbesondere die Kombination aus spannenden Inhalten, z.B. *»mit den Jedirittern und Lichtschwertern (...), Ehre und Macht«* (Hendrik, 14, 616-617) und *»technische(r) Umsetzung«* (ebd., 629) in einem Film, weckt ihr Interesse. Gewalt ist ein tagtäglicher Bestandteil medial vermittelter Informationen über die Welt.

Aufgrund von Identifikationsprozessen, der Entdeckung eigener oder jugendspezifischer Symbolwelten und der Faszination bezüglich technischer Gestaltungs- und Machbarkeitskomponenten entwickeln die Jugendlichen eigene Rezeptions- und Bewertungsmuster bezüglich fiktionaler Gewaltdarstellung bzw. eigene individuelle Sinn- und Deutungsmuster. In der Regel bewerten die ›Allrounder‹ die beschriebenen Formate positiv, weil sie ihre Bedürfnisse befriedigen. *»Also das Kämpfen von dem, das finde ich am interessantesten« (Marco, 13, 647-648)*. Sie sind integraler Bestandteil medialer Erlebniswelten Jugendlicher und gehören deshalb auch zu den allgemeinen Kommunikations- und Interaktionsprozessen innerhalb ihrer freundschaftlichen und peerspezifischen Beziehungen. Steven beschreibt bezüglich des Actionfilms ›Spiderman‹,[42] *»da haben wir ein bisschen Witze drüber gemacht oder irgendwelche Sachen manchmal nachgemacht in der Sporthalle« (Steven, 14, 564-565)*. Außerdem unterhalten sie sich darüber, *»was vielleicht läuft oder so, was heute Abend wohl Spannendes ist« (ebd., 426)*, bzw. sie schauen es sich *»zusammen« (ebd., 506)* an.

Zusammenfassend kann gesagt werden, dass die ›Allrounder‹ in Bezug auf die Rezeption gewalthaltiger bzw. actionreicher Film- und Fernsehformate *vergleichbare* Umgangs- und Bewertungsmuster vorweisen wie bei der Nutzung gewaltbasierter Computerspiele. Sie sind in erster Linie an einer vielfältigen Rezeption interessiert, was über die facettenreiche Genrewahl und die umfangreichen Nutzungsmotive sowohl bei Computerspielen als auch bei Film- und Fernsehsendungen deutlich wird. Für die ›Allrounder‹ lässt sich insgesamt eine Gratwanderung zwischen informations- und spaßorientiertem Medienhandeln nachzeichnen, wobei das starke Interesse an *Unterhaltung* die Rezeption gewalthaltiger Inhalte und Formate bedingt. Die ›Allrounder‹ und deren Rezeption medialer Gewalt lassen sich zusammenfassend vor allem darüber charakterisieren, dass sie spaß- und spannungsorientierte Aspekte in ihr Medienhandeln integrieren, was sowohl kurzweilige Unterhaltung bietet, als auch die Möglichkeit zwischenmenschlicher Kommunikation und Interaktion. Zusätzlich beinhaltet ihr beschriebenes Medienhandeln in Bezug auf gewalthaltige Genres die Möglichkeit zur *Identifikation* und jugendspezifischen Einordnung bzw. Abgrenzung. Insbesondere die jungen ›Allrounder‹ identifizieren sich mit den dargestellten Charakteren und schlüpfen über das Spiel in andere Rollen, da mitunter die Identifizierung mit anderen Figuren gerade für jüngere Jugendliche ein wichtiges Abgrenzungskriterium von realen Lebenserfahrungen

---

42 »Spiderman« ist ein Kinofilm, bei dem der dessen männlicher Protagonist nach einem Spinnenbiss die Fähigkeit hat, sich wie eine Spinne zu bewegen. Dadurch hat er die Möglichkeit, mit seinen übersinnlichen Fähigkeiten gegen das ›Böse‹ zu kämpfen. Die Geschichte des Spinnenmenschen hat eine lange Tradition, denn vor knapp 40 Jahren kam der erste Spiderman-Comic auf den Markt, fünf Jahre später folgte die Zeichentrickserie.

4.2 Typen jugendlichen Medienhandelns 91

darstellt. Der Wunsch, ein Held zu sein, ist in diesem Alter stärker ausgeprägt als bei älteren Jugendlichen, deren Vorstellung über die eigene Identität sich bereits stärker ausgebildet hat. Eine kritisch-distanzierte Auseinandersetzung mit und eine Reflexion über die Medien im Allgemeinen sowie eine differenzierte Betrachtung gewalthaltiger Darstellungen im Besonderen ist dabei *nicht* handlungsleitend, d.h. sie nutzen die Medien für ihre Zwecke bzw. ihre situativen Bedürfnisse und vermögen sie umfangreich in ihre Freizeitaktivitäten zu integrieren. Die ›Allrounder‹ äußern sich stellenweise über technische Pannen oder Kommerzialisierungsstrategien der Medien: *»Was die da für einen Müll produzieren, (...) total schlecht geschnitten« (Andy, 17, 815-816)*, oder bei ›Star Wars‹, dafür *»bringen wir mal kleine Püppchen raus, machen wir gut unser Geld« (ebd., 824-825)*. Die kritische Betrachtung von gewalthaltigen Formaten und Inhalten rückt allerdings in den Hintergrund. Zwar stellen die Jugendlichen fest, dass sie regelmäßig gewalthaltige Medieninhalte, insbesondere Computerspiele und Filme bzw. Fernsehsendungen rezipieren und dass es sich stellenweise um ein hohes Maß an ›Brutalität‹ und Gewalt handelt, dennoch reflektieren sie die dargestellte Gewalt nicht tief greifend. Sie haben eigene Umgangs- und Bewertungsmuster bezüglich ihrer Nutzung entwickelt, die sie dazu veranlassen, *fiktionale* Gewaltdarstellungen als nachrangig zu beurteilen. Das Medienhandeln der beschriebenen Jugendlichen determiniert individuelle oder jugendspezifische Sinn- und Deutungsmuster, die sich über Identifikationsprozesse, unterhaltungs- bzw. lustbetonte Aspekte und technische Komponenten charakterisieren lassen. Diese Nutzungs- und Bewertungsmuster führen dazu, dass sie kaum Reglementierungen bezüglich der Medienanwendung von Kindern verbalisieren und sie eher gewähren lassen würden als Verbote einzuführen. Es geht ihnen um einen hohen *Erlebniswert* im Umgang mit den Medien, den sie nicht über die dargestellte Gewalt gefährdet oder beeinflusst sehen, sondern eher durch technische Zugangsprobleme. Bei den ›Allroundern‹ stehen demnach die Anwendung und der umfangreiche Umgang mit allen medialen Facetten im Mittelpunkt. Die Auseinandersetzung mit medialen Gewaltkomponenten ist diesem Nutzungsmuster nachgeordnet.

4.2.2 Die Bildungsorientierten

Die Jugendlichen, die dem Cluster der ›Bildungsorientierten‹ angehören, lassen sich im Allgemeinen darüber charakterisieren, dass ihre mediale Bildungsorientierung eher einem Anspruch an respektive einer Einstellung gegenüber bildungsbasierten Inhalten und Sendeformaten entspricht (z.B. Äußerungen über die hohe Bedeutung anspruchsvoller Sendungen) als einer *tatsächlichen*, den klassischen Bildungsidealen folgenden Medienrezeption wie dem Lesen von Literaturklassikern oder der regelmäßigen Rezeption von Informationssendungen. Das Bildungshandeln dieser Jugendlichen konnte, entgegen der Annahme, dass sie ausschließlich klassisch definiertes Bildungswissen rezipieren und reproduzieren, über individuelle Selbstlernprozesse in Form sinnstiftender *Selbstbildung* nachgezeichnet werden. Die ›Bildungsorientierten‹ wählen demzufolge häufiger solche Genres und Sendeformate, aus denen sie für sich relevante Bedeutungen ableiten, als traditionelle Bildungsformate und -inhalte, wie Nachrichten oder Dokumentarsendungen. Demzufolge steht die Bezeichnung ›bildungsorientiert‹ für ein antizipiertes Ideal, mit dem sich die entsprechenden Jugendlichen kontinuierlich auseinandersetzen.

Das allgemeine Medienhandeln der ›Bildungsorientierten‹ ist sowohl *unterhaltungs-* als auch *informationsgerichtet* und unterliegt individuellen und situationsabhängigen Befindlichkeiten und Stimmungslagen des Einzelnen. Die Charakteristik ihres allgemeinen Medienhandelns prägt auch ihren Umgang mit medialer Gewalt(-darstellung). Diesbezüglich ist die clusterspezifische Rezeption gewaltbasierter Sendungen und Formate geprägt von der *Balance* zwischen aus ihrer Wahrnehmung sozial erwünschten Verhaltensmustern und eigenen, selbst gewählten Verarbeitungs- und Bewertungsmustern. Der Analyse liegen sechs prototypische Einzelinterviews zugrunde, über die das Cluster der ›Bildungsorientierten‹ und deren Umgang mit medialer Gewalt nachgezeichnet werden soll.

Die Befragten setzen sich aus vier weiblichen und zwei männlichen Jugendlichen zusammen. Britta ist 16 Jahre alt, lebt in einer Kleinstadt in Nordrhein-Westfalen und geht in die 10. Klasse einer Realschule. Die 17-jährige Jenny stammt ebenfalls aus Nordrhein-Westfalen, allerdings lebt sie in einer mittelgroßen Stadt und besucht die 12. Klasse des Gymnasiums. Katrin ist 16 Jahre alt, lebt genauso wie Jenny in einer Mittelstadt in Nordrhein-Westfalen und geht in die 10. Klasse des Gymnasiums. Die 17-jährige Stefanie lebt ebenfalls in einer mittelgroßen Stadt, allerdings in Mecklenburg-Vorpommern und besucht die 12. Klasse des Gymnasiums. Beide männliche Jugendliche stammen aus den neuen Bundesländern. Der 12-jährige Heiner lebt in einer Großstadt in Sachsen-Anhalt und besucht die 7. Klasse des Gymnasiums. Christoph ist 18 Jahre alt, lebt in einer mittelgroßen Stadt in Mecklenburg-Vorpommern und ist in der 12. Klasse des Gymnasiums.

4.2.2.1 Rezeption gewalthaltiger Computerspiele
sowie Umgangs- und Bewertungsmuster

Die Jugendlichen dieses Clusters spielen im Allgemeinen keine gewalthaltigen Computerspiele, was den Ergebnissen über ihre allgemeine Mediennutzung entspricht, die besagen, dass ihre Computernutzung weniger auf Spielen als auf

4.2 Typen jugendlichen Medienhandelns   93

die Erledigung ihrer schulischen Verpflichtungen und auf ihr starkes Kommu-
nikationsbedürfnis ausgerichtet ist. Heiner sagt dazu: *»Wenn ich Spaß haben will
(...), dann spiele ich irgendein schönes Spiel« (Heiner, 12, 196-198)*. Aber genauso gut
kann er sich *»irgendeine schöne Sendung ansehen« (ebd., 198)* oder *»raus« (ebd., 198)*
gehen. Wenn er sich für das Spielen am Computer entscheidet, dann *»gehe ich zu
einem Freund, da spielen wir dann zusammen (...) Playstation« (ebd., 85-86)*. Er
favorisiert Simulationsspiele wie Autorennen: *»die sind so mein Fall, (...) da kann
man sich dann Autos runterladen (...) und Cheats*[43] *für irgendwelche besonderen Strecken«
(ebd., 115-117)*. Dieses Spielgenre spielt er *»ab und zu auch mal alleine« (ebd., 86)*,
aber eigentlich spielt Heiner, wenn er Spiele spielt, *»eigentlich mehr mit anderen«
(ebd., 87)*. Britta spielt, ähnlich wie Heiner, *»ab und zu mal (...) ein Spiel« (Britta,
16, 187-188)*, aber die anderen Jugendlichen lehnen Computerspiele generell ab.
Stefanie erklärt kategorisch: *»nicht so wie meine Schwester, die (...) den ganzen Nach-
mittag am Computer sitzt und irgendwelche Spiele spielt, nee, das mache ich nicht« (Stefanie,
17, 73-75)*, und auch Jenny meint, nach ihrer Spielenutzung gefragt, *»bringt mir
auch irgendwie nichts, ich sitze vor dem Ding und dann spiele ich ein Spiel, was hab ich da
jetzt von« (Jenny, 17, 769-770)*.

Man kann demzufolge davon ausgehen, dass die ›Bildungsorientierten‹ keine
oder nur selten Computerspiele rezipieren. Sie nehmen diesen gegenüber (partiell) eine eher ablehnende Haltung ein, die beispielsweise in den Aussagen von
Stefanie und Jenny deutlich wird. Die Sinnhaftigkeit, sich über einen längeren
Zeitraum mit einem Computerspiel zu beschäftigen, wird von einigen Jugendlichen dieses Clusters in Frage gestellt, was sich auch auf deren Einstellungen
bzw. ihr Unverständnis gegenüber gewalthaltigen Spielen oder deren Rezeption
überträgt. Jenny ist beispielsweise der Meinung, dass die technische Entwicklung und damit auch die Zunahme gewaltverherrlichender Computerspiele
menschliche Interaktionen verändern kann, *»dann kann man auch irgendwann nicht
mehr auf. (...) andere Menschen zugehen« (Jenny, 17, 1244-1245)*. Auf den Computer
braucht man ihrer Meinung nach nicht in einer empathischen Weise Rücksicht
zu nehmen, den kann man *»an und aus machen oder keine Ahnung und den schlagen«
(ebd., 1248)*. Jenny reflektiert hier nicht speziell über ihre eigene Beeinflussung,
sondern schildert in z.T. ironisierter Weise ihre Befürchtungen in Bezug auf
den Einfluss einer zunehmenden Technologisierung der Welt, die zunehmend
auch mediale Gewalt beinhaltet. *»Weil der Computer, das ist ja kein Mensch, der redet
ja nicht mit einem oder so und der sagt dir nicht, das hast du jetzt falsch gemacht, nicht so wie
halt so ein Mensch« (ebd., 246-248)*. Sie schildert eine Verunsicherung in An-

---

43 »Cheats«, so genannte Schummelcodes, sind kleinere Programmdateien, die zumeist auf den Internetseiten der jeweiligen Herstellerseiten zum kostenlosen Download angeboten werden. Sie ermöglichen das
Springen in ein neues Level, das Herunterladen einer neuen Waffe o.ä. Dinge, welche die ursprünglich
gegebenen Möglichkeiten eines Spiels erweitern.

betracht möglicher menschlicher Entwicklungstendenzen und eine unbewusste Angst vor nicht kalkulierbaren menschlichen Verhaltensmustern oder einer Reduzierung zwischenmenschlicher Umgangsregeln wie gegenseitiger Rücksichtnahme und Respekt. An dieser Stelle werden insbesondere die negativen Konsequenzen anhaltender Modernisierungsprozesse in Form einer partiellen Skepsis deutlich. Aus diesem Grund schlussfolgern sie, wenn man auf den Computer aus situationsspezifischen Motiven aggressiv reagieren kann, warum sollte dann nicht auch die Hemmschwelle wegbrechen, in realen zwischenmenschlichen Situationen aggressiv zu reagieren. Auch Stefanie äußert die Möglichkeit, dass sich Menschen von der Gesellschaft *»abkapseln« (Stefanie, 17, 128)*, wenn sie sich mit diesem Medium zu intensiv beschäftigen. Britta betont in diesem Zusammenhang, es bestehe die Gefahr, dass man alle seine *»Freunde oder so dadurch vernachlässigt« (Britta, 16, 360)*.

Insgesamt scheint diese Verunsicherung dem z.T. gesellschaftlich positiv normierten Anspruch der ›Bildungsorientierten‹ zu entsprechen, dass soziale Integration und Kommunikation wichtiger sind als Medienrezeption im Allgemeinen oder gar Gewaltkonsumtion im Besonderen. Die Übernahme dieses Anspruchs lässt sie darauf vertrauen, dass die Rezeption gewalthaltiger Spielgenres reguliert bzw. aufgebrochen werden kann. Ihre zögerlichen Zweifel an den Medien(-inhalten) verlieren ihre individuelle Gültigkeit und das Problem wird in der Regel nicht vertieft. Das heißt, sie analysieren zwar Gefahren, die durch Medienrezeption bedingt sein können, beziehen diese allerdings nicht oder nur wenig auf ihr eigenes Lebensumfeld. Versucht man an dieser Stelle, die Äußerungen der Jugendlichen entsprechend der medienkritischen Dimension des Bielefelder Medienkompetenz-Modells zu beschreiben, kann geschlussfolgert werden, dass die Äußerungen der ›Bildungsorientierten‹ diesbezüglich auf der Analyseebene verbleiben und sie nicht über eigene oder gesellschaftliche Verhaltensoptionen reflektieren. Britta meint beispielsweise, dass sie sich Vereinsamung durch zu intensives Computerspiel einerseits vorstellen kann, *»aber (andererseits) jetzt bei mir zum Beispiel, also meine Brüder, die sitzen dann oft zu dritt oder zu viert am Computer« (Britta, 16, 361-362)*. Katrin erkennt die Vereinsamungsgefahr ebenfalls. Dennoch relativiert auch sie ihre Skepsis damit, dass die Jugendlichen heute häufig *»Netzwerktreffen« (Katrin, 16, 166)* initiieren und sich dadurch nicht zu *»Freaks« (ebd., 167)* entwickeln können. Heiner schlussfolgert, dass *»das (mit) der Aggressivität« (Heiner, 12, 169-170)* immer sozialen Aspekten geschuldet ist, wenn *»man dann immer drin (vor dem Computer) hockt und die Freunde sind draußen« (ebd., 174-175)*. Außerdem *»sind die Eltern dann auch ein bisschen daran Schuld, wenn die (…) ihr Kind dann drinnen lassen« (ebd., 179-180)*. Es ist seiner Meinung nach wichtig, *»mal raus (zu)kommen« (ebd., 182)*. Eine positive soziale Integration und funktionierende zwischenmenschliche Beziehungen sind den

4.2 Typen jugendlichen Medienhandelns   95

›Bildungsorientierten‹ zufolge wichtige Aspekte zur Vermeidung vermeintlich medial verursachter Gefahren. Diese Aussagen begründen sich anscheinend über individuelle Erfahrungen der genannten Jugendlichen bzw. aus den gesellschaftlich positiv normierten Auffassungen über eine sinnvolle Balance zwischen sozialer und medialer Freizeitbeschäftigung, die sie in ihren Aussagen reproduzieren. *»Man (muss) natürlich (...) aufpassen, dass man nicht da so rein(-rutscht)«* (Jenny, 17, 249-250), meint Jenny abschließend und schildert das potenzielle Risiko, dem Jugendliche gegenwärtig gegenüberstehen, wenn sie ihre sozialen Bedürfnisse nachrangig behandeln und die Medieninhalte zu stark rezipieren. An dieser Stelle verdeutlicht Heiner, dass das besagte Risiko, bezogen auf die Auswirkungen medialer Gewaltdarstellungen, *»gleich nachgemacht wird, das ist eigentlich das Extrem, (...) nicht alle machen das dann«* (Heiner, 12, 189-191).

Die ›Bildungsorientierten‹ haben einen Erklärungsmodus gefunden, die als unidirektional definierten Kausalzusammenhänge zwischen medialer Gewaltdarstellung und aggressiven Reaktionsmustern von Spielrezipienten für sich auszuschließen. Sie selbst spielen kaum PC-Games. Dennoch schließen sie ungeachtet selbst analysierter medialer Gefahrenpotenziale im Grunde die Möglichkeit aus, dass Jugendliche, die gewalthaltige Spiele spielen, automatisch aggressiver reagieren als andere Jugendliche. Hierin folgen sie der These, die wir bereits bei den ›Allroundern‹ aufgestellt haben, dass nämlich die befragten Jugendlichen *eigene* Erklärungsmuster entwickeln und damit die Reproduktion gesellschaftlich postulierter Meinungen, wonach mediale Gewaltdarstellungen tatsächliche Gewalt erzeugen, ausbalancieren. Ansatzweise wird dennoch deutlich, dass sich bei einigen Jugendlichen Frustrationspotenziale aufbauen, wenn spezifische Probleme in der Handhabung auftreten. *»Dann werd ich ganz nervös (...), (wenn) das nicht so (funktioniert), wie ich das haben will«* (Jenny, 17, 193-194). Das gestiegene Frustrationspotenzial wird allerdings nicht durch die gewalthaltigen Inhalte verursacht, sondern vielmehr durch Anwendungsprobleme und wenn das Spielen am Computer durch nicht vorhersehbare Schwierigkeiten beendet oder verlangsamt wird.

Insgesamt vertreten die ›Bildungsorientierten‹ die Position, dass Computerspiele und somit auch die Rezeption gewaltbasierter Spiele gegenwärtig zur medialen Freizeitbeschäftigung dazugehören. Jenny sagt dazu, *»das gehört jetzt (mehr und mehr) zum Leben dazu«* (Jenny, 17, 1224-1225), denn ihrer Meinung nach *»leben wir in so einem Zeitalter (...) und wenn man das nicht weiß, dann sagen wir mal (da ist man) nicht out, aber man gehört dann (irgendwie) nicht dazu«* (Jenny, 17, 607-609). Katrin bestätigt das und betont, dass Spiele wie ›Counterstrike‹, welches sich durch eine stark gewaltbezogene Handlung und Spielstrategie auszeichnet, *»die Beliebtesten sind, die (die Jugendlichen) spielen«* (Katrin, 16, 177). Die Äußerungen bündeln sich darin, dass Computerspiele freizeitspezifisch etabliert sind und dass die Zugehörigkeit zu Gleichaltrigengruppen dadurch mitbestimmt wird. Computerspiele und gewalthaltige Spielgenres stellen Elemente jugendlicher Kommunikation und sozialer Identifizierungsprozesse dar, die einen alltäglichen Bestandteil von Interaktionsprozessen innerhalb jugendlicher Lebenswelten bilden, selbst wenn man sich nicht selber damit beschäftigt.

Stefanie glaubt in diesem Zusammenhang, dass »*man da jetzt (auch) nicht so groß viel ändern kann*« *(Stefanie, 17, 328)*, »*die breite Masse will einfach nur Spaß und Unterhaltung*« (ebd., 332-333). Katrin schließt sich dieser Auffassung in einer etwas anderen Ausprägung an. Sie meint, »*die Phantasie beim Computer(spielen) geht total flöten, (...) ich weiß nicht, was man dabei groß lernt*« (Katrin, 16, 714-716). Diese beiden Äußerungen beschreiben idealtypisch den Anspruch der ›Bildungsorientierten‹, dass die Medien eigentlich eher die gesellschaftliche Aufgabe haben sollten, die Menschen zu informieren als sie lediglich zu ›bespaßen‹. Damit entsprechen sie erneut einer sehr kulturkritischen Einstellung, die von vielen der befragten Jugendlichen implizit aufgenommen wird. Damit wird bei den ›Bildungsorientierten‹ erneut ein bildungsbürgerlich normierter Anspruch an die Welt deutlich, den sie in Schlagwörtern wie ›breite Masse‹ reproduzieren, ohne jedoch selber auf den Umgang mit medialer Gewalt zu verzichten. Dieser verbalisierte Bildungsanspruch entspricht der Gratwanderung der ›Bildungsorientierten‹, die sich kontinuierlich zwischen sozial erwünschten und eigenen, mitunter ebenfalls erlebnisorientierten Mediennutzungsstrategien bewegen. Sie sind dazu gezwungen, sich zwischen sozial positiv normierten Ansprüchen und eigenen Bedürfnissen zu entscheiden, was über ihre zum Teil gegenteiligen Äußerungen und durch eine tendenziell resignierende Einstellung deutlich wird.

Die Aussage von Stefanie verweist zusätzlich indirekt auf einen weiteren möglichen Aspekt im Umgang mit medialer Gewalt innerhalb von Computerspielen. Die Rezeption von ›brutalen‹ Spielgenres erfolgt vermeintlich eher aufgrund des Spielspaßes als wegen der Gewaltdarstellungen, d.h. in den ›brutalen‹ Szenen spiegeln sich Unterhaltungsmaßstäbe wider, die sich die Jugendlichen suchen. Das lässt darauf schließen, dass sie andere Verarbeitungs- und Rechtfertigungsmuster im Umgang mit medialer Gewalt suchen und auch finden als die, die gesellschaftlich oder z.T. auch von bewahrpädagogischen Strömungen (Reglementierungen, reduzierte Nutzung, Bildungsfernsehen) erwartet oder vorgegeben werden. Hier wird wiederum eine grundlegende Tendenz im Umgang mit medialer Gewaltdarstellung deutlich. Die Nutzungsmuster im Hinblick auf mediale Gewalt basieren in erster Linie auf Unterhaltungs- und Entspannungsmotiven und entsprechen eher dem Wunsch nach einem ›Lust- und Erlebnisgewinn‹, wie er bereits für die ›Allrounder‹ beschrieben werden konnte.

4.2 Typen jugendlichen Medienhandelns 97

Die hier zum Teil deutlich gewordene Verunsicherung der ›Bildungsorientierten‹, wie sie sich selbst in Bezug auf mediale Gewaltdarstellungen, u.a. in Computerspielen, verhalten oder wie sie auf die Rezeption medialer Gewalt anderer Menschen reagieren sollen, zeigt sich auch darin, dass sie in der Medienerziehung von Kindern eher zu Reglementierungen, Verboten und Kontrollen neigen würden. Katrin vertritt die Meinung: *»Wenn es kleine Kinder sind, dann auf jeden Fall so Gewaltsachen alle weg und so Sexseiten alle sperren« (Katrin, 16, 660-661).* Sie würde sich in Anbetracht dessen auf reglementierende Altersbeschränkungen verlassen, d.h. Kinder bestimmte Medienangebote erst schauen lassen, *»wenn diese (altersspezifisch) freigegeben sind« (ebd., 669-670).* Stefanie sagt in diesem Zusammenhang: *»Wenn man also ein gewisses Auge darauf hat, ich glaube, dann kann man auch nicht Gefahr laufen, dass irgend etwas Schlimmes passiert, dass sie, weiß ich nicht, ein Attentat verüben« (Stefanie, 17, 524-526).* An dieser Stelle formulieren die Jugendlichen erneut ihren sozial normierten Anspruch an Medienangebote und vertrauen diesbezüglich eher Regulierungsinstitutionen (z.B. den staatlichen Altersfreigaben bzw. der freiwilligen Selbstkontrolle der USK[44]). Eigene Verhaltensstrategien sind ihnen vielfach nicht wirklich bewusst. Die folgende Aussage von Stefanie fasst die Einstellungen der ›Bildungsorientierten‹ zusammen, *»wenn man weiß, wie man damit umzugehen hat, ist (Gewalt) kein Problem« (Stefanie, 17, 528).* Die Jugendlichen sind der Meinung, dass mögliche aggressive Tendenzen durch eine positive Integration in Freundes- und Familiengruppen sowie durch bedarfsgerechte Regeln, die von Mitmenschen (u.a. Eltern) vorgegeben oder auch individuell definiert sind, abgewendet werden können. Versucht man an dieser Stelle erneut, die Einstellungen und Verhaltensmuster der ›Bildungsorientierten‹ über die medienkritischen Dimensionen des Bielefelder Medienkompetenz-Modells zu beschreiben, wird vor dem Hintergrund ihrer Einstellungen gegenüber der Medienerziehung von Kindern deutlich, dass sie sich allgemeine Reglementierungen und normierte Verhaltensregeln wünschen und diesen auch vertrauen (würden). In diesem Zusammenhang wird die medienkritische Haltung der ›Bildungsorientierten‹ als Gegenüber ihrer eigenen Nutzung differenzierter. Anhand ihres Vertrauens in institutionelle Reglementierungsvorgaben kann eine normative Distanzierung der ›Bildungsorientierten‹ von medialer Gewalt und deren spaßorientiertem Konsum nachgezeichnet werden.

In Anbetracht der Geschehnisse in Erfurt, fasst Christoph fallübergreifend die Auffassung der ›Bildungsorientierten‹ zusammen: *»Ich denke nicht, dass das (Attentat) nur zurückzuführen ist auf den Computer (...), das ist bestimmt die ganze Situa-*

---

44 Die USK (Unterhaltungssoftware Selbstkontrolle) ist ein im Sinne des Jugendschutzes eingesetztes Gremium, das darüber entscheidet, ab welchem Alter Computerspiele, die auf physikalischen Datenträgern gespeichert sind, freigegeben werden sollen. Die USK ist Teil des Fördervereins für Jugend- und Sozialarbeit e.V. mit Sitz in Berlin.

tion von dem Jungen da unten gewesen« (Christoph, 18, 129-132). Die ›Bildungsorientierten‹ rezipieren ihrerseits *kaum* gewalthaltige Computerspiele, glauben aber dennoch *nicht* an kausale Wirkzusammenhänge von medialer Gewaltrezeption und dem Ausüben tatsächlicher Gewalt. Die *spaßorientierte* Computerspielrezeption gehört ihrer Meinung nach gegenwärtig zur alltäglichen Beschäftigung von Jugendlichen und deren Kommunikationsstrukturen. Welche Umgangs- und Bewertungsmuster die ›Bildungsorientierten‹ in Bezug auf andere gewalthaltige Medienangebote entwickelt haben, soll im Folgenden untersucht werden.

4.2.2.2 Rezeption anderer gewalthaltiger Genres (Fernsehen, Bücher) sowie diesbezügliche Umgangs- und Bewertungsmuster

Im Hinblick auf die audiovisuelle Mediennutzung und das Lesen von Büchern entscheiden sich die ›Bildungsorientierten‹ relativ häufiger für gewalthaltige Inhalte oder Genres als für gewaltbasierte Computerspiele. Britta äußert bei der Frage nach ihrem Lieblingssendeformat im Fernsehen, dass sie *»am liebsten eigentlich Horrorfilme (sieht), wenn sie gut sind« (Britta, 16, 592).* Katrin fühlt sich z.B. durch die Serie *»Akte X«*[45] *(Katrin, 16, 527)* dem fiktionalen Genre ebenfalls verbunden, außerdem ließt sie gerne Bücher von Stephen King, *»zum Beispiel jetzt ›Carrie‹*[46]*, das ist auch echt mein Lieblingsbuch« (Katrin, 16, 753-754).* Gewalthaltige Inhalte und Genres sind Bestandteil jugendlicher Medienrezeption und werden – entgegen einer eher normativen Annahme, dass die ›Bildungsorientierten‹ keine Gewalt darstellenden Genres präferieren würden – in ihr alltägliches Medienhandeln integriert. Die ›Bildungsorientierten‹ rezipieren weniger häufig sozial erwünschte, dem klassischen Bildungsideal entsprechende Bücher oder Fernsehsendungen als Genres wie Horror, Mystery-Serien, aber auch Action-Krimis. Stefanie betont: *»Ich bin ja mehr so (für) Krimis« (Stefanie, 17, 238),* Jenny favorisiert ausdrücklich die *»Spannung« (Jenny, 17, 301)* in dieser Art von Genres. Es geht den genannten Jugendlichen hauptsächlich darum, dass die angesprochenen Filme oder Bücher *»schön spannend« (Britta, 16, 598)* sind und etwas *»Mysteriöse(s)« (Katrin, 16, 529)* beinhalten. *»Spannung muss da schon drin sein, wenn das schon so langsam anfängt, (…) so richtig dämlich, dann hab ich schon keine Lust mehr darauf« (Jenny, 17, 301-303).*

Die Gewaltdarstellungen in Horrorfilmen sowie -büchern oder Mystery-Serien respektive die Gewaltszenen innerhalb von Kriminalgeschichten werden

---

45 »Akte X die unheimlichen Fälle des FBI« ist eine science-fiction- bzw. mystery-Serie, bei der zwei FBI-Agenten im Mittelpunkt stehen und unerklärlichen Phänomenen auf der Spur sind. Die Serie basiert auf sogenannten X-Akten, deren Fälle als unerklärlich und mysteriös gelten. Die Serie gibt Verschwörungstheorien Nahrung und beinhaltet gerade deswegen offenbar eine hohe Faszinationskraft für Jugendliche.

46 »Carrie« ist ein Roman von Stephen King, in dem die Hauptfigur Carrie, von der die Mutter annimmt, dass sie vom Teufel besessen sei, mithilfe ihrer telekinetischen Kräfte den Gemeinheiten ihrer Mitschüler ein Ende setzt. Das Buch wurde unter dem Namen ›Carrie, des Satans jüngste Tochter‹ 1976 verfilmt.

durch das Bedürfnis nach spannender Unterhaltung oder die ›Lust an der Angst‹ als Teil der Geschichten akzeptiert und regelmäßig von den ›Bildungsorientierten‹ rezipiert. Das deutet darauf hin, dass mediale Gewalt eine Medienalltäglichkeit für Jugendliche darstellt und sie jeweils eigene Sinnzusammenhänge und Orientierungsmuster damit verbinden. Britta beispielsweise schaut sich Horrorfilme meist mit Freunden gemeinsam an: *»Da kann man sich auch schon mal gegenseitig erschrecken, das ist eigentlich immer ganz witzig«* (Britta, 16, 599-600). Sie betont an dieser Stelle: *»Eigentlich glaube ich ja dann da auch nicht dran, (...) aber Angst hat man dann trotzdem ein bisschen.«* (ebd., 617). Außerdem begründet sie ihr Interesse damit, dass sie *»weiß, dass (ihr das) sowieso nicht passieren kann, (...) das ist etwas anderes, (...) das hat man selbst auch überhaupt (noch) gar nicht erlebt«* (ebd., 623-625). Katrin meint dazu ebenfalls: *»Das finde ich nicht so real irgendwie, das ist so halt eine eigene Welt, irgendwie«* (Katrin, 16, 410-411). An dieser Stelle wird insbesondere bei den weiblichen ›Bildungsorientierten‹ die ›Angstlust‹ deutlich. Sie initiieren mediale Erlebnisse, bei denen sie sich fürchten können, und das bereitet ihnen Spaß und ›gute Unterhaltung‹.

Das ›Andere‹, ›Fremde‹ und auch ›Gewalttätige‹ gehört nicht zur realen Lebenswelt der Jugendlichen. Die meisten von ihnen hatten vermutlich noch keine tatsächlichen Erfahrungen mit körperlicher Gewalt. Entweder unabhängig davon oder gerade aus diesem Grund besitzt die Darstellung inszenierter Gewalt in Büchern oder Filmen für sie eine Faszinationskraft. Fiktionale Gewaltinhalte lösen somit das Bedürfnis nach etwas Außergewöhnlichem oder Spannendem aus und deren Rezeption beinhaltet für die befragten Jugendlichen einen Lustgewinn. Dennoch können die Medienstrategien der ›Bildungsorientierten‹ so eingeordnet werden, dass sie eine bewusst gewählte Distanz zur Alltagswelt herstellen; sie lassen erkennen, dass die Jugendlichen zwischen realer und fiktionaler Gewalt unterscheiden können und reale Gewalttaten auch entsprechend anders einordnen und reflektieren. Jenny hebt an dieser Stelle hervor, dass solche Medienformate gegenwärtig zum Alltag *»gehör(en)«* (Jenny, 17, 540), was besagt, dass die Rezeption von Medien im Allgemeinen und von Gewaltdarstellungen im Speziellen in den jugendlichen Alltag als eine gewisse Normalität integriert ist. Stefanie meint dazu: *»Wenn (sie mehr) Fernsehen gucken würde, dann würde (sie sich) auch nicht so was Hochintellektuelles angucken, (...) sondern irgendetwas, was (sie) aufheitert«* (Stefanie, 17, 220-222). Auch in Formaten wie den täglich ausgestrahlten ›Soaps‹[47] wird der Umgang mit Sterben, Tod oder Mord

---

47 Daily Soaps sind täglich ausgestrahlte Serien, die alltagsbezogene, relativ einfache Geschichten von Menschen mittels eines hohen Dramaturgiefaktors erzählen. Die Idee basiert darauf, dass alles, was erzählt wird, potenziell jedem Menschen einmal passieren könnte. Dadurch entsteht bei den meist jugendlichen Akteuren eine hohe Identifizierung mit den Geschichten. Sie werden von Montag bis Freitag von allen großen Sendern (ARD, Sat.1, ProSieben, RTL) ausgestrahlt.

thematisiert. Wie am Beispiel von Katrin deutlich wird, werden diese inszenierten Gewaltverbrechen in eigene Rezeptionsmuster integriert und die ihnen innewohnende Dramatik relativiert respektive normalisiert: *»Kai, der ist ja jetzt gestorben oder stirbt der erst morgen oder (doch) heute vielleicht«* (Katrin, 16, 505-506).

Zusätzlich zu den bereits genannten Genres kommt ein neues Sendeformat vom Fernsehsender MTV, das besonders Christoph sehr schätzt: ›Jackass‹[48]. Diese Sendung zeigt reale Grenz- bzw. Gewalterfahrungen und dem meist jungen Fernsehpublikum soll damit ein neuer Unterhaltungsmarkt eröffnet werden. Christoph bestätigt diesen Zusammenhang, indem er sein Rezeptionsmotiv verdeutlicht. *»Man (guckt) sich da mal ein bisschen Quatsch an«* (Christoph, 18, 617-618). Er schaut diese Sendung hauptsächlich, um *»Spaß«* (ebd., 629) zu haben und *»dass man sagen kann, wie bescheuert doch manche Leute sind und was die für einen Quatsch machen, (so) hinter ein Auto hängen und sich kilometerweit mitschleifen zu lassen und (…) dass man ein bisschen lachen kann«* (ebd., 629-632). An dieser Stelle wird erneut ein wichtiges Motiv im Zusammenhang mit der Rezeption medialer Gewalt deutlich. Jugendliche rezipieren mediale Gewalt, um sich spaßorientiert unterhalten zu lassen. Sie entwickeln dabei bzw. dafür subjektive Bewertungs- und Verarbeitungsmuster, die einerseits ihre Rezeption rechtfertigen sollen und andererseits eine kognitive und emotionale Distanz zum dargestellten Geschehen deutlich machen. Diese individuelle Distanz versinnbildlicht die Fähigkeit der Jugendlichen, zwischen realer und inszenierter Gewalt in den Medien zu unterscheiden. Das entschärft die durch Medienskeptiker forcierte Befürchtung, dass Jugendliche zur Nachahmung angeregt werden, wenn sie sich medial inszenierte Gewalt ansehen. Es geht offenbar viel mehr darum, den Spaß- und Lustfaktor zu erhöhen, als aggressive Einstellungen und Verhaltensmuster zu entwickeln. Am Beispiel von Christoph wird ein Aspekt des Medienhandelns der ›Bildungsorientierten‹ deutlich. Auf der einen Seite reproduzieren sie die gesellschaftlich vorgegebene Einstellung, dass das Dargestellte vielfach ›Quatsch‹ (Christoph) oder *»Mist«* (Britta, 16, 918) sei und die Beteiligten ›bescheuert‹ seien; dennoch rezipieren sie auf der anderen Seite die entsprechenden Inhalte oder Genres selber. Diese Diskrepanz zwischen normativ fixierten Einstellungen und eigenen, tatsächlichen Handlungsmustern charakterisiert die zwei Richtungen, zwischen denen die ›Bildungsorientierten‹ stehen und zwischen denen sie sich selbst auferlegt entscheiden müssen. Es ist ein Wechselspiel zwischen medialer Identifizierung und inhaltsbezogener Distanzierung: *»Das ist so ein bisschen real irgendwie, aber irgendwie doch nicht«* (Katrin,

---

48 ›Jackass‹ ist eine Sendung auf dem Musiksender MTV, in der Clips, Videos etc. gezeigt werden, bei denen reale Stunts und ziemlich drastische Gags, wie beispielsweise vor laufender Kamera aus einem fahrenden Auto zu springen, gezeigt werden. Es geht den Produzenten darum, reale Grenzerfahrungen audiovisuell zu transportieren und damit das meist junge Publikum zu unterhalten.

4.2 Typen jugendlichen Medienhandelns

16, 492), was mitunter die spannungsreiche Persönlichkeitsentwicklung von Jugendlichen in der Gegenwart mitbestimmt und begleitet.

Während die befragten Jugendlichen gewalthaltige Genres, wie Horror, Mystery oder actionreiche Stuntshows wie ›Jackass‹ offenbar rezipieren und diese partiell auch alternativ bewerten, äußern sie sich gleichzeitig darüber, *»wie viel (...) Mist da läuft« (Britta, 16, 918)*. Auf der anderen Seite dient das Fernsehen den genannten Jugendlichen vielfach zur Entspannung und Ablenkung vom Alltag und die skeptischen Gedanken der Medienkritiker werden relativiert. *»Beim Fernsehen (...), ja da schalte ich einfach ab. Da denke ich irgendwie an sonst nichts mehr« (Britta, 16, 540-541)*. Katrin behauptet beispielsweise einerseits, dass das Gezeigte *»schon einen Sinn haben (muss)« (Katrin, 16, 256)*, *»halt nicht so stumpf« (ebd., 468)*, andererseits meint sie, *»dieses Stumpfe (ist) halt total witzig, irgendwo« (ebd., 546-547)*. An dieser Stelle wird für das Cluster der ›Bildungsorientierten‹ eine charakteristische Diskrepanz deutlich zwischen *einerseits* eigenen Akzeptanz- bzw. Rezeptionsmustern in Bezug auf mediale Gewaltdarstellung, die als solche von den Jugendlichen zum Teil anders bewertet wird als von einem Großteil der Gesellschaft, *andererseits* einem verbalisierten Anspruch an die Verantwortung der Medien und Medienmacher, mit dem das Bedürfnis nach Reglementierung einhergeht. Wenn sie eigene Kinder hätten, würden sie *»nur gewisse Sendungen (sehen dürfen) und überhaupt nicht viel Fernsehen« (Jenny, 17, 1131-1132)*. Das Fernsehen trotz potenzieller Gefahren ganz zu verbieten, halten die ›Bildungsorientierten‹ aber dennoch nicht für sinnvoll: *»Verbieten nicht, weil, was ist heutzutage so schlecht an den Medien, dass man sagen muss, ja ich verbiete dir das und das« (Christoph, 18, 754-755)*. Stefanie betont in diesem Zusammenhang, *»ich würde (es), glaube ich, genauso machen wie es meine Eltern gemacht haben, das kann doch nicht schaden« (Stefanie, 17, 510-513)*. Trotz fallspezifisch unterschiedlicher Ausprägungen und individueller Tendenzen kann hier abschließend noch einmal die Diskrepanz der ›Bildungsorientierten‹ nachgezeichnet werden, sich in Anbetracht der Rezeption und Bewertung medialer Gewalt(-darstellung) zwischen traditionellen, zum Teil gesellschaftlich negativ normierten Einstellungen (z.B. von Schule oder Eltern) und ihren eigenen Verhaltens- und Bewertungsmustern entscheiden zu wollen oder zu müssen.

Zusammenfassend kann festgehalten werden, dass die Jugendlichen dieses Clusters entgegen der Annahme, sie rezipierten eher bildungsorientierte Medienformate, *auch gewalthaltige* Genres wählen, um sich *spaßorientiert* zu unterhalten. Überdies generieren sie aus den präferierten Genres individuelle Umgangs- und Bewertungsmuster. Zentral für die ›Bildungsorientierten‹ ist demnach das *Wechselspiel* zwischen spannungs- uns lustorientiertem Konsum medialer Gewalt, wobei dieser keinen primären Anteil der allgemeinen Mediennutzung einnimmt und der reflektierten und in Teilen normierten Distanzierung davon.

4.2.3 Die Konsumorientierten

Die von uns befragten ›Konsumorientierten‹ zeichnen sich bezüglich ihres allgemeinen Medienhandelns dadurch aus, dass sie die Medien im Vergleich zu allen anderen Clustern am stärksten konsum- und unterhaltungsorientiert nutzen. Das heißt, sie bedienen sich der medialen Facetten, um ihrem ausgeprägten Bedürfnis nach *Unterhaltung* und *Spaß* gerecht zu werden. Die Medien werden weniger als Informationsplattform verstanden und genutzt, um sich zu unterrichten oder weiterzuqualifizieren, sondern als Möglichkeit verwandt, ihren Alltag auf die medialen Angebote hin orientiert und zugleich bedürfnisgerecht anzureichern. Diese Jugendlichen konsumieren die medialen Angebote und bewerten sie nach ihrem »Gebrauchswert«, indem sie regelmäßig und zielgerichtet Inhalte aus dem Internet herunterladen oder kopieren sowie die audiovisuellen Medien in Bezug auf deren *Erlebniswert* rezipieren. Der Umgang mit »medialen Gütern« zum anwendungsorientierten Gebrauch ist in ihre jugendspezifische und freizeitbezogene Alltagswelt eingebettet. Entgegen der Annahme, dass konsumorientierte Jugendliche ausschließlich ichbezogenen Bedürfnissen nachgehen, wie es die öffentliche Kritik an der sogenannten Konsumgesellschaft häufig nahe legt, zeigt sich, dass der Umgang der ›Konsumorientierten‹ mit den Medien über eine starke Anbindung an *peerspezifische* Interessen verläuft. Die Konsumtion medialer Inhalte und das Aneignen der aktuellsten technischen Entwicklungen gründen sich somit auf der Tatsache, dass die Jugendlichen einerseits Spaß an neuen technischen Themen und Formaten haben und andererseits darauf, dass sie sich mit Gleichaltrigen gemeinsame Gesprächs- und Interaktionssituationen schaffen, die ihren jugendspezifischen Interessen entsprechen und ihr Bedürfnis nach *geteilten* Sinn- und Deutungsmustern befriedigen. Das allgemeine Medienhandeln der ›Konsumorientierten‹ ist primär dadurch gekennzeichnet, dass sie die Medien im Sinne einer Subkultur des Vergnügens (Coleman 1991) zwar intensiv rezipieren, diese Rezeption aber gleichzeitig mit peerbezogenen Aktivitäten verbinden. Diese Charakteristik wird insbesondere hinsichtlich ihrer Computernutzung deutlich. Die ›Konsumorientierten‹ lassen sich über eine überdurchschnittlich *affirmative* Einstellung gegenüber den Medien beschreiben, die in diesem Ausmaß lediglich die ›Allrounder‹ teilen. Um ihren konsumtiven Bedürfnissen nachgehen zu können, haben sich diese Jugendlichen – so legen es ebenfalls die quantitativ gewonnenen Clusterergebnisse nahe – einen *hohen* Kenntnisstand über das Mediensystem angeeignet. Außerdem lassen sich ihre Aneignungs- und Umgangsstrategien als instrumentell-qualifikatorisch, d.h. als zielgerichtet und effektiv beschreiben. Denn um Medieninhalte in der Form konsumieren zu können, wie diese Gruppe von Jugendlichen das tut, müssen instrumentelle Fähigkeiten entwickelt und kontinuierlich aktualisiert werden, die ein umfangreiches und

4.2 Typen jugendlichen Medienhandelns

103

»ertragreiches« Medienhandeln ermöglichen. Inwieweit das allgemeine Medienhandeln und die graduelle Ausprägung von Dimensionen des Bielefelder Medienkompetenz-Modells mit dem Umgang mit medialer Gewalt bei Jugendlichen dieses Clusters verknüpft sind, insbesondere was die Rezeption gewalthaltiger Computerspiele sowie Film- und Fernsehsendungen angeht, soll nun anhand von sechs prototypischen Einzelinterviews dargestellt werden.

Die Befragten, deren Interviews für diese Clusterauswertung herangezogen wurden, sind alle männlich. Der Jüngste ist Tim mit 12 Jahren, er lebt in einer Großstadt in Nordrhein-Westfalen und besucht die 7. Klasse des Gymnasiums. Jan ist 15 Jahre alt, stammt aus einer Kleinstadt in Mecklenburg-Vorpommern und geht in die 9. Klasse der Realschule. Der 16-jährige Felix lebt wie Tim in einer Großstadt in Nordrhein-Westfalen und besucht dort die 11. Klasse eines Berufskollegs. Johannes geht ebenfalls in die 11. Klasse, allerdings ist er bereits 17 Jahre alt, die Schule ist eine Gesamtschule in einer Kleinstadt in Nordrhein-Westfalen. Der 18-jährige Boris lebt ebenfalls in einer Kleinstadt in Nordrhein-Westfalen und geht dort in die 13. Klasse des Gymnasiums. Sascha ist mit 19 Jahren der Älteste der Befragten. Er lebt in einer Großstadt in Sachsen-Anhalt und besucht ebenfalls die 13. Klasse des Gymnasiums.

4.2.3.1 Rezeption gewalthaltiger Computerspiele
sowie diesbezügliche Umgangs- und Bewertungsmuster

Die ›Konsumorientierten‹ lassen sich dadurch kennzeichnen, dass sie regelmäßig und zeitintensiv den PC und das Internet nutzen. Jan betont, *»also ich benutze den Computer schon ziemlich oft (…) für viele Sachen, (z.B.) CDs brennen (oder) im Internet surfen« (Jan, 15, 77-78)*. Felix schließt sich dieser Äußerung an und hebt hervor, dass *»der Rechner läuft, wenn ich von der Schule komme bis abends, wenn ich schlafen gehe« (Felix, 16, 119-120)*. Die Äußerungen der Jugendlichen ähneln sich in den Angaben darüber, wie lange sie täglich am Computer sitzen. Jan sagt dazu, *»also am Computer sitze ich so durchschnittlich zwei Stunden« (Jan, 15, 697)* und auch Sascha betont, *»ich sitze ja auch täglich vielleicht, wenn ich Lust habe, zwei, drei Stunden dran« (Sascha, 19, 666-667)*. Ungeachtet ihrer intensiven Computer- und Internetnutzung bezeichnen sich die ›Konsumorientierten‹ nicht als *»Computerfreaks«*, das heißt als diejenigen Jugendlichen, die ausschließlich am Computer sitzen und wenig oder keinen Kontakt zu Freunden haben. *»Es gibt bestimmt schon Freaks, die den ganzen Tag am Computer sitzen« (Tim, 12, 279-280)*, meint der 12-jährige Tim, aber *»bei mir ist das ausgeglichen, zwei Stunden am Tag (…) am Computer, dann treffe ich mich mit meinen Freunden« (ebd., 281-282)*. Freaks sind aus der Sicht der Interviewten demnach Jugendliche, die den ganzen Tag am Computer sitzen und keine oder kaum Zeit für ihre Freunde haben. Weil den ›Konsumorientierten‹ Freunde und peerbezogene Erlebnisse in der Freizeit sehr wichtig sind, sehen sie sich selbst nicht als Freaks. In der Regel dient ihnen der Computer als mediales *»Multifunktionsgerät«*. Johannes bekräftigt diesbezüglich, *»am PC, da mach ich eigentlich alles drüber, (…) da hab ich meine Musikanlage dran gekoppelt und halt auch meine Spiele«* (Johannes, 17, 114-115).

Zusammengefasst zeigt sich, dass die ›Konsumorientierten‹ zwar häufig den Computer oder das Internet nutzen, aber dass sich ihr Umgang darüber hinaus auf den Unterhaltungs- und Konsumbereich des PCs erstreckt und weniger auf soft- und hardwarebasierte Aspekte der Nutzung. Lediglich Boris und Jan betonen ihr Interesse an weiterführenden Inhalten und an einer zusätzlich technikbezogenen Anwendung des Computers. Boris sagt, dass er neben der unterhaltungsorientierten Anwendung *»Programme wie Word (oder) Excel« (Boris, 18, 101)* benutzt, z.B. für *»Kalkulationen (…), so (…) Statistiken halt (…), die irgendwie mit dem Beruf zu tun haben« (ebd., 117-119)*. Und Jan findet es *»einfach super, (eine eigene) Homepage zu machen, so die ganzen Effekte und seine eignen Sachen (…) ins Internet stellen, dass jeder darauf zugreifen kann« (Jan, 15, 412-414)*. Felix beschreibt abschließend die Möglichkeiten am Computer, denen sich die ›Konsumorientierten‹ hauptsächlich zuwenden, und warum der Computer ein zentrales Freizeitmedium für diese Gruppe von Jugendlichen darstellt. *»Man hat halt die meisten Möglichkeiten halt am PC, also alleine durchs Internet (…), man hat ziemlich viele Sachen, die man machen kann, wenn einem zum Beispiel langweilig ist (…). Man kann so gut wie alles damit machen, man kann Musik hören, (…) was spielen (oder) mit Leuten reden« (Felix, 16, 829-833)*. An dieser Stelle wird deutlich, dass sich die allgemeine Computer- und Internet-nutzung der ›Konsumorientierten‹ einerseits über eine zeitintensive »Vielnutzung« und andererseits über ein unterhaltungs- und freizeitbezogenes Anwendungs-profil beschreiben lässt, die zur Befriedigung ihrer konsumorientierten Bedürf-nisse beiträgt, ohne aber peerspezifische Interessen zu vernachlässigen.

In Bezug auf die spielorientierte Computernutzung der ›Konsumorientierten‹ kann behauptet werden, dass das Spielen am Computer im Vergleich zu den Angehörigen anderer Cluster, wie beispielsweise den ›Bildungsorientierten‹, die sich kaum mit Computerspielen beschäftigen, ein wesentlicher Bestandteil ihres Medienhandelns ist. Die entsprechenden Jugendlichen äußern sich allerdings nur bedingt über ihre spielbezogene Computeranwendung. Wir können hier lediglich darüber mutmaßen, ob sich die ›Konsumorientierten‹ im Allgemeinen wenig mit ihrer Mediennutzung auseinandersetzen oder ob die Beschäftigung mit Computerspielen ihre konsumbezogenen Bedürfnisse in der Art befriedigt, dass darüber hinaus kein Interesse mehr besteht, über sie zu reflektieren. Computerspiele sind integrale Bestandteile ihrer konsumorientierten medialen Freizeitbeschäftigung. Die Umgangs- und Bewertungsmuster in Bezug auf die Computerspielnutzung im Allgemeinen und das Spielen gewalthaltiger Games im Besonderen sind demnach über eine starke Konsumausprägung gekenn-zeichnet. Sascha betont im Hinblick auf seine Computerspielaktivitäten, *»also*

4.2 Typen jugendlichen Medienhandelns

(...) es gibt auch Zeiten, da spiele ich mal zwei Stunden halt ein Spiel, weil es mir gerade gefällt« (Sascha, 19, 270-271). Felix schließt sich dem an und hebt zusätzlich hervor, *»wenn dann wirklich ein gutes Spiel rausgekommen ist, dann spiele ich auch ein paar Stündchen« (Felix, 16, 317-318).* Die ›Konsumorientierten‹ lassen sich in Anbetracht der Gründe, Computerspiele in ihrer Freizeit zu spielen, darüber beschreiben, dass es ihnen bei der Nutzung von Computerspielen darauf ankommt, Spaß zu erleben. Dieser Punkt verdeutlicht den Aspekt des Vergnügens, der bei ihnen einen großen Stellenwert einnimmt. Des Weiteren spielen Merkmale wie Kurzweiligkeit und Aktualität eine entscheidende Rolle für die Nutzung von Computerspielen. Sie können den Äußerungen von Sascha und Felix zufolge kurzfristig genutzt werden, um Langeweile vorzubeugen. Außerdem ist es insbesondere für stark konsumorientierte Jugendliche wichtig, dass die von ihnen genutzten Spiele auf dem jeweils neuesten Stand sind. Denn Konsumorientierung zeichnet sich mitunter dadurch aus, dass die Jugendlichen dem Zwang zur Aktualität unterliegen oder diesen Aktualitätsdruck ihrerseits initiieren, weil es bei Jugendlichen gegenwärtig häufig darum geht, »in« zu sein oder sich über materielle respektive immaterielle »Güter« gegenüber ihren Peers zu profilieren und damit einen Distinktionsvorsprung zu erlangen.

Gewalthaltige Computerspiele sind ein alltäglicher Bestandteil ihrer Mediennutzung. Sie spielen alle – außer Boris – regelmäßig verschiedene Spielgenres, z.B. *»Strategiespiele« (Sascha, 19, 1281),* Rollenspiele, *»auf der Konsole (...) meistens Ballerspiele« (Johannes, 17, 54-55)* oder *»Autorennen und Powerspiele, alle so quer durch den Gemüsegarten, alles mögliche« (Jan, 15, 61).* Zu den von den Jugendlichen genannten gewaltbasierten Computerspielen zählen »Command and Conquer«,[49] »Starcraft«,[50] »Half Life«,[51] »James Bond«,[52] »Quake«[53] oder »Desperado«.[54] Die

---

49 »Command and Conquer«, ist ein in der Zukunft angesiedeltes Kriegsstrategiespiel in Echtzeit, bei dem der Spieler als hochrangiger Kommandeur das Spielgeschehen, d.h. den fiktiven Kriegsschauplatz steuert und riesige Armeen von Cyborgs (Maschinenmenschen) befehligt.

50 »Starcraft« ist ein Kriegsstrategiespiel, bei dem der Spieler mit drei verschiedenen Weltraumvölkern in den Kampf zieht, wobei die Eigenart des jeweiligen Volkes eine unterschiedliche Spielstrategie erfordert und vom Spieler beachtet werden muss.

51 »Half Life« ist ein Egoshooter-Spiel, das in einer fiktionalen Spielumgebung angesiedelt ist. Der Spieler muss schwierige Rätsel lösen und sich gegen eine Vielzahl intelligenter, d.h. selbstständig agierende sowie überlegt reagierende Alienkreaturen und Cyborg-Agenten (Maschinenmenschen) verteidigen. Das Spiel zählt zu den grafisch aktuellsten und besten Formaten, die zum Zeitpunkt der Untersuchung erhältlich waren.

52 »James Bond« ist ein Abenteuerspiel, das vorrangig aus der Ichperspektive (Egoshooter) gesteuert wird. Der Spieler agiert als James Bond, Geheimagent des Britischen Geheimdienstes, und versucht gemäß der Filmvorlage, die Welt vor dem Untergang zu retten.

53 »Quake« ist ein 3D Action-Egoshooter-Spiel, bei dem der Spieler feindliche Intelligenzen – Codename ›Quake‹ –, die durch ein Tor im Universum die Welt bedrohen, finden und bekämpfen muss. Alle Ausgaben diese Spiels wurden von der USK bezüglich der Alterseignung als nicht geeignet für Jugendliche unter 18 Jahren eingestuft.

54 »Desperado« ist ein Militär-Strategiespiel, das zur Zeit des Bürgerkrieges in New Mexico spielt. Die Kulisse ähnelt der des ›Wilden Westens‹ und der Spieler schlüpft in die Rolle des Scharfschützen John

›Konsumorientierten‹ spielen demnach regelmäßig gewalthaltige Computerspiele. Der Gewaltaspekt ist ihnen bewusst und sie benutzen Begriffe wie, »*Abballern*« *(Johannes, 17, 522)*, »*Angreifen*« *(ebd., 553)*, »*Zerstören*« *(ebd., 553)* oder »*Rumgeschieße*« *(Tim, 12, 484)*. Es lässt sich vermuten, dass fiktionale Gewaltdarstellungen und die inszenierte ›Brutalität‹ innerhalb von Computerspielen in dieser Form akzeptiert sowie als ›normaler‹ Bestandteil medialer Aktivitäten betrachtet werden. Entgegen der öffentlichen Meinung und der geäußerten Ängste von Eltern und Pädagogen, dass Jugendliche durch die Rezeption medialer Gewalt negativ beeinflusst werden könnten und ihr Gebrauch deshalb zu verbieten oder zumindest einzuschränken sei, sind gewalthaltige Computerspiele integrale Bestandteile jugend- und peerspezifischer Freizeitaktivitäten und erfahren eigene, jugendrelevante Bewertungen. Jugendliche sind tagtäglich Informationen und Bildern ausgesetzt, die von tatsächlichen Gewalttaten oder -verbrechen berichten. Dadurch erhält fiktionale Gewalt einen anderen Bedeutungskontext und wird in der Regel von realer Gewaltdarstellung unterschieden.

Die ›Konsumorientierten‹ differenzieren zwischen Spielen, »*wo man was wissen muss*« *(Johannes, 17, 53)* und reinen »*Ballerspielen*« *(ebd., 55)*. Allerdings schlägt sich diese Unterscheidung nicht in der tatsächlichen Spielhäufigkeit nieder. Johannes meint beispielsweise: »*Wir zocken meistens Strategiespiele auf dem Computer (…) und auf der Konsole, da spielen wir dann meistens Ballerspiele*« *(Johannes, 17, 51-55)*. Beide Genres werden regelmäßig und gleichermaßen häufig konsumiert. Dieses breite Anwendungsprofil spiegelt den konsumorientierten Charakter des gesamten Clusters wider. Denn die entsprechenden Jugendlichen nutzen die Medien ähnlich wie die ›Allrounder‹ sehr facettenreich. Allerdings geht es weniger um die konkreten Inhalte, sondern um die Konsumtion an sich, d.h. die Faszination gegenüber den Inhalten der Computerspiele ist bei den ›Allroundern‹ stärker ausgeprägt. Die ›Konsumorientierten‹ sind vergleichsweise stärker von gestalterischen Aspekten, wie beispielsweise der Grafik eines Spiels begeistert. Sascha meint diesbezüglich, wenn »*neue Sachen (für Spiele) so rauskommen mit irgendwelchen nützlichen Tools und Software, (dann) kann man sich (die) dann mal angucken*« *(Sascha, 19, 306-307)*. Tim schließt sich der Äußerung von Sascha an, indem er sagt, dass er früher häufig bei »*Napster*«[55] *(Tim, 12, 123)* und bei »*eBay*«[56] *(ebd., 124)* war, um »*ein Spiel zu finden*« *(ebd., 126)*. Die allgemeine Medienanwendung der ›Konsumorientierten‹ und ihre Rezeption gewalthaltiger Computer-

---

Cooper, der versucht, mithilfe eines Spezialistenteams (Desperados), den ›bösen‹ Banditen El Diablo zu finden und zu bekämpfen.

55 »Napster« war eine Musiktauschbörse im Internet zum Download von mp3-Dateien. Mittlerweile wurde die Seite auf Druck der großen Musikkonzerne geschlossen.

56 »Ebay« ist eine der bekanntesten Auktionsbörsen im Internet (www.ebay.de), bei der man so gut wie alles, was legal ist, ver- und ersteigern kann.

4.2 Typen jugendlichen Medienhandelns   107

spiele bezieht sich in der Regel auf die Anwendung selbst, d.h. *»mehr so zur Beschäftigung« (Jan, 15, 201)* und den damit verbundenen Spaß, die Aktualität des Produktes oder die Identifizierung über die Tätigkeit selbst und weniger darauf, sich strukturell-thematisch mit den Medien auseinanderzusetzen. Johannes betont in Bezug darauf *»meistens, wenn ich im Internet bin, guck ich dann auch nicht speziell was nach, dann bin ich nur im Internet, um halt meine Spiele zu spielen« (Johannes, 17, 143-145)*. Grundsätzlich entscheiden die ›Konsumorientierten‹ danach, worauf sie gerade Lust haben oder was peerbezogen ›in‹ ist. Felix beschreibt in diesem Zusammenhang, dass er gerade ein Spiel gespielt hat, *»was ich letztens von einem Freund bekommen habe« (Felix, 16, 82-83)* und Tim antwortet auf die Frage, womit er sich prinzipiell in seiner Freizeit beschäftigt, *»ja wenn gutes Wetter ist, Fußball spielen oder schwimmen, vielleicht auch Basketball spielen und bei schlechterem Wetter Kino, Bowling (...), zuhause rumhängen (oder) Computer spielen« (Tim, 12, 300-302)*. Anhand dieser Äußerungen lässt sich der Zusammenhang von Spaßorientierung und Peerbezug bei der Computerspielnutzung sehr deutlich nachzeichnen.

In erster Linie *»macht (Computerspielen) Spaß« (Jan, 15, 201)*. Die Jugendlichen äußern sich darüber hinaus, warum sie insbesondere von gewalthaltigen Computerspielen in der Form fasziniert sind, dass sich eine regelmäßige Nutzung einstellt. Johannes bezieht sich in seiner Begründung, was ihn am Computerspiel fasziniert, auf Strategiespiele. Bei denen *»muss man sich ja eine Basis aufbauen und dann die anderen kaputtmachen und meistens gibt es bei den Spielen auch einen Schatten, der sich regeneriert (...). Wenn der dann ankommt und einen angreift, muss man die Verteidigung schon aufgebaut haben und den abwenden oder selber angreifen und dann halt die richtige Strategie rausfinden, wie man den zerstören kann« (Johannes, 17, 545-553)*. Das virtuelle Kämpfen gegen einen fiktiven Gegenspieler und die dabei entwickelten Vorgehensweisen und Techniken innerhalb eines Spielablaufes oder -szenarios sind wichtige Elemente, die den Reiz eines Computerspiels ausmachen. Tim meint diesbezüglich, wenn man sich *»nur noch auf das Spiel (konzentriert), wird (man) so reingezogen« (Tim, 12, 781)*. Das dargestellte Töten respektive das Selbertöten wird zum ›Mittel zum Zweck‹, d.h. die medialen Gewaltdarstellungen werden von den Jugendlichen nicht kritisch bewertet, weil ihre zentralen Spielmotive wie der Wunsch nach Spannung, Aktion und Spaß erfüllt werden. Die Jugendlichen wollen im Rahmen des Computerspiels kämpfen und gewinnen, die gewalthaltigen Aspekte werden dabei in Kauf genommen oder sind sogar gewollt. Außerdem prägen sie deren Umgangs- und Bewertungsmuster. Insbesondere die kämpferische Auseinandersetzung mit Spielgegnern stellt ein wesentliches Motiv für die ›Konsumorientierten‹ dar und unterstreicht deren peerspezifische Freizeit- und Medienorientierung. Johannes spielt aus diesem Grund häufig Internetspiele, denn *»wenn der (Gegner) einen zum*

108 4. Qualitative Einzelinterviews

Beispiel gerade mal abgeballert hat, kann man den gleich gut ankacken« (Johannes, 17, 522-523). Im Grunde ist das reine ›Abballern‹ für die ›Konsumorientierten‹ *»eigentlich langweilig« (Sascha, 19, 1286)*. Es geht ihnen im Wesentlichen um die spielerische Auseinandersetzung mit den virtuellen Gegnern. *»Da gibt es dann einen speziellen Server, (…) da kann man sich drauf einklinken und dann (…) mit allen Leuten aus der Welt, die das Spiel auch im Internet spielen, spielen« (Johannes, 17, 60-62)*. Oder sie verabreden sich mit ihren Freunden, *»dann rufen wir uns meistens untereinander an, sagen wir gehen jetzt rein und dann spielen wir zum Beispiel gegeneinander oder miteinander gegen andere« (ebd., 67-68)*. Außerdem kann man *»im Internet (…) ja dann auch während des Spiels miteinander chatten, dann beschwert der (Gegner) sich zum Beispiel, dass er verliert oder dass das gemein war, was du da gerade gemacht hast, dann schreibst du zurück ›ist mir egal, bist eben ein Loser‹ oder so, dann ärgert man sich ein bisschen untereinander« (ebd., 525-534)*.

Dieser kommunikative Austausch mit Gleichaltrigen oder anderen Jugendlichen über gewaltbasierte Computerspiele – die Spiele sind gleichzeitig das Medium und das Thema des Austauschs – stellt ein wesentliches Clusterkriterium der ›Konsumorientierten‹ dar. Über das gemeinsame Spielen entwickeln sie eine gemeinsame Sprache, die einerseits zum Spaß am Spielen beiträgt und andererseits peerspezifische Identitätsprozesse unterstützt. Das heißt, die Jugendlichen können sich gemeinsam mit anderen Jugendlichen über Figuren und Spielstrategien austauschen, sich gegenseitig kritisieren oder provozieren und demzufolge Erfahrungen machen, die ihr sonstiger Alltag nicht bietet. Darüber hinaus ist das Thema ›Computerspiele‹ bei den ›Konsumorientierten‹ in Schule und freizeitbezogenen Alltagssituationen ebenfalls ein zentrales Gesprächsthema. Die Jugendlichen schaffen sich demnach bedarfsgerechte und peerspezifische Medienerlebnisse, die ihre konsum- und unterhaltungsorientierten sowie darüber hinaus auch ihre jugendbezogenen Interessen integrieren.

Ungeachtet der regelmäßigen Konsumtion gewalthaltiger Computerspiele und der eher unterhaltungsorientierten Anwendung äußern sich die entsprechenden Jugendlichen gelegentlich auch über die dargestellte Gewalt. Dabei zeigt sich, dass die Umgangsstrategie der ›Konsumorientierten‹ in Bezug auf das Spielen gewaltbasierter und ›brutaler‹ Computerspiele spaß- und unterhaltungsorientierten Motiven folgt. Daraus resultieren unter anderem ihre Bewertungsmuster bezüglich der dargestellten Gewalt. Tim antwortet auf die Frage, wie er Internet- bzw. Netzwerkspiele einschätzt, bei denen viele verschiedene Menschen miteinander ›zocken‹, *»ich fand es lustig, jeder hatte immer seine Kopfhörer an (…) und dann immer das Rumgeschieße, wenn die spielen (…), das fand ich richtig gut« (Tim, 12, 483-491)*. Das Bewertungsprofil der ›Konsumorientierten‹ in Bezug auf fiktionale Gewalt und ›Brutalität‹ ist angelehnt an ihre Nutzungsinteressen und ihre Spielmotive. Sie wollen lustvolle Unterhaltung erleben und entwickeln

4.2 Typen jugendlichen Medienhandelns 109

aus diesem Motiv heraus eigene Bewertungsmuster, um die Spiele an sich und ihre eigene Computerspielnutzung unter diesen Maßstäben zu rechtfertigen. Wenn ihre unterhaltungs- und konsumorientierten Bedürfnisse befriedigt sind, besteht für sie kein Anlass mehr dazu, die Mittel für das Erreichen ihres Ziels zu hinterfragen. Fiktionale Gewalt und ›Brutalität‹ werden – wie oben bereits erwähnt – Mittel zum Zweck.

Die Geschehnisse in Erfurt geben aktuellen Anlass und eine entsprechende Reflexionsplattform für die Jugendlichen, sich dem Thema zu nähern respektive ihr Spielverhalten zu rechtfertigen. Sie sind davon überzeugt, dass diejenigen, die gewalthaltige Computerspiele spielen, nicht zu *»Attentätern oder (zu) suizidgefährdeten Leuten« (Sascha, 19, 1294)* werden, denn die Gewalt innerhalb der Computerspiele ist vergleichbar mit der anderer Medienangebote, *»es ist im Fernsehen das Gleiche« (ebd., 1294-1295).* Johannes ist diesbezüglich auch der Meinung, *»die (Spiele) machen nicht aggressiv oder so, nur weil ich jetzt viel Ballerspiele spiele, muss ich nicht nachher einen Lehrer umhauen oder so, das finde ich nämlich ein bisschen albern« (Johannes, 17, 838-840).* Tim betont diesbezüglich, dass man, *»wenn man zu lange gespielt hat, dann wird man auch schon ein bisschen dumm dabei« (Tim, 12, 780-781).* Einerseits führt nach Tims Aussage eine intensive Computerspielnutzung zu körperlichen Ermüdungserscheinungen. Andererseits wird hier der Verlust von Selbstkontrolle thematisiert. ›Wenn man zu lange gespielt hat‹, *»wird (man) so reingezogen manchmal« (ebd., 781-782).* Die Argumentation bezieht sich allerdings nicht auf mögliche Folgeerscheinungen gewalthaltiger Darstellungen oder eine inhaltliche Auseinandersetzung, sondern auf das Spielen von Computerspielen im Allgemeinen, was bei extremer Nutzung dazu führen kann, sich mit dem Spielablauf so stark zu identifizieren, dass man – im Sinne eines Flow-Erlebens – seine Umgebung oder sein eigenes Ich vergisst. Aufgrund der fehlenden Reflexion über die dargestellte Gewalt erschließen sich die Jugendlichen auch keine Handlungsalternativen. Das Spielen von Computerspielen macht Spaß und man kann sich auch hineinsteigern. Veränderungsoptionen werden von den Jugendlichen allerdings nicht thematisiert.

In ihren Äußerungen über negative Auswirkungen der Computerspielnutzung auf Jugendliche widersprechen die ›Konsumorientierten‹ den Befürchtungen ihrer Eltern. Johannes beschreibt beispielsweise die Meinung seiner Mutter über gewalthaltige Computerspiele: *»Da wird man ja blöd von. Was ich eigentlich nicht sagen kann. Ich bin davon noch nicht doof geworden« (Johannes, 17, 730-731).* Auf die Frage, ob er die Reaktion seiner Mutter verstehen kann, antwortet Johannes eindeutig, mit *»nein, eigentlich nicht« (ebd., 737).* Es kann an dieser Stelle behauptet werden, dass die interviewten Jugendlichen eigene Bewertungsmuster entwickeln, die sich einerseits von den Auffassungen ihrer Eltern unterscheiden, wobei hier nur Mutmaßungen darüber angestellt werden können, ob nicht die negative Meinung der Eltern bezogen auf die Nutzung von Computerspielen die eigenen, eher affirmativen Umgangs- und Bewertungsmuster der Jugendlichen zusätzlich begünstigt. Denn in der Regel wollen sich Jugendliche von ihren Eltern abgrenzen und eigene Orientierungs- und Handlungsrahmen entwickeln. Andererseits zeigen die Bewertungen der Jugendlichen gegenüber gewalthaltigen Computerspielen, dass sie keinen eindimensionalen Zusammenhang zwischen dem Konsumieren fiktionaler Gewalt und dem Ausüben von tatsächlichen Gewalthandlungen sehen. Allerdings beziehen sich ihre Äußerungen in der Regel auf ihr eigenes Medienhandeln und werden nicht abstrahiert. Außerdem wird durch das Gesagte deutlich, dass sich die Jugendlichen darüber bewusst sind, dass mediale Gewalt zur Medienrealität gehört und somit ein Bestandteil jugendlicher Sozialisation ist, die als etwas Selbstverständliches in peerbezogene Freizeitbetätigungen und Kommunikationsprozesse integriert wird.

Die medienkritische Haltung der ›Konsumorientierten‹ in Bezug auf die Computernutzung im Allgemeinen richtet sich in der Regel auf finanzielle Aspekte und weniger auf eine inhaltliche Auseinandersetzung. Auf die Frage, was ihn am Computer stören würde, antwortet beispielsweise Jan, *»man kann nie auf dem aktuellen Stand sein, (es) kommt immer was Neues raus, (und) teuer ist es« (Jan, 15, 344-346)*. Die konsum- und unterhaltungsorientierten Bedürfnisse sollen befriedigt werden und dafür benötigen sie in aller erster Linie funktionierende und aktuelle Technik. Fragen in Bezug auf inhaltliche Aspekte werden demzufolge nachrangig oder überhaupt nicht gestellt. Lediglich die Werbung im Internet stört die ›Konsumorientierten‹, allerdings eher deswegen, weil sie ihre konsumorientierte Anwendung behindert. Tim meint dazu: *»Da braucht die Seite (…) länger zum Laden« (Tim, 12, 380)*. An dieser Stelle wird nochmals deutlich, dass sie eine konsumtive, aber dennoch affirmative Haltung bezüglich des Computers im Allgemeinen und gewalthaltigen Computerspielen im Besonderen haben. Boris meint beispielsweise dazu, dass die Medien *»einen wichtigen Stellenwert haben« (Boris, 18, 36)* – und es geht ihnen in der Regel um ›gute Unterhaltung‹. Aus diesem Grund haben die ›Konsumorientierten‹ eine eher reglementierungsaverse Haltung, wenn es um die Medienerziehung oder die Einschränkung des Spielens von gewalthaltigen Computerspielen bei Kindern und Jugendlichen geht. Sascha antwortet in diesem Zusammenhang auf die Frage, ob er seinen eigenen Kindern gewalthaltige Computerspiele verbieten würde, *»nein, ich denke mal nicht« (Sascha, 19, 1334-1335)*. Sie sagen zwar, dass sie in Bezug auf die zeitliche PC-Nutzung von Kindern Einschränkungen machen würden, *»halt nicht übertreiben, also nicht so viel nutzen« (Jan, 15, 841)* und dass es *»auch auf das Alter an(kommt)« (Sascha, 19, 1261-1262)*. Außerdem würden sie darauf achten, dass die Kinder keine extrem gewalthaltigen Spiele spielen oder

4.2 Typen jugendlichen Medienhandelns

111

sich abartigen Internetseiten zuwenden, z.B. *»Seiten (…), die zeigen, wie ein Baby gefressen wird, das ist eklig« (Tim, 12, 853-854)*. Aber sie sind in der Regel der Meinung, dass man die Mediennutzung von Kindern *»ja nicht großartig überwachen« (Sascha, 19, 1260)* kann und auch nicht sollte. Im Grunde vertreten sie die Ansicht, dass Kinder *»gerne solche Spiele spielen (können), weil ich finde, die machen nicht aggressiv oder so« (Johannes, 17, 837-838)*. Ihnen *»fällt kein Medium ein, was jetzt schaden könnte« (Felix, 16, 1529-1530)*, denn *»ich interessiere mich selber für Internet (…) und PC und so, das würde ich denen (…) eher beibringen als verbieten« (ebd., 1523-1524)*.

Die Computer- und Internetnutzung der ›Konsumorientierten‹ und ihre Haltung gegenüber gewalthaltigen Computerspielen im Besonderen lassen sich also schlussfolgernd als *affirmativ* beschreiben. Ein Indiz hierfür ist, dass sie weniger kritisch-distanzierende Meinungen äußern als z.B. die ›Allrounder‹. In Anbetracht des Bielefelder Medienkompetenz-Modells kann also bezüglich ihrer Computernutzung gesagt werden, dass die konsumorientierten Jugendlichen zwar gewalthaltige Aspekte ihrer Nutzung benennen können, allerdings schließt sich daran *keine* weiterführende Auseinandersetzung, beispielsweise keine Reflexion über eigene Verhaltensänderungen oder das Hinterfragen besonders grausamer Inhalte an. Und gegenüber Reglementierungen – bezogen auf die Nutzung gewalthaltiger und ›brutaler‹ Computerspiele – verbalisieren sie lediglich zurückhaltend Einwände. Im Grunde legitimieren sie ihre eigene Nutzung medialer Gewalt über *peer-* und *unterhaltungsorientierte* Bedürfnisse. Ihr Konsuminteresse wird über ihre Umgangs- und Bewertungsmuster gesteuert und detaillierte Zusammenhänge werden nicht thematisiert. Das Thema ›Mediale Gewalt‹ wird von ihnen kaum erörtert. Inwieweit sich das beschriebene Anwendungs- und Einstellungsprofil auch bei der Film- und Fernsehrezeption finden lässt, soll im Folgenden untersucht werden.

4.2.3.2 Rezeption gewalthaltiger Fernseh- und Filmformate sowie diesbezügliche Umgangs- und Bewertungsmuster

Für das Cluster der ›Konsumorientierten‹ ergibt sich eine leicht überdurchschnittliche Nutzung audiovisueller Medien. Lediglich die ›Allrounder‹ und die ›Positionslosen‹ rezipieren noch häufiger Filme oder Fernsehsendungen. Die allgemeine Film- und Fernsehnutzung ist dadurch gekennzeichnet, dass die konsumorientierten Jugendlichen Medienangebote wählen, um sich kurzweilig zu unterhalten oder um entspannungsgeleitet abzuschalten. Sascha meint dementsprechend, dass er schon häufig fernsieht, *»aber nicht gezielt (…), das ist alles nur nebenbei« (Sascha, 19, 1135-1137)*. Und Jan schließt sich an, indem er betont, der *»Fernseher ist eher so zum Spaß haben« (Jan, 15, 202). »Man kann sich einfach hinlegen und einfach nur zugucken, (da) muss man nix machen« (ebd., 922-923)*. Die ›Konsumorientierten‹ schauen im Grunde *»Fernsehen zur Ablenkung« (Johan-*

nes, 17, 448), d.h. *»einfach nur abschalten und ein bisschen ausruhen« (Felix, 16, 1064-1065).* Sascha beschreibt in diesem Zusammenhang sehr deutlich, warum er das Medium Fernsehen so gerne und häufig rezipiert, *»(es ist) im Prinzip das leichtere (…) und das verständnisvollere« (Sascha, 19, 980-981).* Und Felix geht beispielsweise nur ins Kino, wenn *»was Neues rausgekommen ist und (…) wo ich gerade Lust zu habe« (Felix, 16, 783-784).* An dieser Stelle wird erneut ein typisches Profil der ›Konsumorientierten‹ deutlich. Sie nutzen die Medien situations- und bedürfnisorientiert. Dabei müssen die medialen Angebote und Inhalte ›leicht‹ zugänglich und verständlich sein.

In der Regel sind die ›Konsumorientierten‹ keine Medienfreaks, d.h. sie nutzen die Medien für ihre unterhaltungsbezogenen Bedürfnisse, aber *»richtig bannen, (…) so wie (bei) manchen Freaks (…), (tun Filme) so also (…) jetzt nicht« (Johannes, 17, 677-679).* Die beschriebene Konsumorientierung wird in Bezug auf die Nutzung der audiovisuellen Medien besonders darüber deutlich, dass diese Gruppe von Jugendlichen *»immer so die neuesten Filme angucken« (Johannes, 17, 425-426)* will. Außerdem ist es ihnen wichtig, die Filme mithilfe der aktuellsten und modernsten Technik dargeboten zu bekommen. Felix beschreibt diesen Sachverhalt, indem er einen Kinobesuch in einem eher altmodischen Programmkino nacherzählt, *»(Da waren) ungefähr dreißig Sitzplätze, mitten eine Heizung dazwischen und eine Leinwand, vielleicht so groß wie mein Fernseher zu Hause. Das war ja wohl so ätzend, (das) fand ich so was von heftig (und) der Ton war Scheiße. Wenn ein guter Film draußen ist und du hast die ganzen Soundeffekte (…) und die große Leinwand, also das ist schon um einiges besser« (Felix, 16, 799-807).* Konsumorientierung ist demzufolge an die Aktualität der Inhalte und der Technik gebunden, d.h. das Medienhandeln der ›Konsumorientierten‹ lässt sich unter anderem dadurch charakterisieren, dass sie die aktuellsten oder modernsten Medienprodukte rezipieren wollen. Aus diesem Grund unterliegen sie einerseits einem gewissen Zwang zur Aktualität, andererseits legen sie damit selber Modernitätsstandards bezüglich sowohl der Medientechnik als auch der Medieninhalte fest und definieren dadurch das, was gerade ›in‹ ist und was nicht. Boris meint in diesem Zusammenhang: *»Also Videokassetten sind (…) bei mir eigentlich schon veraltet, also ich nutze fast nur noch den DVD-Player« (Boris, 18, 200-201).*

Die ›Konsumorientierten‹ sind in der Regel nicht festgelegt auf ein bestimmtes Film- oder Medienformat. Sie rezipieren verschiedene Genres gleichermaßen. Insbesondere schauen sie gern *»Komödien und Actionfilme so hauptsächlich« (Jan, 15, 209).* In Bezug auf gewalthaltige Film- und Fernsehgenres sind es *»Action, Horror, Science-Fiction (…) oder Thriller« (Johannes, 17, 638-639)* und aus diesem Genrespektrum, *»wählen (sie) schon meistens aus« (ebd., 639-940).* Dazu ge-

4.2 Typen jugendlichen Medienhandelns

hören Filme wie »Alien«,[57] »Matrix«,[58] »Star Wars«,[59] »Armageddon«,[60] »Spiderman«[61] oder »Stephen King Filme« und Serien wie »Akte X«,[62] »Stargate«[63] oder »Dragonball Z«.[64] Weiterhin zählen Fernsehsendungen wie die *»Freak Show*[65] *(oder) Jackass« * [66] *(Tim, 12, 861)* zu den favorisierten Sendungen der ›Konsumorientierten‹. Die Motive für die Rezeption dieser actionreichen, gewalthaltigen, gruseligen oder phantastischen Filme oder Fernsehsendungen sind vielfältig. In der Regel verbinden die ›Konsumorientierten‹ damit Aspekte wie Spaß und ›Gute Unterhaltung‹, *»da ist man wieder ein bisschen besser gelaunt« (Jan, 15, 446).* Dieses Spaßmotiv ist eng verbunden mit dem Wunsch nach actionreicher, dramatischer Unterhaltung, d.h. der Film muss *»bis zum Ende spannend bleiben« (Boris, 18, 463-464).* Das Interesse und die Faszination der Jugendlichen für spannende Inhalte und die damit verbundene fiktionale Gewalt resultieren offenbar daraus, dass sie mediale Grenzerfahrungen ausprobieren wollen. Die ›Konsumorientierten‹ verbinden damit eine Anreicherung ihres (Medien-)Alltags. Tim beschreibt, dass er einen Stunt der MTV-Sendung ›Jackass‹ schon einmal selbst ausprobiert hat. *»In einer Sendung ist einer angelaufen und mit vollem Tempo (mit) dem Kopf auf eine Matratze und dann wieder zurückgefedert, (...) das war lustig und das haben wir einfach nachgemacht, aber ist nicht so das Beste und auch kein Kick« (Tim, 12, 893-896).* Ähnlich wie bei den ›Allroundern‹ und den ›Bildungsorientierten‹ lässt sich die Tatsache, dass gewalthaltige Filme und Fernsehsendungen gesehen werden, als ›Angstlust‹ beschreiben. Das heißt, sie wählen bewusst gewalt-

---

57 »Alien« ist eine Action-Kinoserie mit bisher vier Teilen, in der eine Frau in einer futuristischen Welt in Raumschiffen oder auf entlegenen Planeten gegen Außerirdische, die so genannten ›Aliens‹, kämpft. Die Handlung ist in eine dunkle Atmosphäre eingebettet und wird durch eine äußerst spannende Dramaturgie angereichert. Die Filme sind weltweit sehr bekannt geworden.

58 »Matrix« ist eine Sience-Fiction Kinoreihe (1999-2003), die aus drei Teilen besteht. Die Filmhandlung basiert auf der Idee, dass die vermeintliche Realität der Menschen eine von Maschinen programmierte Matrix ist. Die eigentliche Realität wird von den Maschinen beherrscht und die Menschen sind deren Sklaven. Einige wenige Menschen wissen um die Existenz der Matrix und versuchen die Menschheit zu ›erlösen‹. Berühmt wurde die Filmreihe nicht nur wegen der neuartigen, digitalen Filmtechnik, sondern wegen der philosophisch-religiösen Denkanstöße, die die Faszination des Films ausmachen.

59 Siehe Fußnote 27, S. 79.

60 »Armageddon« ist ein Actionfilm von 1998, bei dem ein riesiger Asteroid auf die Erde zurast und alles Leben bei Aufschlag zerstören würde. Die NASA schickt Spezialisten mit einem Shuttle auf den Asteroiden, um ihn zu sprengen und die Menschheit zu retten.

61 Siehe Fußnote 42, S. 90.

62 Siehe Fußnote 45, S. 98.

63 »Stargate« ist eine wöchentlich auf dem Privatsender RTL2 ausgestrahlte Science-Fiction Serie, in der ein Team einer geheimen Abteilung der amerikanischen Regierung mithilfe eines ›Sternentors‹ Kontakt zu Lebensformen anderer Planeten des Universums aufnimmt und dabei spannende Abenteuer erlebt.

64 Siehe Fußnote 33, S. 87.

65 Die »Freak Show« ist eine Sendung des Musiksenders MTV, bei der gefährliche und brutale Stunts gezeigt werden. Die Sendung stand im Jahr 2002 in der öffentlichen Diskussion und die Ausstrahlung sollte aus Jugendschutzgründen verboten werden. Dieses konnte nicht durchgesetzt werden, da das Verwaltungsgericht München dem Musiksender Recht gab, die ›Freak-Show‹ sei zwar ›jugendgefährdend‹, aber ›nicht schwer jugendgefährdend‹.

66 Siehe Fußnote 48, S. 100.

basierte Film- und Fernsehformate, um Spannung und Action zu erleben und ihren eher als spannungsarm wahrgenommenen Alltag anzureichern. Die dargestellte Gewalt versinnbildlicht für sie keine tatsächlichen Gewalttaten, aber es wird die Möglichkeit eingeräumt, dass bestimmte Szenarien tatsächlich einmal passieren könnten. Boris antwortet demzufolge auf die Frage, warum ihm der Actionfilm ›Armageddon‹ so gut gefällt, dass *»es eventuell auch mal zutreffen könnte«* *(Boris, 18, 465)*. Sie wissen, dass das Dargestellte ausgedacht ist und nicht der Realität entspricht. Dennoch beinhaltet das Fiktionale für sie auch eine Nähe zur Realität, über die sie sich mitunter identifizieren oder von der sie sich abgrenzen können und wollen. Sie verbalisieren also Parallelen zur Realität, um einerseits sich selbst das Dargestellte zu erklären und um andererseits ihre Rezeption bzw. um ihren Umgang damit zu begründen und z.B. gegenüber den gegenteiligen Meinungen ihrer Eltern zu legitimieren.

Einen wesentlichen Grund, gewalthaltige Filme und Sendungen zu rezipieren, stellt demnach das Interesse am Phantastischen, Überzogenen, respektive an einer dargestellten *»Scheinwelt« (Jan, 15, 615)* dar, die Bezüge zur Realität aufweist, aber auch phantastische Elemente beinhaltet, die dem Alltäglichem widersprechen können. Die Kombination aus Realistischem und Phantastischem begründet unter anderem die Faszination gewalthaltiger Filme und Sendungen. Begleitet werden die genannten Grundmotive *Spaß* und *Spannung* von dem clustertypischen Interesse an peerspezifischem Austausch über rezipierte Inhalte und von der überdurchschnittlichen Begeisterung für die Machart einschließlich der technischen und grafischen Effekte eines Films oder einer Sendung. Jan betont diesbezüglich *»auf so was achte ich immer« (Jan, 15, 657)*. Das sozial-kommunikative Nutzungsmotiv nimmt bei den ›Konsumorientierten‹ einen besonderen Stellenwert ein. Denn häufig werden gewalthaltige AV-Formate auch deswegen gewählt, weil sie das einerseits *»öfters auch mit Freunden zusammen« (Jan, 15, 671)* gucken, und dabei *»unterhält man sich dann ein bisschen (…) über die guten Szenen« (Johannes, 17, 611-612)*. Andererseits haben die Jugendlichen einen großen Einfluss aufeinander und ihr Mediennutzungsprofil wird dadurch mitgestaltet. Jan betont in diesem Zusammenhang: *»Freunde sprechen mich darauf an, ›guck doch mal dies und das, das ist echt super‹« (Jan, 15, 262-263)* und *»da dachte ich, na, wenn sie das gut finden, (…), guck ich das halt auch mal« (ebd., 600-601)*. Der jugendbezogene Aspekt bezüglich der Rezeption gewalthaltiger Film- und Fernsehformate, d.h. die peerspezifische Mediennutzung findet sich darin wieder, dass z.B. ›Dragonball Z‹ *»meistens (…) auch ein Hauptgesprächsthema (ist), das guckt fast jeder, diese Manga-Serie« (Johannes, 17, 559-560)*. Jan bemerkt in diesem Zusammenhang, *»wir haben alle so ziemlich denselben Geschmack« (Jan, 15, 234)*. Die Wechselbeziehung von peerbezogenen Interessen und der Genrewahl verdeutlicht, dass das Medienhandeln Jugendlicher entscheidend

4.2 Typen jugendlichen Medienhandelns 115

von gruppenbezogenen und jugendspezifischen Interessen geprägt wird und dass mediale Gewalt zum (kollektiven) Alltag der Jugendlichen gehört. Aus obigen Gründen sind gewalthaltige und mitunter ›brutale‹ Film- und Fernsehformate zentrale Rezeptionsinhalte der ›Konsumorientierten‹. Inwieweit sie die dargestellte Gewalt bewerten oder einschätzen und ob sich darüber erneut ihr konsumorientiertes Clusterprofil nachzeichnen lässt, soll im Folgenden zusammengefasst werden.

Es konnte gezeigt werden, dass die Rezeption gewalthaltiger Film- und Fernsehformate ein Bestandteil des Alltags der Angehörigen dieses Clusters ist. Begriffe, wie *»bekämpfen« (Johannes, 17, 568)*, *»Rumschießerei« (Felix, 16, 1206)* oder *»vom Tod verfolgt« (Tim, 12, 692)* sind Vokabeln, die wie selbstverständlich zu ihrem Sprachgebrauch gehören und die sie zur Kennzeichnung ihrer Film- und Fernsehnutzung regelmäßig verwenden, ohne sich tief greifend damit auseinanderzusetzen. Johannes äußert sich beispielsweise über sein Interesse an ›Aliens‹, *»ich finde so was halt interessant, mit Monstern aus dem All (...), so was fasziniert mich halt« (Johannes, 17, 656-662)*. Diese Faszination bezieht sich allerdings nicht auf alle ›Monster‹, sondern lediglich auf solche, die richtig für Spannung und Action sorgen. In Bezug auf die Monster aus dem Film ›Star Wars Episode 2‹ fügt Johannes hinzu, dass er die für *»langweilig (hält), die machen ja nix, die fressen keine anderen Menschen auf oder so. In ›Episode 1‹ war (...) mehr Action (...), die haben sich da immer gekloppt« (Johannes, 17, 686-693)*. Und bezogen auf die Manga-Serie ›Dragonball Z‹, die er mit der Comicserie ›Pokémon‹[67] vergleicht, sagt er, *»da sieht man auch mal einen Kopf rollen« (Johannes, 17, 575-576)*. Tim argumentiert ähnlich, denn er findet es *»lustig (und) beeindruckend, wenn da eine Bombe explodiert« (Tim, 12, 724-725)* und er antwortet auf die Frage, welcher Film ihm in letzter Zeit am besten gefallen hat, *»also in den letzten fünf Monaten auf jeden Fall ›Final Destination‹[68] (...) mit dem Tod, (...) der ihn holen wird, und die versuchen da, ihm irgendwie auszuweichen« (Tim, 12, 684-688)*. Johannes resümiert, *»das ist einfach interessant und lustig auch« (Johannes, 17, 569)*. Auf die Frage, ob er sich bezüglich der dargestellten gewalthaltigen oder ›schockierenden‹ Sequenzen gruseln würde, antwortet er, *»nein, das mache ich eigentlich nicht, also ich lache da mehr drüber« (Johannes, 17, 666)*. Er meint in dieser Hinsicht zusammenfassend, dass die von ihnen favorisierten Inhalte *»nicht einfach etwas Beklopptes sind« (Johannes, 17, 654-655)* wie andere Filme oder Sendungen, denn *»das war schon gut gemacht (und) weil*

---

67 »Pokémon« sind japanische Comic-Figuren, die in Form von Comics, Zeichentrickserien und -filmen sowie Computerspielen weltweit Erfolge feiern. Tiere und Menschen kämpfen dabei gegen das ›Böse‹ und die Beherrschung durch genetisch manipulierte Wesen.

68 »Final Destination« ist ein Horrorfilm aus dem Jahr 2000, dessen Hauptfigur vor einem Klassenausflug eine Vision über den Absturz ihres Flugzeuges bekommt. Ein paar seiner Klassenkammerden und der Lehrer steigen nicht ein und das Flugzeug explodiert tatsächlich. Daraufhin versucht der ›Tod‹ diejenigen ›zu holen‹, die nicht im Flugzeug saßen.

es halt so echt aussah« (ebd., 657-658). Tim äußert sich ähnlich in Bezug auf die Sendung ›Jackass‹,[69] *»das ist lustig (und) da gibt es (außerdem) auch schon vor jeder Sendung die Warnung, bitte das nicht nachmachen (…). Ich würde auf jeden Fall nicht (…) darauf kommen, irgendwie so was nachzumachen« (Tim, 12, 861-870).* Wie bereits erwähnt, hat er kleinere Stunts dieser Sendung zwar schon nachgemacht, aber bei wirklich gefährlichen Darbietungen, vor deren Nachahmung gewarnt wird, verzichtet er auf das Selberausprobieren. Diese Aussage verdeutlicht, dass die ›Konsumorientierten‹ nicht nur auf einer verbalen, sondern auch auf der Handlungsebene zwischen ›normaler‹ und extremer Gewalt oder ›Brutalität‹ unterscheiden können und bestimmte Extreme ungeachtet des hohen Spannungspotenzials nicht in die Realität umsetzen. Das Ausleben von lust- und spannungsbasierten Interessen insbesondere bei jüngeren Jugendlichen wird spielbezogen umgesetzt. Sie definieren darüber hinaus Grenzen der Nachahmung, d.h., sie normieren besonders ›brutale‹ Formate oder Inhalte und schließen eine gewaltbasierte Umsetzung in ihrem Lebensalltag für sich aus.

Für die Umgangs- und Bewertungsmuster bezüglich gewalthaltiger und ›brutaler‹ Filme sowie Fernsehsendungen lässt sich bei den ›Konsumorientierten‹ feststellen, dass sie das Gesehene nicht tiefgründig betrachten und sich mit ihrer eigenen Nutzung nicht reflexiv auseinandersetzen. Die gewalthaltigen Inhalte und Formate werden über die Aspekte Spaß, Spannung oder technische und gestalterische Effekte bewertet. Diese Beurteilungskriterien entsprechen den beschriebenen Nutzungsmotiven des Clusters, was bedeutet, dass die ›Konsumorientierten‹ das Gesehene entsprechend ihren Nutzungsbedürfnissen bewerten und nicht über die dargestellte Gewalt an sich nachdenken. Ähnlich wie bei der Nutzung gewalthaltiger Computerspiele sind die befragten Jugendlichen daran interessiert, die Medienprodukte zu konsumieren, d.h. sie wollen ihren ausgeprägten Spaß- und Unterhaltungsanspruch über eine hochwertige und zeitgemäße Qualität realisieren, was bedeutet, dass die ›Monster‹ oder Protagonisten richtig ›fies‹ und spannungsreich agieren oder das Dargestellte besonders actionreich präsentiert werden soll. Die Konsumtion ist demnach an Aktualitäts- und Actionstandards gekoppelt. Die gewalthaltigen Aspekte werden dabei in Kauf genommen, rücken allerdings gegenüber der inhaltlich-moralischen Bewertung in den Hintergrund. Aus diesem Grund können eigene Bewertungsmuster nachgezeichnet werden, die sich darüber charakterisieren lassen, dass Gewaltdarstellungen als ›lustig‹ gelten oder ihre grafische Darstellung als ästhetisch eingestuft wird, dass nur ›blutige‹ Action als hochwertige Action definiert wird, dass der Tod eine fiktionale Bedeutung erhält und dass das Gesehene als Inszenierung und nicht als Realität wahrgenommen wird. Auf

---

69 Siehe Fußnote 48, S. 100.

4.2 Typen jugendlichen Medienhandelns 117

die Frage, ob die gruseligen Sequenzen von »Alien« nicht im Kopf nachwirken und er diese Szenen tatsächlich von der Realität trennen kann, antwortet Johannes etwas ungläubig darüber, dass ihm überhaupt diese Frage gestellt wird, *»ja sicher, (...) na klar«* *(Johannes, 17, 674)*. Fiktionale Gewalt gehört zum jugendkulturell geprägten Medienalltag der ›Konsumorientierten‹; deshalb wird ›Gruseln‹ auch nicht als Verhaltensmuster genannt. Außerdem geben männliche Jugendliche seltener als weibliche zu, dass sie in Anbetracht der rezipierten Inhalte Angst empfinden. Das Dargestellte hat mitunter reale Züge, es sieht manchmal ›echt aus‹, aber es ist den Jugendlichen sehr bewusst, dass es etwas Fiktives in Form eines Films oder einer Sendung ist. Die Konsumtion steht im Mittelpunkt ihres Medienhandelns, die dargestellte Gewalt ist ein akzeptierter Bestandteil der von ihnen rezipierten Medienprodukte.

Zusammenfassend kann über die ›Konsumorientierten‹ gesagt werden, dass diese Jugendlichen eine medienzugewandte Einstellung besitzen, die sich in den jeweiligen Nutzungsstrategien widerspiegelt. Ihre Konsumorientierung lässt sich darüber kennzeichnen, dass sie ein sehr starkes Interesse an *Spaß-* und *Unterhaltungsangeboten* äußern. Diese Lust an der Konsumtion medialer Inhalte ist eng verbunden mit dem Wunsch nach spannenden und actionreichen Elementen, nach Aktualität der Angebote und nach einer hohen technisch-grafischen Qualität. Die Mediennutzung im Allgemeinen und die Rezeption gewalthaltiger Inhalte und Formate im Besonderen werden geprägt vom Austausch mit *Gleichaltrigen* und dem Einfluss der Nutzungs- und Konsuminteressen der Peers. Diesbezüglich wird der wechselseitige Zusammenhang von Konsumstandards sowie den Vorgaben und Interessen der Jugendlichen deutlich, was zeigt, dass der Zwang zur Aktualität immer auch ein Stück weit von den Jugendlichen selbst initiiert ist.

Die Mediennutzung der ›Konsumorientierten‹ ist weniger ichbezogen und auf individuellen Vorteil bedacht, als dies kritische Äußerungen gegenüber einer vermeintlich wachsenden Konsumausrichtung von Jugendlichen annehmen lassen. Ihre Rezeption medialer Güter ist vielmehr eingebettet in freund-schaftsbezogene Aktivitäten. Mediale Gewalt gehört zum Alltag der beschriebenen Jugendlichen und die Rezeption gewalthaltiger Inhalte erfährt ähnlich wie bei den ›Allroundern‹ und den ›Bildungsorientierten‹ *eigene, jugendspezifische* Bewertungen, die sich von denen der Elterngeneration unterscheiden. Die Bewertungsmuster der ›Konsumorientierten‹ orientieren sich an ihren Bedürfnissen nach Spaß, ›guter Unterhaltung‹ und der Aktualität der Angebote. Auseinandersetzungen über die dargestellte Gewalt werden diesen Interessen nachgeordnet oder finden überhaupt nicht statt. Bezug nehmend auf die Fernsehserie oder den Comic ›Dragonball Z‹,[70] wo Gewalt als zwangsläufiges Mittel der Protagonisten zur Konfliktlösung gewählt wird, betont Johannes, *»ich weiß auch nicht, was daran so toll ist, aber irgendwas ist da einfach geil dran«* *(Johannes, 17, 563)* und unterstützt damit die aufgestellte These, dass *keine* tief greifende oder konkrete Auseinandersetzung mit dem Dargestellten erfolgt. In Bezug auf die Ausprägung der Dimensionen des Bielefelder Medienkompetenzmodells lassen sich abschließend konsumorientierte und unterhaltungsbezogene Aspekte in Anbetracht der Mediennutzungsdimension nachzeichnen, die von anwendungsorientierten Problemlösungsstrategien, bedarfsgerechtem Wissen über die Medien und einer interessenbezogenen, jugendkulturell geprägten sowie kaum kritisch-distanzierten Haltung gegenüber den mitunter gewalthaltigen Inhalten begleitet werden. Dadurch wird die Konsumorientierung der Angehörigen des Clusters erst möglich.

4.2.4 Die Kommunikationsorientierten

Das Medienhandeln der Jugendlichen, die zum Cluster der kommunikations-orientierten Mediennutzer gehören, lässt sich dahin gehend rekonstruieren, dass es vor allem unterhaltungsbasierten, interaktiv-kommunikativen und stimmungsbezogenen Aspekten folgt. Die Interessen dieser Jugendlichen lassen sich insbesondere an ihren *außermedialen,* sehr ausgeprägt *peerbezogenen* Freizeitaktivitäten ablesen. So lassen sich die ›Kommunikationsorientierten‹ in Bezug auf ihr allgemeines Medienhandeln als affirmative, medienzugewandte ›Soft-User‹ bezeichnen. Sie finden ihren Zugang zu den Medien über ausgeprägte Sozialbeziehungen, jugendkulturelle Stilfindungsprozesse und funbasierte Inhalte. Das heißt, ihr Medieninteresse lässt sich *nicht* über besondere Nutzungs-kompetenzen oder Qualifikationsstrategien beschreiben. Vielmehr stehen reale Interaktions- und Kommunikationsformen innerhalb von Freundes- oder Familienbeziehungen im Vordergrund ihrer Freizeitaktivitäten. Die Beschäftigung mit Medien erhält in Anbetracht dessen einerseits eine Kompensationsfunktion, indem der zum Teil spannungsreiche Alltag über eine stimmungsbezogene oder unterhaltungsorientierte Mediennutzung seinen Stresscharakter verliert. Andererseits dienen die Medienaktivitäten den ›Kommunikationsorientierten‹ zur Ausprägung von jugendspezifisch bedeutsamen Orientierungs- und Handlungs-rahmen oder zur Abgrenzung davon. Das heißt, insbesondere für die ›Kommunikationsorientierten‹ haben die Medien einen stark *identifikatorischen* Charakter, der neben ihrem hohen Unterhaltungsinteresse ihr allgemeines Medienhandeln

---

70 Siehe Fußnote 33, S.87.

prägt. Die Mediennutzung der von uns befragten ›Kommunikationsorientierten‹ ist demnach in eine *Alltagswelt* eingebunden, die von schulischen, familiären und vielseitigen peerspezifischen Aktivitäten geprägt ist. Die intensive Verflechtung medialer und sozialer Aktivitäten zeigt, dass sich die ›Kommunikationsorientierten‹ Medien vielfach über einen peerbezogenen oder jugendspezifischen Kontext erschließen, dem ein hoher identifikatorischer Wert beigemessen wird. Hierzu gehören etwa das gemeinsame Chatten oder Videoabende, ohne dass dabei spezifische Nutzungsinteressen und Anwendungskompetenzen entwickelt oder besondere Erwartungshaltungen aufgebaut werden. Welche Umgangs- und Bewertungsmuster die ›Kommunikationsorientierten‹ in Bezug auf gewalthaltige Medieninhalte ausgeprägt haben und ob sich das beschriebene Clusterprofil diesbezüglich wiederfinden lässt, soll nachfolgend anhand von drei prototypischen Einzelinterviews dargestellt werden.

Bei den drei Befragten, deren Interviews dieser Auswertung zugrunde liegen, handelt es sich um drei Mädchen, die aus unterschiedlichen Regionen in Deutschland kommen. Die 13-jährige Maria stammt aus einer Kleinstadt in Nordrhein-Westfalen und besucht die 7. Klasse des Gymnasiums. Katja ist ebenfalls 13 Jahre alt und geht in die 7. Klasse des Gymnasiums. Sie lebt allerdings in einer Groß-stadt in Sachsen-Anhalt. Nadine ist 16 Jahre alt, kommt aus einer Kleinstadt in Nordrhein-Westfalen und besucht die 11. Klasse des Gymnasiums.

4.2.4.1 Rezeption gewalthaltiger Computerspiele
sowie diesbezügliche Umgangs- und Bewertungsmuster

Die allgemeine Computernutzung der ›Kommunikationsorientierten‹ verläuft entsprechend den bisherigen Ergebnissen unserer Studie gemäß ihres Bedürfnisses nach kommunikativem Austausch mit Gleichaltrigen. Die Bedeu-tung der PC- und Internetnutzung beschränkt sich demzufolge auf interaktiv-kommunikative Aspekte. Der volle Nutzungsumfang, den PC und Internet bieten, wird von diesen Jugendlichen kaum erschlossen. So meint Nadine, dass sie den *»Computer eher selten« (Nadine, 16, 132)* nutzt, *»also ab und zu mal« (ebd., 133)*. Katja nutzt den Computer auch nur gelegentlich, und dann ist sie *»meistens (…) im Internet« (Katja, 13, 86)*, fürs *»Chatten, mit anderen Leuten reden (oder) Proble-me austauschen« (ebd., 251-252)*.

Die allgemeine Computernutzung ist im Gegensatz zu den ›Allroundern‹ oder den ›Konsumorientierten‹ weniger stark ausgeprägt. Der Umgang mit dem Computer oder dem Internet verfolgt weniger spezifische Qualifikations-interessen und führt offenbar nicht dazu, dass sich bestimmte Nutzungskompe-tenzen aufbauen. Vielmehr basiert ihr Anwenderprofil darauf, in der Freizeit Langeweile zu kompensieren und kurzweilig oder stimmungsbezogen die

Medien zu nutzen und sich in kommunikativ geprägte Austauschprozesse zu begeben. Nadine beschreibt am Beispiel des Chattens, dass es ihr nicht um konkreten Kontakt mit den Menschen aus den Foren geht, *»weiß nicht, auf so etwas bin ich auch nicht unbedingt aus, ich möchte eigentlich eher so meinen Spaß haben (und ein bisschen) über Interessen reden«* (Nadine, 16, 228-230). Maria betont, dass sie manchmal chattet, *»aber es macht wirklich keinen Spaß mehr, wenn man es öfter gemacht hat«* (Maria, 13, 245-246).

Der Computer und das Internet verlieren für die ›Kommunikationsorientierten‹ schnell ihre Bindungskraft, wenn der Umgang damit zu anstrengend oder zu intensiv wird oder ihre stimmungsbezogenen, kommunikationsorientierten Bedürfnisse befriedigt sind. Die Computernutzung wird in ihren Alltag integriert, hat allerdings keinen übergeordneten Stellenwert. Sie unterliegt vielmehr einer Art ›Lückenfunktion‹, wenn ›face to face‹ Situationen mit Freunden nicht stattfinden und *»wenn ich gerade mal Zeit (...) oder Lust habe«* (Katja, 13, 105).

Dieses allgemeine Anwenderprofil prägt zwangsläufig spezifische Aspekte der Computernutzung. So spielen die ›Kommunikationsorientierten‹ beispielsweise eher selten bis überhaupt keine Computerspiele. Wenn sie sich dennoch dieser freizeitbezogenen Form der Computernutzung zuwenden, sind es in der Regel unterschiedliche Spielgenres – von *»Jump and Run-«*[71] (Nadine, 16, 161), Adventure-, Sport- und *»Strategiespielen«* (ebd., 168) – mit denen sie sich kurzfristig beschäftigen. Nadine fasst diesen Sachverhalt in dem Satz zusammen, *»eigentlich (sind), so was Spiele betrifft, meine Vorlieben relativ breit gefächert«* (Nadine, 16, 165). Sie nennen Spiele wie ›Die SIMS‹,[72] ›Tony Hawk‹,[73] ›Die unendliche Geschichte‹[74] oder ›Alone in the Dark‹.[75] Die 13-jährige Maria sagt in Bezug darauf, *»die SIMS‹ finde ich voll cool und ›Tony Hawk‹, das finde ich zurzeit eigentlich am Besten«* (Maria, 13, 382-383). Die 16-jährige Nadine dagegen favorisiert das

---

71 Siehe Fußnote 21, S. 78.

72 »Die SIMS« ist ein beziehungsorientiertes Strategiespiel, bei dem der Spieler für eine ganze Familie und deren tägliches Handeln verantwortlich ist. Der Spieler steuert alle Abläufe und entscheidet bspw. über die Geburt eines Kindes oder darüber, dass der Vater pünktlich zur Arbeit geht.

73 »Tony Hawk« ist ein Sportspiel, bei dem der Spieler als Skateboardfahrer in Wettbewerben zur Verteidigung der Weltranglistenplätze oder in Einzelduellen beweisen muss, wie gut er auf seinem Gebiet ist.

74 »Die unendliche Geschichte« ist ein Abenteuerspiel, das auf dem gleichnamigen Roman von Michael Ende basiert. Der Spieler agiert als Atreju, der wichtigste Krieger von ›Fantasien‹, dem Land der Phantasie. Er muss sich durch fünf unterschiedliche phantastische Welten kämpfen, um das gestohlene Auryn, das wichtigste Mittel zur Erhaltung von Fantasien, wiederzufinden und es zur kindlichen Kaiserin zurückbringen.

75 »Alone in the Dark« ist ein Horror-Abenteuerspiel, bei dem der Spieler in einer düsteren und mystischen Atmosphäre knifflige Rätsel lösen muss. Die Hauptfigur versucht, den Tod eines Freundes aufzuklären, der auf der Suche nach uralten Steintafeln war, die dem Besitzer eine unvergleichliche Macht verleihen. Der Spieler muss gegen unheimliche Einheimische und Furcht einflößende Kreaturen kämpfen. Die Spielhandlung basiert auf Erzählungen des amerikanischen Horror-Kultautors Howard Phillips Lovecraft.

4.2 Typen jugendlichen Medienhandelns

Spiel ›Alone in the Dark‹, *»das ist so ein Horrorspiel, da muss man so gegen Monster kämpfen«* *(Nadine, 16, 151)*. In Anbetracht der clusterspezifischen Genrewahl und der damit verbundenen Vorlieben der genannten Jugendlichen kann gefolgert werden, dass die Genrewahl in der Regel von alters-, geschlechtsrollen- und jugendspezifischen Aspekten abhängt. Jüngere, vor allem aber weibliche Jugendliche favorisieren häufig das Spiel ›Die SIMS‹, weil sie sich offensichtlich mit diesem Spiel und der dargestellten Handlung respektive den Spielfiguren identifizieren und diese eine gemeinschaftsstiftende Bedeutung für sie haben. Gewalthaltige Computerspiele gewinnen erst mit zunehmendem Alter der Jugendlichen an Stellenwert und Aspekte, wie ›Horror‹ und ›Monster‹ sind mitunter Motive für ihre Mediennutzung. In Bezug auf die ›Kommunikationsorientierten‹ kann demzufolge gesagt werden, dass diese Jugendlichen nicht regelmäßig oder nur wenig Computerspiele spielen, gewaltbasierte Inhalte aber dennoch rezipiert werden. Das heißt, ungeachtet der Nutzungsintensität haben die ›Kommunikationsorientierten‹ Umgang mit gewalthaltigen Inhalten. Mediale Gewaltdarstellungen sind demnach – wie bei allen anderen Clustern – Bestandteile ihres Medienhandelns und werden – unter anderem im Hinblick auf das Nutzungsverhalten im Freundeskreis – als solche akzeptiert sowie jugend- und peerbezogen legitimiert. Maria betont in diesem Zusammenhang, *»das kriege ich auch so mit bei den Jungen bei mir in der Klasse (…), die spielen ja auch solche Spiele und dadurch sind sie auch nicht unbedingt buffbuffbäng (drauf)«* *(Maria, 13, 1299-1301)*.

Zentrale Gründe der ›Kommunikationsorientierten‹, gewaltbasierte Computerspiele zu spielen, sind neben dem genannten Spannungsmotiv und der Lust am ›Horror‹ gestalterische, unterhaltungsbezogene und peerspezifische Aspekte. Nadine antwortet auf die Frage, warum ihr ›Alone in the Dark‹ so gut gefällt, das *»ist eigentlich eine ganz gute Grafik und macht eigentlich auch Spaß, aber alleine ist es auch ein bisschen langweilig«* *(Nadine, 16, 154-155)*. Der technisch-gestalterische Anspruch an ein Computerspiel verdeutlicht, dass die ›Kommunikationsorientierten‹ im Grunde eine affirmative Haltung den Medien, insbesondere den Neuen Medien gegenüber ausgeprägt haben, ohne sie entsprechend intensiv zu nutzen. Das wird auch darüber deutlich, dass sie die Rolle von Medien in der Gegenwart und der Zukunft als wichtig erachten. *»Ich glaube, dass man das jetzt immer mehr nutzen wird, weil man da viel mehr machen kann als früher«* *(Katja, 13, 344-345)*.

Bezogen auf ihren konkreten Lebenskontext spielen die Medien insgesamt eine weniger starke Rolle, was eine positive Haltung den Medien gegenüber nicht ausschließen muss. Ungeachtet dessen steht das Spaßmotiv bezüglich ihres Medienhandelns im Allgemeinen und insbesondere in Anbetracht des Spielens gewalthaltiger Computerspiele im Vordergrund ihres Nutzungsinteresses. Ein Computerspiel muss *»Spaß«* machen oder stimmungsbezogen unterhalten sowie alltägliche Probleme kompensieren. Das stark ausgeprägte Spaß-

und Unterhaltungsmotiv der ›Kommunikationsorientierten‹, bezogen auf den Umgang mit Computerspielen, insbesondere gewalthaltigen Spielen, ist allerdings auf der Ebene der Peers eingebunden, d.h. ›allein ist es langweilig‹. Der Erlebniswert eines Spieles erhöht sich, wenn sie es gemeinsam mit Freunden spielen. Allerdings spielen auch noch weitere Aspekte eine Rolle. Nadine meint, *»ich habe dann immer Schiss«* *(Nadine, 16, 155-156)* allein. Einerseits wird an dieser Stelle der Wunsch nach spannender Unterhaltung deutlich, d.h. die Jugendlichen wollen sich gruseln und ihren Alltag mit Spannung oder fiktionaler Gewalt anreichern. Dafür wählen sie selbstständig entsprechende Formate und Inhalte aus, die sich stark von ihrem tatsächlichen Lebenskontext unterscheiden. Andererseits wird die Genrewahl begleitet von geschlechtsrollenspezifischen und peerbezogenen Einflussfaktoren. Denn weibliche Jugendliche äußern häufiger als männliche, dass sie sich dabei gruseln oder ängstigen, was sie allerdings nicht davon abhält, sich diese Formate anzusehen. Hier kann lediglich darüber spekuliert werden, ob Mädchen aus diesem Grund mediale Gewaltdarstellungen anders bewerten als Jungen. Die ›Lust an der Angst‹ bleibt dennoch ungebrochen und wird gerade von weiblichen Jugendlichen häufig gemeinsam mit anderen Jugendlichen empfunden. Demnach stellen gewaltbasierte Computerspiele auch für die ›Kommunikationsorientierten‹ einen zentralen Bestandteil freundschaftsbezogener Interaktionen dar: *»Ich unterhalte mich auch mit Freunden darüber«* *(Katja, 13, 180-181)*. Die medial vermittelte Symbolwelt und der gegenseitige Austausch darüber sowie das gemeinsame Erleben sind wesentliche Gründe für die Rezeption medialer Gewaltinhalte im Allgemeinen und das Spielen gewalthaltiger Computerspiele im Besonderen.

Aufgrund der dargestellten Spielmotive erschließen sich die Bewertungsmuster der ›Kommunikationsorientierten‹ in Bezug auf gewalthaltige Computerspiele. Ungeachtet der eher kommunikationsorientierten Computernutzung und der Tatsache, dass diese Jugendlichen kaum Computerspiele spielen, äußern sie sich über die darin dargestellte Gewalt. Ihr eigenes Spielen am Computer wird dagegen nicht thematisiert und unterliegt keiner Reflexion. In der Regel beurteilen die ›Kommunikationsorientierten‹ die dargestellte Gewalt ähnlich wie die anderen Cluster. Die Bewertungsmuster unterscheiden sich diesbezüglich von denen ihrer Eltern, die tendenziell verbotsorientiert ausgerichtet sind. Maria beurteilt unter diesem Aspekt das Verhalten ihrer Eltern: *»Also so locker sind sie dann auch wieder nicht, dass sie mir das erlauben würden«* *(Maria, 13, 719-720)*. Im Gegensatz dazu gehören gewalthaltige Computerspiele gegenwärtig zum Medienhandeln der ›Kommunikationsorientierten‹ und erfahren demnach eigene Bewertungen. *»Diese Stunts dann so, das ist cool, das macht Spaß«* *(ebd., 202-203)*. Hier wird der Zusammenhang zwischen Spielmotiven und Bewertungsmustern sehr deutlich. Sie bewerten die dargestellte Gewalt mittels der vorab beschriebenen Gründe, gewalthaltige Computerspiele zu spielen. Wenn die clusterspezifischen Bedürfnisse nach Spaß und ›guter Unterhaltung‹ befriedigt werden, dienen diese gleichermaßen als Beurteilungskriterien. Das heißt, fiktionale Gewalt oder actionreiche Inhalte innerhalb von Computerspielen werden als ›lustig‹ oder ›cool‹ eingeschätzt, wobei insbesondere das Wort ›cool‹ den Zusammenhang zu peerspezifischen Aspekten des Medienhandelns repräsentiert und dabei die jugendbezogene Bedeutung, also das, was aktuell ›in‹ oder ›out‹ ist, akzentuiert.

Mediale Gewalt erfährt demzufolge unterhaltungsorientierte und jugendbezogene Akzeptanz. Mögliche Zusammenhänge zwischen der Rezeption gewalthaltiger Inhalte und dem Ausüben tatsächlicher Gewalt, wie sie bezüglich der Geschehnisse in Erfurt in der Öffentlichkeit diskutiert werden, werden ausgeschlossen. So bezieht sich Maria ganz konkret auf den Amoklauf und glaubt nicht, dass bestimmte Computerspiele daran schuld waren, *»das kommt (...) ganz drauf an, welche Leute das sind, auch da mit Erfurt irgendwie mit dem Jungen (...), der war auch irgendwie für mich so ein Außenseiter, mit dem sich keiner wirklich beschäftigt hat« (Maria, 13, 1301-1305).* Einen kausalen Zusammenhang zwischen gewalthaltigen Computerspielen und dem Amoklauf sehen die ›Kommunikationsorientierten‹ nicht. Vielmehr heben sie den sozialen Aspekt der Gewalthandlung hervor und legitimieren damit gleichzeitig das Spielen von gewalthaltigen Computerspielen, denn *»es gibt ja genug Spiele, die man auch zusammen spielen kann« (Nadine, 16, 334).* Aufgrund ihrer kaum ausgeprägten eigenen Spielleidenschaft und ihrer unterhaltungsorientierten und peerspezifischen Bewertungskriterien findet unter den ›Kommunikationsorientierten‹ keine weiterführende Auseinandersetzung mit gewalthaltigen Computerspielen statt. Hieraus kann auch ihre Einstellung abgeleitet werden, die sie gegenüber der Medienerziehung von Kindern vertreten. Auf Grund der den Medien grundsätzlich zugewandten Haltung und eines – allerdings kaum ausgeprägten – Interesses am Aufbau weiterführender PC-Nutzungskompetenzen, kann dennoch ein reglementierungsaverser Anspruch gegenüber den Medien im Allgemeinen festgestellt werden. Bezüglich der unterhaltungsorientierten und jugendspezifisch bedeutsamen Bewertung gewalthaltiger Computerspiele und einer fehlenden tiefgründigen Auseinandersetzung mit ihnen wird ein ähnlicher Vorgehensanspruch gegenüber Kindern deutlich. Katja bemerkt in Bezug auf die Mediennutzung von Kindern, zwar *»(nicht) zu viel halt, das würde ich verbieten, aber ein bisschen schon« (Katja, 13, 337);* aber auf die Nachfrage des Interviewers, ob sich ihre Einschränkung auf inhaltliche Aspekte bezieht, antwortet sie, *»nein, nur die Häufigkeit« (ebd., 341).* Maria schließt sich der Aussage von Katja an und ergänzt, dass Verbote in der Regel auch nicht viel nutzen, denn die Kinder *»würden das schaffen (die Verbote zu umgehen), wenn die das so wollen (...), von daher* *würde das sowieso nicht viel bringen« (Maria, 13, 1294-1295).* Der Umgang mit gewalthaltigen Computerspielen ist bei den ›Kommunikationsorientierten‹ nicht konkret ausgeprägt, jedoch lässt sich ein eigenes, von unterhaltungsorientierten und jugendspezifischen Aspekten beeinflusstes Bewertungsprofil erkennen. Dass das Spielen gewalthaltiger Computerspiele verboten oder eingeschränkt werden sollte, weil ein mögliches Gefahrenpotenzial darin begründet sein könnte, lehnen sie tendenziell ab, ohne sich tatsächlich ausführlich mit der Reflexion von Inhalten zu beschäftigen. Es hat den Anschein, dass die ›Kommunikationsorientierten‹ das Spielen gewalthaltiger oder ›brutaler‹ Computerspiele unter anderem gerade darüber rechtfertigen, dass sie sich damit von ihrer Eltern- und Lehrergeneration *abgrenzen* können, um eigene, peerspezifische Orientierungs- und Handlungsoptionen auszuprobieren. Dies könnte neben dem Interesse an Spaß und lustiger Unterhaltung ein wesentlicher Grund dafür sein, dass sich die beschriebenen Jugendlichen nicht kritisch-distanziert mit entsprechenden Inhalten und Gewaltdarstellungen auseinandersetzen. Die Frage, ob sich dieses Umgangs- und Bewertungsprofil in Bezug auf die audiovisuelle Mediennutzung, d.h. die Rezeption gewalthaltiger Filme und Fernsehsendungen wieder finden lässt, soll im Folgenden beantwortet werden.

4.2.4.2 Rezeption gewalthaltiger Fernseh- und Filmformate sowie diesbezügliche Umgangs- und Bewertungsmuster

Unsere bisherigen Ergebnisse besagen, dass die Rezeption audiovisueller Medien bei den ›Kommunikationsorientierten‹ im Allgemeinen – ähnlich ihrer computerspielorientierten Mediennutzung – weniger intensiv ausgeprägt ist. Alle Cluster mit Ausnahme der ›Bildungsorientierten‹ und der ›Mediengestalter‹, die angeben, noch weniger fernzusehen, wenden sich in ihrer Freizeit häufiger den audiovisuellen Medien zu als die ›Kommunikationsorientierten‹. Das bestätigt insbesondere die Aussage von Katja, die die Bedeutung der TV- und Filmrezeption für sich so formuliert: *»Wenn es mir gefällt, dann gucke ich halt, und wenn nicht, dann schalte ich um« (Katja, 13, 72-73).* Ebenso wie bei der Computernutzung kann hier ein Bild gezeichnet werden, das die interviewten Jugendlichen in Bezug auf die Nutzung audiovisueller Medien als medienzugewandte ›Soft-User‹ beschreibt. Das heißt, die ›Kommunikationsorientierten‹ rezipieren regelmäßig verschiedene Fernseh- und Filmformate, sie entwickeln dabei in Bezug auf alle audiovisuellen Inhalte und Formate allerdings keinen übersteigerten Ehrgeiz und haben kein starkes Interesse an weiterführenden Kenntnissen oder dem Aufbau vielschichtige Nutzungskompetenzen. In der Regel schauen sie *»Fernsehen (…) so nebenbei (…), aber sonst eigentlich so intensiv, dass wir uns was angucken, eigentlich nicht« (Maria, 13, 136-138).* Maria betont insbeson-

4.2 Typen jugendlichen Medienhandelns 125

dere, man *»kann sich (dabei) entspannen von der Schule, ist Zeitvertreib, ist nicht unbedingt langweilig, wenn man das Richtige guckt«* (Nadine, 16, 62-63), *»einfach aufs Sofa legen und ausruhen und dabei abschalten«* (ebd., 468). Katja fasst die allgemeine TV-Rezeption der ›Kommunikationsorientierten‹ zusammen, indem sie hervorhebt, *»wenn ich mit meinen Freunden unterwegs bin, gucke ich eigentlich kein Fernsehen, nur so alleine, wenn ich nichts Besseres zu tun habe«* (Katja, 13, 25-26). An dieser Stelle wird, neben Motiven wie dem Wunsch nach Entspannung und Ablenkung durch die audiovisuellen Medien und der auch von den anderen Clustern häufig geäußerten ›Nebenbeifunktion‹ des Fernsehens, die kompensatorische Bedeutungszuschreibung gegenüber der Beschäftigung mit diesem Medium deutlich: Die entsprechenden Jugendlichen nutzen den Fernseher, um die Zeit zu überbrücken, die sie nicht mit ihren Freunden verbringen. Diejenige Freizeitgestaltung wird als qualitativ höherwertig eingeschätzt, die zu den gemeinsamen Erlebnissen mit Freunden führt. Die Medien erfüllen dabei entweder die Funktion, in der verbleibenden Zeit ›gut zu unterhalten‹ und zur Entspannung beizutragen oder in freundschaftsbezogene Interaktionen integriert zu werden, zum Beispiel, indem sie *»gemeinsam Videos gucken« (Maria, 13, 976)* oder sich *»mit Freundinnen (verabreden) und ins Kino (gehen)«* (ebd., 80).

In diesem Zusammenhang kann für den clusterspezifischen Umgang mit den Medien sehr deutlich nachgezeichnet werden, dass der peerbezogene Erlebniswert im Vordergrund ihres Medienhandelns steht und ihm eine deutlich höhere Bedeutung beigemessen wird als den medialen Inhalten und Formaten. Aus diesem Grund sind die ›Kommunikationsorientierten‹ auch nicht konkret auf bestimmte Film- und Fernsehgenres festgelegt, sondern auf kommunikative Aspekte des Medienhandelns ausgerichtet. Sie schauen in der Regel häufig *»Musiksendungen«* (Katja, 13, 68) oder *»Soapshows«* (ebd., 92), außerdem Sendungen wie *»Friends«*[76] (Nadine, 16, 476), die *»Simpsons«*[77] (ebd., 477) oder *»TV-Total«*[78] (ebd., 483). Darüber hinaus sehen sie gerne jugendbezogene Filme wie *»My Girl«*[79] (ebd., 34), *»American Pie«*[80] (Maria, 13, 995), *»Crazy«*[81] (ebd., 995) oder *»Engel und*

---

76 »Friends« ist eine wöchentlich ausgestrahlte Serie, die auf dem Privatsender ProSieben gesendet wird. Es wird das Leben eines Freundeskreises von »Twenty somethings« zwischen Beruf, Freunden und Familie geschildert.

77 »Die Simpsons« ist eine bei ProSieben ausgestrahlte Zeichentrickserie um die Familie Simpsons, die sich durch sarkastischen Humor auszeichnet und Kritik am »American Way of Life« übt.

78 Siehe Fußnote 31, S. 87.

79 »My Girl« ist ein Kinofilm von 1991, bei dem ein 11-jähriges Mädchen, das ohne Mutter groß wird und mit einer neuen familiären Situation in Form einer anderen Frau an der Seite ihres Vaters konfrontiert wird, die ›erste Liebe‹ findet und am Ende mit dem Tod des Freundes umgehen muss.

80 »American Pie« ist eine Kinokomödie von 1999, der auf Grund des großen Kassenerfolges bereits ein weiterer Kinofilm folgte. Im Mittelpunkt der Handlung stehen vier Jungen am Ende ihrer High School Zeit, die versuchen, ihre ersten sexuellen Erfahrungen zu machen. Sie erleben dabei jede Menge peinliche Rückschläge. Insbesondere Teenager können sich mit der Filmgeschichte und den Wünschen und Sehnsüchten der pubertierenden Protagonisten identifizieren.

Joe«[82] *(ebd., 1003).* Die Rezeption von Soaps und Filmen wie ›My Girl‹ beinhaltet ebenfalls geschlechtsrollenspezifische Aspekte des Medienhandelns, denn weibliche Jugendliche sehen häufiger Soaps und so genannte ›Mädchenfilme‹ als männliche Jugendliche. Nadine betont in diesem Zusammenhang, da werden mitunter *»alltägliche Probleme« (Nadine, 16, 744-745)* gezeigt und das *»spricht mich irgendwie an« (ebd., 746).* Außerdem meint Maria, *»irgendwie die Stars sind cool« (Maria, 13, 997).* Demnach kann für die ›Kommunikationsorientierten‹ in Bezug auf die Rezeption von audiovisuellen Medien eine starke Orientierung an jugendspezifischen Inhalten und den entsprechend jungen Protagonisten festgestellt werden, *»da spielen ja Robert Stadelober*[83] *und Tom Schilling*[84] *mit (...), die finde ich cool« (ebd., 1009-1012).* Dieser jugend- und gleichermaßen geschlechtsrollenspezifische Aspekt ihres Medienhandelns spiegelt sich auch in einer partiellen Orientierung an gezeigten Trends wider. Nadine beschreibt diesbezüglich, *»ich meine gut, so was Klamotten betrifft, bin ich nicht so der Trendsetter, orientiere mich (...) da dran, (denn) ich will auch nicht völlig aus der Rolle fallen, (d.h.) ich habe nicht immer das Neueste (...), was man haben muss, aber ich hänge auch nicht völlig hinter her« (Nadine, 16, 749-755).* Neben der jugendbezogenen identifikatorischen Dimension in Anbetracht der Rezeption von Filmen und Fernsehsendungen nimmt der Austausch mit Freunden und Gleichaltrigen eine bedeutende Rolle bei den ›Kommunikationsorientierten‹ ein. Nadine sagt an dieser Stelle, *»also zum Beispiel ›TV-Total‹, das (...) gucken bei uns in der Klasse ziemlich viele, also so gut wie fast jeder und da redet man halt auch mal drüber und über die anderen Sendungen auch, so wenn man da irgendwas gut dran findet, mal den anderen mitteilen, (...) auf jeden Fall« (ebd., 482-486).* Diese Ausprägung ihres Medienhandelns beschreibt ein zentrales Clustermerkmal der ›Kommunikationsorientierten‹, dass sie peerspezifisch bedeutsame Sendungen und Filme rezipieren und sich über den kommunikativen Aspekt des Medienhandelns jugendbezogene Orientierungen und Verhaltensoptionen erschließen respektive selbst definieren, mit denen sie sich auseinandersetzen oder von denen sie sich mitunter auch abgrenzen können.

In Bezug auf die Rezeption gewalthaltiger Film- und Fernsehformate fällt im Vergleich mit der allgemeinen Nutzung audiovisueller Medien auf, dass diese Genres zwar wahrgenommen werden, aber nicht so häufig wie die genannten

---

81 Die (Jugend-)Komödie »Crazy«, als gleichnamige Verfilmung des Buches von Benjamin Lebert, erzählt von den Problemen des Erwachsenwerdens aus der Sicht eines 16-jährigen körperlich behinderten Jugendlichen.

82 »Engel und Joe« ist ein Jugendfilm von 2001, in dem sich die 15-jährige Ausreißerin Joe und der 17-Jährige Engel, der auf der Straße lebt, kennen lernen und entgegen allen gesellschaftlichen Hindernissen in eine gemeinsame Zukunft starten.

83 Robert Stadelober, geboren am 3. August 1982, ist deutschlandweit ein populärer Jungschauspieler und hat bereits in mehreren Kinofilmen (z.B. ›Sonnenallee‹, ›Crazy‹ oder ›Engel und Joe‹) mitgewirkt.

84 Tom Schilling, geboren am 10. Februar 1982, ist ebenfalls ein bekannter Jungschauspieler und agierte in Filmen wie ›Crazy‹, ›Herz im Kopf‹ oder ›Verschwende deine Jugend‹.

4.2 Typen jugendlichen Medienhandelns

jugendbezogenen Formate und nicht so oft wie von anderen Clustern, z.B. den ›Allroundern‹, den ›Konsumorientierten‹ oder auch den ›Deprivierten‹. Deshalb äußern sich die ›Kommunikationsorientierten‹ nicht sehr umfassend über die Rezeption gewalthaltiger Filme oder Fernsehsendungen (zusätzlich ist ihre inhaltsbezogene Auseinandersetzung, wie bereits hinsichtlich der Nutzung von Computerspielen deutlich wurde, wenig tief greifend). Sie schauen manchmal Gruselfilme wie ›Scream‹,[85] ›Ich weiß, was du letzten Sommer getan hast‹[86] und ›House on Haunted Hill‹[87] oder Actionfilme wie ›Spiderman‹,[88] bei dem Nadine betont, der »*ist gut, kann ich nur weiterempfehlen*« *(Nadine, 16, 76)*. In Bezug auf den Film ›House on Haunted Hill‹ beschreibt sie, »*das ist ein Kinofilm gewesen (…), das war so eine Irrenanstalt und da haben die irgendwie so Morde begangen (…) und es geht darum, wer die Nacht im Haus übersteht, kriegt am nächsten Morgen eine Million Dollar und (…) auf den werden dann die restlichen Millionen, von denen die sterben, aufgeteilt*« *(Nadine, 16, 761-768)*. Auf die Nachfrage des Interviewers, warum die Protagonisten es so schwer haben, die Nacht in diesem Haus zu verbringen, antwortet sie, »*weil es da ziemlich extrem zu geht, also die werden da alle umgebracht und verhackstückelt (…), also ist schon so ein Horrording, aber ich fand den cool, ich weiß auch nicht warum, ich finde den gut*« *(Nadine, 16, 771-773)*.

Die ›Kommunikationsorientierten‹ äußern sich über gewalthaltige Aspekte in Filmen oder Fernsehsendungen und beschreiben mitunter die dargestellte Gewalt als ›extrem‹ oder »*ziemlich brutal*« *(Nadine, 16, 803)*, dennoch halten diese Eindrücke sie nicht von der Rezeption solcher Formate oder Inhalte ab. Sie verbalisieren vielmehr eigene Bewertungsmuster, die wiederum ihre Nutzung rechtfertigen. Dass Menschen ›verhackstückelt‹ werden, ist zwar gruselig, aber gleichermaßen ›cool‹. Hier werden bereits verschiedene Gründe deutlich, warum die genannten Jugendlichen, ungeachtet der wenig ausgeprägten allgemeinen Nutzung audiovisueller Medien, gewalthaltige Inhalte gerne rezipieren. Einerseits kristallisiert sich erneut die ›Lust an der Angst‹ als zentrales Rezep-

---

85 »Scream« (Schrei) ist eine Horrorfilm-Kinoreihe von Regisseur Wes Craven. Der erste Teil erschien 1997 in den Kinos, Teil zwei folgte im gleichen Jahr und Teil drei 1999. Es geht um einen Killer im Todeskostüm, der seine Opfer ausfindig macht und sehr brutal ermordet. In jedem der drei Teile steht eine junge Frau im Mittelpunkt der Handlung, deren Mutter das erste Opfer des maskierten Mörders war und die versucht, ihn aufzuhalten.

86 »Ich weiß, was du letzten Sommer getan hast« ist ebenfalls eine Horrorfilm-Kinoreihe in zwei Teilen (1997 und 1998), in der vier junge Menschen unverschuldet einen Mann anfahren. Weil sie keinen Ärger mit der Polizei wollen, töten sie ihn und werfen ihn anschließend in einen See. Im Sommer darauf bekommt eine der Protagonistinnen einen Anruf von einem Unbekannten, der behauptet, dass er ›wisse, was sie im letzten Sommer getan hat‹. Daraufhin beginnt eine grausame Mordserie.

87 In dem Horror-Thriller »House on Haunted Hill« von 1999, wird eine Gruppe Menschen dazu aufgefordert, eine Nacht in einer ehemaligen Heilanstalt für psychisch Kranke zu verbringen, um am nächsten Morgen eine Million Dollar zu gewinnen. Die Nacht in dem Haus wird für viele der Protagonisten zum Albtraum, denn sie werden einer nach dem anderen umgebracht.

88 Siehe Fußnote 42, S. 90.

tionsmotiv und gleichzeitiges Bewertungsmoment heraus. Die entsprechenden Jugendlichen wollen sich gruseln und verbinden damit vor allem Spaß und eine ›Gute Unterhaltung‹. Es hat den Anschein, als würden sie fiktionale Gewalt als sozial-kommunikatives Erlebnis regelrecht zelebrieren, *»na, also Horrorfilme gucke ich meistens mit ganz vielen zusammen« (Maria, 13, 965-966)*. An dieser Stelle kann allerdings lediglich darüber spekuliert werden, ob geschlechtsrollenspezifische Faktoren ebenfalls dazu führen, dass Maria gern mit anderen gemeinsam Horrorfilme sieht. Denn, wie bereits angeführt, geben weibliche Jugendliche in der Regel eher als männliche Jugendliche zu, dass sie sich gruseln oder *»Schiss«* *(Nadine, 16, 156)* haben. Andererseits kann der peer- respektive jugendspezifische Aspekt als wiederkehrendes Nutzungs- und Bewertungsmoment nachgezeichnet werden. Gewalthaltige und ›brutale‹ Formate und Inhalte im audiovisuellen Bereich werden von den ›Kommunikationsorientierten‹ in der Regel nicht häufig rezipiert. Dennoch beinhalten sie peerbezogene und identitätsstiftende Sinn- und Deutungsmuster, deren sich die befragten Jugendlichen als Orientierungs- und Handlungsrahmen bedienen. Das heißt, sie definieren sich ihre eigenen Richtlinien für das, was jugendspezifisch angesagt oder ›cool‹ ist und unterliegen dabei einem gewissen Nutzungszwang. Jugendliche beeinflussen sich demnach ungeachtet clusterspezifischer Ausprägungen in ihrem Medienhandeln und prägen dadurch medien- und inhaltsbezogene Nutzungsstandards sowie peer- und lebensweltspezifische Bewertungsmuster. Mit der Bewertung des Films ›Ich weiß, was du letzten Sommer getan hast‹ fasst Maria dies fallübergreifend zusammen: *»Ich finde, das ist kein Horror« (Maria, 13, 963-964)*.

Gewalthaltige Formate gehören demnach derzeit zum Alltag von Jugendlichen. Sie werden selbstverständlich in ihr Medienhandeln integriert und erfahren demzufolge generationsspezifische Bewertungen. Darüber hinaus finden keine kritisch-distanzierten Auseinandersetzungen statt. Das heißt, auf einer analytischen Ebene werden gewalthaltige Aspekte zwar beschrieben, aber die Jugendlichen beziehen sie nicht aus einer kritischen Distanz heraus auf ihr eigenes Rezeptionsverhalten und machen dieses damit nicht zum Gegenstand von reflexiver Medienkritik im Sinne einer der Unterdimensionen des Bielefelder Medienkompetenz-Modells. Auch Begriffe wie ›umbringen‹, ›morden‹ oder ›sterben‹ gehören zum jugendbezogenen (Medien-)Alltag und (Medien-)Sprachgebrauch. Maria beschreibt, bezogen auf typische Gesprächssituationen im Freundeskreis, dass dabei gefragt wird, *»habt ihr das gestern gesehen und der hat sich umgebracht«* *(Maria, 13, 1023)*. Zu den Einschätzungs- und Bewertungsmustern der entsprechenden Jugendlichen zählen weiterhin technikbezogene Argumente gegenüber den dargestellten Formaten und Inhalten. Der Gewaltaspekt rückt zugunsten der *»Special Effekts« (Nadine, 16, 91)* in den Hintergrund ihrer Bewertung.

4.2 Typen jugendlichen Medienhandelns

Nadine meint diesbezüglich, »gerade von der Technik her fand ich den schon sehr beeindruckend« (ebd., 85-86). Die ›Kommunikationsorientierten‹ rezipieren demnach gewalthaltige Filme und Fernsehsendungen und entwickeln eigene, jugendspezifische Bewertungsmuster, die sich in der Regel von den eher negativen Einschätzungen und Reglementierungen ihrer Eltern unterscheiden. Durch die medienzugewandte Einstellung der genannten Jugendlichen wird mediale Gewalt anhand von lust- und funorientierten sowie peer- und kommunikationsbezogenen Kriterien beurteilt und darüber hinaus werden jugendrelevante Dimensionen und Orientierungen erschlossen. Die allgemeine Film- und Fernsehnutzung ist bei den ›Kommunikationsorientierten‹ zwar nicht sehr stark ausgeprägt, dennoch werden gewaltbasierte, actionreiche Formate gewählt, weil diese gegenwärtig zum Medienalltag von Jugendlichen dazugehören.

Zusammenfassend kann über die Umgangs- und Bewertungsmuster der ›Kommunikationsorientierten‹ gegenüber gewalthaltigen Medieninhalten und Medienformaten gesagt werden, dass diese stark in einen *gewaltfreien*, lebensweltbezogenen, d.h. freundschafts- bzw. peerorientierten Alltag eingebettet sind. Die Medien nehmen im Allgemeinen eine *kompensatorische* Funktion ein, indem der eher komplex erlebte Alltag über eine stimmungsadäquate und unterhaltungsorientierte Mediennutzung ausgeglichen, aber nicht durch sie dominiert wird. Die Medien werden zwar in *gemeinsame* Aktivitäten mit Freunden integriert, zentrale Erlebnis- und Erfahrungswerte werden ihnen aber nicht primär zugeschrieben und sie verlieren demzufolge schneller ihre Bindungskraft als beispielsweise für die ›Allrounder‹. Die ›Kommunikationsorientierten‹ und ihr Medienhandeln sind eingebettet in ein reiches *soziales Netzwerk* und es wurde deutlich, dass geschlechtsrollenspezifische Aspekte eine Einflussgröße für die Nutzung und Bewertung medialer Gewalt darstellen. Deshalb werden insbesondere mediale Gewaltdarstellungen häufig *gemeinsam* mit anderen Jugendlichen rezipiert. Die anfangs aufgestellte These, dass sich die kommunikationsorientierten Jugendlichen als medienzugewandte ›Soft-User‹ charakterisieren lassen, konnte auch in Anbetracht der Rezeption medialer Gewalt bekräftigt werden. Sie spielen weniger gewaltbasierte Computerspiele und schauen seltener als Angehörige anderer Cluster (siehe ›Allrounder‹, ›Konsumorientierte‹ oder ›Deprivierte‹) ›brutale‹ oder actionreiche Filme und Fernsehsendungen. Dennoch gehört mediale Gewalt zu ihrem (Medien-)Alltag und erfährt unterhaltungsbasierte, stimmungsbezogene und jugendspezifische Bewertungen. Eine kritisch-distanzierte Auseinandersetzung mit der dargestellten Gewalt findet *nicht* statt. Dem beschriebenen Clusterprofil zufolge haben sie auch nicht den Anspruch, sich vertiefend mit den Medien auseinanderzusetzen. Sie wenden sich vielmehr den von ihnen als wichtiger eingeschätzten jugendspezifischen und kommunikationsorientierten Aktivitäten zu. Sie wollen durch die Medien stimmungsbezogen unterhalten werden. Aus diesem Motiv leitet sich das beschriebene Profil in Bezug auf gewalthaltige Medien ab und prägt ihr allgemeines Medienhandeln und ihre Umgangs- und Bewertungsmuster gegenüber medialer Gewalt.

4.2.5 Die Deprivierten

Das allgemeine Medienhandeln der von uns befragten ›Deprivierten‹ lässt sich zusammenfassend dadurch kennzeichnen, dass die entsprechenden Jugendlichen ein unauffälliges respektive *unter*durchschnittliches Nutzungsprofil im Vergleich zu allen anderen Clustern aufweisen. Die ›Unterdurchschnittlichkeit‹ bezieht sich, entsprechend den Ergebnissen der quantitativen Clusterauswertung, nicht nur auf die Dimension der Mediennutzung des Bielefelder Medienkompetenz-Modells, sondern auch auf alle weiteren Dimensionen wie die Medienkunde, die Mediengestaltung und auch die Medienkritik. Das heißt, die Ausprägung ihres Medienhandelns entspricht auf einer quantitativen Vergleichsebene nicht den durchschnittlichen Nutzungshäufigkeiten, Präferenzen oder Einstellungen anderer Jugendlicher in Bezug auf den alltäglichen Umgang mit Medien. Inwieweit das unterdurchschnittliche Medienhandeln in Bezug auf den Umgang mit medialer Gewalt ebenfalls zutrifft, wird von wesentlichem Interesse für die folgende Analyse sein. Die qualitative Untersuchung von Angehörigen des Clusters ergab, dass für die ›Deprivierten‹ eher *alternative* Aktivitäten wie technische Hobbys oder Unternehmungen mit Freunden im Vordergrund ihres freizeitspezifischen Interesses stehen.[89] In Bezug auf die allgemeinen medialen Rezeptionsstrategien der ›Deprivierten‹ konnte festgestellt werden, dass diese stark *unterhaltungs-* und *spaßorientierten* Interessen folgen. Der Umgang mit Medien soll ihrer Meinung nach Ablenkung und Erholung beinhalten. Die wenig interessengeleiteten Mediennutzungsstrategien der ›Deprivierten‹ beschreiben einen eher gering ausgeprägten Anspruch an die Medien, der keine vertiefende Auseinandersetzung mit medialen Inhalten und Formaten beinhaltet. Mediale Freizeitaktivitäten sind Bestandteil ihrer Lebenswelt, sie finden bei ihnen tendenziell eher ›nebenbei‹ oder stimmungs- sowie situationsspezifisch statt und sind wenig qualifikatorisch-interessengeleitet. In Bezug auf die Ausprägung ihres allgemeinen Medienhandelns zeigt sich, dass

---

89 Inwiefern die zentrale Bedeutung sozialer Integration auf tatsächlich peerspezifischen Erfahrungen basiert oder eher durch eine weniger starke soziale Einbindung begründet ist – wie es die quantitativ gewonnen Clusterergebnisse nahe legen – und den Wunsch nach mehr Integration, kann an dieser Stelle nicht vertieft werden. Kennzeichnend ist die zentrale Bedeutung zwischenmenschlicher Interaktion und Kommunikation für die ›Deprivierten‹.

4.2 Typen jugendlichen Medienhandelns 131

der Umgang mit medialer Gewalt ebenfalls kaum durch ausgeprägte Interessen und Präferenzen geprägt ist, was im Folgenden dargestellt und begründet werden soll. Der Analyse ihrer clusterspezifischen Rezeptions- und Bewertungsmuster gewaltbasierter oder aggressionshaltiger Medien liegen fünf prototypische Einzelinterviews zugrunde.

Die Befragten der fünf Interviews sind vier männliche und eine weibliche Jugendliche. Michaela ist 15 Jahre alt, lebt in einer ländlichen Region in Nordrhein-Westfalen und besucht die 9. Klasse einer Realschule. Martin und Karl sind beide 14 Jahre alt. Martin stammt aus einer Großstadt in Nordrhein-Westfalen und geht in die 8. Klasse des Gymnasiums. Karl dagegen lebt in einer Mittelstadt in Sachsen-Anhalt und besucht die 8. Klasse der Sekundarschule. Danny und Christian sind beide 15 Jahre alt. Danny lebt in einer mittelgroßen Stadt in Nordrhein-Westfalen und geht in die 10. Klasse einer Gesamtschule. Christian stammt aus einer Großstadt in Mecklenburg-Vorpommern und besucht die 9. Klasse einer Realschule.

4.2.5.1 Rezeption gewalthaltiger Computerspiele
sowie diesbezügliche Umgangs- und Bewertungsmuster

Im Vergleich beispielsweise zu den ›Bildungsorientierten‹, die in ihrer Freizeit kaum Computerspiele nutzen, sind die medialen Präferenzen der ›Deprivierten‹ stark spielorientiert. Die computerorientierte Nutzung ist zwar in der Regel unterdurchschnittlich und weist im Allgemeinen keine erkennbaren Nutzungs- und Qualifikationsstrategien auf. Dennoch wird deutlich, dass diese Jugendlichen neben dem Chatten, das ihrem kommunikativen Bedürfnis in Bezug auf soziale Integration entspricht, den Computer spaß- und spannungsgeleitet nutzen. Die verbleibenden Anwendungsbereiche sind für die ›Deprivierten‹ von weniger großem Interesse. Diese Clusterspezifik verdeutlicht die Antwort von Danny auf die Frage, wie er seine allgemeine Computernutzung beschreiben würde, »*ja (am) Computer, na irgendwelche Spiele*« *(Danny, 15, 115)* spielen. Karl »*spielt (ebenfalls) oft diese Spiele*« *(Karl, 14, 934-935)* und auch Martin schließt sich den beiden an: »*Ja, so Computerspielen oder so, das mach ich manchmal nachmittags, wenn ich gerade Zeit und Lust habe, dann ist das alles kein Problem*« *(Martin, 14, 64-65)*. Christian ist nach seinen Bekundungen kein regelmäßiger ›Computerspieler‹ mehr, »*früher habe ich ganz gern immer mal (...) gespielt*« *(Christian, 15, 61-62)*. Dennoch behauptet er: »*Wenn ich es lange nicht gemacht habe, würde ich es vielleicht gerne mal wieder machen*« *(ebd., 71-72)*. Insgesamt vertritt Christian allerdings die Meinung, dass ein Computerspiel, »*wenn man es überspielt hat (...), wieder in der Ecke*« *(ebd., 80)* landet. Ungeachtet dessen kann also festgehalten werden, dass die ›Deprivierten‹ relativ häufig Computerspiele spielen. Die Computerspielnutzung verläuft in der Regel bedürfnisorientiert, d.h. wenn sie ›Zeit‹ und ›Lust‹

dazu haben und, wie im Fall von Christian, wenn sie sich kurzweilig beschäftigen wollen. Sie spielen ein Spiel, dann »*ist (es) fertig und denn ist gut*« *(Christian, 15, 359)*. Diese Einstellung, die darauf basiert, dass sich die ›Deprivierten‹ zwar mit Medien im Allgemeinen und gewalthaltigen Computerspielen im Besonderen beschäftigen, aber diese Freizeitaktivität keine spezifische Priorität für sie besitzt, charakterisiert ein typisches Clustermerkmal. Dies wird über die Aussage von Martin zusammenfassend deutlich. »*Ich sitze auch ziemlich viel am Computer, aber wenn ich einfach keine Lust mehr habe, dann kann ich mich genauso gut mit Freunden treffen*« *(Martin, 14, 339-340)*.

In Bezug auf die Nutzung gewalthaltiger bzw. aggressionsbasierter Computerspiele ist davon auszugehen, dass die ›Deprivierten‹ regelmäßig diese Formate wählen. Sie spielen demnach alle Spielgenres, von Sport- und Rennspielen, über Strategie- und Abenteuerspiele bis zu Kampf- und Egoshooterspielen, wie beispielsweise ›Counterstrike‹.[90] Karl betont, dass er häufig Spiele spielt, deren »*Aufträge eher so (…) ins Brutale (gehen)*« *(Karl, 14, 935-936)*. Ebenso mag er aber Spiele, bei denen er »*Kolonien aufbauen muss*, wie ›Crossfire‹[91] oder ›Empire Earth‹«[92] *(ebd., 1022-1023)* bzw. auch das Strategiespiel ›Die SIMS‹,[93] »*das macht auch richtig Spaß, (…) da kann man sich halt im Nu ein Haus bauen, was weiß ich, mit Pool, (…) da kann man bauen, was man gerne hätte, da spielt man (…) sozusagen sein Leben und wie man es gerne hätte*« *(ebd., 1026-1031)*. Martin sagt, dass es auch bei den von ihm favorisierten Spielen, wie beispielsweise ›GTA‹,[94] »*Waffen und manchmal Schießereien (gibt)*« *(Martin, 14, 172)*, dennoch genießt er es genauso, bei einem Rennsimulationsspiel, mit »*einem schönen Auto (…) am Meer lang (zu fahren), das ist schon ganz entspannend, irgendwie.*« *(ebd., 448-449)*. Die ›Deprivierten‹ begründen ihre allgemeine Spielrezeption sowie ihre Beschäftigung mit gewalthaltigen Computerspielen einerseits damit, dass es »*einfach toll (ist), eine Mission zu haben (…). Das ist eben das Spiel, du musst nur was machen, um weiter zu kommen, (…) man hat immer was zu tun*« *(Karl, 14, 1007-1014)*. Andererseits kommt es ihnen »*eigentlich gar nicht mehr auf den Inhalt an, mir gefällt immer die Grafik, das ist immer das Faszinierende*« *(ebd., 993-994)*. Insbesondere die neuen

---

90 Siehe Fußnote 24, S. 78.

91 »Crossfire« ist ein Militär-Strategiespiel, bei dem der Spieler ein futuristisches Imperium, das im Weltraum angesiedelt ist, aufbauen, gegen Außerirdische verteidigen und strategisch weiterentwickeln muss. Erfinder ist der Amerikaner Sid Meier, der bereits Spiele wie »Railroad Tycoon« oder »Civilization« entwickelte.

92 »Empire Earth« ist ein Echtzeitstrategiespiel (Zeitverhältnis nicht versetzt, sondern 1:1), bei dem der Spieler durch die Zeit reisen und sich eine Zeitepoche auswählen kann, in der er eine neu gegründete Zivilisation spielerisch steuert bzw. regiert.

93 Siehe Fußnote 72, S. 120.

94 ›GTA‹ ist ein sehr realistisch animiertes und gestaltetes Computerspiel, in dem der Spieler eine männliche Figur durch eine fiktive Stadt manövriert, um spezifische Missionen durchzuführen. Er stielt Autos, Boote, Motorräder und er tötet Polizisten etc.

4.2 Typen jugendlichen Medienhandelns

Computerspiele sind *»realistischer, halt mit vielen Details, (einfach) interessanter gestaltet« (Martin, 14, 452-453)*. Die ›Deprivierten‹ sind nicht wirklich auf ein Spielgenre festgelegt, ihnen ist es vor allem wichtig, dass ihnen die Beschäftigung mit einem Spiel Spaß macht und dass sie gut unterhalten werden. Der Spaß- und Unterhaltungswert eines Computerspiels wird darüber definiert, wie hoch sie die Spielspannung einschätzen oder wie gut ein Spiel grafisch gestaltet ist. Es geht ihnen beim Spielen eines Computergames in der Regel darum, beschäftigt zu sein respektive ›etwas zu tun zu haben‹. Die dargestellten Gewaltaspekte sind aus ihrer Sicht dabei nachrangig. Schlussfolgernd kann behauptet werden, dass die ›Deprivierten‹ gewalthaltige Computerspiele rezipieren, um Langeweile in ihrer Freizeit vorzubeugen und dass sie über die gewählten Genres Ehrgeiz und *»Ansporn« (Martin, 14, 391)* entwickeln und sich spezifische Spaß- und Erlebnismomente schaffen. Die mediale Gewalt innerhalb von Computerspielen wird akzeptiert und ist demzufolge integraler Bestandteil medialer Freizeitbeschäftigung und darüber hinaus ein Aspekt gegenwärtiger jugendspezifischer Sozialisation. Der Reiz von Computerspielen besteht in der Herausforderung und der Lust am Bewältigen einer ›Mission‹. ›Brutale‹ Szenarien werden dabei *in Kauf genommen‹*. Martin meint dazu: *»Manchmal (…) ist die Motivation einfach so groß, da kann man einfach nicht aufhören, wenn irgendetwas nicht klappt (…), und dann bleibt (man) so lange davor« (Martin, 14, 927-930)*, bis es klappt. *»Man will dann natürlich weiterkommen« (ebd., 490)*. Computerspiele *»machen Spaß, (so) dass man rundum zufrieden ist« (Karl, 14, 531)*. Danny geht noch einen Schritt weiter und betont, dass man *»auch (…) stolz (ist), wenn man (…) ein Level geschafft hat (…) und man gewinnt« (Danny, 15, 205-206)*. Dennoch kommt es laut Karl ebenso häufig vor, dass ihn Computerspiele *»einen Tag (lang) gefesselt haben, und dann (waren sie) wieder langweilig« (Karl, 14, 191-192)*, außerdem verwendet er sehr gerne ›Cheats‹, sogenannte Schummelcodes, die zum Teil Lösungswege vorgeben, *»das ist halt Faulheit, (…) da gibst du jetzt einen Code ein, dann bist du weiter« (ebd., 1082-1086)*. An dieser Stelle wird besonders deutlich, dass das Cluster der ›Deprivierten‹ mit dem Spielen von Computerspielen im Allgemeinen und gewalthaltigen Genres im Besonderen kurzfristige mediale Ablenkung und Abwechslung sucht. Die Computer(spiel)nutzung dieser Gruppe verläuft demnach vielfach ohne große Ausdauer. Es gibt allerdings auch (Spiel-)Situationen, in denen ein hoher Ehrgeiz entwickelt wird, um eine weitere Spielstufe zu erreichen. Es geht ihnen grundlegend um das Erreichen eines ausgeprägten Unterhaltungserlebnisses, und wenn dieses erreicht ist, kann das Spielen am Computer schnell langweilen. Die Häufigkeit der Nutzung gewaltbasierter Computerspiele ist demnach stimmungsabhängig, d.h. davon, wie der einzelne Jugendliche gerade Lust und Zeit dafür hat. In Anbetracht des relativ unausgeprägten Medienhandelns des gesamten Clusters zeigt sich auch ein wenig differenzierter Anspruch dieser Jugendlichen an die Medien und deren Inhalte. Diese Haltung findet sich in den Bewertungsmustern gegenüber gewalthaltigen Computerspielen wieder und soll im Folgenden nachgezeichnet werden.

In Anbetracht der regelmäßigen Nutzung aggressionsbasierter und ›brutaler‹ Computerspiele wurden diese Jugendlichen danach gefragt, wie sie die dargestellte ›Brutalität‹ und Gewalt in Computerspielen einschätzen und wie sie ihre eigene Rezeption beurteilen bzw. vor sich und anderen rechtfertigen. Insgesamt kann man aus den Aussagen der ›Deprivierten‹ schließen, dass sie die mitunter gesellschaftlich als gewalthaltig eingeschätzten Spiele wie ›Counterstrike‹ oder ›GTA 3‹, das beispielsweise nicht für Jugendliche unter 18 Jahren freigegeben ist, verharmlosen und als wenig ›brutal‹ oder gewaltbasiert einstufen. Martin meint in seiner Beschreibung des Spiels ›GTA‹, bei dem die Spielfigur auftragsgemäß Verbrechen und Morde begeht, dass es dabei *»schon Waffen und manchmal Schießereien (gibt), aber gewaltbedingt ist es nicht, nein« (Martin, 14, 172-173).* Danny schließt sich ihm an und behauptet, dass ›Counterstrike‹ zwar *»brutal« (Danny, 15, 496)* sei, allerdings betont er gleichzeitig, *»(aber) das geht ja noch« (ebd., 584-585).* Für die Jugendlichen scheinen die beschriebenen bzw. auch ähnliche Spiele, wenn man sie direkt danach fragt, kaum Gewaltpotenzial zu beinhalten, obwohl sie an anderer Stelle deutlich die Gewalthaltigkeit von bestimmten Computerspielen erkennen. Bei dem Spiel *»Spiderman (…), ja gut, da ist auch ein bisschen Gewalt drin« (Martin, 14, 639-940)* oder bei ›Counterstrike‹, *»da muss (man) Terroristen eliminieren« (Karl, 14, 977-979),* andererseits betonen sie, *»das ist nur ballern von Terroristen« (ebd., 977-979).* Über diese Uneindeutigkeit ihrer Äußerungen kristallisiert sich erneut die Clusterspezifik der ›Deprivierten‹ heraus, dass sie, Stimmungs- und Lustprinzipien folgend, Computerspiele und Medien rezipieren. So haben sie auch eine eher unkonkrete Meinung darüber, was mediale Gewalt ist und wie diese dargestellt wird. Computerspiele sollen in erster Linie Spaß machen und es geht ihnen hauptsächlich darum, einen möglichst großen Lust- und Erlebnisgewinn zu erzielen. Karl beschreibt in diesem Zusammenhang erneut, wenn in einem Computerspiel etwas Spannendes oder Aufregendes passiert, dann *»ist das halt faszinierend« (Karl, 14, 997-998).* Wenn demnach Computerspiele ›nur‹ aus dem ›Ballern‹ auf Menschen bestehen, dann wird das *»irgendwann langweilig« (ebd., 84)* für die ›Deprivierten‹. Ein Spiel muss *»fesseln, (ansonsten) ist (es) mir zu eintönig, weiß nicht, man ärgert sich (dann) hinterher (…). Ich verstehe nicht, wie man da zwei drei Stunden davor hocken kann« (ebd., 85-89).* Die Bedeutung eines Spiels und somit dessen gewalthaltige Darstellungen rücken zu Gunsten von Spielspaß und -spannung in den Hintergrund ihres Rezeptions- und Bewertungsinteresses. Es *»kommt halt gar nicht so auf den Inhalt an, man spielt einfach drauf los« (Karl, 14, 998-999).* Der Herausforderungs-

4.2 Typen jugendlichen Medienhandelns 135

grad und das Bewältigen eines Spiellevels sind einerseits zwar entscheidende Kriterien, um die Rezeptionsstrategien der ›Deprivierten‹ in Bezug auf Computerspiele zu beschreiben. Das Spielen von Computerspielen bleibt andererseits im Vergleich zu anderen Jugendlichen unterdurchschnittlich und somit auch ihr Interesse an einer vertiefenden Auseinandersetzung damit, was über die nachfolgende Aussage von Karl sehr deutlich wird. *»Mein Cousin geht (zu einer Counterstrike-Lanparty) richtig mit Gasmaske und Armeeanzug und dann wird da halt gespielt, so mit seinem Counterstrike-T-Shirt, (…) das ist halt so« (Karl, 14, 819-821).*

An dieser Stelle wird zum einen deutlich, dass sich die ›Deprivierten‹ von solchen ›Extremen‹ distanzieren und sich in die Computerspielrezeption nicht so intensiv hineinsteigern wie z.B. die ›Allrounder‹. Zum anderen zeigen die Äußerungen, dass sie trotz einer uneindeutigen Einstellung in Bezug auf mediale Gewalt eigene Bewertungsmuster entwickeln, um das eigene Spiel sowie die gewalthaltigen Computerspiele zu beurteilen und auch zu rechtfertigen. Sie erkennen, dass gewalthaltige Computerspiele zu ihrer Mediengegenwart dazugehören, das ›ist halt so‹, und sie verhalten sich affirmativ gegenüber vermeintlichen Mehrheiten. Als Akzeptanzfaktor genügt dann schon der Bekanntheitsgrad wie der von ›Counterstrike‹, das *»irgendwie das bekannteste und weltweit meistgespielteste Spiel sein soll« (Karl, 14, 85-86).* Mediale Gewalt ist in ihr allgemeines Medienhandeln integriert und nimmt einen selbstverständlichen Platz in ihrer Freizeit und in peerspezifischen Zusammenhängen ein. So etwa Martin, der meint: *»Wir (treffen) uns halt, um gemeinsam (…) am Computer« (Martin, 14, 728)* zu sitzen. Oder auch Karl: *»wenn einer ein neues Spiel hat, dann (…) probieren wir alle« (Karl, 14, 220-221)* mal.

Auf Grund der Bedeutung medialer Gewalt im Alltag der Jugendlichen, legen sie sich, trotz der beschriebenen Uneindeutigkeiten zahlreiche Deutungen zurecht, wie sie ihre eigene Rezeption gewalthaltiger Computerspiele einstufen und bewerten. Zu einer Verharmlosungsstrategie zählt das Deutungsangebot, dass die dargestellte Gewalt in Computerspielen, egal wie real sie gestaltet ist, eine fiktionale Darstellung ist und sich von realer Gewalt unterscheiden lässt. Sie unterscheiden also *»die Realität vom Spiel« (Karl, 14, 936-937).* Sie können folglich einen ›brutalen‹ Spielzug innerhalb eines Computerspiels, beispielsweise das Töten eines Menschen als ›normale‹ Spielhandlung betrachten, ohne moralische Einwände oder Hemmungen in Bezug auf das dargestellte Töten zu haben. Ein Computerspiel wird in erster Linie als eine Beschäftigung bewertet, an der freizeit- und lustorientiert partizipiert wird, unabhängig davon, wie viele gewalthaltige Sequenzen es beinhaltet. Es geht ihnen um das ›Event Computerspiel‹ und nicht vordergründig um das Interesse an medialer Gewalt. *»Also, wenn ich die Spiele spiele, muss ich immer im Spiel bleiben und (…) man geht (…) nicht aus der Tür und will Autos klauen« (ebd., 941-943).* Sie ziehen sich demnach spezifische

Bewertungsmuster im Hinblick auf mediale Gewalt heran, die sich von gesellschaftlich erwarteten Beurteilungskriterien (Schule, Eltern) wie dem Ablehnen und Kritisieren ›brutaler‹ und gewalthaltiger Darstellungen unterscheiden. *»Bei manchen Spielen, wenn man da jemanden erschießt, da fliegen die so ungünstig, das ist lustig, das sieht richtig komisch aus, wenn die da übelst komisch da liegen« (ebd., 1008-1010).* Über diese Aussage wird nochmals der Zusammenhang deutlich, dass die ›Deprivierten‹ einerseits einen situationsbezogenen Ehrgeiz in Anbetracht des zu bewältigenden Levels entwickeln und sich andererseits an Unterhaltungs- und Spaßmotiven orientieren, was individuelle Bewertungsmuster in Bezug auf mediale Gewaltdarstellungen nach sich zieht und dazu führt, dass gewalthaltige Computerspiele regelmäßig rezipiert und in den Alltag der Jugendlichen integriert werden.

Vor dem Hintergrund der Geschehnisse in Erfurt äußern die ›Deprivierten‹ ihre Skepsis darüber, dass es einen direkten Zusammenhang zwischen dem Rezipieren medialer Gewalt und realen gewalttätigen Handlungen gibt. Der Amoklauf des Schülers aus Erfurt, bei dem mehrere Menschen getötet wurden, hat zwar dazu geführt, dass sie jetzt nicht mehr so häufig Netzspiele wie ›Counterstrike‹ gemeinsam spielen, *»ja früher haben wir öfter (LAN-Partys) gemacht, wo wir noch (Counterstrike) gespielt haben, aber jetzt ist das auch nicht mehr so, halt wegen in Erfurt« (Martin, 14, 615-616).* Aber im Grunde stellen sie keinen Zusammenhang zwischen der Nutzung fiktionaler Gewalt in Computerspielen und tatsächlichem Gewalthandeln her. Sie äußern sich an dieser Stelle über die Forderung ihrer Eltern, keine gewalthaltigen Computerspiele zu rezipieren, ohne selber davon überzeugt zu sein. Martin meint diesbezüglich: *»Also meine Mutter findet es (...) nicht grad so gut, wenn ich dann solche Spiele jetzt noch spiele, weil sie halt denkt, (...) dass ich schon irgendwie Aggressionen aufbaue damit« (Martin, 14, 626-628).* Trotz seiner Aussage, dass ihn die Geschehnisse in Erfurt *»schon ziemlich geschockt« (ebd., 629-630)* haben, kann er die Reaktion seiner Mutter eigentlich nicht nachvollziehen, *»ich (kann) das nicht verstehen, wirklich, das baut (doch) keine Aggression auf« (ebd., 628-629).* Karl äußert sich an dieser Stelle ähnlich, *»meine Eltern, die hoffen, dass ich die Realität vom Spiel her unterscheiden kann und bis jetzt konnte ich das noch« (Karl, 14, 636-637).* In den Aussagen wird deutlich, dass die ›Deprivierten‹ zwar ein situatives Bewusstsein für die Sensibilität des Themas äußern, indem sie gesellschaftliche Konventionen, die über die Eltern vermittelt werden, wiedergeben, und sie haben *»(jetzt) schon (einen) gewissen Respekt (...) davor« (Martin, 14, 625),* aber *»ich würde es heute eigentlich auch noch spielen« (ebd., 624-625).* In diesem Zusammenhang wird deutlich, dass die beschriebenen Jugendlichen nicht davon ausgehen, dass diejenigen, die gewalthaltige Computerspiele rezipieren, selber gewalttätig werden. Die bereits beschriebenen individuellen und jugendspezifischen Bewertungsmuster gegenüber gewalthaltigen Computerspielen stellen die Grundlage dafür dar, dass die Jugendlichen von den

4.2 Typen jugendlichen Medienhandelns 137

Geschehnissen in Erfurt keine Parallelen zu sich selber ziehen. Martin meint abschließend dazu, vielleicht ist *»diese Vorliebe für solche Spiele schon irgendwie, ein bisschen Auslöser dafür« (Martin, 14, 640-641)*, aber eigentlich denkt er eher, *»das liegt am Menschen, nicht unbedingt immer am Spiel« (ebd., 632)*. Außerdem ist er der festen Überzeugung, dass Spiele wie ›Counterstrike‹ und andere ›brutale‹ Computergames keine *»Aggressionen entwickeln, so ist das eigentlich nicht, (...) das ist (eher) so, (...) um einen Aggressionsabbau zu haben, (...) um sich ein bisschen abzureagieren« (ebd., 437-441)*. Man kann in diesem Zusammenhang lediglich darüber spekulieren, inwieweit die Meinungen und Einwände der Eltern Einfluss auf die beschriebenen Erklärungsmuster der Jugendlichen haben. Es ist allerdings denkbar, dass die familiär geäußerten Meinungen zum Teil als Reflexionsfolie für die Jugendlichen dienen, d.h. dass sie die elterlichen Meinungen und Reglementierungen verwenden respektive als Vorlage nutzen, um eigene Bewertungsmuster zu entwickeln, mit denen sie sich von ihren Eltern abgrenzen.

Die beschriebene Haltung der ›Deprivierten‹ im Hinblick auf gewalthaltige Computerspiele spiegelt erneut ihre allgemeinen medialen Umgangs- und Bewertungsmuster wider, die als unausgeprägt und unterdurchschnittlich beschrieben werden konnten. Die Grundmotivation, sich medial zu beschäftigen und somit auch mit gewalthaltigen Computerspielen umzugehen, besteht darin, sich gut und spannungsreich zu unterhalten. In Bezug auf die medienkritische Dimension des Bielefelder Medienkompetenz-Modells kann festgehalten werden, dass die ›Deprivierten‹ auch hier nur unausgeprägte Verhaltensmuster zeigen. Vielmehr ist es so, dass sie ihre stellenweise vorhandenen analytischen Betrachtungen ihren Unterhaltungsmotiven unterordnen. Insbesondere wenn man sie nach ihren Ansichten zur Medienerziehung von Kindern befragt, zeigt sich dieser Zusammenhang sehr deutlich. Sie würden zeitliche und inhaltliche *»Richtlinie(n)« (Christian, 15, 705)* vorgeben oder Computerspiele verbieten, bei denen es ausschließlich *»nur so ums Töten geht« (Danny, 15, 580)*. Außerdem meinen sie, *»wenn das (Kind) zu jung (...) ist, (dann ist das) natürlich, nix für sie« (ebd., 588-589)*. Karl betont im Hinblick darauf, dass er *»diese Seiten halt, die ins pornographische gehen, (...) verbieten (würde), weil das braucht man sich nicht anzugucken und (das) ist einfach niveaulos« (Karl, 14, 967-972)*. Dennoch sind sie einvernehmlich der Meinung, dass sie *»ein großes Vertrauen in (ihre) Kinder haben, sie müssen wissen, was sie machen« (ebd., 1052-1053)*, und schlussfolgern, wie Karl, *»denen(kann man) ja nicht den Computer (...) verbieten« (ebd., 1056)*. Auch Martin sagt, *»verbieten könnte ich es ihnen nicht, (...) ich würde (...) schon sagen, dass es mir nicht gefällt und dann müssen sie halt selber gucken« (Martin, 14, 1015-1017)*. Die zukünftige Medienerziehung ihrer eigenen Kinder wäre in der Regel geprägt durch eine eher regelementierungsaverse Haltung. Kinder dürften *»auch nicht (alles), was sie wollen« (Michaela, 15, 676)*, ansehen, *»aber schon die Medien nutzen, die ihnen zur Verfügung stehen« (Michaela, 15, 676-677)*.

Über diese Aussagen kristallisiert sich das Profil der medialen Einstellung der ›Deprivierten‹ heraus. Sie äußern sich zwar gelegentlich kritisch-distanziert und es zeigt sich auch ein Spannungsverhältnis, das sie mit ihren Eltern erleben, deren normierte Einstellungen sie weitertragen, aber daraus entwickelt sich auch vor dem Hintergrund der eigenen Nutzung keine ausgeprägte, begründete Haltung gegenüber gewalthaltigen Medieninhalten. Das führt wiederum dazu, dass keine klaren Bewertungsmuster erkennbar werden, außer dass sie ein hohes Unterhaltungsinteresse an den Medien haben, das sich über die beschriebenen Spaß- und Spannungsmomente nachzeichnen lässt.

An dieser Stelle wird der Zusammenhang zu ihrem als *unter*durchschnittlich bezeichneten Medienhandeln erneut deutlich. Die uneindeutige Meinung bzw. Einstellung gegenüber den Medien, deren Inhalten und Darstellungsformen gründet auf dem bereits beschriebenen Nutzungsprofil der ›Deprivierten‹, das sich über ein ›unterdurchschnittliches‹ Medienhandeln charakterisieren lässt. Christian bündelt diesen Zusammenhang fallübergreifend in der Aussage, *»man hat auch nicht (…) den nötigen Ehrgeiz dazu« (Christian, 15, 354-355)* und erklärt damit die Ursache ihres ›unterdurchschnittlichen‹ Medienhandelns und ihrer unausgeprägten Haltung gegenüber gewalthaltigen Computerspielen, obwohl sie diese regelmäßig rezipieren. Ob sich diese Einstellung und Rezeptionsstrategien auch bei den audiovisuellen Medien wiederfinden lassen, soll im Folgenden untersucht werden.

4.2.5.2 Rezeption gewalthaltiger Fernseh- und Filmformate sowie diesbezügliche Umgangs- und Bewertungsmuster

In Bezug auf die allgemeine Medienrezeption kann über die ›Deprivierten‹ gesagt werden, dass sie im Vergleich zu allen anderen Medien am häufigsten in ihrer medialen Freizeitbeschäftigung den Fernseher wählen. Die quantitative Analyse des Clusters ergab, dass sie hier leicht überdurchschnittliche Nutzungshäufigkeiten entwickelt haben und lediglich die ›Allrounder‹ und die ›Positionslosen‹ noch häufiger den Fernseher nutzen. Dennoch kann im Hinblick auf gewalthaltige Film- und Sendeformate nachgezeichnet werden, dass sie im Gegensatz zur Computerspielnutzung keine prioritäre Rolle spielen. Die ›Deprivierten‹ legen sich nicht auf ein spezielles Genre fest und haben keine bestimmten Lieblingssendungen. Karl meint stellvertretend für das gesamte Cluster, dass es im Fernsehen *»eigentlich nichts Festes« (Karl, 14, 22)* gibt, was sie sich ansehen. Dennoch mögen sie gerne Formate, die *»humormäßig und actionmäßig« (Christian, 15, 561)* sind. Die von ihnen beschriebene Spannbreite der gewalthaltigen, aggressionsbasierten oder ›brutalen‹ Formate im audiovisuellen Bereich wird nicht sehr ausgedehnt bzw. ausdifferenziert. Die Äußerungen zu diesen Formaten nehmen demzufolge nur eine marginale Rolle in der

4.2 Typen jugendlichen Medienhandelns 139

Betrachtung der ›Deprivierten‹ gegenüber ihrer audiovisuellen Medienrezeption ein. Neben anderen, häufiger frequentierten Genres, wie Comedysendungen, sind es gelegentlich Horrorfilme, wie der *»Exorzist«*[95] *(Martin, 14, 48)*, Actionfilme, *»so (…) wie Armageddon«*[96] *(Christian, 15, 572-573)* bzw. *»Jackie Chan«*[97] *(Karl, 14, 582)* und Fantasy-Serien, wie *»Buffy«*[98] oder *»Angel«*.[99]

Ungeachtet der vergleichbar geringen Nutzungshäufigkeit gewalthaltiger Formate gehören diese dennoch zum allgemeinen Medienhandeln der ›Deprivierten‹ und prägen deren Alltag. Das heißt, Gewaltdarstellungen im Fernsehen gehören zur gegenwärtigen Lebenswelt von Jugendlichen und unterliegen demzufolge jugendspezifischen Bewertungen, die sich zum Teil von gesellschaftlichen Umgangs- und Beurteilungskriterien unterscheiden. In der Regel erleben die beschriebenen Jugendlichen regelmäßig peerspezifisch-kommunikative Situationen, in denen gewalthaltige Fernsehsendungen oder Filme in der Freundesgruppe besprochen werden. Die genannten Formate sind demnach häufig Gesprächsinhalte der ›Deprivierten‹, *»dann wird erzählt, was da kam« (Karl, 14, 881)*. Es geht ihnen darum, das Gesehene *»auszuwerten (und darum) Meinungen auszutauschen« (Christian, 15, 608-609)*. Das Gespräch ist ihnen wichtig, um das Erlebte in einem peerspezifischen Kontext mitzuteilen. In diesem Zusammenhang liegt die Behauptung nahe, dass die Integration medialer Erlebnisse einen alltäglichen Bestandteil jugendspezifischer Kommunikation darstellt und ein wesentliches Element peerspezifischer Integration repräsentiert. Diese freundschaftsbezogene Gruppendynamik begründet mitunter die Beschäftigung mit gewalthaltigen Fernsehformaten. Denn wenn die Medieninhalte und im Besonderen mediale Gewaltdarstellungen zentrale Gesprächsinhalte in Freundeskreisen und Peergruppen darstellen, wird auch die Rezeption gewalthaltige Inhalte und Formate ein Kriterium für Gruppenzugehörigkeit. In der Regel schauen sich die Jugendlichen die genannten Formate jedoch gemeinsam an

---

95 »Der Exorzist« ist ein Horrorthriller aus dem Jahr 1973, in dem ein 12-jähriges Mädchen vom Teufel besessen ist und ein Priester versucht, ihr ›das Böse‹ auszutreiben. Er wird zu den gruseligsten Filmen aller Zeiten gezählt. Die Wiederaufführung des Films im Jahr 2000 (director's cut) war sehr umstritten. Die katholische Kirche würdigte den Film allerdings auf Grund seiner starken religiösen Tendenz.

96 Siehe Fußnote 60, S. 113.

97 Siehe Fußnote 34, S. 87.

98 »Buffy« ist eine Fantasy-Serie, die einmal pro Woche auf ProSieben ausgestrahlt wurde. Die weibliche Hauptfigur, nach der die Serie benannt wurde, ist eine Art ›guter‹ Vampir, der ›böse‹ Dämonen und Vampire bekämpft. Das Sendungsformat basiert darauf, das Dämonische, Übernatürliche oder Fantastische in der Realität bzw. Gegenwart geschehen zu lassen, sodass trotz des Fantastischen eine ›Heldenidentifizierung‹ stattfinden kann.

99 »Angel« ist eine Fantasy-Serie, die im Anschluss an die Sendung »Buffy« gesendet wurde. Die männliche Hauptfigur, nach der die Serie benannt wurde, ist eine Art ›guter‹ Vampir, der ›böse‹ Dämonen und Vampire bekämpft. Das Sendungsformat basiert – wie »Buffy« – darauf, das Dämonische, Übernatürliche oder Fantastische in der Realität bzw. Gegenwart geschehen zu lassen, so dass trotz des Fantastischen eine ›Heldenidentifizierung‹ stattfinden kann.

und schaffen sich im direkten Bezug zum Gesehen kommunikative Erlebnisse. Martin meint: *»Buffy ist eine Vampirjägerin und (...) manchmal, wenn Freunde (das) zusammen sehen, dann macht man immer einen Spaß damit« (Martin, 14, 811-813)* und auch Karl sagt dazu, wenn *»wir halt den Film zusammen (sehen)« (Karl, 14, 890)*, *»da kommen wir aus dem Lachen nicht raus« (ebd., 1003-1004)*. Gewalthaltige Film- und Fernsehformate werden einerseits selbstverständlich in peerspezifische Aktivitäten integriert. Martin äußert, dass sie die Filme *»so mittendrin (ansehen), also wir haben vorher so ein bisschen Party (...) gemacht und dann (schauen wir) halt die Filme (...) und dann (wird) auch noch ein bisschen geredet« (Martin, 14, 59-60)*. Andererseits äußern sich die ›Deprivierten‹ nicht nur über die sozial-kommunikative Rolle gewalthaltiger Formate, sondern transportieren parallel dazu ihre Bewertungsmuster gegenüber medialer Gewalt. An den Aussagen wird deutlich, dass der Umgang mit gewaltbasierten Filmen und Fernsehsendungen vor allem spaßorientierten Motiven folgt. Das Interesse an Unterhaltung determiniert die inhaltlichen Präferenzen und der Gewaltaspekt rückt in den Hintergrund ihrer Betrachtung. Der Spaß- und Lustaspekt ist demnach nicht nur elementar für die konkrete Rezeption medialer Gewalt, sondern fungiert auch als Bewertungskriterium, d.h. gewalthaltige Darstellungen in Fernsehsendungen oder Filmen werden als ›lustig‹ bewertet. An dieser Stelle wird der Unterschied zwischen jugendspezifischen und allgemein gesellschaftlichen Bewertungen gegenüber medialer Gewaltdarstellungen deutlich. Bildungsinstitutionen wie die Schule oder die Eltern bewerten gewalthaltige Inhalte oder Sendeformate negativer als Jugendliche und verbinden damit beispielsweise Gefahren wie Vereinsamung oder Aggressivität durch zu viel Nutzung von medialer Gewalt. Diese gehören für die Jugendlichen allerdings, wie bereits an anderer Stelle herausgestellt werden konnte, zu alltäglichen (Medien-)Sozialisationsprozessen, sie werden in ihre Lebensbezüge selbstverständlich integriert und erfahren eine weniger differenzierte oder kritisch-distanzierte Auseinandersetzung als es aus gesamtgesellschaftlicher Perspektive von ihnen erwartet wird. *»Darüber hab ich mir (...) nie so eigentlich richtig Gedanken gemacht, (...) dann will ich irgendwie lachen und (außerdem) nicht irgendwie (...) über Politik da nachdenken« (Martin, 14, 794-797)*.

Weitere wichtige Gründe für die ›Deprivierten‹ sich mit gewaltorientierten Film- und Fernsehinhalten zu beschäftigen, sind zum Einen die partielle Identifizierung mit den Akteuren, wie es Christian beschreibt, »*es gibt (...) immer einen (...), der sich da durchkämpft (Christian, 15, 571)*, der sein »*eigenes Leben auf's Spiel setzt« (ebd., 582)* und dann will »*man dann vielleicht auch irgendwo mal diesen Ehrgeiz von dieser Person« (ebd., 579)* erleben. Hinter dieser Aussage steht der Wunsch, sich selber in spannenden Abenteuern wieder zu finden, d.h. die Jugendlichen konsumieren actionreiche und gewalthaltige Inhalte, um die eigene, vermutlich als spannungsärmer erlebte Realität medial anzuregen oder sich von dieser

4.2 Typen jugendlichen Medienhandelns 141

»abzulenken« (Danny, 15, 351), ohne ein tatsächliches Interesse an ›realer‹ Gewalterfahrung zu haben. Vielmehr ist es tendenziell so, dass die beschriebenen Jugendlichen versuchen, ihre vorhandenen Aggressionen und ihren ›Alltagsfrust‹ mithilfe der Medien *»abzubauen« (Martin, 14, 665)*. Es passiert gerade bei gewalthaltigen oder actionreichen Film- und Fernsehformaten häufig etwas *»Unerwartetes« (Karl, 14, 578)*, über das die Jugendlichen ihr Interesse an Spaß und ›guter Unterhaltung‹ erfüllen. Es ist in erster Linie das Interessante am ›Anderen‹, ›Spannenden‹ oder ›Mystischen‹, das Hineinfühlen in eine andere Rolle, das zur Rezeption gewaltbasierter Medieninhalte führt, und nicht vordergründig das direkte Interesse an *»nackter Gewalt«*. Weiterhin sind es, insbesondere für die männlichen Jugendlichen dieses Clusters, die Gestaltung und die technische Ausstattung dieser Filme und Sendungen, die sie veranlassen, mediale Gewalt zu rezipieren. Martin betont an dieser Stelle, *»wie die das (so) umgesetzt haben, fand ich (...) gut« (Martin, 14, 840-841)*, *»die Spezialeffekte« (ebd., 892)* und Karl ergänzt, *»im Allgemeinen (gefallen mir) die Filme, weil (...) das gesamte Equipment da ist (...) toll (...) und die Stunts mit Autos und so was, (...) halt so Sachen (...) voll mit High Tech (...) gefallen mir allgemein« (Karl, 14, 872-876)*. Grundsätzlich basieren die genannten Rezeptionsmotive allerdings darauf, dass sich die ›Deprivierten‹ mithilfe der audiovisuellen Medien, insbesondere des Fernsehens *»ein bisschen entspannen« (Martin, 14, 503)* wollen, wenn ihnen *»langweilig« (Karl, 14, 565)* ist. Karl meint in diesem Zusammenhang, *»ich wüsste dann auch nicht, was ich sonst machen sollte« (ebd., 567-568)*. Denn beim Fernsehen, *»da muss man auch nicht so viel nachdenken, (...) das ist zwar manchmal ganz schöner Blödsinn dabei, aber man lacht halt einfach drüber« (Christian, 15, 563-565)*. Aus diesem Grund kommen sie auch zu der Aussage: *»Warum (dann) nicht (auch) Action« (ebd., 565-566)*.

Ungeachtet fallspezifisch verschiedener Äußerungen treffen sich die Begründungen, warum mediale Gewalt rezipiert wird, immer wieder an dem Punkt, dass sich die ›Deprivierten‹ diese Genres und Inhalte situations- oder peerspezifisch und darüber hinaus spaß- sowie erlebnisorientiert ansehen. Wenn dieses mediale Bedürfnis befriedigt oder das Gefühl der Langeweile abgebaut ist, spielen die genannten Formate auch keine Rolle mehr für sie. Danny fasst das im Folgenden fallübergreifend zusammen, da *»guckt man (das) und dann fertig« (Danny, 15, 282)*. Außerdem betonen alle beschriebenen Jugendlichen, dass sie *»in Kontakt bleiben (wollen) zu ihren Freunden« (Christian, 15, 166)* und nicht durch zu intensive Mediennutzung den ›sozialen Kontakt‹ verlieren wollen. Dieser sozial-kommunikative Aspekt spielt eine wichtige Rolle in Bezug auf das Medienhandeln der Jugendlichen, denn soziale, d.h. peerspezifische oder familiäre Beziehungen haben einen hohen Stellenwert für sie und prägen ihre Medienrezeption und diesbezügliche Bewertungsmuster mit. Mit Freunden

»draußen (sein), ist auch mal nicht schlecht, als den ganzen Tag in der Bude und dann vor der Glotze« (Karl, 14, 126-128) zu sitzen.

Die anfangs aufgestellte These, dass das allgemeine Medienhandeln der ›Deprivierten‹ ebenfalls deren Umgangs- und Bewertungsmuster gegenüber gewalthaltigen Computer- und Fernsehformaten prägt, wurde in der vorliegenden Clusterbeschreibung begründet. In Bezug auf ihre Rezeption und Bewertung medialer Gewalt kann davon gesprochen werden, dass sie *un*ausgeprägte sowie *unter*durchschnittliche Nutzungshäufigkeiten, Präferenzen und Einstellungen entwickelt haben. Im Hinblick auf das Bielefelder Medienkompetenz-Modell kann festgehalten werden, dass die einzelnen Dimensionen bei ihnen unterdurchschnittliche Ausprägungen aufweisen. Die ›Deprivierten‹ nutzen in ihrer Freizeit zwar gelegentlich gewalthaltige Computerspiele und Fernsehformate, dennoch wird in der Anwendung und deren Bewertung *kein* erkennbares Muster deutlich, abgesehen von ihrem überdurchschnittlich großen Interesse an Unterhaltung und Entertainment. Die Rezeption der genannten Genres verläuft situationsabhängig zur Vermeidung von Langeweile mit dem Ziel, viel *Spaß* und *Spannung* zu erleben. Es kann zusammenfassend eine grundlegende *Akzeptanz* gegenüber den entsprechenden Medieninhalten konstatiert werden, man *»kann es nicht ändern, das brauchst du gar nicht zu probieren (Karl, 14, 719-720).* Aus diesem Grund praktizieren sie auch keine reflektierte Auseinandersetzung mit ihrem Medienhandeln. Der damit verbundene – marginal ausgeprägte (und wenig gestaltungs- und qualifikationsorientierte) – Anspruch determiniert ein *unauffälliges* Medienhandeln, das sich in allen Medienkompetenzdimensionen wiederfinden lässt.

4.2.6 Die Mediengestalter

Die Angehörigen des Clusters der ›Mediengestalter‹ zeichnen sich insbesondere durch eine *über*durchschnittliche Ausprägung musikalischer und visuell-bildnerischer Gestaltungstätigkeiten aus und unterscheiden sich diesbezüglich von allen anderen Clustern. Die ›Mediengestalter‹ nutzen das ihnen zur Verfügung stehende Medienangebot relativ breitgefächert, d.h. sie binden sowohl die alten als auch die Neuen Medien in ihre Freizeitaktivitäten ein und ihre außermedialen Interessen werden mitunter medienübergreifend umgesetzt. Es entsteht eine Art *Nutzungskonvergenz*, bei der inhaltliche Interessen und spezifisch handlungsleitende Themen hinsichtlich des Gebrauchs verschiedener Medien einfließen oder diese gar begründen. Die Medien werden von den ›Mediengestaltern‹ als Netzwerk verknüpft, dessen sie sich gemäß ihrer Bedürfnisse bedienen. Der Umgang mit den Medien stellt somit eine Anwendungsvariante

4.2 Typen jugendlichen Medienhandelns

143

für außermediale Freizeitaktivitäten der befragten Jugendlichen dar. Technische Probleme werden in der Regel informationsorientiert gelöst, um inhaltsgebundene Interessen effektiv und selbstorganisiert umsetzen zu können. Die qualifikatorischen Interessen der ›Mediengestalter‹ sind demnach an *andere* Aktivitäten oder Hobbys gebunden. Daher erklärt sich auch der Sachverhalt, dass die Jugendlichen dieser Gruppe sich nicht als ›Medienfreaks‹ verstehen, denn durch die Zweckgebundenheit ihres Medienhandelns verlieren nach Befriedigung der entsprechenden Bedürfnisse die Medien zuweilen ihre Bindungskraft. Die ›Mediengestalter‹ erweisen sich in ihrer Freizeit als *vielseitig* engagiert und aktiv. Das Ausüben verschiedener Hobbys, Aktivitäten mit Freunden und die medienspezifischen Anwendungen sind eng miteinander verbunden und für die befragten Jugendlichen gleichermaßen bedeutsam. Es ist ihnen wichtig, ihre freie Zeit aktiv zu gestalten und dabei emotionale oder habituelle Settings bzw. Ereignisse zu initiieren. Das heißt, das Medieninteresse der ›Mediengestalter‹ folgt sowohl *unterhaltungs-* als auch *informationsorientierten* Aspekten. Der gestalterische Umgang mit den Medien bedingt eine medienzugewandte Einstellung und ein mitunter reflektiertes Denken gegenüber medialen Inhalten und Formaten.

Ungeachtet der oben aufgeführten Gemeinsamkeiten zeigen die verwendeten Fallbeispiele eine erhebliche *Variation* angesichts der großen Spannbreite ihres Alters, ihrer formalen Bildung sowie der Geschlechtsrollenunterschiede. Daraus resultieren Unterschiede im Blick auf die Medien sowie bezogen auf ihre allgemeinen Lebens- und Wertvorstellungen. Wie sich das clustertypische Medienhandeln der ›Mediengestalter‹ und die soziodemographischen Bedingungen hinsichtlich der Rezeption und Bewertung gewalthaltiger Medieninhalte und -formate darstellt, soll im Folgenden anhand von drei[100] prototypischen Einzelinterviews nachgezeichnet werden.

Die Befragten, deren Interviews dieser Auswertung zugrunde liegen sind drei Jugendliche, von denen zwei weiblich sind und einer männlich ist. Der 13-jährige Max ist von den Befragten der Jüngste. Er lebt in einer Kleinstadt in Nordrhein-Westfalen und besucht die 7. Klasse des Gymnasiums. Die 17-jährige Gabi ist ebenfalls Gymnasiastin. Sie geht in die 10. Klasse und lebt in einer Großstadt in Nordrhein-Westfalen. Astrid kommt genauso wie die beiden anderen aus Nordrhein-Westfalen, allerdings lebt sie in einer eher ländlichen Region. Sie ist 16 Jahre alt und besucht die 10. Klasse einer Hauptschule.

---

100 Wir haben im Verlauf der Untersuchung fünf Interviews mit Angehörigen dieses Clusters geführt, allerdings konnten zwei davon nicht in die Auswertung einfließen, weil die betreffenden Jugendlichen nicht sehr gesprächsbereit waren. Aus diesem Grund erschienen uns diese Interviews für eine clusterspezifische Auswertung nicht sehr ergiebig.

4.2.6.1 Rezeption gewalthaltiger Computerspiele sowie diesbezügliche Umgangs- und Bewertungsmuster

Die ›Mediengestalter‹ zeigen ein großes Interesse sowie ein sehr ausgeprägtes gestalterisches Engagement hinsichtlich der Nutzung Neuer Medien. Die besonders aktiven Jugendlichen dieser Gruppe – in unserer Analyse repräsentiert durch Gabi und Max – zeichnen sich in der Regel dadurch aus, dass sie regelmäßig den PC oder das Internet für ihre speziellen Interessen nutzen. *»Also jetzt vor kurzem haben ein Freund und ich, (…) eine eigene Internetseite erstellt, so eine Homepage, und da arbeite ich jetzt in letzter Zeit meistens dran« (Max, 13, 155-157).* Die Inhalte dieser Webseite bestehen aus Informationen über seinen Basketballverein, *»wie viel das kostet pro Monat (…) und dass die da auch alle rein sollen und dann noch so über Freunde eine Grüßeseite, ein Gästebuch (..), da kann man auch E-Mails verschicken und dann haben wir (…) Bilder von Basketballspielern (…) kopiert. (Außerdem) haben wir auch noch so eine Lästerseite (…) und im Moment (…) haben wir (…) noch so eine Spielseite« (Max, 13, 165-173).* Er begründet seine gestalterischen Ambitionen damit, dass man *»beim PC dann selber was Neues ausprobieren (kann), das macht dann auch mehr Spaß« (Max, 13, 314-315).* Die sehr beziehungsorientierte Gabi ist in Bezug auf die visuell-bildnerische Gestaltung ebenfalls sehr engagiert. Sie meint dazu, *»dann hab ich eine Seite gemacht über mich und meinen Freund, (…) im Hintergrund dann so Herzchen und rot (…). Die Buttons, die muss (man) ja alle erstellen, dass wenn du darauf klickst, dass du auf noch eine Seite kommst (…), das wollte ich eher lernen und nicht dann irgendwie da so was jetzt veröffentlichen« (Gabi, 17, 709-714).* Besonders intensiv beschäftigt sie sich allerdings mit dem Grafik-Programm ›Adobe Photoshop‹. Damit kann man *»zum Beispiel draußen irgendwelche Fotos machen, dann scannt man diese Fotos ein und dann kann man die (damit) verbessern« (Gabi, 17, 562-564).* Astrid, deren primäres Freizeitinteresse ihrer eigenen Musikband gilt, ist weniger ambitioniert und aktiv als Gabi und Max, wenn es um Webseitengestaltung geht. Dennoch verbindet auch sie ihre persönlichen Interessen mit einer kreativen Computernutzung. *»Ja das Einzige, was ich eigentlich mit dem Malprogramm mache, ist, dass ich irgendwie Fotos einscanne von Bands, (um) Plakate und so was zu machen« (Astrid, 16, 1303-1305).*

In Anbetracht der kreativen und gestaltungsorientierten Computernutzung unterscheiden sich die ›Mediengestalter‹ von allen anderen Clustern außer den ›Allroundern‹. Insbesondere das ausgeprägte und weiterführende Anwendungs- und Gestaltungsprofil von Gabi und Max versinnbildlicht das starke Interesse der Angehörigen dieses Clustertyps, sich kreativ mit den Neuen Medien auseinanderzusetzen und sich – indem sie ihre Computeraktivitäten über handlungsleitende Themen rückbinden – soziale Anerkennung oder identitätsstiftende Erlebnisse zu verschaffen.

4.2 Typen jugendlichen Medienhandelns 145

In besonderem Maße initiieren die befragten Jugendlichen dieser Gruppe eine Verflechtung außermedialer Interessen, wie sportliche und musikalische Aktivitäten oder Beziehungsthemen, mit ihrer gestaltungsorientierten Computer- und Internetanwendung. Die Computer- und Internetnutzung ist außerdem eng mit freundschafts- oder beziehungsbezogenen Aktivitäten verbunden, d.h. das Medienhandeln der gestaltungsorientierten Jugendlichen geht Hand in Hand mit jugendspezifischen oder peerbezogenen Interessen und Erlebnissen. Max sagt in diesem Zusammenhang, *»ich kann eigentlich gar nicht allein sein, ich muss immer mit Freunden zusammen sein und dann (...) ist es selten eigentlich, dass ich alleine vor dem Computer sitze« (Max, 13, 239-241).* Außerdem hebt er die Bedeutung medienbezogener Themen in zwischenmenschlichen Gesprächssituationen unter Jugendlichen hervor. *»Eigentlich spreche ich mit meinen Freunden darüber, manchmal natürlich auch nicht, wenn (...) irgendwas (...) nicht gerade so aufregend ist, bespreche ich das nicht unbedingt mit meinen Freunden, aber wenn ich jetzt so was ganz Neues rausgefunden hab oder so, dann erzähl ich das meinen Freunden und zeige denen das dann auch meistens« (Max, 13, 318-322).* Hier wird darüber hinaus sehr deutlich, dass der kommunikative Austausch über Medienthemen bei den Jugendlichen oftmals einen gewissen Zwang zur Aktualität bewirkt. Umgekehrt tragen Gespräche mit Freunden ebenfalls dazu bei, dass sie sich ihrerseits weiterqualifizieren, denn *»von Freunden lernt man dann auch neue Seiten kennen, die man noch nicht kennt« (Max, 13, 224-225).* Der gegenseitige Austausch über die Neuen Medien und darüber hinaus das gemeinsame Erleben der entsprechenden Inhalte ist integraler Bestandteil ihres (Medien-)Alltags und eröffnet ihnen jugendspezifische Orientierungen und Verhaltensoptionen, über die sie ihr eigenes Medienhandeln legitimieren. Demnach ist der peerspezifische Zugang zu den Medien ein entscheidender Einflussfaktor für die Entwicklung von Medienkompetenz. Zusätzlich nimmt die Beschäftigung mit dem Computer oder dem Internet für die besonders engagierten und, wie im Fall von Gabi und Max, für die formal höher gebildeten ›Mediengestalter‹ einen sehr zukunftsorientierten bzw. berufsbezogenen Stellenwert ein. Gabi hebt ihr zentrales Nutzungsmotiv in Bezug auf ihre gestalterischen Ambitionen hervor und begründet es damit: *»Ich beschäftige mich natürlich auch mit dem Computer, (weil es) ist ja auch das A und O, dass man sich da auskennt« (Gabi, 17, 107-108).*

Die sehr ausgeprägte visuell-bildnerische Gestaltungskomponente und das mitunter dafür notwendige instrumentell-qualifikatorische Medienwissen der prototypischen ›Mediengestalter‹ führen allerdings nicht dazu, dass sie sich andere Computer- und Internetanwendungen außergewöhnlich durchdringend erschließen. Die Fallbeispiele dokumentieren vielmehr, dass die ›Mediengestalter‹ hinsichtlich der rezeptiven und interaktiven Anwendung der Neuen Medien weniger weiterführende, qualifikatorische Interessen entwickeln. Max antwortet auf die Frage, ob er eine bestimmte Internetseite favorisiert, *»eigentlich habe ich keine spezielle Lieblingsseite, ich gucke einfach immer nur so rum« (Max, 13, 227-228).* Die Intensität ihrer gestalterischen Bemühungen übertragen sie nicht auf die anderen Anwendungen. Gabi bezeichnet ihre Computernutzung nicht als extrem ausgeprägt. Sie ist der Meinung, kein Computerfreak zu sein, denn *»ich treffe mich ja auch manchmal dann mit Leuten und mit denen bin ich dann zusammen, dann am Computer (...), (aber) es gibt natürlich sogenannte Hacker, die verbringen wirklich acht Stunden am Tag (am Computer), sobald sie aus der Schule (...) gekommen sind, (...) gehen die sofort an ihren Rechner und hängen dann da (rum) und wollen irgendwelche Sachen installieren« (Gabi, 17, 472-478).*

Die allgemeine Computernutzung der befragten Jugendlichen ist zwar breit gefächert, dennoch äußern sie sich eher skeptisch gegenüber extremen Verhaltensweisen, die ›sogenannte Hacker‹ praktizieren. Ihre Beschäftigung mit dem Computer oder dem Internet zeichnet sich neben der ausgeprägten gestalterischen Komponente durch einen stimmungsbezogenen, emotionalen Zugang aus. Max hört viel Musik über seinen Computer. Dabei *»kopiert (er sich) dann die Lieder auf den Computer« (Max, 13, 400-401)* und spielt *»die dann immer ab, wenn (er) irgendetwas dabei macht (...), (z.B.) irgendwelche Hausaufgaben« (ebd., 401-403).* Hier wird neben der kombinierten Medienanwendung, derer sich die Jugendlichen im Allgemeinen häufig bedienen, erneut auch die ›Nebenbeifunktion‹ des Mediums ›Musik‹ deutlich, was die Ergebnisse unsere Studie bereits mehrfach belegen konnten. Die Medien werden von den Jugendlichen demnach nicht nur miteinander, sondern auch mit anderen Aktivitäten verbunden oder dafür verwandt, bestimmte Situationen anzureichern. Denn Max nutzt gemeinsam mit seinen Freunden das Internet auch gern zum Downloaden, *»im Internet holen wir dann so Musik runter oder Videos und brennen das auf CD (...) und gucken uns das dann eben so alles an« (ebd., 54-55).* Astrid lebt neben ihrem Interesse an den Internetseiten *»von den Bands« (Astrid, 16, 1324)* ihr kommunikatives Bedürfnis *»halt auch ab und zu mal« (Astrid, 16, 359)* im Chat aus, denn, *»wenn ich jetzt irgendeinem schreibe, kann ich das sowieso viel besser ausdrücken, als beim Telefonieren« (ebd., 393-394).* Sie ist im Gegensatz zu Max und Gabi diejenige ›Mediengestalterin‹, die am häufigsten und vor allem am liebsten von allen drei interviewten Jugendlichen die Neuen Medien kommunikationsorientiert nutzt. Gabi dagegen sagt, Chatten, *»das gefällt mir nicht (...), aber bei eBay gehe ich gerne rein, (...) zum Beispiel (...), wenn ich mir (...) keine neue Hose leisten kann (...) oder bei Schmuck« (Gabi, 17, 229-240).* An dieser Stelle wird deutlich, dass neben den gestalterisch sehr ausgeprägten Aspekten ihrer Computernutzung, die weitere Anwendung individuell sehr variiert. Das Motiv, sich unterhaltungsbasiert mit dem Computer oder Internet zu beschäftigen, haben alle drei befragten Jugendlichen allerdings gemeinsam. Darüber hinaus sind es individuelle Vorlieben, die keine

Clustertypik hinsichtlich ihres rezeptiven Computerhandelns erkennen lassen. Vielmehr wird deutlich, dass – bezogen auf die allgemeinen Nutzungsinteressen der ›Mediengestalter‹ – auch geschlechts- und altersspezifische Aspekte dafür verantwortlich sind, welche Präferenzen die Jugendlichen im Einzelnen entwickeln. Entscheidend für das Cluster der ›Mediengestalter‹ ist allerdings, dass sich die betreffenden Jugendlichen über individuelle handlungsleitende Themen den Medien nähern. Das heißt, für die betreffenden Jugendlichen haben die Medien eine Bindungskraft, wenn sich persönliche Interessen darüber umsetzen oder ausbauen lassen. Max benennt mehrfach sein Interesse an Musik und kombiniert seine musikalische Leidenschaft mit seiner Mediennutzung. Astrid dagegen ist selbst in einer Musikband aktiv und nutzt das Internet, um sich interessengeleitet weiter darüber oder über angrenzende Themen zu informieren. Die ›Mediengestalter‹ haben demnach ein Interesse an unterhaltungsorientierten Computer- und Internetangeboten, dennoch äußern sie darüber hinaus auch eine grundlegende Informationsorientierung. Gabi zum Beispiel nutzt das Internet *»manchmal, um (sich) einfach zu informieren« (Gabi, 17, 306)*. Ihr weiterführender Informationsanspruch wird darüber deutlich, dass sie Suchmaschinen für ihre Recherche verwendet. *»Wenn ich jetzt irgendwas im Fernsehen gesehen habe, tippe ich das da ein und lese das jetzt mal eben nach, was das jetzt genau ist« (ebd., 307-308)*. Zusammengefasst wissen die ›Mediengestalter‹ sowohl unterhaltungsorientierte Angebote der Neuen Medien als auch deren informationsbasierte Inhalte stimmungsbezogen in ihren Alltag oder ihre peerspezifischen Freizeitaktivitäten einzubinden.

Die relativ große fallspezifische Varianz in der allgemeinen unterhaltungsbasierten Computeranwendung begründet auch die unterschiedliche Nutzung von Computerspielen. Die ›Mediengestalter‹ wollen mithilfe der angebotenen Formate und Inhalte ihrem Wunsch nach Unterhaltung und Spaß nachgehen. Dennoch sind nicht alle prototypischen Jugendlichen, die zum Cluster der ›Mediengestalter‹ gehören, an der Beschäftigung mit Computerspielen interessiert. Insbesondere Astrid lehnt Computerspiele eher ab:, *»Also ich spiele ja sowieso keine Spiele am Computer. Ich interessiere mich dafür eigentlich nicht« (Astrid, 16, 616-617)*. Gabi betont diesbezüglich, dass sie *»wirklich nur (dann spielt), wenn ich Lust darauf habe« (Gabi, 17, 686)*. Ansonsten wird an dieser Stelle ihre Orientierung am Nutzungsprofil ihres Freundes und dessen Einfluss auf ihre eigenen Interessen oder ihre Präferenzen deutlich. *»Mein Freund veranstaltet öfters so LAN-Partys,*[101] *(da) haben (wir) wirklich nur Spiele gespielt. Das macht super Spaß« (ebd., 255-259)*. Auf die Frage, was sie daran fasziniert oder warum sie sich dafür

---

101 LAN-Partys sind organisierte Treffen, deren TeilnehmerInnen die einzelnen Computer miteinander vernetzen und gemeinsam Computerspiele spielen.

engagiert, antwortet sie weniger spielbezogen. Vielmehr bezieht sie sich auf die kommunikativen Aspekte des gemeinsamen Spiels. *»Man weiß, man kann sich verständigen, obwohl man trotzdem weiter voneinander wegsitzt. Je mehr, desto besser, desto mehr Spaß macht das einfach, (...) dann unterhält man sich noch zwischendurch und einer hat immer was zu erzählen« (ebd., 267-270).* Max ist derjenige von den interviewten Jugendlichen, der am häufigsten Computerspiele wählt, um sich in seiner Freizeit zu beschäftigen. Dennoch ist bei ihm die Leidenschaft für die Nutzung von Computerspielen ebenfalls nicht überdurchschnittlich stark ausgeprägt. *»Manchmal (...) spielen wir eben solche Spiele meistens (...), das hängt davon ab, bei wem man (gerade) ist, also ein Freund hat zum Beispiel tausend Computerspiele, der andere hat (...) nur Musik oder so was, dann (...) machen wir immer also irgendwas anderes« (Max, 13, 111-114).* Hier wird erneut das Zusammenwirken von peerbezogenen Interessen oder Einflussfaktoren und der Anwendung bestimmter Medien in der Freizeit der Jugendlichen deutlich. Die Vorliebe für Computerspiele kann durch Interessen und Präferenzen von Freunden situativ beeinflusst werden. Somit kann die bereits aufgestellte These bekräftigt werden, dass die Entwicklung von Medienkompetenz in peerspezifische und jugendbezogene Bedürfnisse und Settings eingebettet ist und maßgeblich dadurch begleitet wird. Die sich darauf aufbauenden Bewertungs- und Legitimationsmuster des eigenen Medienhandelns respektive gegenüber Medieninhalten basieren demzufolge auf generationsspezifischen Lebens- und Wertvorstellungen. Offenbar ist die wechselseitige Beeinflussung von Medienhandeln und jugendbezogenen Sinn- und Deutungsmustern eine entscheidende Voraussetzung für eine erfolgreiche Medienaneignung im Jugendalter.

Das Engagement der ›Mediengestalter‹ bezüglich der Computerspielnutzung ist demnach eher als unterdurchschnittlich zu beschreiben. Im Vergleich zu anderen Clustern, beispielsweise den ›Allroundern‹ oder den ›Konsumorientierten‹, äußern sie sich kaum über Genrevorlieben oder Spielmotive. Die dennoch von ihnen bevorzugten Genres werden entsprechend ihrer handlungsleitenden Themen gewählt. Gabi, die sehr beziehungsorientiert auftritt und sich gleichermaßen bei den audiovisuellen Medien für ›Außergewöhnliches‹ oder ›Fantastisches‹ begeistert, favorisiert, wenn sie sich Computerspielen zuwendet, eher *»Fantasy-Spiele«*[102] *(Gabi, 17, 277)* oder ›Jump and Run‹-Spiele[103] wie *»Mario«*[104] *(ebd., 302).* Sie sagt, dass hauptsächlich die männlichen Jugendlichen

---

102 Mit der Bezeichnung »Fantasy-Spiele« sind diejenigen Computerspiele gemeint, deren Handlung in einer fiktionalen, phantastischen Spielumgebung angesiedelt ist. Die Spielfiguren stellen in der Regel ebenfalls keine der Wirklichkeit entsprechenden Charaktere dar. Fantasy-Spiele werden den Abenteuerspielen zugeordnet.

103 Siehe Fußnote 21, S. 78.

104 Gemeint ist hier das Spiel »Super Mario Brothers«. In diesem Spiel steuert der Spieler eine kleine Comicfigur durch virtuelle Abenteuerlandschaften mit überdimensionierten Schildkröten, Kraken o.ä.. Dabei

4.2 Typen jugendlichen Medienhandelns   149

in ihrem Freundeskreis *»Ballerspiele (spielen und) manchmal mache ich da mit, aber dann nach ner Zeit wird es langweilig« (ebd., 281-282).* Max, der in seiner Freizeit sportlich sehr aktiv ist, bevorzugt dagegen Sportspiele, *»wo man Skateboard fährt« (Max, 13, 117-118)* oder Simulationen[105] wie *»BMX-Spiele« (ebd., 150).* Außerdem spielt er *»öfters auch solche Ballerspiele, solche etwas brutalen Spiele« (ebd., 116).* Gemeint sind dabei die sogenannten Egoshooter-Spiele, denn auf die Nachfrage, ob es sich bei den besagten Ballerspielen um dieses Genre handelt, antwortet er *»ja meistens« (ebd., 120).* Alle anderen Spiele beschreibt er als *»ganz normal« (ebd., 117).* An dieser Stelle kann für die ›Mediengestalter‹ festgehalten werden, dass sie zwischen ›normalen‹, also gewaltfreien und gewaltbasierten Spielen differenzieren, die sie dementsprechend unterschiedlich bewerten.

Max, der als einziger regelmäßig sehr gewalthaltige Computerspiele spielt, begründet seine Beschäftigung mit diesen Spielformaten und seine Genre-Unterscheidung allerdings nicht weiterführend und erschließt sich dementsprechend auch kein Bewertungsmuster gegenüber medialer Gewalt. Seine allgemeine Spielmotivation begründet er über peerbezogene Erlebniskriterien und Gewinnaspekte bezüglich der Computerspielanwendung. Er beschreibt diesbezüglich PC-Games *»spielen wir öfters (zusammen)« (Max, 13, 118)* oder *»in den Ferien, dann treffen wir uns so zum Netzwerktreffen« (ebd., 551-552).* Außerdem zeigt er ein besonders hohes Engagement bei Spielen, wo *»so ne Levels (waren), die konnte man dann nur weiter machen, wenn man da so und so viele Punkte geschafft hat (…), deswegen war ich da öfters dran« (ebd., 151-153).* Astrid dagegen, die sich überhaupt nicht mit Computerspielen beschäftigt, sagt in Bezug auf gewalthaltige Spiele und Genres *»für mich wäre das nichts« (Astrid, 16, 631-632).* Sie antwortet auf die Frage, ob die Gefahr besteht, dass Jugendliche durch die Nutzung von Computerspielen vereinsamen können, *»wenn man jetzt so für die Schule irgendwas macht, dann sitzt man ja nicht den ganzen Tag davor, dann ist das ja okay, wenn man wirklich was dabei lernt, aber die meisten Jugendlichen, die sitzen ja davor und spielen dann irgendwelche Spiele, so kriminelle Spiele oder so, und das finde ich halt auch nicht gut« (ebd., 621-625).* Ihre Einschätzung basiert auf einer Bewertung des Medienhandelns bzw. der Computerspielnutzung anderer Jugendlicher. Es wird deutlich, dass sie aufgrund eigener Nichtnutzung oder fehlenden individuellen Engagements eine ablehnende Haltung gegenüber Computerspielen, insbesondere hinsichtlich der gewalthaltigen Aspekte dieses Mediums einnimmt. Gewalthaltige Computerspiele

---

sammelt der Spieler beim gezielten Überspringen bzw. Vernichten dieser Kreaturen nicht nur Punkte, die Figur »Super Mario« verändert beim erfolgreichen Verlauf des Spiels ihren ›Charakter‹, wird also größer, schneller und kräftiger und kann somit in ihren Aktionen die Gegner wirkungsvoller bekämpfen.

105 Das Computerspiel-Genre der »Simulationsspiele« beschreibt diejenigen Spiele, bei denen die Wirklichkeit (Gestaltung und Inhalt) mitunter sehr originalgetreu nachgestellt wird und bei denen dem Spieler ein hohes Maß an Reaktionsvermögen abverlangt wird. Zu den Simulationsspielen gehören Sportspiele oder Autorennspiele

sind ihrer Meinung nach sogar als ›kriminell‹ einzuordnen. Sie hebt die bildungsorientierte Computeranwendung als elementare Nutzungskompetenz hervor und bewertet sie als positiv, ohne sich selbst die Neuen Medien weiterführend sowie qualifikatorisch zu erschließen. Hier wird ein gesellschaftlich negativ normierter Anspruch in Bezug auf Gewalt in den Medien und deren Einfluss auf das Verhalten von jungen Menschen deutlich, der in der Regel von Eltern und Pädagogen vertreten und an Kinder und Jugendliche weiter vermittelt wird. *»Allein schon (…) wegen Erfurt da, was da passiert ist, da sind meine Eltern auch schon ziemlich dagegen (…), weil die (wollen) nicht, dass (man) genauso wird«* (ebd., 1158-1159). Fragt man Astrid konkret nach Kritikpunkten bezüglich der dargestellten, ›brutalen‹ oder ›kriminellen‹ Bilder innerhalb von Computerspielen, vermag sie keine tief greifende Erklärung zu formulieren oder diese zu verallgemeinern. Das Spiel ›Counterstrike‹,[106] wo die Figuren *»so durch so eine Burg rennen und sich abschießen, (…) was jetzt vor Kurzem verboten worden ist, wegen dem Anschlag da in Erfurt, (…) das habe ich da mal kurz gesehen und ich fand das wirklich auch nicht so toll, (…) mich würde das langweilen, da rumzuballern, (…)«* (Astrid, 16, 627-631). Sie selbst empfindet keinen Spaß an Computerspielen, und so werden gewalthaltige Computerspiele über den Nutzungsaspekt Langeweile bewertet und nicht inhaltlich reflektiert. Gabi dagegen, die ab und zu auch gewaltbasierte Computerspiele rezipiert, sagt *»manchmal spiele ich da halt mit, ist nicht so schlimm, aber da gibt es echt Spiele, da sieht man wirklich alles, da sieht man, wie das Gehirn rausgeschossen wird und so, und das finde ich zu makaber, also so was ne, so was habe ich nicht nötig, das guck ich mir nicht an. Aber so macht es trotzdem Spaß«* (Gabi, 17, 284-287). Sie teilt im gewissen Maß den normativen Anspruch von Astrid, indem sie die dargestellten Spielinhalte als ›makaber‹ beschreibt und sich ihres Erachtens auch von denen unterscheidet, die solche Genres regelmäßig rezipieren. Auch Gabi empfindet bei *»echt komplizierten Aufgaben, (bei denen man) dann trotzdem wieder jemanden umbringen (muss)«* (Gabi, 17, 282-283) schnell Langeweile – *»aber dann nach 'ner Zeit wird es langweilig«* (ebd., 282) – und macht einen geschlechtsrollenspezifischen Aspekt der Computerspielnutzung deutlich. Weil sich männliche Jugendliche häufiger als weibliche mit Computerspielen und deren gewalthaltigen Inhalten oder Formaten beschäftigen, werden Computerspiele mitunter anhand unterschiedlicher Kriterien beschrieben oder beurteilt. Ungeachtet des beschriebenen normativen Bewertungsmusters findet Gabi aber dennoch Gefallen daran. Das heißt, das Bewertungsspektrum der ›Mediengestalter‹ hinsichtlich gewalthaltiger Computerspiele erstreckt sich von einer zum Teil stark normativ geprägten Ablehnung über Spaß- und Unterhaltungsmomente bis hin zu peerspezifischen, mitunter gruppendynamisch begründeten Umgangs- und

---

106 Siehe Fußnote 24, S. 78.

4.2 Typen jugendlichen Medienhandelns   151

Bewertungsaspekten. Das Spannungsmotiv, das heißt die Lust daran, sich mit spannenden Inhalten zu beschäftigen, äußert Gabi, indem sie betont, *»man will dann auch wirklich wissen, was da weiter passiert, weil es halt an einer spannenden Stelle aufgehört hat«* (Gabi, 17, 928-929). Es kann also trotz einer relativ großen fallspezifischen Varianz in Bezug auf die individuellen Vorlieben ein Bewertungs- und Anspruchsprofil für die ›Mediengestalter‹ konstatiert werden, das kritisch-distanzierte sowie stimmungsbezogene und spaßbasierte Aspekte miteinander verbindet.

Ähnlich wie die ›Bildungsorientierten‹ verknüpfen die Angehörigen der hier beschriebenen Gruppe von Jugendlichen normative Ansprüche allgemeingesellschaftlicher Art mit eigenen, jugendspezifischen Bewertungsansätzen und definieren auf diese Weise einen *generationsspezifischen* Zugang zu den Medien, der sich von der Meinung ihrer Elterngeneration bisweilen unterscheidet. Eine Begründung dafür, dass trotz zum Teil negativer Bewertungen gewalthaltige Inhalte und Formate rezipiert werden, findet Gabi, indem sie sagt, *»dass es einfach viel Gewalt gibt hier«* (ebd., 911). Gemeint ist damit, dass die Jugendlichen täglich Informationen über reale Gewalttaten oder -verbrechen aufnehmen und dass tatsächliche Gewalt sowie fiktionale Gewaltdarstellungen gegenwärtig zum (Medien-)Alltag gehören. Dieser Sachverhalt führt nicht dazu, dass sie sich weiterführende kritisch-distanzierte Bewertungen erschließen. Vielmehr dient die *Akzeptanz* realer und fiktionaler Gewalt, verstanden als konstanter Bestandteil von Welt, zur Legitimation des eigenen (Medien-)Handelns. Insgesamt engagieren sich die ›Mediengestalter‹ nicht sehr intensiv bei Computerspielen. Wenn sie sich diesem Medium allerdings in ihrer Freizeit zuwenden, bewegen sie sich ähnlich wie die ›Bildungsorientierten‹ zwischen einer spannungs- respektive lustorientierten Beschäftigung und der reflektierten, mitunter normorientierten Distanzierung davon. Inwiefern sich das bisher herausgearbeitete Nutzungs- und Bewertungsprofil gegenüber gewalthaltigen Spielgenres in Bezug auf audiovisuelle Medieninhalte und -formate wiederfinden lässt, soll im Folgenden beschrieben werden.

4.2.6.2 Rezeption gewalthaltiger Fernseh- und Filmformate sowie diesbezügliche Umgangs- und Bewertungsmuster

Die bisherigen Ergebnisse unserer Studie belegen, dass die ›Mediengestalter‹ die audiovisuellen Medien unterdurchschnittlich häufig und im Vergleich zu allen anderen Clustern am seltensten rezipieren. Somit ist anzunehmen, dass ihr Nutzungsinteresse für gewaltbasierte und ›brutale‹ Filme und Fernsehsendungen ähnlich ihrer Beschäftigung mit gewalthaltigen Computerspielen kaum ausgeprägt ist. Die allgemeine Rezeption audiovisueller Medieninhalte charakterisiert sich bei den befragten Jugendlichen erneut über eine fallspezifische

152

Varianz in der Nutzungshäufigkeit und bei den Präferenzen. Astrid betont kategorisch, *»also mit Fernsehen habe ich nichts am Hut«* *(Astrid, 16, 1048)*, außer manchmal *»nach der Schule«* *(ebd., 1063)* zum Beispiel die Sender *»MTV und VIVA Plus«* *(ebd., 108)*. Sie begründet ihre Einstellung damit, dass sie das Fernsehen im Allgemeinen *»eigentlich langweilig«* *(ebd., 115)* findet, und manchmal macht sie bei den Musiksendern sogar das *»Bild aus«* *(ebd., 116)*. Die ein Jahr ältere Gabi meint ebenfalls, dass sie *»nicht so viel Fernsehen guckt, (dafür) habe ich gar keine Zeit«* *(Gabi, 17, 160-162)*. Dennoch scheint sie das Medium Fernsehen öfter zu nutzen als Astrid, denn ihr Rezeptionsprofil gestaltet sich vielschichtiger. Neben Unterhaltungssendungen *wie »»Hinter Gittern«*[107] *(...), »Sabrina«*,[108] *»Die Simpsons«*,[109] *»Futurama««*[110] *(ebd., 863-865)*, oder Soaps wie *»Gute Zeiten, schlechte Zeiten«*[111] *(ebd., 144-145)* sowie Beziehungsfilmen wie dem Familiendrama *»Das Kartenhaus««*[112] *(ebd., 943)*, sieht sie sich auch gerne Informations- und Nachrichtensendungen an. *»Ich gucke meistens RTL wegen der Nachrichten (und auf) ProSieben sehe ich mir gerne ›Galileo‹*[113] *(oder) ›Welt der Wunder««*[114] *(ebd., 180-182)* an. Ein zentrales Nutzungsmotiv stellt neben dem Wunsch nach unterhaltungs- und informationsorientierten Sendungen das Bedürfnis nach Ablenkung oder *»Entspannen«* *(ebd., 149)* dar. So meint Gabi, dass sie hauptsächlich Fernsehen guckt, *»um mich abzulenken, dann guck ich diese blöden Talkshows an, aber dann denke ich wieder, mein Gott, was die da alle für Probleme haben, das gibt es ja gar nicht«* *(ebd., 679-680)*. Außerdem schaut sie sich bestimmte Sendungen *»schon seit Jahren (an), ist Gewohnheit«* *(ebd., 145-146)*. Max, der nach eigenen Angaben *»öfters Fernsehen (guckt)«* *(Max, 13, 30)* und Comedysendungen wie *»Darüber lacht die Welt«*[115] *(ebd.,*

---

107 »Hinter Gittern« ist eine bei RTL ausgestrahlte Serie, die den Alltag in einem Frauengefängnis nachzeichnet. Laut Selbstbeschreibung des Senders sehnen sich die Insassinnen »vor allem nach Liebe, Geborgenheit und einer Familie, die sie im besten Fall im Knast besuchen darf« (www.rtl.de).

108 Im Mittelpunkt der Fantasy-TV-Serie »Sabrina« steht eine Jugendliche, die einer Hexen- und Zaubererfamilie entstammt und ihre magischen Fähigkeiten nutzt, um ihre Alltagsprobleme zu meistern.

109 Siehe Fußnote 77, S. 125.

110 »Futurama« ist eine Zeichentrickserie, ähnlich wie die »Simpsons«, bei der in der Zukunft angesiedelte menschliche und gesellschaftliche Befindlichkeiten und Zustände pointiert dargestellt werden. Es ist ein Sendeformat, was Kinder über die lustig animierten Geschichten und Erwachsene über den kritischen Blick auf die Realität gleichermaßen anspricht.

111 Die Daily-Soap »Gute Zeiten, schlechte Zeiten« (GZSZ) läuft werktags täglich auf dem Privatsender RTL und thematisiert die Alltagsprobleme einer Gruppe von Menschen, die in einem Stadtviertel leben.

112 »Das Kartenhaus« ist ein Familiendrama mit teilweise mystischen Szenen, in dem ein durch den Tod seines Vaters traumatisiertes Kind mithilfe eines überlebensgroßen Kartenhauses den Weg ins Leben zurückfindet.

113 »Galileo« ist eine unter dem Programmschwerpunkt ›Wissen‹ täglich ausgestrahlte Sendung des Privatsenders ProSieben, in der alte und neue Erkenntnisse der Wissenschaft vorgestellt werden.

114 »Welt der Wunder« ist eine unter dem Programmschwerpunkt ›Wissen‹ wöchentlich ausgestrahlte Sendung des Privatsenders ProSieben, in der faszinierende Bilder und Phänomene sowie aktuelle wissenschaftliche Erkenntnisse von Menschen, Tieren und der Natur gezeigt werden.

115 »Darüber lacht die Welt« ist eine von Hape Kerkeling moderierte Comedy-Show bei Sat.1, die nach eigenen Aussagen »Lacher und Peinlichkeiten der weltweiten Medienszene« präsentiert.

4.2 Typen jugendlichen Medienhandelns 153

576) favorisiert, erweitert das Nutzungsprofil und das ihm zugrunde liegende Motivspektrum in Bezug auf die Rezeption audiovisueller Medieninhalte um einen jugendbezogenen Aspekt. Denn ein weiterer Grund, audiovisuelle Medien zu rezipieren, ist auch bei den ›Mediengestaltern‹ der, gemeinsam mit Freunden oder Gleichaltrigen etwas zu erleben. *»Dann hat irgendwer (...) ein Video mit und dann gucken wir uns das alle da an« (ebd., 570-571).* Ungeachtet der fallspezifisch variierenden inhaltlichen Präferenzen und der mitunter geschlechtsrollenspezifisch geprägten Genrevorlieben der Angehörigen dieses Clustertyps kristallisieren sich grundlegende Motive ihrer Film- und Fernsehnutzung heraus. Die audiovisuellen Medien werden wie bei den ›Bildungsorientierten‹ sowohl unter unterhaltungsbezogenen als auch informationsgeleiteten Rezeptionsansprüchen und -bedürfnissen betrachtet. Die eigene Nutzung unterliegt demzufolge, wie es über die Äußerungen von Astrid und Gabi deutlich wurde – ›damit habe ich nichts am Hut‹, ›dafür habe ich keine Zeit‹ – normativen Einschränkungen. Das heißt, dass sie einerseits eine geringere Nutzungsintensität positiv normieren und dadurch mitunter reglementierungsbefürwortende Meinungen von Pädagogen oder Eltern übernehmen. Dieser normative Anspruch, der ebenfalls gegenüber von ihnen als ›blöd‹ definierten Inhalten oder Themen deutlich wird, bezieht sich allerdings nicht auf alle Sendungen oder Formate. Denn andererseits legitimieren sie ihre Film- und Fernsehnutzung über stimmungsbezogene und peerspezifische Aspekte sowie anhand von handlungsleitenden Themen, beispielsweise Astrids Musikinteresse oder Gabis Beziehungsorientierung. Die audiovisuellen Medien verlieren schneller als in anderen Clustern (›Allrounder‹, ›Konsumorientierte‹, ›Deprivierte‹) ihre Anziehung, denn Gabi meint abschließend, *»so wichtig ist es mir jetzt nicht« (Gabi, 17, 939).*

In Bezug auf ihre Rezeptions- und Bewertungsmuster gegenüber gewalthaltigen Film- und Fernsehformaten äußern sich die ›Mediengestalter‹ entsprechend ihrer unterdurchschnittlich ausgeprägten allgemeinen Nutzung der audiovisuellen Medien ebenfalls eher zurückhaltend. Max sieht sich diesbezüglich gern Action- und Fantasyfilme wie *»Spiderman,*[116] *den fand ich wohl ganz gut« (Max, 13, 619)* oder *»Star Wars«*[117] *(ebd., 598)* an. Gabi teilt dieses Interesse an fantastischen Formaten und Inhalten: *»so was mit Schwertern und Gut gegen Böse« (Gabi, 17, 131).* Auf die Nachfrage des Interviewers, was daran ihr Interesse weckt, antwortet sie, *»sonst inspiriert mich da eigentlich nichts, ich gucke es einfach nur gerne, weil es außergewöhnlich ist, weil es nicht realistisch ist, es ist nicht alltäglich« (ebd., 901-902).* Zusätzlich schaut sie allerdings regelmäßig die Serie ›Hinter Gittern‹,

---

116 Siehe Fußnote 42, S. 90.
117 Siehe Fußnote 27, S. 79.

»da spielen Gewalt und Drogen eine große Rolle und das ist halt einfach auch interessant, sich da auch zu informieren (…), und weil es halt (auch) spannend« (ebd., 925-929) ist. Astrid äußert sich als einzige der Befragten dahin gehend, dass sie, wenn sie Filme sieht, auch manchmal *»Horrorfilme« (Astrid, 16, 1056)* guckt. Im Grunde legen sich die ›Mediengestalter‹ auf kein bestimmtes Genre fest. Max meint dazu, *»also es (gibt) viele Filme, die ich ganz gut finde« (Max, 13, 617)*.

Ungeachtet der eher unterdurchschnittlichen Rezeption medialer Gewalt erschließen sie sich unterschiedliche Begründungsmuster aus den einzelnen Genres. Einerseits empfinden die ›Mediengestalter‹ es als spannend, sich diejenigen gewaltbasierten Serien oder Filme anzusehen, die einen vermeintlichen Realitätsbezug aufweisen. Denn dadurch, so begründet es Gabi, besteht die Möglichkeit, Hintergrundinformationen zu erhalten, die zum Beispiel ›Gewalt in Gefängnissen‹ dokumentieren. An dieser Stelle kann die These vertreten werden, – die bereits an anderer Stelle unserer Untersuchung deutlich wurde –, dass mitunter für die jugendlichen Medienrezipienten die Grenzen zwischen fiktionaler und realer Gewaltdarstellung fließend werden. Das heißt, dass die befragten Jugendlichen entsprechend ihrem informationsorientierten Anspruch an die Medien Aspekte inszenierter Gewalt als Tatsachenberichte einordnen. Gabi betont zwar, das *»ist auch nicht unbedingt alles realistisch, wie die Frauen in dem Knast« (Gabi, 17, 908-909)* leben, aber einen gewissen Informationswert hat das Dargestellte dennoch für sie. *»Aber es ist insofern realistisch, dass es da einfach viel Gewalt gibt« (ebd., 910-911)*. Gewalthaltige Darstellungen können demzufolge nicht mehr in jedem Fall von ihnen differenziert werden. Andererseits sind es ›Fantastische‹, ›Außergewöhnliche‹ oder ›Nicht-Reale‹ Aspekte, die den Umgang mit gewalthaltigen Inhalten motivieren und deren Rezeption rechtfertigen. Der Wunsch nach spannenden und fiktionalen Medienerlebnissen beschreibt ein elementares Rezeptionskriterium. Sie dienen den befragten Jugendlichen als Möglichkeit, situativ ihrem realen Alltag zu entfliehen oder diesen mit fiktionalen oder spannenden Elementen anzureichern. Das Erleben von (fiktionalen) Grenzerfahrungen spielt insbesondere für Jugendliche und ihre Persönlichkeitsentwicklung eine entscheidende Rolle. Aus diesem Grund stellt die Rezeption actionreicher und gewalthaltiger Medieninhalte für die befragten Jugendlichen einen medial inszenierten, emotional erfahrenen Erlebnisraum dar, mit dessen Inhalten oder Formaten sie sich identifizieren oder von denen sie sich abgrenzen können. Im Kontext einer vertiefenden Auseinandersetzung verlieren die dargestellten, mitunter schrecklichen oder ›brutalen‹ Bilder und Szenen allerdings an Bedeutung. Die Erlebnisse medialer Gewaltdarstellung stehen im Vordergrund ihrer Umgangs- und Bewertungsmuster. An dieser Stelle wird das Wechselverhältnis zwischen dem informations- und dem unterhaltungsorientierten Anspruchsprofil der ›Mediengestalter‹ erneut deutlich.

4.2 Typen jugendlichen Medienhandelns   155

Auf der einen Seite haben sie ein ausgeprägtes Informationsinteresse, das allerdings nicht in jedem Fall eine tief greifende Auseinandersetzung mit spezifischen Inhalten nach sich zieht. Das wiederum kann dazu führen, dass sie mitunter fiktionale Gewaltszenarien nicht von tatsächlichen Informationen unterscheiden können. Auf der anderen Seite trägt der Wunsch nach Unterhaltung dazu bei, dass sie sich vermeintlich bedrohliche oder gewaltbasierte Inhalte nicht erschließen, denn *»man kann da mal abschalten (und) sieht nicht nur das Böse in allem« (Gabi, 17, 913)*. Das Ausblenden von tatsächlichen Gewalttaten oder -verbrechen über den Unterhaltungsaspekt und das gleichermaßen hohe Interesse an Sachinformationen über Geschehnisse in der Welt stellen das Wechselverhältnis in Bezug auf die Rezeption gewalthaltiger Film- und Fernsehsendungen dar, innerhalb dessen sich die ›Mediengestalter‹ befinden.

Eingebettet in ihr unterhaltungsorientiertes und stimmungsbezogenes Rezeptionsmotiv stellen – ähnlich wie bei allen anderen Clustern – sowohl gestalterische Aspekte als auch gruppendynamische Kommunikations- und Interaktionskriterien weitere wichtige Gründe für die ›Mediengestalter‹ dar, mediale Gewalt zu konsumieren. Max betont beispielsweise in Bezug auf den Actionfilm ›Spiderman‹, der *»ist ja so ein bisschen neuer, also moderner (...). ›Batman‹ (...), das ist (...) nur Comic so im Film und Spiderman verbindet ja mehr so (Normales) und Comic, so gemischt, und das fand ich so gut daran« (Max, 13, 659-662)*. Weiterhin beschreibt er, dass ihn beispielsweise bei Filmen mit *»Eddy Murphy«*[118] *(ebd., 728)* die Kombination von Action und Humor sehr fasziniert, *»wenn ein Film mit dem läuft, die finde ich dann immer ganz gut, weil ich weiß, dass (bei dem) Film (...) auch viel Witz reingebracht (ist)« (ebd., 728-730)*. Mithilfe des Rezeptionsmotivs ›Spaß‹ erschließen sich die befragten Jugendlichen gleichsam eine Bewertungsebene für die dargestellte Gewalt. Indem sie actionreiche oder ›brutale‹ Bilder und Szenen in parodierter Form ansehen, rückt die inszenierte Gewalt in den Hintergrund ihrer Betrachtung und erfährt keine tief greifende Auseinandersetzung. Im Hinblick auf den zweiten Teil der Star-Wars Kinoreihe, äußert Max sein Missfallen und begründet es damit, *»der war so ein bisschen langweilig, (...) der war immer so eintönig« (ebd., 607-608)*.

Das Spaß- respektive Spannungserlebnis steht demnach im Vordergrund ihrer Rezeptions- und Bewertungsmuster. Angereichert wird dieses Erlebnismoment bezüglich der Rezeption gewalthaltiger Film- und Fernsehbilder durch peerbezogene Mediensettings. Max betont, darauf bezogen, *»dann gucken wir das alle immer zusammen, sitzen dann alle gemeinsam vorm Fernseher« (ebd., 711-712)*. Gabi schließt sich ihm an und beschreibt ein ähnlich jugendbezogenes Medienerleb-

---

118 Eddy Murphy ist ein in den USA lebender Schauspieler, der mit Filmen wie »Beverly Hills Cop« oder »Der verrückte Professor« vor allem Fans der Actionkomödie begeistert.

nis, *»da leihen wir uns irgendwas aus, (…) holen (…) uns Chips und Bierchen und dann gucken wir« (Gabi, 17, 154-155)*. Aber gleich anschließend hebt sie hervor, dass sie das lediglich dann in ihrer Freizeit machen, *»wenn wir (wirklich) nichts anderes zu tun haben« (ebd., 154)*. Aus dieser Aussage geht noch einmal ganz deutlich hervor, dass die ›Mediengestalter‹ zwar manchmal gewaltbasierte Filme oder Fernsehsendungen ansehen, aber ihre audiovisuelle Mediennutzung im Allgemeinen und die Rezeption gewalthaltiger Inhalte oder Formate im Besonderen insgesamt eher unterdurchschnittlich verläuft. An dieser Stelle wird ungeachtet ihrer eher affirmativen Einstellung gegenüber den Medien eine gewisse Skepsis der ›Mediengestalter‹ gegenüber einer zu großen Mediendominanz innerhalb freizeitbezogener Aktivitäten deutlich. Denn Gabi beschreibt in diesem Zusammenhang das Medienhandeln ihrer Freundin und schließt eine Negativbewertung ein. *»Also ich habe eine Freundin, also die nimmt das alles richtig ernst, das macht mir manchmal schon Angst, also die vertieft sich da wirklich richtig hinein (…), sie ist ein bisschen naiv noch, finde ich« (Gabi, 17, 448-453)*. Das heißt, trotz ihrer medienzugewandten Einstellung, – *»diese ganzen Medien, die sind jetzt eigentlich so (wichtig), ohne (die) kann man jetzt eigentlich gar nicht mehr leben« (Max, 13, 780-781)* – äußern die Angehörigen dieses Clusters Zweifel, die sich in Bezug auf die Medienerziehung von Kindern niederschlagen. Sie würden *»Zeitlimits setzen« (ebd., 766-767)* oder *»aggressive Filme, wenn die jetzt noch jung sind, bis zehn Jahre, würde ich (die) nicht (…) gucken lassen« (Gabi, 17, 1148-1149)*. Darüber hinaus meinen sie relativ einstimmig, das *»ist so ziemlich das einzige, was (sie) verbieten würde(n)« (Astrid, 16, 1207)*. Es wird insgesamt ein kritisch-distanzierter Anspruch an die Medien deutlich. Dieser wird allerdings durch die positive Bedeutungszuschreibung gegenüber den Medien in der Gegenwart und für die Zukunft relativiert. Die ›Mediengestalter‹ wägen demnach kontinuierlich ab, welche Inhalte oder Formate sie negativ oder positiv bewerten. Dieses Wechselverhältnis verlangt ihnen einerseits eine gewisse Reflexivität ab, andererseits kennzeichnet dieser Sachverhalt ihr zum Teil ausgeprägtes Interesse an ›guten‹, d.h. informativen, als bildungshaltig definierten Inhalten und Formaten.

Abschließend kann das Medienhandeln der befragten Jugendlichen in Anbetracht gewalthaltiger Computerspiele sowie Filme und Fernsehsendungen als eher unterdurchschnittlich ausgeprägt zusammengefasst werden. In der Regel binden die ›Mediengestalter‹ gewaltbasierte Formate *weniger* häufig als andere Cluster in ihre Mediennutzung ein. Charakteristisch für ihre allgemeine Mediennutzung ist ihr überdurchschnittliches Engagement hinsichtlich der gestalterischen Aspekte der Neuen Medien. Ungeachtet ihrer den Medien zugewandten Einstellung und der Erkenntnis über deren zukunftsbezogene und berufsspezifische Bedeutung sind sie keine bedingungslosen Mediennutzer. Vielmehr nutzen sie die Medien, um sich sowohl informations- als auch unterhaltungsbasierte Themen zu erschließen, die sie in ihrer außermedialen Freizeit ohnehin interessieren. Die Medienaktivitäten werden in ihre interessengeleiteten und freundschaftsbezogenen Handlungen integriert und können, wenn die jeweiligen Interessen der befragten Jugendlichen befriedigt worden sind, mitunter schnell ihre Bindungskraft verlieren. Gewalthaltige Inhalte und Formate werden von ihnen gewählt, um sich *spannende, außergewöhnliche* oder *nicht reale* Medienerlebnisse zu verschaffen. Die ›Mediengestalter‹ bewerten mediale Gewalt entsprechend ihrem Nutzungsinteresse und entwickeln einerseits normierte, der Elterngeneration angepasste und andererseits eigene, jugendrelevante Bewertungsmuster. In beiden Fällen bleibt die tief greifende Auseinandersetzung mit gewalthaltigen oder ›brutalen‹ Bildern und Szenen gegenüber der unterhaltungsbezogenen Positivbewertung *nachrangig*. Eine grundlegende Reflexion beispielsweise ihres eigenen Medienhandelns findet auch bei den ›Mediengestaltern‹ nicht statt. Der geäußerte kritisch-distanzierte Anspruch verliert hinsichtlich einer fehlenden handlungsleitenden Auseinandersetzung und Reflexion an Relevanz.

4.2.7 Die Positionslosen

Die Jugendlichen, die dem Cluster der ›Positionslosen‹ angehören, zeichnen sich in Bezug auf ihr Medienhandeln als diejenige Gruppe aus, die im Vergleich zu allen anderen Clustern die vielseitigen Funktionsweisen der unterschiedlichen Medien am wenigsten orientierungs- und identitätsstiftend nutzt. Ihren Namen verdanken die ›Positionslosen‹ ihren durchgängig extrem *unter*durchschnittlichen Kennwerten im Bereich der *medienkritischen* Einstellungen. Möglicherweise geht hier ein Alterseffekt ein, denn es sind die eher jüngeren, meist männlichen und vornehmlich unterdurchschnittlich gebildeten Jugendlichen, die diesem Cluster angehören. Unsere bisherigen Ergebnisse bezeichnen die ›Positionslosen‹ als die (noch) *Suchenden,* denen ein konkreter interessen- und handlungsleitender Zugang zu den Medien fehlt. Die betreffenden Jugendlichen heben zwar ihre situativen Bedürfnisse nach Unterhaltung oder Ablenkung in ihrer Mediennutzung hervor, entwickeln allerdings keine weiterführenden Interessen oder Erwartungen gegenüber den verschiedenen Medien. Die Ergebnisse unserer quantitativen Studie beschreiben die Mediennutzung der ›Positionslosen‹ hinsichtlich ihres audiovisuellen und spielorientierten Umgangs als *über*durchschnittlich und ihre Beschäftigung mit den klassischen Printmedien und insbesondere den Neuen Medien als auffallend *unter*durchschnittlich. Es kann demnach die Annahme formuliert werden, dass die befragten Jugendlichen ihre Mediennutzung vor allem auf *bebilderte* Inhalte und Formate reduzieren und damit ihren eher einseitigen Medienzugang bestätigen. Eine vielseitige und qualifikationsbezogene Aneignung von Medien durch die befragten Jugendlichen und eine tiefer gehende Auseinandersetzung mit den Medien als sinnstiftende oder orientierungsgebende Instanz bleiben eher aus.

Die Jugendlichen, die dem Cluster der ›Positionslosen‹ angehören, stammen in der Regel aus einem *ländlich* geprägten Umfeld und sind in spezifischen Gemeinschaften (Freiwillige Feuerwehr, Junggesellenverein etc.) engagiert oder haben entsprechende Hobbys (Reitsport, Fußball o.ä.) sowie Verpflichtungen im Haushalt. Diesbezüglich fehlt ihnen häufig eine Einbindung in medieninteressierte Gleichaltrigengruppen, die den jugendbezogenen Umgang mit und die Aneignung von Neuen Medien mitunter prägen. Den ›Positionslosen‹ fehlt ein Orientierungsrahmen für das Erschließen von Aneignungsstrategien sowie von Umgangs- und Bewertungsmustern, nach dem sie derzeit noch suchen und wofür sie handlungsleitende Unterstützung durch Institutionen wie Schule sowie durch den Familien- oder Freundeskreis benötigen. Hier wird einmal mehr deutlich, dass die Medienaneignung der Jugendlichen und die Generierung eigener medienbezogener Positionen nicht losgelöst von ihrer *sozialstrukturellen Einbindung* betrachtet und bewertet werden dürfen. Die wenig ausgewogene, eher einseitige Mediennutzung der ›Positionslosen‹ wird begleitet durch ein geringes Maß an kreativ-gestalterischem Engagement und fehlende qualifikatorisch ausgerichtete Aneignungs- und Problemlösungsstrategien im Hinblick auf die Neuen Medien. Die Medien werden in ihrer Vielfältigkeit sowie gemäß ihrer Bedeutung für eigene Handlungs- und Orientierungsrahmen, d.h. entsprechend einer lebensweltbezogenen und sinnstiftenden Einbindung *nicht* erschlossen. Das führt dazu, dass der Facettenreichtum der verschiedenen Medieninhalte und -formate sowie das eigene Medienhandeln wenig oder gar nicht kritisch-reflexiv erfasst wird. Inwieweit sich das clustertypische Medienhandeln der ›Positionslosen‹ in Bezug auf den Umgang mit medialer Gewalt wiederfinden lässt, soll im Folgenden anhand von fünf prototypischen Einzelfällen nachgezeichnet werden.

Die Befragten, deren Interviews für diese Auswertung verwendet wurden, sind vier männliche und eine weibliche Jugendliche. Mike und Victor sind die beiden Jüngsten des Clusters. Sie sind beide 13 Jahre alt, wobei Mike aus Nordrhein-Westfalen stammt und Victor aus Mecklenburg-Vorpommern. Mike besucht die 7. Klasse der Gesamtschule und Victor die 7. Klasse der Realschule. Die beiden ältesten Jugendlichen dieser Untersuchung sind die 16-jährigen Gerd und Nico. Beide leben in Nordrhein-Westfalen, wobei Gerd die 10. Klasse einer Realschule und Nico die 10. Klasse einer Hauptschule besucht. Die 14-jährige Lisa lebt in Sachsen-Anhalt und geht dort in die 7. Klasse einer Sekundarschule. Alle befragten Jugendlichen dieser Untersuchung kommen aus einem kleinstädtischen oder ländlichen Umfeld.

4.2 Typen jugendlichen Medienhandelns   159

4.2.7.1 Rezeption gewalthaltiger Computerspiele
sowie diesbezügliche Umgangs- und Bewertungsmuster

In Bezug auf die allgemeine Nutzung der Neuen Medien lässt sich das Engagement der ›Positionslosen‹ als auffallend unausgeprägt beschreiben. Die 14-jährige Lisa, die einzige weibliche Jugendliche innerhalb der qualitativ ausgewerteten Fälle, betont in Anbetracht der Frage, welche Computerinhalte ihr besonders gefallen: *»eigentlich nichts« (Lisa, 14, 194)*. Die Internetnutzung fällt ebenso unterdurchschnittlich aus, allerdings nicht aufgrund fehlenden Interesses, sondern infolge nicht vorhandener Kenntnisse und Fertigkeiten, *»wenn man das kann, dann gefällt das einem schon, aber bloß, wenn man das nicht so richtig kann, dann macht man das auch nicht so gerne« (ebd., 204-205)*. Der sinnstiftende, lustorientierte Umgang mit den Neuen Medien ist demnach an Aneignungs- und Nutzungskompetenzen gebunden. Wenn diese nicht ausreichend entwickelt sind, können die Medien schnell ihre Bindungskraft verlieren und jugendbezogene oder medienspezifische Handlungs- und Orientierungsrahmen werden nicht erschlossen. Gerd charakterisiert seine Computer- und Internetnutzung ebenfalls als wenig intensiv, *»vielleicht zwei, drei Stunden in der Woche, aber mehr auch nicht« (Gerd, 16, 352)*. Hauptsächlich bedient er sich im Zusammenhang mit dem elterlichen Landwirtschaftsbetrieb der Neuen Medien, um *»Rechnungen zu schreiben (...) und Schecks auszudrucken« (ebd., 194-195)*. Im Hinblick auf eine interessengeleitete Nutzung der Neuen Medien gibt er an, im Internet manchmal *»Witze so runterzuladen oder (...) Wetter oder Nachrichten zu gucken« (ebd., 212-213)*. Außerdem chattet er gelegentlich in der ›Eifelarena‹, *»also, wie ich gerade Lust habe. Wenn ich jetzt keine Lust habe, dann mache ich das nicht (und) wenn ich gerade Lust dafür habe, dann gehe ich da mal rein« (ebd., 221-222)*. Ungeachtet der genannten Aktivitäten ist auch sein Engagement gegenüber den Neuen Medien nicht sehr ausgeprägt und es lassen sich in Anbetracht der eher situativen Anwendung keine konkreten oder weiterführenden Interessen und Erwartungen aufgrund des transkribierten Interviewmaterials nachzeichnen. Der 16-jährige Nico äußert sich in Bezug auf seinen Computer- und Internetgebrauch stärker unterhaltungsorientiert als Gerd. Auf die Frage, was er am Computer alles macht, antwortet er: *»viel auch Musik zusammenstellen und dann brennen, Filme gucken« (Nico, 16, 277-278), »Spiele spielen (und) manchmal im Lexikon« (ebd., 197)* nachlesen. Auch Nico geht manchmal auf die Internetseiten der ›Eifelarena‹, da *»hat jeder sein eigenes Gästebuch (und da) kann man chatten und so« (ebd., 73)*. Er vertritt einerseits die Meinung, dass *»man (...) schon ein bisschen mit Computer umgehen können (sollte)« (ebd., 780-781)*, weil das *»finde ich schon wichtig« (ebd., 837)*. Andererseits antwortet er auf die Frage, ob ihm an Internetseiten etwas besonders wichtig ist oder ihn nachhaltig beeindruckt hat, *»ja auch schon mal, aber nicht so oft, seltener« (ebd., 369)*, denn ihm sind außermediale Beschäftigungen *»halt schon wichtiger als im Internet zu* *sein« (ebd., 366).* Er sucht stimmungsbezogen Unterhaltung durch die Neuen Medien, dennoch scheint er keine tiefer gehenden Interessen zu entwickeln, die ihn dazu animieren, sich mit verschiedenen Inhalten der Neuen Medien ausgiebig zu beschäftigen. Ausdauernde Begeisterung und konkrete mediale Orientierungen findet auch er in Bezug auf den Umgang mit den Neuen Medien nicht. Victor beschreibt zwar ebenfalls, *»also (das Internet) gehört mehr oder weniger schon zum Alltag mit dazu« (Victor, 13, 199)* und er nutzt die Neuen Medien, ähnlich wie Nico, auch zum *»Spielen, Internet surfen und mal ein paar Sachen für die Schule« (Victor, 13, 56),* aber auch er prägt offenbar keine eigenen sinnstiftenden Nutzungsinteressen sowie -kompetenzen aus, die ihm einen umfassenden Zugang zu den Neuen Medien aufzeigen. Mike hingegen nutzt den Computer für sein sehr ausgeprägtes Interesse an Computerspielen. Dennoch führt diese Leidenschaft wie bei allen anderen Jugendlichen dieser Gruppe nicht dazu, die Neuen Medien facettenreich zu erschließen. Der Computer ist für ihn lediglich ein Mittel, seine Freizeit spielorientiert zu gestalten und *»sonst kommt nichts mehr« (Mike, 12, 87).* Das Internet wird dementsprechend auch nur dann für ihn bedeutsam, wenn er sich Spielabläufe und Lösungen herunterladen will. *»Cheats«,*[119] *die holen wir uns immer aus dem Internet« (ebd., 542).*

Die ›Positionslosen‹ heben im Hinblick auf die Nutzung der Neuen Medien hervor, dass sie diese Form der Freizeitaktivität gelegentlich verwenden, um sich unterhaltungsorientiert zu beschäftigen. Die Anwendung verläuft allerdings viel weniger konkret oder interessengeleitet als bei Angehörigen anderer Cluster. Es scheint so, dass die befragten Jugendlichen in der Regel die Bedeutung der Medien für die heutige Zeit zwar zu benennen wissen, sie diese aber für sich selbst sowie ihre interessengeleitete, sinn- oder identitätsstiftende Aneignung oder Auseinandersetzung kaum erschließen. Die Einbindung in arbeitsbezogene Betätigungsfelder oder das stärkere Interesse gegenüber den Bildmedien sowie an außermedialen Aktivitäten führt zu einer nahezu ausschließlichen Abkehr von den Neuen Medien – wie im Fall von Lisa deutlich wurde – oder, wie bei den anderen Jugendlichen, zu einer eindimensionalen Spielorientierung. Der Facettenreichtum und die vielfältigen Anwendungs- und Qualifikationsmöglichkeiten der Neuen Medien werden – etwa im Gegensatz zu den ›Allroundern‹ – nicht erkannt oder genutzt. Es wurde allerdings deutlich, dass ein Teil der ›Positionslosen‹ ein zwar von den übrigen Anwendungsfeldern eher losgelöstes, aber dennoch sehr ausgeprägtes Engagement für die Computerspielnutzung entwickelt hat.

Die spielorientierte Computernutzung der ›Positionslosen‹ kann insbesondere am Beispiel von Mike als ausgesprochen intensiv nachgezeichnet werden.

---

119 Siehe Fußnote 43, S. 17.

4.2 Typen jugendlichen Medienhandelns   161

Lisa und Gerd beschäftigen sich überhaupt nicht mit Computerspielen und Nico spielt nur gelegentlich. Außerdem äußert er sich entsprechend dem allgemein eher unausgeprägten Engagement der ›Positionslosen‹ gegenüber den Neuen Medien nicht weiterführend über seine Genrevorlieben oder seine Umgangs- und Bewertungsmuster. Victor, der ebenfalls lediglich ein Gelegenheitsspieler ist, antwortet auf die Frage des Interviewers, welche Genres er favorisiert: *»Actionspiele, Simulations- und Wirtschaftsspiele« (Victor, 13, 474)*. Nachdem er es zunächst verneint, sich auch mit gewalthaltigen Spielen zu beschäftigen, *»nö, nicht so richtig« (ebd., 476)*, nennt er schließlich auf Nachfrage das Spiel ›*Sudden Strike*‹,[120] welches er manchmal heimlich spielt, denn seine Eltern finden das *»nicht so gut« (ebd., 482)*. Die ›Positionslosen‹ kennzeichnen sich nicht über einen emotionalen oder habituellen Zugang zu den Neuen Medien und auch Mike, der sich außerordentlich leidenschaftlich für Computerspiele engagiert, lässt sich eher als ›Spielfreak‹ denn als lernorientierter Mediennutzer beschreiben. Er macht von *einem* Anwendungsfeld der Neuen Medien ausgeprägt Gebrauch, ohne sich tatsächlich mit dem gesamten Medium auseinanderzusetzen. Dennoch sollen am Fallbeispiel von Mike die Umgangs- und Bewertungsmuster der Angehörigen dieses Clusters, d.h. der noch nach einer Position gegenüber den Medien suchenden Jugendlichen im Hinblick auf gewalthaltige Computerspiele, beschrieben werden, da er prototypisch das verinselte Medienhandeln der ›Positionslosen‹ darstellt.

Mike spielt neben Sportspielen, in denen er Fußballmannschaften coacht, Strategiespielen wie ›*Age of Empires II*‹[121] *(Mike, 12, 90)* oder Actionspielen wie zum Beispiel ›*Super Smash Brothers. Melee*‹[122] *(ebd., 348)*, *»das aber (...) ohne Blut und so« (ebd., 350-351)* ist, auffallend häufig und regelmäßig gewalthaltige Computerspiele. Er nennt in diesem Zusammenhang Spiele wie ›Counterstrike‹,[123] ›Half Life‹[124] und ›Return to Castle Wolfenstein‹,[125] die zum Genre der

---

120 »Sudden Strike« ist ein Kriegsstrategiespiel, das im Zeitraum von 1939 bis 1945 angesiedelt ist. Der Spieler hat durch geschickte Spielzüge maßgeblichen Anteil am Ausgang des 2. Weltkrieges und muss dabei strategische Angriffe unter einem bestimmten Zeitlimit planen und durchführen oder beispielsweise Gefangenenlager befreien. Der Spieler kann wählen, ob er zu den deutschen, russischen oder westalliierten Streitkräften gehört.

121 Im Rahmen des ›Zivilisationsspiels‹ »Age of Empires II« geht es darum, innerhalb einer vorgegebenen Zeit einen »funktionierenden« (Stadt-)Staat aufzubauen. So müssen eine ausgewogene Bevölkerungsdichte und damit auch Produktionskräfte erschaffen werden, die nun Kasernen, Waffenschmieden, Regierungsgebäude, Bauernhöfe usw. bauen. Hat dieser Staat eine ausreichende Stärke erreicht, geht es darum, den jeweils gegnerischen Staat (auch mit Waffengewalt) zu vernichten.

122 In dem Spiel »Super Smash Brothers. Melee« tauchen die aus »Super Mario Brothers« bekannten Figuren Mario, Pikachu, Donkey Kong oder Kirby wieder auf, allerdings sind es in diesem Spiel keine friedlichen Figuren, sondern Gegner in Boxkämpfen, die vom Spieler gesteuert werden.

123 Siehe Fußnote 24, S. 78.

124 Siehe Fußnote 51, S. 105.

125 »Return to Castle Wolfenstein« ist das Nachfolgespiel von ›Castle Wolfenstein‹. Das Spiel zählt zum Genre der Egoshooter und ist im Kriegsjahr 1943 angesiedelt. Der Spieler schlüpft in die Rolle eines

162　　　　　　　　　　　　　　　　　　　　　　　　　　　4. Qualitative Einzelinterviews

Egoshooter-Spiele gehören und in denen man äußerst ›brutal‹ seine virtuellen Gegenspieler vernichten muss. Es geht in der Regel darum, *»sich eigentlich so immer gegenseitig (zu) bekämpfen« (Mike, 12, 350)*. Gewalthaltige Computerspiele gehören anscheinend zu seinem alltäglichen Nutzungs- und Sprachrepertoire. Bei einem Spiel, *»da gibt es so einen (Sandsack), da (…) muss man den Sandsack erst verprügeln meistens und dann muss man da drauf einschlagen, damit der so weit fliegt wie möglich. Da muss man (einen) Baseballschläger nehmen und dann damit drauf einschlagen« (ebd., 526-529)*. Das Prinzip, das sich bei seiner gesamten Spielnutzung wiederfinden lässt, basiert auf der Grundlage, sich oder seine Spielfigur aus einer virtuellen Gefahrensituation entsprechend ›brutal‹ zu befreien sowie mithilfe gewalthaltiger Spielmanöver zu gewinnen und Punkte zu sammeln, *»dann steht da einer vor dir und dann schießt man (den) weg, da muss man erst eine Handgranate reinschmeißen, bevor man rein kann« (ebd., 1024-1026)*. Er unterscheidet dabei zwischen ›weniger brutalen‹ und ›sehr brutalen‹ Spielen. Seine Wahrnehmung dessen, was ›brutale‹ Spiele und was keine sind, scheint nicht mit Einschränkungen oder Verboten institutionalisierten Instanzen, wie beispielsweise der USK,[126] übereinzustimmen. Er würde beispielsweise Kindern den Umgang mit *»»Counterstrike‹ nicht gerade (verbieten), aber so richtig brutale, so ›Half Life‹ (die) englische Version ja, (weil) da fliegen die Gedärme rum und da sieht man auch das Herz so (…), das ist schon brutal« (ebd., 1004-1006)*. Im Grunde ist er der Meinung, *»aber die spiele ich ja selber, dann kann ich das ja den Kindern nicht verbieten« (Mike, 12, 984)*. Als besonders ›brutal‹ schätzt er demzufolge Spiele ein, bei denen ›Blut fließt‹, eklige Bilder von menschlichen Körpern gezeigt werden oder wo man beispielsweise *»elektrisiert« (ebd., 991)* wird. Dass das Spiel ›Counterstrike‹ ebenfalls solche Spielszenarien beinhaltet und durch seine Brutalität, die öffentliche Diskussion über Egoshooter-Spiele mitbestimmt hat, bleibt von ihm unberücksichtigt. Vielmehr reizt ihn an diesen Spielen die Möglichkeit, gegen seine fiktionalen Gegner zu gewinnen oder sich aus kniffeligen Situationen zu befreien, *»dann kriegt man am Anfang nur ein Messer als Waffe und denn kriegt man eine Pistole (…). Die Waffen werden immer besser (und) zum Schluss kommen dann Zombies, die kann man auch töten« (ebd., 992-994)*.

Aus diesem Grund hebt Mike den Aspekt der ›guten Laune‹ als wichtige Voraussetzung für die Beschäftigung mit Computerspielen hervor. Man *»muss dann irgendwie gute Laune haben, finde ich, (…) denn wenn man nicht gut drauf ist, kann man auch (…) nicht gut Nintendo[127] spielen (und man kann) seine Rekorde nicht verbessern*

Agenten, der die fanatische deutsche Sekte ›die Wölfe‹ bekämpfen soll und dadurch auch Einfluss auf das Kriegsgeschehen nimmt.

126 Siehe Fußnote 44, S. 97.

127 »Nintendo« ist eine Spielkonsole, die es dem Spieler ermöglicht, nicht mit dem Computer, sondern über den Fernseher und mithilfe eines Steuergerätes (Control-Pad) Computerspiele zu spielen. Die Nintendo

4.2 Typen jugendlichen Medienhandelns 163

(...), das wird dann auch irgendwie dumm« (ebd., 518-522). Neben den genannten Gründen wie der Lust am Spiel bzw. dem Einbinden von Computergames in positive Stimmungslagen sowie dem Gewinnstreben und dem Wunsch, möglichst viele ›Rekorde aufzustellen‹ können bei Mikes ausgeprägter Computerspielorientierung weitere Motive für die Computerspielnutzung genannt werden. Einen Bestandteil seines Engagements gegenüber gewalthaltigen Computerspielen stellt der Austausch von technischem Equipment oder das Spielen im Freundeskreis bzw. das gemeinsame Spielen dar. *»Die Updates, sodass ich auch im Internet spielen kann, muss ich mir noch von meinem Cousin besorgen«* (ebd., 999-1000). Mike erläutert innerhalb des Interviews sehr ausführlich die verschiedenen Konsolenvarianten und meint abschließend, *»ich finde jetzt den Nintendo (Gamecube) immer noch am besten von allen«* (ebd., 475-476) und sein Freund will *»sich auch einen Gamecube holen, und dann wollen wir mal Spiele austauschen (und man kann) die Memorycards, die gehen ja auf Memorycards, (...) dann immer austauschen«* (ebd., 386-388). Außerdem hat er sich *»noch ein zweites Pad (gekauft), weil (...) man (damit) zu viert spielen kann«* (ebd., 344-345). Die gewalthaltigen Inhalte und Bilder rücken angesichts des Interesses an einer modernen technischen Ausstattung und dem jugendbezogenen Wunsch nach Austausch von Spielen oder Spieltaktiken in den Hintergrund. *»Einer aus meiner Klasse, der kann für jedes (Spiel) die englische Version mitbringen, (...) die zensierte englische Version, die (...) es überhaupt nicht mehr gibt«* (ebd., 1012-1014). Außerdem unterstützen sich die Jugendlichen gegenseitig bei komplizierten Spielabläufen. *»Manchmal (...), wenn ich ein neues Spiel habe und komm dann nicht weiter, (...) dann sagt mir einer, wie das weitergeht und wenn er da nicht weiter weiß, dann sag ich ihm, wie das weitergeht«* (ebd., 593-594). Der Umgang mit gewalthaltigen oder ›brutalen‹ Computerspielen ist demnach eingebettet in ein jugendspezifisches und kommunikatives Setting, aus dem die auf diesem Feld entsprechend aktiven Jugendlichen entsprechende Anwendungs- und Bewertungsmuster ableiten. Dabei wird die dargestellte Gewalt nicht Thema der jugendlichen Interaktions- und Kommunikationsprozesse und erfährt demgemäß auch keine weiterführende Auseinandersetzung. Die Kenntnis über Spielzensur, Verbote oder institutionalisierte Altersbeschränkungen wird spielbezogen ausgeblendet bzw. erlebnisorientiert legitimiert. Ein entscheidendes Motiv für die Beschäftigung mit ›brutalen‹ Computerspielen sind in diesem Fall nicht die gewalthaltigen Inhalte selbst, sondern der Wunsch nach technisch hochwertigen respektive ›angesagten‹ und spannenden Spielerlebnissen. Ungeachtet dessen üben die genannten Spiele und deren Inhalte eine Faszination auf die Jugendlichen aus. Mike hebt den Aspekt des Rollenwechsels in Com-

---

Spielkonsole konkurriert auf dem Computerspielmarkt gegen die Playstation, die von der Firma Sony angeboten wird.

puterspielen hervor, der ihn außerordentlich reizt, *»dann kriegt man (einen) neuen Charakter« (ebd., 553-554)* und *»die können dann so bestimmte Attacken und die kann man dann ausführen« (ebd., 355).* Das Übernehmen von virtuellen Charakteren, das Spielen innerhalb fiktionaler Welten und das spielbezogene Herstellen und Explorieren von Grenzen und Machtverhältnissen sind demnach entscheidende Gründe für die Jugendlichen, sich den Neuen Medien spielorientiert zu nähern. So lässt sich vermuten, dass das Ausleben von verschiedenen Rollen in zum Teil alltagsfernen Szenarien für Jugendliche mitunter ein bedeutsames Medienerlebnis in Bezug auf identitätsstiftende, orientierungsleitende Rahmen ist. Das heißt, sie erleben die Grenzen des Alltags und erweitern dadurch ihren eigenen Erfahrungsspielraum. Sie reichern in der Regel ihren Alltag mit spannungsreichen Elementen an, ohne die gewalthaltigen, ›brutalen‹ Inhalte weiterführend zu reflektieren. Demzufolge legitimieren sie den eigenen Umgang über spaß- und spannungsorientierte Motive und nicht über eine tatsächliche Reflexion ihres Handelns. Das heißt, diese Jugendlichen entwickeln in Bezug auf gewalthaltige Computerspiele eigene Umgangs- und Bewertungsmuster, die sich von der Elterngeneration unterscheiden. Darüber hinaus gibt Mike zu, *»dass (man) da nicht von wegkommen (kann), das macht irgendwie süchtig, (…) also wenn ich da den ganzen Tag vor sitze« (ebd., 370-372).* Das heißt, neben Gründen wie der Lust an spannungsorientierter, wirklichkeitsferner oder jugendbezogener Interaktion führt ein regelmäßiger Spielekonsum dazu, dass man alles um sich herum vergessen kann. Die entsprechenden Jugendlichen bilden einen ausgeprägten Ehrgeiz heraus, indem sie versuchen, möglichst viele Punkte zu sammeln, Rekorde aufzustellen oder virtuelle Gegner zu töten. Die Identifikation mit der Spielhandlung oder der dargestellten Spielfigur und deren fiktionalem Auftrag trägt dazu bei, dass andere individuelle Bedürfnisse (wie z.B. Essen, Schlafen u.ä.) vernachlässigt werden. Die Grenzen zwischen Fiktionalem und wirklichkeitsbezogenen Aspekten wie Zeit oder das eigene Ich verschwinden, ohne dass die dargestellte Gewalt zum Thema ihrer Reflexion wird. Ein bei allen Clustern aufgetretenes Motiv nimmt dabei eine unterstützende Rolle ein. Denn Spiele, die *»irgendwie so mittelmäßig gemacht« (Mike, 12, 925-926)* sind, werden weniger häufig genutzt als grafisch hochwertige. Auf die Frage, ob sich in Anbetracht der technischen Weiterentwicklung im Freizeitbereich etwas ändern wird, kann Mike sich demzufolge gut vorstellen, dass *»die (Jugendlichen) dann mehr vorm Computer, Nintendo oder Gameboy hängen (werden), wenn es da mehr Spiele für gibt, (und) dass sie dann so abgeschottet leben, nur ihren PC immer so schön im Haus, und dann so, nie rauskommen« (ebd., 1079-1089).* Neben dem gestaltungsbezogenen Nutzungsmotiv stellt demnach auch das breite Angebotssortiment der Softwareindustrie einen Grund dafür dar, das eine oder andere Spiel auszuprobieren. An dieser Stelle wird allerdings auch ein Unterschied zwischen

4.2 Typen jugendlichen Medienhandelns

seiner eigenen, sehr starken Spielorientierung sowie seiner kaum ausgeprägten kritisch-distanzierten Haltung gegenüber gewalthaltigen Darstellungen einerseits und seiner vorhandenen Skepsis in Bezug auf zukünftige Entwicklungen andererseits deutlich. Sein eigenes Verhalten unterzieht er keiner näheren Betrachtung.

In diesem Zusammenhang wird erkennbar, dass die ›Positionslosen‹ (noch) die Suchenden sind. Ihre eigene Nutzung ist unausgeprägt und mitunter eindimensional. Sie entwickeln demzufolge *keine* weiterführenden, qualifikatorischen oder kritisch-distanzierten Umgangs- und Bewertungsmuster, obwohl sie ein Bewusstsein für den Stellenwert der Medien in unserer Zeit und in der Zukunft äußern. Die Beschäftigung mit medialer Gewalt findet entweder überhaupt nicht statt oder, wie im Fall von Mike, sehr extrem auf einer handlungsorientierten, unterhaltungsbasierten Ebene. Obwohl er sich selbst intensiv für gewalthaltige Computerspiele engagiert und die Rezeption von medialer Gewalt situationsbezogen und unterhaltungsbasiert legitimiert, vermutet er eine Bedrohung durch die Entwicklungen in der Computerspielindustrie. *»Ich (…) schätze, sie werden es immer brutaler machen so, sieht man jetzt auch schon so irgendwie, (die) überschlagen sich« (ebd., 1029-1030).* Nico schließt sich, obwohl er selbst gelegentlich Computerspiele spielt, der Skepsis von Mike an und betont in Bezug auf die Geschehnisse in Erfurt, *»ja der (Jugendliche) soll ja auch angeblich zu viele Ballerspiele gespielt haben, so alles so was und dadurch, denke ich mal, wird man schon aggressiver, (…) wenn man die immer spielt« (Nico, 16, 351-354).* An dieser Stelle kann geschlussfolgert werden, dass die ›Positionslosen‹ mitunter keine eigenen Bewertungsmuster entwickeln, sondern *gesellschaftlich normierte* Auffassungen über Konsequenzen im Hinblick auf die Beschäftigung mit gewalthaltigen Computerspielen übernehmen. Hier kristallisiert sich ein Gegensatz in Anbetracht verschiedener Bewertungskonstellationen heraus. Einerseits werden gewalthaltige Computerspiele mit einer gewissen Unsicherheit und Skepsis in Anbetracht ihrer potenziellen Aggressionssteigerung oder ›Brutalität‹ betrachtet und andererseits werden sie, solange sie dem eigenen Interesse nach Unterhaltung entsprechen, gerechtfertigt bzw. das eigene Spielen darüber legitimiert. Demnach stehen bei den befragten Jugendlichen unterschiedliche Ansprüche an Rolle und Bedeutung der Neuen Medien nebeneinander, ohne dass sie ihnen und den entsprechend gewalthaltigen Bildern gegenüber eine konkrete Position einnehmen. Inwieweit sich das Profil der ›Positionslosen‹ in Bezug auf die Rezeption gewalthaltiger Film- und Fernsehinhalte nachzeichnen lässt, soll im Folgenden beschrieben werden.

4.2.7.2 Rezeption gewalthaltiger Fernseh- und Filmformate sowie diesbezügliche Umgangs- und Bewertungsmuster

Die ›Positionslosen‹ weisen unseren quantitativen Ergebnissen zufolge eine überdurchschnittlich hohe Nutzungshäufigkeit in Bezug auf die audiovisuellen Medien auf, die lediglich durch die ›Allrounder‹ übertroffen wird. Im Kontrast zur unterdurchschnittlichen Anwendung der Neuen Medien geben die befragten Jugendlichen an, regelmäßig Fernsehsendungen oder Filme zu schauen. Der Zugang zu den audiovisuellen Medien und deren Bindungskraft verlieren sich bei den ›Positionslosen‹ allerdings schneller als bei allen anderen Clustern, weil sie sich in der Regel keine weiterführenden, qualifikatorischen sowie konkret identitätsstiftenden Orientierungsrahmen erschließen, die eine sinnvolle und anregende Medienanwendung erst möglich machen. Sie geben in diesem Zusammenhang zwar an, ohne Fernsehen *»zurzeit nicht« (Victor, 13, 381)* leben zu können, dennoch prägen sie auch hier keine umfassenden Interessen oder handlungsleitenden Nutzungsmotive aus. Sie können sich auf einer quantitativen Ebene längere Zeit mit dem Medium Fernsehen beschäftigen, *»am Tag gucke ich vielleicht drei Stunden, ungefähr« (ebd., 377),* aber es können keine konkreten Nutzungsstrategien nachgezeichnet werden. Gerd schaut beispielsweise Fernsehen, *»wenn mir mal langweilig ist« (Gerd, 15, 172).* Für ihn ist es eher ein *»außergewöhnlicher Tag, mal mehr als eine Stunde oder zwei (am Tag) Fernsehen zu gucken« (ebd., 464-465).* Lisa schließt sich ihm an und betont, *»Fernsehen, das gucke ich nur entweder abends oder früh, weil ansonsten bin ich ja nur unterwegs« (Lisa, 14, 546-547).* Mike hebt in diesen Zusammenhang hervor, *»meistens gucke ich gar nichts (...), eigentlich bringt das Fernsehen überhaupt nichts, aber (es) unterhält einen irgendwie immer« (Mike, 12, 532-534).* In der Regel haben die ›Positionslosen‹ keinen ausgeprägten Qualitätsanspruch an die audiovisuellen Medien. Sie werden dafür genutzt, Langeweile in der Freizeit vorzubeugen oder um ungeachtet der geäußerten Skepsis unterhaltungsorientiert abschalten zu können. Diese mediale Funktionalisierung führt allerdings nicht dazu, dass die befragten Jugendlichen ein weiterführendes Interesse in Bezug auf konkrete Sendeformate entwickeln. Nico antwortet fallübergreifend auf die Frage, ob es für ihn eine bestimmte Sendung oder einen Film gibt, die er besonders gerne sieht: *»Da habe ich eigentlich gar keine spezielle Sendung« (Nico, 16, 576).* Ihr audiovisuelles Nutzungsprofil kennzeichnet sich demnach einerseits über ein eher unspezifisches Interesse sowie einen uneindeutigen, mitunter gesellschaftlich negativ normierten Anspruch – ›Fernsehen bringt überhaupt nichts‹ – an die Medien. Dieser führt beispielsweise dazu, dass sie sich gegenüber den Medien wenig affirmativ äußern. Andererseits wenden sie sich den audiovisuellen Medien dennoch häufig darüber zu, dass sie vor allem unterhaltungsorientierte Formate und Filme sehen. Informationsbasierte Sendungen wie Nachrichten oder Reporta-

4.2 Typen jugendlichen Medienhandelns 167

gen rezipieren die befragten Jugendlichen eher *»selten« (Nico, 16, 595)*. Hier wird erneut die Positionslosigkeit der Angehörigen dieses Clusters erkennbar, denn sie generieren sich keinen medialen Handlungs- und Orientierungsrahmen, der ihnen eine konkrete Meinung über die Medien und ihren Stellenwert ermöglichen würde. Am Beispiel ihrer audiovisuellen Mediennutzung wird dieser Sachverhalt sehr deutlich. Denn sie stellen einerseits die Rolle des Fernsehens für ihre Freizeit in Frage, andererseits nutzen sie die Möglichkeit, sich mithilfe bestimmter Fernsehsendungen und Filme zu unterhalten, abzulenken oder zu entspannen.

Diejenigen Sendungen oder Filme, die sie ungeachtet ihrer eher unspezifischen Fernseh- und Filmrezeption dennoch nennen, sind in der Regel Comedysendungen wie ›TV-Total‹,[128] Serien wie ›X-Faktor‹[129] oder ›Sabrina – Total verhext‹,[130] Comicformate wie *»›Die Simpsons‹*[131] *oder ›Futurama‹«*[132] *(Mike, 12, 669)* sowie Spielfilme. Während die männlichen Jugendlichen in der Regel *»Actionfilme oder Kriegsfilme« (Gerd, 15, 470)* bzw. *»mal einen kleinen Horrorfilm« (Victor, 13, 369)* favorisieren, sehen die weiblichen Jugendlichen, hier durch Lisa vertreten, vornehmlich Filme wie *»Dirty Dancing‹«*[133] *(Lisa, 14, 802)* oder ›Der Pferdeflüsterer‹.[134] Wobei in Bezug auf Lisa behauptet werden kann, dass neben ihrem Interesse für den Reitsport, *»da kann man auch was noch dazu lernen, was du dann gerade mit den Pferden noch machen kannst« (ebd., 846-847)*, ihre Genrepräferenzen stark vom Einfluss ihrer besten Freundin geprägt werden. Denn im Hinblick auf den Film ›Dirty Dancing‹ sagt Lisa ganz deutlich, den *»guckt sie (ihre Freundin) ja am liebsten« (ebd., 802)*. In Bezug auf gewalthaltige Formate verhält es sich ähnlich, denn sie sagt auch in diesem Zusammenhang, *»meine Mutti (schaut) nun Gruselfilme gern, da gucke ich auch manchmal mit« (ebd., 812-813)*. An dieser Stelle kristallisiert sich deutlich ein Motiv der ›Positionslosen‹ für die Rezeption gewalthaltiger Inhalte oder Formate heraus. Einige von ihnen sehen sich

---

128 Siehe Fußnote 31, S. 87.
129 »X-Faktor« ist eine Fernsehserie, die sich dem Thema der unerklärlichen Phänomene, dem Übernatürlichen oder Mystischem im Alltag zuwendet. Es werden jeweils kurze Geschichten erzählt und der Fernsehzuschauer wird aufgefordert, darüber zu entscheiden, ob das Dargestellte tatsächlich passiert ist oder von den Serienproduzenten ausgedacht wurde. Diese Fernsehsendung macht sich vor allem den Glauben der Menschen an etwas Übernatürliches zu Nutze.
130 Siehe Fußnote 108, S. 152.
131 Siehe Fußnote 77, S. 125.
132 Siehe Fußnote 110, S. 152.
133 »Dirty Dancing« ist einer der weltweit bekanntesten Tanzfilme der 80er Jahre. Es geht um ein junges Mädchen, das im Amerika der 60er Jahre während einer Urlaubsreise ihre erste große Liebe, einen Mambo-Tänzer, findet. Sie lernt den damals als anstößig befundenen Tanz und verteidigt ihre Ideale und ihre Liebe gegenüber ihren Eltern, die einen Schwiegersohn aus ärmeren Verhältnissen nicht so schnell akzeptieren wollen.
134 In dem Spielfilm »Der Pferdeflüsterer« wird die Fähigkeit eines Mannes dargestellt, die ›Sprache‹ von Pferden zu verstehen und somit verhaltensgestörte oder traumatisierte Tiere zu therapieren.

gewaltbasierte und gruselige Sendungen oder Filme unter anderem deshalb an, weil Menschen in ihrem freundschaftsbezogenen oder familiären Umfeld, die einen starken Einfluss auf sie und ihr Medienhandeln haben, spezifische Genrevorlieben entwickelt haben. Hier wird der Zusammenhang zwischen einer aktiven Medienaneignung respektive anwendungsorientierten bzw. interessegeleiteten Nutzung der Medien und der Ausprägung von Genrevorlieben sehr deutlich. Denn die ›Positionslosen‹ beschreiben ihren Medienzugang überwiegend als kaum ausgeprägt oder eindimensional und daraus resultiert mitunter ihr fehlendes Zutrauen in den Aufbau bedürfnisorientierter Film- und Fernsehpräferenzen.

Neben dem im Vergleich mit allen anderen Clustern am stärksten außengeleiteten Motiv für die Rezeption gewalthaltiger Film- und Fernsehsendungen äußern sich die ›Positionslosen‹ vereinzelt über weitere Gründe, gewalthaltige Inhalte sowie Formate zu rezipieren. So sind es vor allem spaßorientierte Aspekte, die die befragten Jugendlichen mit Action- und Horrorfilmen verbinden. Victor antwortet auf die Frage, was er an Horrorfilmen wie *»Halloween H₂O*[135] *(oder) Scream 1 und 2«*[136] *(Victor, 13, 419-421)*, so faszinierend findet, *»na, man kann sich da immer teilweise kaputt lachen, wie dumm die Leute da sind«* (ebd., 407). Außerdem entwickeln sie, wie bereits für alle anderen Cluster festgestellt werden konnte, den Wunsch, sich mithilfe fiktionaler Filmszenarien spannungsreich zu unterhalten. Einerseits suchen sie nach audiovisuellen Inhalten und Formaten, bei denen sie sich gruseln können, *»das deutsche ›X-Faktor‹ ist gar nicht so gruselig wie die englische«* (Mike, 12, 847-848). Andererseits heben sie bei Nachfragen der Interviewer deutlich hervor, dass sie sich dabei überhaupt nicht gruseln, *»das ist nicht so (außer) manchmal, wenn richtig was ist«* (Victor, 13, 415). Hier verdeutlicht sich ein Wechselverhältnis zwischen dem Wunsch, den Alltag spannungsreich mit fiktionalen Gewaltdarstellungen anzureichern und dem jugendspezifischen Bedürfnis danach, die medial inszenierte Spannung und Dramatik auch auszuhalten. Die befragten Jugendlichen verschaffen sich entsprechende Medienerlebnisse, um emotionale Grenzerfahrungen zu machen, die über außermediale Freizeitbeschäftigungen in dieser Form nicht möglich sind. An dieser Stelle kann geschlussfolgert werden, dass die Rezeption gewalthaltiger und gruseliger Filme oder Fernsehsendungen einen mehr oder weniger alltäglichen Bestandteil jugendlicher Erfahrungsräume darstellt, was in einem gewissen Maß dazu beiträgt, die eigene Belastbarkeit auszutesten. Das

---

135 »Halloween H₂O« ist ein Horrorfilm aus dem Jahr 1998 und der vorläufig letzte Teil (7. Teil) einer Kinoserie, die mit ›Halloween – die Nacht des Grauens‹ 1978 begann. Der Inhalt des Horrorthrillers von John Carpenter basiert auf den Schrecken, die der maskierte und psychisch kranke Michael Meyers in seinem Umfeld verbreitet, indem er in der Halloweennacht unschuldige Menschen ermordet.

136 Siehe Fußnote 85, S. 127.

4.2 Typen jugendlichen Medienhandelns
169

Phantastische, Außergewöhnliche oder Unerklärliche spielt dabei eine entscheidende Rolle. In Bezug auf die Fernsehserie ›X-Faktor‹, bei der unerklärliche Phänomene oder Episoden erzählt werden und der Fernsehzuschauer aufgefordert wird zu entscheiden, ob die Geschichte tatsächlich passiert oder ausgedacht ist, ist der Glaube an die Existenz des Übernatürlichen gerade bei Mike sehr stark ausgeprägt, *»der hat die Kinder jetzt (...), die Seelen da weitergegeben, also ins Jenseits befördert (...) und das war auch wahr« (Mike, 12, 787-788)* oder *»da war da mal eine Folge mit einem Spiegel, da hat die Frau in den (...) Spiegel reingeguckt, da hat die sich tot aber gesehen und nicht lebendig und die Folge war auch wahr« (ebd., 794-797)*. An dieser Stelle wird erneut der eher unreflektierte Zugang der befragten Jugendlichen zu den Medien deutlich, denn sie akzeptieren offenbar das in einer Fernsehsendung für ›wahr‹ Befundene, ohne die Sendung oder die Absicht der Produzenten tiefer gehend zu hinterfragen. Darüber hinaus verdeutlichen diese Sendeformate, dass die Grenzen von Realität und Fiktion undeutlich werden. Diesbezüglich entwickeln die ›Positionslosen‹ vergleichbar mit allen anderen Clustern eine Faszination, über die sich die Rezeption fiktionaler Gewalt erklären lässt.

Neben Aspekten des Surrealen oder Außergewöhnlichen, die eine Bindungskraft für die befragten Jugendlichen beinhalten, stellen auch realistische Elemente wichtige Voraussetzungen für den Umgang mit medialer Gewalt dar. So beschreibt beispielsweise Mike, *»so, in so Mickey Mouse (Filmen) (...) fallen die dann von (einem) zehn Meter hohen Baum und dann sind die noch am Leben, das ist ja voll unlogisch. Bei (den) ›Simpsons‹ ist das nicht so, (die) werden erschossen und sind tot« (Mike, 12, 700-702)*. Das Wechselspiel zwischen realitätsnahen Abbildungen und phantastischen Elementen gewalthaltiger Medieninhalte kristallisiert sich demnach als Rezeptionsmotiv heraus, mit dem die befragten Jugendlichen unterschiedliche emotionale Reaktionen verbinden. Ungeachtet dessen wird in diesem Zusammenhang allerdings nicht die dargestellte Gewalt hinterfragt oder sich reflexiv damit auseinandergesetzt, sondern die Darstellungsform rückt in den Mittelpunkt der Betrachtung, *»ja, wie das alles gemacht wurde (...) die Effekte alle so« (Gerd, 15, 613)*. Kritisch-distanzierte Äußerungen finden sich bei den ›Positionslosen‹ nicht. In der Regel werden gewalthaltige Aspekte audiovisueller Inhalte und Formate, ähnlich wie die ›brutalen‹ Computerspiele, in die allgemeine, wenig ausgeprägte Mediennutzung der ›Positionslosen‹ unreflektiert integriert. Mike schildert seine Lieblingsszene von der Zeichentrickserie ›Futurama‹: *»Ich fand die erste Folge (...) immer noch am besten mit der Selbstmordzelle. Da gehen die da so rein, (sagen) ›ein R-Gespräch bitte‹, ›wie, ach Sie haben sich für langsam und qualvoll entschieden‹, dann kommen da so Äxte und Messer ausgefahren, ›nun so sind Sie tot, der nächste bitte‹« (Mike, 12, 728-731)*. Entsprechend ihrem allgemeinen Mediennutzungsprofil wollen die ›Positionslosen‹ auch in Bezug auf mediale Gewaltdarstellungen *»ablachen und entspannen (sowie sich) nicht doll anstrengen«* (Victor, 13, 265-267).

In Bezug auf die Rezeption gewalthaltiger Film- und Fernsehinhalte kann für die ›Positionslosen‹ geschlussfolgert werden, dass sie gelegentlich entsprechende Formate nutzen, um sich spannungsgeleitet, aber vor allem spaßorientiert zu unterhalten. Das Spaßmotiv findet sich auch in ihren Äußerungen über besonders faszinierende Szenen wieder. Der zynische Umgang in der Serie ›Futurama‹ mit dem Thema ›Selbstmord‹ wird als lustig wahrgenommen, allerdings nicht weiterführend erschlossen oder erklärt. Auf die Frage, was einen guten Film von einem schlechten Film unterscheidet, antwortet Gerd, *»wenn er mir gefällt, dann war er eigentlich gut, wenn er mir nicht so gefallen hat, dann (nicht); weiß jetzt auch nicht, wie ich das erklären soll«* (Gerd, 15, 628-630). An dieser Stelle wird der diffuse Zugang der ›Positionslosen‹ zu den audiovisuellen Medien deutlich. Sie schauen regelmäßig Fernsehsendungen oder Filme, dennoch vermögen sie es nicht, eine konkrete Einstellung gegenüber Inhalten, Qualität oder Genres zu äußern. Vielmehr bleibt ihre Auseinandersetzung mit allgemeinen oder gewalthaltigen Themen und Darstellungen auf einer unterhaltungsorientierten Ebene stehen und wird nicht abstrahiert. Die Aussage von Gerd verdeutlicht, dass die ›Positionslosen‹ eine gewisse Unsicherheit damit haben, gegenüber den Medien im Allgemeinen und gewalthaltigen Szenarien im Besonderen Stellung zu beziehen. In der Regel beschäftigen sich die Angehörigen dieses Clusters in ihrer Freizeit je nach situativen Bedürfnissen mit den audiovisuellen Medien. Sie äußern sich gegenüber dem Gesehenen eher zurückhaltend, was darauf zurückzuführen ist, dass sie mit Filmen oder Fernsehsendungen kaum orientierungsgebende und sinnstiftende Aspekte verbinden. Das heißt, die Mediennutzung der ›Positionslosen‹ ist kaum in konkrete Handlungs- und Orientierungsrahmen eingebettet, was damit einhergeht, dass sie weniger ausgeprägte Aneignungsstrategien sowie Umgangs- und Bewertungsmuster entwickeln als die Angehörigen aller anderen Cluster. Unter diesen Voraussetzungen sind die befragten Jugendlichen kaum in der Lage, mediale Gewaltdarstellungen zu bewerten oder ihre eigene Rezeption einzuordnen. Daraus ergibt sich insbesondere gegenüber medialer Gewalt eine gewisse Skepsis und Unsicherheit, die allerdings nicht dazu führt, dass die ›Positionslosen‹ ihre eigene Rezeption reflektieren oder überdenken.

Die Mehrzahl der ›Positionslosen‹ hat sich den Facettenreichtum und die breit gefächerten Anwendungsfelder der Medien (noch) nicht erschlossen. Es wurde besonders deutlich, dass den befragten Jugendlichen grundlegende Qualifikationen zum weiterführenden Umgang mit den Medien fehlen, sie aber auch keine konkreten Anwendungsinteressen entwickeln, mit denen sie sich den Medien zuwenden. Vereinzelt prägen sie insbesondere gegenüber bebilderten Formaten wie Computerspielen oder audiovisuellen Inhalten Interessen aus, die zwar zu einer ausdauernden Rezeption führen können, allerdings über eine eng begrenzte Nutzung wie im Fall von Mike nicht hinausgehen respektive die Vielseitigkeit der Medien unberührt lassen. Daraus ergibt sich für die ›Positionslosen‹ im Vergleich zu allen anderen Clustern ein sehr *diffuses* Anwendungsprofil, das dazu führt, dass sie den Medien im Allgemeinen und den gewalthaltigen Darstellungen im Besonderen orientierungs- und relativ anspruchslos gegenüberstehen. Hier wird einmal mehr deutlich, dass die Ausprägung adäquater Mediennutzungs- und Bewertungsstandards von Jugendlichen ungeachtet ihrer individuellen Ressourcen in familien- und freundschaftsbezogenen Interaktionen eingebettet ist oder werden sollte, um eine zufriedenstellende Mediensozialisation zu begleiten oder zu unterstützen. Den befragten Jugendlichen fehlt demgemäß eine handlungsleitende und orientierungsgebende Position gegenüber den Medien sowie gegenüber spezifischen Inhalten, zu denen insbesondere medial inszenierte Gewalt zählt, die sie befähigen würde, adäquate Umgangs- und Bewertungsmuster zu entwickeln. Wenn sich die ›Positionslosen‹ medial inszenierter Gewalt zuwenden, dann auf einer eher spaßorientierten Ebene, die zur stimmungsbezogenen Unterhaltung beiträgt, allerdings von ihnen keiner weiterführenden Reflexion unterzogen wird.

4.3 Zusammenfassung

Die vorliegenden Ergebnisse der Studie über die Rezeption, Wahrnehmung und Bewertung medialer Gewalt im Hinblick auf clustertypische Konstellationen von Medienhandeln ergeben ein umfangreiches Bild über Gewalt tolerierende wie auch Gewalt ablehnende Umgangs- und Einstellungsstrategien von Jugendlichen in der Gegenwart. Insgesamt kann geschlussfolgert werden, dass *fiktionale* Gewalt in Form von gewalthaltigen Computerspielen oder Filmen sowie Fernsehsendungen einen *festen Bestandteil* im Medienhandeln von Jugendlichen darstellt. Die einzelnen Cluster bzw. Nutzungstypen unterscheiden sich zwar in ihrem spezifischen Medienhandlungsprofil voneinander, die latente Akzeptanz von medialer Gewalt in ihrem (Medien-)Alltag bleibt jedoch davon in der Regel unberührt. Mitunter variieren Nutzungsintensität und Genrepräferenzen, aber auch Motive und Bewertungen fall- und clusterspezifisch; dennoch sind mediale Gewaltdarstellungen in den Medienalltag der Jugendlichen eingebettet.

Die öffentliche Diskussion über mögliche Gefahren Gewalt tolerierender Mediennutzung bleibt von einem Teil der Jugendlichen, insbesondere denjenigen, die in ihrer Freizeit sehr *ausgiebig* und *regelmäßig* gewalthaltige Formate wählen, wie den ›Allroundern‹, den ›Konsumorientierten‹ oder den ›Deprivierten‹ in der Regel unbeachtet. Die dargebotenen Bilder werden zwar bisweilen als ›brutal‹ oder ›gruselig‹ beschrieben und mitunter heben die Befragten in Anbetracht zu extremer Inhalte (z.b. verbotene, ekelige Internetseiten) ihre Rezeptionsgrenzen hervor, allerdings führen diese impliziten Bewertungen bzw. Einschränkungen nicht dazu, das eigene Spielverhalten sowie die entsprechenden Inhalte weiterführend zu hinterfragen. Der Zugang zu gewalthaltigen Darstellungen und Inhalten lässt sich für diese Jugendlichen als *erlebnis-* und *stimmungsbezogen* beschreiben. Der Erlebniswert in Anbetracht der Rezeption medialer Gewalt steht dabei im Vordergrund.

Bei denjenigen Jugendlichen, die *weniger häufig* fiktionale Gewaltdarstellungen und -inhalte rezipieren – nämlich den ›Bildungsorientierten‹, den ›Kommunikationsorientierten‹ oder den ›Mediengestaltern‹ –, kristallisiert sich ein Spannungsverhältnis heraus, in dem sich jene Jugendlichen zwischen stimmungsbezogener Nutzung und kritisch-distanzierter sowie gesellschaftlich erzeugter negativer Normierung bewegen. Das heißt, diese Jugendlichen befinden sich mitunter auf einer Gratwanderung zwischen Gewalt tolerierender und gewaltablehnender Mediennutzung, bei der sie sich kontinuierlich zwischen Akzeptanz *und* Distanz entscheiden. Im Vergleich zu den anderen Clustern ist bei diesen Jugendlichen die Bewertung medialer Gewalt normativ aufgeladen. Bei einigen Jugendlichen führt der damit verbundene Anspruch dazu, dass der Umgang mit gewalthaltigen und ›brutalen‹ Computerspielen oder die Rezeption inszenierter Gewalt in Filmen oder Fernsehsendungen mitunter komplett abgelehnt wird und die entsprechenden Inhalte als ›dumm‹ stigmatisiert werden. In der Regel lässt sich die überwiegende Mehrheit der Jugendlichen, die den ›Bildungsorientierten‹, den ›Mediengestaltern‹ und den ›Kommunikationsorientierten‹ angehören, im Vergleich zu den anderen Clustern allerdings eher über eine verbalisierte Distanz gegenüber gewalthaltigen Medien beschreiben als über eine konkrete Verhaltensdisposition. Dennoch beschäftigen sich diese Jugendlichen weniger häufig in ihrer Freizeit mit gewalthaltigen Medienformaten als die Angehörigen anderer Cluster.

Ungeachtet der verschiedenen Umgangs- und Bewertungsmuster – von erlebnisorientiert bis normativ – und der differierenden Einstellungen gegenüber tendenzieller Grenzsetzung oder Grenzüberschreitung werden diese Ansichten mehrheitlich geteilt. Die Einbindung in und der Einfluss von *Freundschafts-* und *Gleichaltrigengruppen* spielt dabei eine wichtige Rolle für den Umgang und die Bewertung medialer Gewalt. Trotz dieser variierenden Einstellungsmuster konnten für alle Cluster vergleichbare Rezeptionsmotive herausgestellt werden, die allerdings in Bezug auf Intensität und Kontinuität über die verschiedenen clusterspezifischen Mediennutzungsprofile hinaus gemäß *geschlechtsrollen-* und *altersspezifischer* Merkmale differieren.

4.3 Zusammenfassung

Die Rezeption medialer Gewalt hängt bei den Jugendlichen eng mit dem Bedürfnis nach lust- und spannungsorientierter Unterhaltung zusammen. Mediale Gewalt wird demnach in allgemeine *unterhaltungsbezogene* Rezeptionssituationen eingebunden. Die Jugendlichen wollen sich mithilfe der Medien und in Abhängigkeit von ihrem clustertypischen Nutzungsverhalten unterhalten lassen. Sie äußern vielfach den Wunsch nach Spaß und verbinden in diesem Zusammenhang mit Mediennutzung häufig die Überbrückung von Langeweile oder das Bedürfnis nach Entspannung. Offenbar ist es die mit der Rezeption fiktionaler gewalthaltiger Inhalte verbundene *Gratifikation*, etwa in Form von Spannungs- und Überraschungsmomenten sowie von Spaß und Unterhaltung, welche die Jugendlichen veranlasst, das Konsumieren medialer Gewalt mehr oder weniger *regelmäßig* und wie *selbstverständlich* in ihren Lebensalltag zu integrieren. Die aufgrund unserer qualitativ ausgerichteten Teilstudie gewonnenen Ergebnisse scheinen einen ersten Beleg für die von Sparks und Sparks (2000) aufgestellte Hypothese eines Surplus an spannungsorientierter Unterhaltung zu liefern, der die Vorliebe für fiktionale gewaltorientierte Inhalte bei (jugendlichen) Rezipienten zu einem wesentlichen Teil bestimmt.

In diesen entspannungs- und lustorientierten Nutzungskontext ist die Rezeption medialer Gewalt eingebettet und erfährt gerade deshalb meist keine weiterführende Reflexion. Unsere Ergebnisse lassen den Schluss zu, dass neben der Einbindung und entsprechenden Bewertung medialer Gewaltdarstellung in unterhaltungsbasierte Rezeptionsstrategien das Spannungsmotiv sowie die ›Lust an der Angst‹ einen ebenso wichtigen Beweggrund darstellen.

Für diejenigen Jugendlichen, die gewalthaltige Medien(-darstellungen) in ihr allgemeines Nutzungsprofil integrieren, zeigt sich, dass sie gruselige, actionreiche und gewaltbasierte Inhalte und Formate gerade deshalb besonders faszinierend finden, weil sie aus ihrer Sicht *nicht* der Alltagsrealität entsprechen. Die Auseinandersetzung mit dem ›Anderen‹, ›Fremden‹ oder auch ›Phantastischen‹ und ›Übernatürlichen‹ hat einen hohen Stellenwert in Bezug auf die spannungsreiche Anreicherung des Alltags der Jugendlichen. Das heißt, die Jugendlichen wollen mithilfe der Medien das erleben, was sich ihrer alltäglichen Wahrnehmung oder sozialstrukturellen Einbindung innerhalb ihres normalen lebensweltlichen Kontextes entzieht. Das lässt sich über das Interesse von Jugendlichen, *identitätsstiftende Grenzerfahrungen* erleben zu wollen, erklären. Jugendliche können also offenbar sehr wohl zwischen inszenierter und tatsächlicher Gewalt unterscheiden. Insbesondere in Bezug auf die Äußerungen der Jugendlichen gegenüber gewaltbasierten Computerspielen wie dem Egoshooter-Spiel ›Counterstrike‹, das durch den Amoklauf eines Schülers in Erfurt im Frühjahr 2002 die öffentliche Diskussion über die Auswirkungen von ›brutalen‹ Computerspielen auf Jugendliche erneut entfachte, wird erkennbar, dass sie selbst *keinen* direkten Zusammenhang zwischen dem Spielen eines solchen Genres und dem Ausüben realer Gewalt sehen.[137] Das konkrete Spielen respektive das Gewinnen gegen einen virtuellen Gegner, das Sammeln von Punkten oder das Erreichen der nächsten Spielebene stehen im Mittelpunkt des Engagements. Wir können demnach annehmen, dass der Umgang mit den Medien im Allgemeinen und mit gewaltbasierten Inhalten und Formaten im Besonderen grundlegend auf *erlebnisorientierten* und *stimmungsbezogenen* Interessen basiert. Das wird auch daran deutlich, dass Jugendliche sich zwar derart in eine Spielhandlung vertiefen können, dass sie aufgrund eines Selbstkontrollverlustes ihr Umfeld sowie zeitliche Vorgaben und persönliche Bedürfnisse aus ihrem Blick verlieren. Allerdings heben sie diesbezüglich immer ihren *spielbezogenen Ehrgeiz* als Grundmotiv hervor. Diejenigen Computerspiele, deren Nutzung und gewalthaltige Inhalte in der öffentlichen Diskussion bisweilen sehr in der Kritik stehen, führen entsprechend eines als kathartisch beschriebenen Verhaltens bei einer intensiven Beschäftigung damit nach Angaben der Jugendlichen sogar eher zu einem Aggressionsabbau als umgekehrt zu einem Aufbau von Aggressionen. Denn das ausdauernde Spielen solcher Computerspiele trägt dazu bei, dass Rekorde aufgestellt und der Ehrgeiz, ein Level zu gewinnen, befriedigt werden können. Hier wird deutlich, dass die Befragten spezifische, jugendbezogene Bewertungen heranziehen, die sich von denen der Eltern in den meisten Fällen *unterscheiden*. Lediglich diejenigen Jugendlichen, die einen normativen Anspruch an die Medien und deren Verantwortung äußern, orientieren sich auf der Einstellungsebene an den elterlichen Maßgaben. Vom *tatsächlichen* Umgang mit Gewalt tolerierenden Medien hält sie das dennoch nicht ab. Vielmehr sind vor allem peerspezifische Einflussfaktoren orientierungs- und handlungsleitend.

Medial inszenierte Gewalt ist Bestandteil *jugendbezogener* Kommunikation und Interaktion, d.h. vielfach werden ›brutale‹ Computerspiele oder actionreiche Filme gemeinsam mit Freunden in der Freizeit rezipiert. Jugendliche unterstützen sich demnach nicht nur gegenseitig in der Erschließung von Mediennutzungskompetenzen, sondern legen füreinander fest, was gerade ›in‹ ist und was nicht. Die gemeinsame Rezeption medialer Gewalt und die jugendbezogenen

---

137 An dieser Stelle können über mögliche (Aus-)Wirkungen nur Hypothesen entwickelt werden, denn auch wenn die Jugendlichen keinen direkten Zusammenhang zwischen dem Spielen von gewaltbasierten Computerspielen und dem Ausüben von realer Gewalt bei sich oder anderen erkennen, könnte es ja bei gleichzeitigem Auftreten von extrem ungünstigen psychischen und sozialen Bedingungen des Aufwachsens einen Zusammenhang geben, der jedoch in Wirklichkeit im Sinne des Modells einer drittseitigen Beeinflussung bzw. Variablensteuerung von eben diesen Bedingungen, nicht aber von den rezipierten Medieninhalten verursacht wird. Wir konnten ihn hier aufgrund einer andersartigen Fragestellung und einer sich daraus ergebenden differenten Datenlage allerdings nicht nachweisen (vgl. dazu Kap. 5, S. 177ff.).

Bewertungsmuster sind demnach ebenso eingebettet in solche *Peergruppen*, die entsprechende technische und inhaltliche Aktualitätsstandards bzw. Trends definieren. Denjenigen Jugendlichen, die in solche jugendbezogenen und kommunikativen Mediennutzungsstrukturen nicht oder kaum eingebunden sind, fehlt demnach nicht nur eine medienspezifische Orientierungsgröße für adäquate Aneignungs- und Umgangsmuster, sondern auch eine jugendspezifische Einstellungs- und Bewertungsfolie in Bezug auf medial inszenierte Gewalt, wie es bei den ›Positionslosen‹ sichtbar wurde. Jugendliche dürfen demnach ungeachtet ihrer eigenen Nutzungsstrategien und inhaltlichen Präferenzen in ihrer Medienaneignung und der Generierung medienbezogener Positionen *nicht* losgelöst von ihrer sozialstrukturellen Einbindung betrachtet und bewertet werden. Zusammenfassend können wir schlussfolgern, dass sich der überwiegende Teil der befragten Jugendlichen über eine *latente Akzeptanz* sowie eine Gewalt tolerierende Einstellung gegenüber medialer Gewalt charakterisieren lässt. Wir können allerdings davon ausgehen, dass nur bei denjenigen Jugendlichen ein Gefährdungspotenzial für gewalthaltiges Verhalten besteht, denen eine kollektiv definierte Absicherung oder individuelle Kompetenzen im Umgang mit sowie der Bewertung von Medien fehlen.

5. Standardisierte Umfrage

5.1 Problemaufriss und Fragestellung

Zum Thema »Medien und Gewalt« liegen zahlreiche wissenschaftliche Untersuchungen vor, die in kommunikations- und medienwissenschaftlichen ebenso wie in medienpädagogischen Forschungskontexten entstanden sind und in ihrer Fülle an dieser Stelle nicht umfassend dargestellt und aufgearbeitet werden können und sollen (vgl. dazu z.b. Kunczik/Zipfel 2002; Kunczik 1998). Erwartungsgemäß beschäftigen sich Forschungsarbeiten im medienpädagogischen Kontext insbesondere mit der Wahrnehmung medialer Gewalt durch Kinder und fragen nicht nur nach den Grenzen des Darstell- und Zumutbaren, sondern auch nach der Funktion medialer Gewaltdarstellungen, wenn diese im kindlichen Spiel nachgeahmt und in Prozesse des sozialen Umgangs integriert werden. Hier sind insbesondere die Studien des Instituts »Jugend Film Fernsehen – JFF« zu nennen, die sich in unterschiedlichen Forschungsprojekten sowohl mit den Auswirkungen fiktiver als auch realer Gewaltdarstellungen differenziert auseinandergesetzt haben (vgl. etwa Theunert et al. 1995). Darüber hinaus können Arbeiten des Deutschen Jugendinstituts angeführt werden, die zeigen, wie Kinder durchaus konstruktiv mit gewaltbezogenen Inhalten umgehen können – wobei freilich nicht jede Art der Gewaltdarstellung entsprechende Verarbeitungsmechanismen erlaubt (vgl. bspw. Barthelmes/Feil/Furtner-Kallmünzer 1991).

So unterschiedlich die einzelnen Forschungsarbeiten in ihrer Anlage und Ausrichtung sowie in der Betrachtung verschiedener Rezipientengruppen, Medien und Genre auch sein mögen, es herrscht inzwischen Konsens darüber, dass eine direkte Wirkung gewaltbezogener Medieninhalte auf das Handeln des Betrachters *nicht* nachgewiesen werden kann. Vielmehr ist davon auszugehen, dass nur bestimmte Individuen und Problemgruppen negativ auf spezifische Formen medialer Gewalt reagieren, wobei die Medien hier im Zusammenspiel mit soziodemografischen Faktoren sowie Aspekten der Sozialisation betrachtet werden müssen. Ob Medien bei einem jugendlichen Zuschauer die Gewaltbereitschaft tatsächlich erhöhen oder beispielsweise eher zur Stimulierung der Angst-Lust im Kontext kollektiver Rezeptionserfahrungen eingesetzt werden (vgl. Zillmann 1988; Vogelgesang 1999; Vitouch 2000), hängt von einem komplizierten Beziehungsgeflecht verschiedener Faktoren ab. Vieles spricht dafür, dass Medieninhalte *nicht* die Ursachen für Gewalttaten sind, sondern dass sie bei bereits vorhandener Gewaltbereitschaft Modelle für die konkrete Umsetzung einer latent bestehenden Gewaltbereitschaft liefern können oder zur Desensibilisierung gegenüber Gewalttaten beitragen (vgl. Fritz/Fehr 1997, 2002). Dabei ist allerdings die Bedeutung, die dem Faktor Medienkompetenz im Hinblick auf die Rezeption, Beurteilung und letztlich auch die Wirkung medialer Gewalt zukommt, bis dato in der Forschungsliteratur ungeklärt.

Die vorliegende Studie möchte an dieser Stelle eine Lücke in der Forschungsliteratur schließen. Sie zielt darauf, die Bedeutung des Faktors *Medienkompetenz* für die Rezeption gewaltbezogener medialer Inhalte empirisch auszuleuchten. Untersucht werden soll, wie die Rezeption gewaltbezogener Medieninhalte bei Jugendlichen in Abhängigkeit von dem graduellen Ausmaß ihrer Medienkompetenz variiert. Dabei ist von besonderem Interesse, welche Wirkungsweise der Faktor der Medienkompetenz in der Beziehung zwischen der Selbstwahrnehmung der Jugendlichen auf der einen Seite und der Rezeption gewaltbezogener Medieninhalte auf der anderen Seite entfaltet. Befunde aus der kriminalsoziologischen Forschungsliteratur (Kaplan 1980; Tittle 1995) lassen in diesem Zusammenhang vermuten, dass gewaltaffine Präferenzen und Orientierungen insbesondere bei solchen Jugendlichen in Erscheinung treten, deren *Selbstwertgefühl* und *Kontrollüberzeugung* – nicht zuletzt als Folge erfahrener Ohnmachtgefühle in schulischen und familiären Handlungskontexten – eher gering ausgeprägt sind. Insbesondere dann, wenn die Perspektive des erfolgreichen Täters übernommen werden kann und das Leiden der Opfer verschwiegen wird, ermöglicht die Rezeption gewaltbezogener Medieninhalte eine Kompensation von Gefühlen der Machtlosigkeit oder ihre vorübergehende Betäubung (vgl. Grimm 1999a). Es ließe sich in diesem Zusammenhang annehmen, dass reflexive Kompetenzen im Umgang mit Medien Jugendliche eher dazu veranlassen, gegebene Präferenzen für gewaltbezogene Medieninhalte auf ihre zugrunde liegenden Motive zu hinterfragen und gegebenenfalls abzubauen.

In Anlehnung an die skizzierten Überlegungen konzentriert sich die vorliegende Untersuchung auf die Beantwortung der folgenden Forschungsfragen:

7. Variiert die Präferenz zur Rezeption gewaltbezogener Medieninhalte in Abhängigkeit von der Medienkompetenz der Jugendlichen?
8. Lässt sich – unter Kontrolle von Einflusseffekten des Selbstwertgefühls und der Kontrollüberzeugung – ein unabhängiger Effekt der Medienkompetenz auf die Präferenz zur Rezeption gewaltbezogener Medieninhalte bei Jugendlichen beobachten?

5.2 Methode und Daten

Um die aufgeführten Forschungsfragen zu untersuchen, wurde – wie bereits in Kapitel 3 des Forschungsberichts[138] ausgeführt –eine repräsentative Befragung von 3.271 Jugendlichen im Alter zwischen 12 und 20 Jahren durchgeführt. Die Befragung erfolgte in Hauptschulen, Realschulen, Sekundarschulen, Gesamtschulen, Gymnasien und Berufsschulen klassen- bzw. jahrgangsweise vom 7. Schuljahr aufwärts. Als Grundlage der standardisierten Erhebung wurde ein umfangreicher Fragebogen entwickelt, mit dem zahlreiche Aspekte des Medienhandelns erfasst werden konnten (für eine umfassendere Beschreibung des Erhebungsinstruments siehe die Abschnitte 3.5.1 und 15.1 in Treumann/Meister/Sander et al. 2007). Als Referenzstichprobe der folgenden Analysen fungierten die Fälle des Untersuchungssamples, die auf mindestens 22 der 32 Hauptkomponenten jugendlichen Medienhandelns (vgl. die Kapitel 3.6.1.6, S. 71 und 6, S. 196)[138] gültige Werte aufweisen, d.h. aus dem Datensatz wurden diejenigen Jugendlichen ausgeschieden, die auf den 32 Komponenten mehr als 10 fehlende Werte (Missing Values) besitzen. Der Umfang der Untersuchungsstichprobe für die im Folgenden dokumentierten Analysen reduzierte sich daher auf n=1.662 Fälle.

5.2.1 Operationalisierung zentraler Untersuchungsgrößen

Von besonderem methodischem Interesse für die vorliegende Untersuchung ist, in welcher Weise die Präferenz zur Rezeption gewaltbezogener Medieninhalte, das Konzept der Medienkompetenz und die sozialpsychologischen Konstrukte des Selbstwertgefühls und der Kontrollüberzeugung auf Grundlage der verfügbaren Daten operational umgesetzt werden konnten.

5.2.1.1 Präferenz zur Rezeption gewaltbezogener Medieninhalte

Indikatoren zur *Rezeption* gewaltbezogener medialer Inhalte beziehen sich im Rahmen der vorliegenden Untersuchung insbesondere auf das Medium Fernsehen und erfassen Genrevorlieben und inhaltliche Präferenzen Jugendlicher. Aus dem Kontext der Frage:»Welche Spielfilme und Serien siehst du besonders gerne?« (Frage 40 des Fragebogens) wurden – bezogen auf das Format der Spielfilme – die Genres ›Action-/Katastrophenfilm‹, ›Kriegsfilm‹, ›Krimi/Thril-

---

138 Treumann/Meister/Sander et al.: Medienhandeln Jugendlicher. Eine empirische Studie zu Mediennutzungsverhalten und Medienkompetenz von Heranwachsenden. Wiesbaden: VS Verlag für Sozialwissenschaften 2007.

ler‹, ›Horrorfilm‹ und ›Western/Eastern‹ als in besonderer Weise gewalthaltig betrachtet. Die Vorliegen der genrespezifischen Präferenz eines Befragten wurde für Zwecke der weiteren Datenanalyse mit dem Wert 1, das Nichtvorliegen einer Präferenz mit dem Wert 0 codiert.

5.2.1.2 Medienkompetenz

Das Konzept der Medienkompetenz wurde im Rahmen der vorliegenden Untersuchung auf dem Hintergrund des Bielefelder Medienkompetenz-Modells (u.a. Baacke 1996) empirisch umgesetzt (vgl. Kap. 3.5 sowie 5 und 6 in Treumann/Meister/Sander et al. 2007). In diesem Zusammenhang wurden mithilfe der Clusteranalyse verschiedene empirisch fundierte Typen von Jugendlichen rekonstruiert, die sich in ein Raster der graduell unterschiedlichen Ausprägung von Medienkompetenz einordnen lassen (vgl. Abschnitt 7.8.4.4 in Treumann/Meister/Sander et al. 2007: 475ff.). Für die Zwecke der folgenden Ausführungen wählen wir die ›Deprivierten‹ als dasjenige Cluster des Medienhandelns aus, bei dessen Angehörigen Kompetenzen im Umgang mit alten und Neuen Medien am relativ geringsten ausgeprägt sind (vgl. ebd.). Demgegenüber gelten die ›Allrounder‹ auf der einen Seite und die ›Bildungsorientierten‹ auf der anderen Seite als die Cluster des Medienhandelns, bei deren Angehörigen Medienkompetenz – in verschiedenen Profilierungen – vergleichsweise am stärksten ausgeprägt ist. Anzumerken ist in diesem Zusammenhang, dass eine Kontrastierung der ›Allrounder‹ und ›Bildungsorientierten‹ auf der einen sowie der ›Deprivierten‹ auf der anderen Seite zu berücksichtigen hat, dass diese Cluster sich in der Geschlechts- und Alterszusammensetzung deutlich unterscheiden. Aus diesem Grund soll ein Vergleich dieser Cluster im Rahmen multivariater Analysen erfolgen, in deren Rahmen bei der Betrachtung der Kontextfaktoren des Medienhandelns der Einfluss von Geschlechts- und Altersunterschieden der Jugendlichen auf die Clusterzugehörigkeit statistisch auspartialisiert werden kann.

5.2.1.3 Selbstwertgefühl

Zu Erfassung des Selbstwertgefühls der Jugendlichen wurden in Anlehnung an die sog. *Self-Esteem*-Skala von Morris Rosenberg (vgl. Rosenberg 1986) die folgenden Items verwendet.

1. Im Großen und Ganzen bin ich mit mir zufrieden.
2. Manchmal wünsche ich mir, ich wäre anders.
3. Ich halte nicht sehr viel von mir.
4. Manchmal habe ich den Eindruck, dass ich irgendwie überflüssig bin.

5.2 Methode und Daten

Das Ausmaß der Zustimmung zu diesen Items wurde über eine vierstufige Skala erhoben mit den verbalen Ankerpunkten *trifft auf mich überhaupt nicht zu*, *trifft auf mich eher nicht zu*, *trifft auf mich eher zu* und *trifft auf mich voll und ganz zu* (vgl. Frage 119 des Fragebogens).

Tabelle 5.2.1.3.1: Reliabilitätskoeffizienten für die Indikator-Items des Selbstwertgefühls

Items	n	Trenn- schärfe	Cronbachs Alpha	
			unter Aus- schluss des betreffen- den Items*	unter Ein- schluss aller Items
Im Großen und Ganzen bin ich mit mir zufrieden.	3.059	0,428	0,682	
Manchmal wünsche ich mir, ich wäre anders (recodiert)	3.059	0,509	0,635	
Ich halte nicht sehr viel von mir (recodiert)	3.059	0,522	0,628	
Manchmal habe ich den Eindruck, dass ich irgendwie überflüssig bin (recodiert)	3.059	0,518	0,629	
				0,707

* In dieser Spalte wird der Reliabilitätskoeffizient für eine Skala ausgegeben, bei der das jeweilige Item nicht berücksichtigt ist. Über diese Werte wird etwa ersichtlich, dass das Item »Ich halte nicht sehr viel von mir« vergleichsweise viel zur Zuverlässigkeit der Skala des Selbstwertgefühls beiträgt, da Cronbachs Alpha ohne dieses Item mit 0,628 deutlich geringer ist als unter Einschluss aller Items (0,707).
Quelle: Medienhandeln Jugendlicher, 2007.

Um in erster Instanz zu prüfen, wie weit die genannten Items als Indikatoren einer zugrundeliegenden Einstellungs- oder auch Orientierungsdimension aufgefasst werden können, wurden im Rahmen von Reliabilitätsanalysen Trennschärfekoeffizienten[139] sowie Homogenitätsindizees für die gesamte Itembatterie berechnet (vgl. Tab. 5.2.1.3.1). Als Homogenitätsindex wurde dabei auf den Alpha-Koeffizienten nach Cronbach (1951) zurückgegriffen.[140]

Die Ergebnisse der Reliabilitätsanalysen (s. Tab. 5.2.1.3.1) machen deutlich, dass die für die Messung des Selbstwertgefühls verwendeten Items sowohl auf

---

139 Der Trennschärfekoeffizient gibt an, wie gut ein einzelnes Item das Gesamtergebnis eines Tests resp. einer Skala repräsentiert. Es ist definiert als Korrelation dieses Items mit dem Gesamttestwert (Summenscore). Dem Trennschärfekoeffizienten eines Items ist dabei zu entnehmen, wie genau das gesamte Testergebnis bzw. der einem Befragten zugewiesene Skalenwert auf Grundlage der Beantwortung eines einzelnen Items vorhersagbar ist (vgl. Bortz/Döring 1995: 199f.). Die Trennschärfe eines Items kann zwischen 0 und 1 variieren. Grundsätzlich sind dabei möglichst hohe Trennschärfen erstrebenswert. Ein Trennschärfekoeffizient zwischen 0,3 und 0,5 gilt dabei als mittelmäßig, ein Koeffizient von über 0,5 als hoch (vgl. hierzu auch Weise 1975: 219).
140 Der Koeffizient Alpha nach Cronbach erfasst im Rahmen der Item- resp. Skalenanalyse den auf eine einzige Merkmalsdimension zurückgehenden Varianzanteil aller Items. Er kann zwischen 0 und 1 variieren und fällt um so höher aus, je höher die Item-Interkorrelationen sind. Schnell/Hill/Esser (2005) empfehlen, für den Alpha-Koeffizienten empirische Werte über 0,8 als akzeptabel zu betrachten. Da der Alpha-Wert jedoch ebenfalls mit der Itemzahl einer Skala ansteigt, scheint es tolerabel, bei geringerer Itemzahl auch geringere Alpha-Werte zu akzeptieren.

der Ebene der Trennschärfe als auch auf der Ebene der internen Konsistenz für die Zwecke der Skalenbildung zufriedenstellende Werte aufweisen. Eine Hauptkomponentenanalyse (vgl. Abb. 5.2.1.3.1) bestätigt im Weiteren, dass den ausgewählten Items zur Messung des Selbstwertgefühls eine eindimensionale Struktur zugrunde liegt, was zweifelsohne als ein Beleg für die Konstruktvalidität des Konzepts des Selbstwertgefühls gedeutet werden darf, das mit den in der Untersuchung verwendeten Items operationalisiert wurde. So wird hier die Ein-Komponenten-Lösung nach dem Eigenwert-Kriterium von Kaiser und Guttman als bestes Modell für die reduzierte Darstellung der Indikatorvariablen ausgewiesen (vgl. Abb. 5.2.1.3.1). Die sich für die Einzelitems ergebenden Komponentenladungen zwischen 0,76 und 0,67 weisen auf eine auch unter Interpretationsgesichtspunkten eindeutige Ladungsstruktur hin.

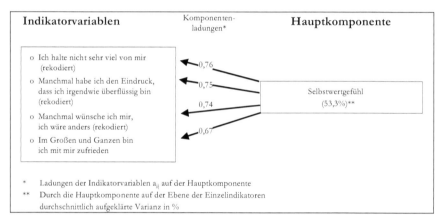

Abbildung 5.2.1.3.1: Hauptkomponentenstruktur der Items zum Selbstwertgefühl bei ost- und westdeutschen Jugendlichen zwischen 12 und 20 Jahren (n=3.059)

Maß der Stichprobeneignung: KMO = 0,736.
Quelle: Medienhandeln Jugendlicher, 2007.

5.2.1.4 Kontrollüberzeugung

Im Rahmen der standardisiert-schriftlichen Befragung konnte das von Rotter (1966) begründete und von Levenson (1972) und Krampen (1979) weiterentwickelte Konzept der Kontrollüberzeugung partiell operationalisiert werden, denn es lassen sich einzelne Items aus einer Fragebatterie zur Erfassung des Selbstkonzepts näherungsweise als Indikatoren einer internalen Kontrollüberzeugung heranziehen.[141] Es handelt sich hierbei um die Items:

---

141 Internale Kontrollüberzeugungen liegen nach Krampen dann vor, »wenn eine Person Verstärkungen und Ereignisse, die eigenen Handlungen folgen, als kontingent zum eigenen Verhalten oder zu eigenen Persönlichkeitscharakteristika wahrnimmt« (vgl. Krampen 1981: 6).

5.4 Zusammenfassung　　　　　　　　　　　　　　　　　　　　　183

1. »Was mit mir geschieht, dafür bin ich selber verantwortlich.«
2. »Die meisten Niederlagen sind das Ergebnis von Faulheit, Unfähigkeit oder Dummheit.«

Die Zustimmung zu diesen Items wurde über eine vierstufige Skala erhoben mit den verbalen Ankerpunkten *stimme überhaupt nicht zu, stimme eher nicht zu, stimme eher zu* und *stimme voll und ganz zu* (vgl. Frage 120 des Fragebogens). Beide Items wurden in einem standardisierten Index zur internalen Kontrollüberzeugung zusammengefasst.

5.2.2 Verfahren der Datenanalyse

Die Beantwortung der Forschungsfragen der vorliegenden Untersuchung erfolgte unter Verwendung der Varianzanalyse sowie der Verfahren der linearen und der binär-logistischen Regression.

5.3 Ergebnisse

5.3.1 Medienkompetenz und gewaltbezogene Genrepräferenzen

Die Beantwortung der Forschungsfrage 1 erfolgte über die Anwendung der Varianzanalyse und den in ihrem Rahmen durchgeführten Mittelwertvergleichen. Die Ergebnisse der Analysen sind in Tabelle 5.3.1.1 und Abbildung 5.3.1.1 dargestellt. Anzumerken ist in diesem Zusammenhang, dass Abbildung 5.3.1.1 eine transformierte Darstellung der in Tabelle 5.3.1.1 aufgeführten Prozentwerte für den relativen Anteil von Anhängern eines bestimmten Filmgenres in den unterschiedenen Clustern des Medienhandelns ist.

Zu Darstellungszwecken wurden dabei die dichotomen Variablen zur Genrepräferenz der Befragten in eine z-Wert-Transformation einbezogen. Die z-Wert-Transformation hatte zur Folge, dass sich die transformierten Ausprägungswerte der Befragten zur Präferenz gegenüber den einzelnen Spielfilmgenres über alle Untersuchungsfälle zu null summieren.

Abbildung 5.3.1.1 zeigt nun die mittleren z-Werte für die Präferenz gegenüber einzelnen Spielfilmgenres in den unterschiedenen Clustern des Medienhandelns. Die horizontale Nulllinie des Diagramms indiziert dabei – analog zu der »Gesamt«-Zeile in Tabelle 5.3.1.1 – den Anteil aller Jugendlichen in der Gesamtstichprobe – also unter Absehung von der Zugehörigkeit zu den einzelnen Clustern –, der im Rahmen der Befragung seine Vorliebe zu einem be-

Tabelle 5.3.1.1: Ausgewählte Genrepräferenzen bei Spielfilmen, differenziert nach Clusterzugehörigkeit (Angaben in %)

Gesamt	Spielfilme				
	Action, Katastrophe	Kriegsfilm	Krimi, Thriller	Horror	Western, Eastern
Allrounder	84,6	52,3	65,1	83,1	23,1
Bildungsorientierte	50,9	23,9	64,4	61,3	9,2
Konsumorientierte	90,4	55,5	59,4	86,8	15,3
Kommunikationsorientierte	54,7	16,8	58,6	80,3	6,8
Deprivierte	80,3	54,9	53,3	84,4	9,8
Mediengestalter	66,0	32,0	48,0	72,0	22,0
Positionslose	80,8	39,6	57,3	74,3	14,9
Gesamt	71,4	37,3	59,7	76,8	13,1
Modellanpassung[1]					
Cramers V	0,348	0,312	0,084	0,211	0,156
p (Chi²)	<0,001	<0,001	0,080	<0,001	<0,001
n	1.606	1.606	1.606	1.606	1.606

1 Die Maße zur Modellanpassung geben an, wie gut die Modellannahme der Unabhängigkeit der betrachteten Untersuchungsgrößen auf die Daten abgebildet werden kann. Ein Signifikanzwert von mindestens p<0,10 zeigt dabei an, dass die empirische Verteilung der Untersuchungsgrößen statistisch bedeutsam oder in der Tendenz von einer Zufallsverteilung abweicht und in diesem Sinne ein Zusammenhang der Untersuchungsgrößen behauptet werden kann.
Quelle: Medienhandeln Jugendlicher, 2007.

stimmten Genre bekundet hat. Clusterspezifische Präferenzwerte oberhalb der Nulllinie lassen in diesem Zusammenhang erkennbar werden, dass der Anteil positiver Präferenzbekundungen unter den Angehörigen eines Clusters höher ausfällt als unter den Befragten der Untersuchungsstichprobe insgesamt. Clusterspezifische Präferenzwerte unterhalb der Nulllinie zeigen analog hierzu an, dass der Anteil von Vorlieben unter den Angehörigen eines Clusters geringer ausfällt als in der Untersuchungsstichprobe insgesamt. Die Abbildung erlaubt dabei zwar keine direkte Rekonstruktion der tabellarisch aufgelisteten Anteilswerte. Gleichwohl ermöglicht sie – im Gegensatz zur rein tabellarischen Darstellung – einen *Vergleich* der clusterspezifischen Über- bzw. Unterrepräsentation von Präferenzen zwischen den verschiedenen Spielfilmgenres. So wird hier etwa sichtbar, dass im Cluster der Mediengestalter trotz der in absoluten Zahlen gegenläufigen Prozentziffern der Anteil von Anhängern des Krimi-Genres unterdurchschnittlich, der Anteil von Sympathisanten des Western-Genres hingegen überdurchschnittlich ausfällt.

Die Ergebnisse der Analysen zeigen zunächst auf der Ebene der Durchschnittswerte, dass dem Horrorfilmgenre mit Blick auf die Genrepräferenzen der 12 bis 20-jährigen Jugendlichen die vergleichsweise größte Beliebtheit zukommt. Mehr als drei Viertel aller Jugendlichen (76,8 Prozent) geben an, Filme dieses Genres besonders gern zu sehen. Parallel hierzu äußern 71,4 Prozent, dass sie eine Vorliebe für Action- und Katastrophenfilme haben. Krimis und Thriller werden immerhin noch von etwa 60 Prozent der Jugend-

5.4 Zusammenfassung

lichen favorisiert. Dies lässt erkennen, dass eine allgemeine Präferenz für gewalthaltige Filmgenres unter Jugendlichen kein Minderheitenphänomen darstellt. Vielmehr scheint das Interesse am Konsum fiktionaler Spannungsmomente und vor allem – wie im Falle des Horrorgenres – die Lust an filmisch induzierten Angstmomenten in der Altersgruppe der 12 bis 20-Jährigen *weit verbreitet* zu sein. Auffällig ist demgegenüber, dass das Genre der Kriegsfilme sowie der Western und Eastern in der Beliebtheitsskala der Jugendlichen deutlich zurücksteht. Doch können sich immerhin noch mehr als ein Drittel der befragten Schüler (37,3 %) für Kriegsfilme und 13,1 Prozent für Western und Eastern begeistern.

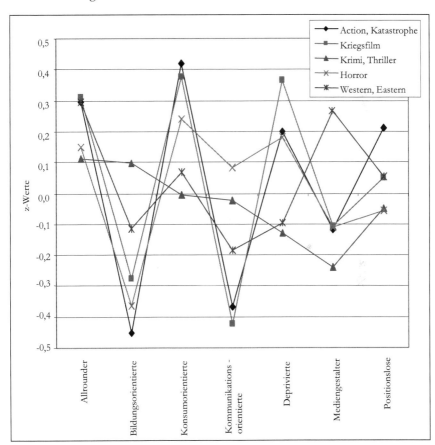

Abbildung 5.3.1.1: Ausgewählte Genrepräferenzen bei Spielfilmen, differenziert nach Clusterzugehörigkeit
Quelle: Medienhandeln Jugendlicher, 2007.

186   5. Standardisierte Umfrage

Tabelle 5.3.1.2: Ausgewählte Genrepräferenzen bei Spielfilmen und Serien, differenziert nach Clusterzugehörigkeit und Geschlecht (Angaben in Prozent)

Mädchen			Spielfilme		
	Action, Katastrophe	Kriegsfilm	Krimi, Thriller	Horror	Western, Eastern
Allrounder	55,9	20,6	76,5	91,2	11,8
Bildungsorientierte	40,1	14,8	64,1	59,9	5,9
Konsumorientierte	60,0	20,0	66,7	86,7	
Kommunikations-orientierte	52,4	13,6	57,7	81,5	6,6
Deprivierte	45,8	12,5	45,8	79,2	4,2
Mediengestalter	58,3	16,7	45,8	79,2	16,7
Positionslose	62,4	9,4	64,1	71,8	8,5
Gesamt	50,5	14,0	61,2	73,7	6,9
Modellanpassung[1]					
Cramers V	0,162	0,078	0,122	0,234	0,104
p (Chi²)	0,003	0,607	0,081	<0,001	0,225
n	752	752	752	752	752

Jungen			Spielfilme		
	Action, Katastrophe	Kriegsfilm	Krimi, Thriller	Horror	Western, Eastern
Allrounder	90,7	59,0	62,7	81,4	25,5
Bildungsorientierte	79,8	48,3	65,2	65,2	18,0
Konsumorientierte	94,0	59,8	58,6	86,9	17,1
Kommunikations-orientierte	82,6	56,5	69,6	65,2	8,7
Deprivierte	88,8	65,3	55,1	85,7	11,2
Mediengestalter	73,1	46,2	50,0	65,4	26,9
Positionslose	91,3	56,8	53,4	75,7	18,4
Gesamt	89,7	57,8	58,4	79,5	18,5
Modellanpassung[1]					
Cramers V	0,169	0,094	0,093	0,188	0,117
p (Chi²)	<0,001	0,270	0,284	<0,001	0,071
n	854	854	854	854	854

1   Die Maße zur Modellanpassung geben an, wie gut die Modellannahme der Unabhängigkeit der betrachteten Untersuchungsgrößen auf die Daten abgebildet werden kann. Ein Signifikanzwert von mindestens p<0,10 zeigt dabei an, dass die empirische Verteilung der Untersuchungsgrößen statistisch bedeutsam von einer Zufallsverteilung abweicht und in diesem Sinne ein Zusammenhang der Untersuchungsgrößen behauptet werden kann.
Quelle: Medienhandeln Jugendlicher, 2007.

Bezieht man in die Betrachtung im Weiteren die Zugehörigkeit der Jugendlichen zu den von uns rekonstruierten Clustern des Medienhandelns mit ein, so zeigen sich signifikante Präferenzunterschiede zwischen den Clustergruppierungen. Dabei wird deutlich, dass die Präferenz zur Rezeption gewalthaltiger Filmgenres in Abhängigkeit von der *Clusterzugehörigkeit* der Befragten in beträchtlichem Ausmaß variiert (vgl. Tab. 5.3.1.1, S. 184). Dies gilt zunächst für die Genres der Action- und Katastrophen- sowie der Kriegsfilme, darüber hinaus jedoch ebenfalls für das Horrorfilmgenre sowie für Western und Eastern. Die vergleichsweise schwächste Varianz innerhalb der Untersuchungsstichprobe weist die Präferenz für Krimis und Thriller auf. Es hat entsprechend

5.4 Zusammenfassung 187

den Anschein, als ob das Interesse an Filmen dieses Genres zwischen den in unserer Studie unterschiedenen Typen jugendlichen Medienhandelns nur relativ wenig variiert.

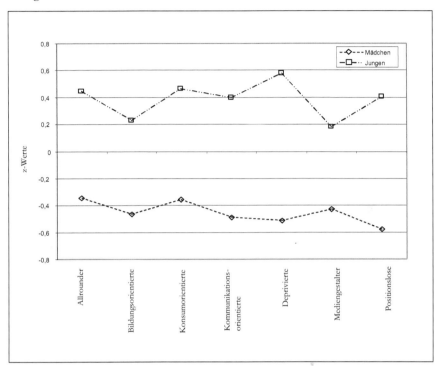

Abbildung 5.3.1.2: Präferenzen gegenüber dem Spielfilmgenre »Kriegsfilm«, differenziert nach Clusterzugehörigkeit und Geschlecht

Quelle: Medienhandeln Jugendlicher, 2007.

Starke Präferenzunterschiede werden demgegenüber vor allem mit Blick auf die Genres der Action- und Katastrophen- sowie der Kriegsfilme erkennbar. Dabei sind es vor allen Dingen die ›Konsumorientierten‹ und die ›Allrounder‹, aber auch die ›Deprivierten‹, die eine stark überdurchschnittliche Affinität zu diesen Genres erkennen lassen. Vor allem die ›Bildungs-‹ und die ›Kommunikationsorientierten‹ weisen an dieser Stelle hingegen unterdurchschnittliche Präferenzwerte auf. Dieser Befund erweckt den Eindruck, dass beobachtbare Präferenzunterschiede zwischen den Clustergruppierungen in Teilen durch *Geschlechtsunterschiede* der Befragten bedingt sind. So scheinen es vor allem die männlich dominierten Cluster zu sein, die eine erhöhte Vorliebe für gewalthaltige Filmgenres zu erkennen geben.

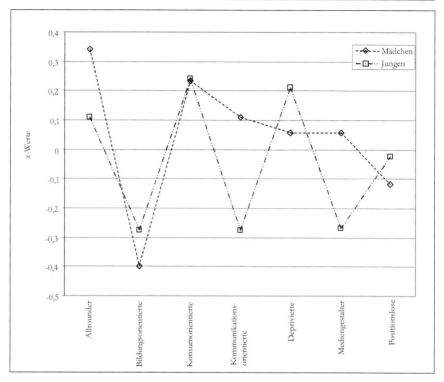

Abbildung 5.3.1.3: Präferenzen gegenüber dem Spielfilmgenre »Horror«, differenziert nach Clusterzugehörigkeit und Geschlecht

Quelle: Medienhandeln Jugendlicher, 2007.

Diese Vermutungen bestätigen sich, wenn man die Geschlechtszugehörigkeit der Befragten in die Analysen mit einbezieht (s. Tab. 5.3.1.2). Die Ergebnisse der Analysen machen zunächst deutlich, dass weibliche Jugendliche eine insgesamt sehr viel geringere Affinität zu gewaltbezogenen Filmgenres aufweisen. Damit wird ein Ergebnis repliziert, das in einer Reihe weiterer empirischer Studien ebenfalls gefunden wurde (zusammenfassend dazu Kunczik 1998; Kunczik/Zipfel 2002, 2004). Unter den gegebenen Verhältnissen scheinen unter den weiblichen Befragten insbesondere die von unserer Seite als medienkompetent eingestuften ›Allrounder‹ ein erhöhtes Interesse an gewalthaltigen Filmgenres zu besitzen. Dies gilt zuvörderst für den Konsum von Horrorfilmen, des Weiteren aber ebenso für Krimi und Thriller sowie für das unter den Mädchen insgesamt eher unpopuläre Genre des Kriegsfilms. Die unseren Analysen zufolge eher medieninkompetenten ›Deprivierten‹ treten unter den weiblichen Befragten demgegenüber mit einer alles in allem eher unterdurchschnitt-

5.4 Zusammenfassung

lichen Präferenz für gewaltbezogene Filmgenres in Erscheinung. Lediglich das Horrorfilm-Genre wird von ihnen in einem leicht überdurchschnittlichen Ausmaß präferiert, wobei auch bezüglich dieses Genres die Präferenzen der weiblichen ›Allrounder‹ und ›Konsumorientierten‹ deutlich stärker ausgeprägt sind.

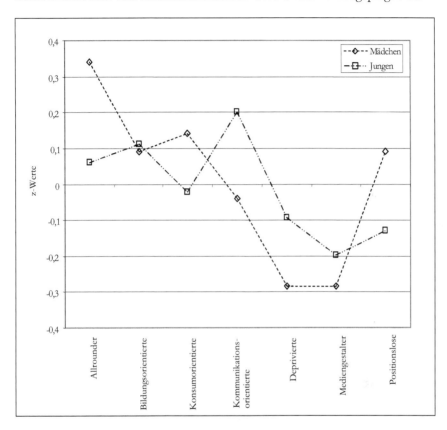

Abbildung 5.3.1.4: Präferenzen gegenüber dem Spielfilmgenre »Krimi, Thriller«, differenziert nach Clusterzugehörigkeit und Geschlecht

Quelle: Medienhandeln Jugendlicher, 2007.

Differenziert man die Analysen nach der Geschlechtszugehörigkeit der Befragten unter Einbeziehung der Ergebnisse der z-Wert-Transformation (vgl. Abb. 5.3.1.2 bis 5.3.1.5), so bestätigt sich dieser Eindruck.

Betrachtet man demgegenüber die Präferenzstrukturen unter den männlichen Jugendlichen, so wird hier – verglichen mit den weiblichen Befragten –

insgesamt eine deutlich höhere Affinität zu gewalthaltigen Filmgenres sichtbar. Anders als bei den Mädchen treten dabei aber nicht die ›Allrounder‹, sondern eher die ›Konsumorientierten‹ und die ›Deprivierten‹ als Clustergruppierungen mit einem erhöhten Interesse an filmischer Gewalt in Erscheinung. Für die ›Konsumorientierten‹ gilt dies mit Blick auf die Genres der Action- und Katastrophen- sowie der Horrorfilme, was in ihrem Fall offenbar mit einem erhöhten Interesse an filmischer Tricktechnik und dem Konsum von Spannungsmomenten erklärt werden kann. Für die ›Deprivierten‹ gilt dies interessanterweise im vergleichsweise stärksten Ausmaß für das Genre des Kriegsfilms. Sie stellen dabei das einzige Cluster dar, in dem fast Zweidrittel aller männlichen Befragten Filme dieses Genres besonders gerne sehen.

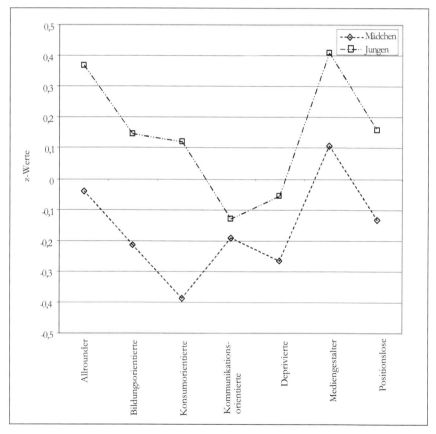

Abbildung 5.3.1.5: Präferenzen gegenüber dem Spielfilmgenre »Western, Eastern«, differenziert nach Clusterzugehörigkeit und Geschlecht

Quelle: Medienhandeln Jugendlicher, 2007.

Fasst man die Befunde dieses ersten Analyseabschnitts bilanzierend zusammen, so lässt sich mit Blick auf die eingangs formulierte Forschungsfrage konstatieren, dass gewalthaltige Spielfilmgenres sich unter bundesdeutschen Jugendlichen allgemein *sehr beliebt* sind. Jedoch lassen die Befragungsdaten auch Präferenzunterschiede zwischen den verschiedenen Typen des Medienhandelns erkennen. Jenseits eher geschlechtsbedingter Vorlieben und Aversionen wurde dabei für das als medien*in*kompetent ausgewiesene Cluster der ›Deprivierten‹ eine stark *über*durchschnittlich ausgeprägte Präferenz für das Kriegsfilmgenre sichtbar. Dies galt insbesondere für die männlichen Angehörigen dieses Clusters. Gleichwohl bleibt in diesem Zusammenhang anzumerken, dass die erhöhte Präferenz für Kriegsfilme unter den männlichen ›Deprivierten‹ in bivariaten Analysen die Schwelle der statistisch signifikanten Tendenz nur knapp überschreitet (n=854; Cramers V=0,054; p = 0,112). Nicht auszuschließen ist in diesem Zusammenhang allerdings, dass der Einflusseffekt einer unterdurchschnittlichen Medienkompetenz auf die erhöhte Präferenz gegenüber Kriegsfilmen im gegebenen Betrachtungszusammenhang durch Suppressoreffekte[142] des Selbstwertgefühls oder auch der Kontrollüberzeugung der Befragten überlagert wird. Die Frage nach dem Zusammenhang zwischen Medienkompetenz und der Ausprägung gewaltbezogener Genrepräferenzen bedarf entsprechend für ihre Beantwortung weiterführender Analysen.

5.3.2 Selbstwertgefühl, Kontrollüberzeugung und gewaltbezogene Genrepräferenzen

Die Beantwortung der Forschungsfrage 2 erfolgte auf Grundlage linearer und binär-logistischer Regressionsanalysen. Den Analysen voraus ging dabei eine Inspektion der mittleren Ausprägung des *Selbstwertgefühls* und der internen Kontrollüberzeugung in den unterschiedlichen Clustergruppierungen des Medienhandelns. Das durchschnittliche Selbstwertgefühl in den verschiedenen Typen, differenziert nach männlichen und weiblichen Befragten, ist in Tabelle 5.3.2.1 sowie in den Abbildungen 5.3.2.1 und 5.3.2.2 dargestellt.

Über die Darstellung wird zunächst ein eklatanter *Niveauunterschied* des Selbstwertgefühls zwischen den Mädchen und Jungen ersichtlich. So bewegt sich das mittlere Selbstwertgefühl der männlichen Befragten in durchgehend allen

---

142 Eine Suppressor- oder auch Suppressionsvariable ist – formal-statistisch gesehen – eine Variable, die Informationen enthält, durch welche die Vorhersagegüte eines anderen Prädiktors erhöht wird. Im gegebenen Betrachtungszusammenhang ließe sich in diesem Sinne annehmen, dass das Selbstwertgefühl einen Suppressoreffekt auf die Beziehung zwischen Medienkompetenz und gewaltbezogenen Genrepräferenzen ausübt, insofern die Beziehung der letztgenannten Untersuchungsgrößen vornehmlich bei Jugendlichen mit geringem Selbstwertgefühl, nicht hingegen bei Jugendlichen mit hohem Selbstwertgefühl in Erscheinung tritt. Vgl. hierzu auch Bortz 2005: 457-461.

Tabelle 5.3.2.1: Selbstwertgefühl und Kontrollüberzeugung bei deutschen Jugendlichen zwischen 12 und 20 Jahren, differenziert nach Clusterzugehörigkeit und Geschlecht (Varianzanalyse, Mittelwertvergleich von z-Werten)

	Mädchen		Jungen	
	Selbstwert-gefühl[1]	Kontroll-überzeugung[2]	Selbstwert-gefühl[1]	Kontroll-überzeugung[2]
Allrounder	-0,04	0,03	0,06	0,31
Bildungsorientierte	-0,13	-0,05	0,38	0,43
Konsumorientierte	-0,17	-0,29	0,28	0,19
Kommunikationsorientierte	-0,40	-0,10	0,09	-0,13
Deprivierte	-0,29	-0,99	0,02	-0,83
Mediengestalter	-0,45	-0,13	0,31	0,11
Positionslose	-0,16	-0,19	0,29	0,17
Gesamt	-0,25	-0,13	0,22	0,11
Modellanpassung				
p (ANOVA)	0,047	0,147	0,026	<0,001
Eta[2]	0,017	0,013	0,017	0,042
n	751	754	849	857

1 Skala aus den vier Items
  1 »Ich halte nicht sehr viel von mir«.
  2 »Manchmal habe ich den Eindruck, dass ich irgendwie überflüssig bin«.
  3 »Manchmal wünsche ich mir, ich wäre anders«.
  4 »Im Großen und Ganzen bin ich mit mir zufrieden«.
2 Index aus den zwei z-standardisierten Items:
  1 »Die meisten Niederlagen sind das Ergebnis von Faulheit, Unfähigkeit oder Dummheit«.
  2 »Was mit mir geschieht, dafür bin ich selber verantwortlich«.
Quelle: Medienhandeln Jugendlicher, 2007.

Clustergruppierungen oberhalb des Selbstwertgefühls der Mädchen und fällt, verglichen mit den Referenzwerten für die Gesamtstichprobe, durchweg überdurchschnittlich aus. Gleichwohl lässt die Darstellung ebenfalls deutlich werden, dass das Selbstwertgefühl der männlichen Jugendlichen im Cluster der ›Deprivierten‹ durchweg geringer ausgeprägt ist als in allen anderen Clustergruppierungen.

Dieser Befund wird ebenfalls im Rahmen eines Mittelwertvergleichs zwischen dem Cluster der ›Deprivierten‹ und der Gesamtstichprobe bestätigt (vgl. Tab. 5.3.2.2).

Ein vergleichsweise geringes Selbstwertgefühl konzentriert sich dabei allerdings nicht spezifisch in den Clustern mit einer geringen Medienkompetenz. So zeigt sich ein im Durchschnitt eher geringes Selbstwertgefühl ebenfalls im »Kompetenzcluster« der sog. ›Allrounder‹. An dieser Stelle ist zusätzlich zu bedenken, dass es sich sowohl bei den ›Allroundern‹ als auch bei den ›Deprivierten‹ um tendenziell eher jüngere Merkmalsgruppen handelt (vgl. Treumann/Meister/Sander et al. 2007, Abschnitte 7.1.5.2 und 7.5.5.2), deren Selbstwertgefühl aufgrund der in ihrem Alter beginnenden Pubertät und hiermit einhergehender körperlicher und psychischer Veränderungsprozesse in besonderer Weise beeinträchtigt sein kann. Kontrolliert man in der Betrachtung des

5.4 Zusammenfassung

Zusammenhangs zwischen Selbstwertgefühl und Clusterzugehörigkeit zusätzlich Alters- und Geschlechtsunterschiede zwischen den Befragten, so fallen die beobachtbaren Mittelwertunterschiede des Selbstwertgefühls zwischen den Clustergruppierungen hinter die Schwelle einer signifikanten Tendenz (p=0,100) zurück.

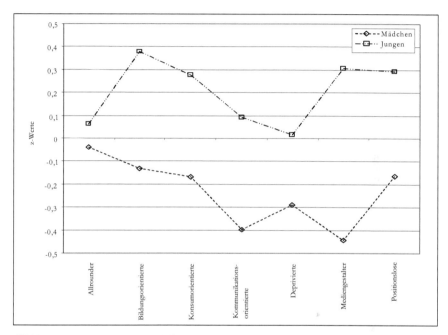

Abbildung 5.3.2.1: Durchschnittliches Selbstwertgefühl bei deutschen Jugendlichen zwischen 12 und 20 Jahren, differenziert nach Clusterzugehörigkeit und Geschlecht

Quelle: Medienhandeln Jugendlicher, 2007.

Tabelle 5.3.2.2: Selbstwertgefühl und internale Kontrollüberzeugung bei den Angehörigen des Clusters der Deprivierten und in der Gesamtstichprobe, differenziert nach Geschlecht (Varianzanalyse, Mittelwertvergleich)

	Mädchen Selbstwertgefühl	Kontrollüberzeugung	Jungen Selbstwertgefühl	Kontrollüberzeugung
Deprivierte	-0,29	-0,99	0,02	-0,83
Gesamt	-0,25	-0,13	0,22	0,11
Modellanpassung				
p (ANOVA)	0,848	0,005	0,028	<0,001
Eta²	<0,001	0,011	0,006	0,039
n	751	754	849	857

Quelle: Medienhandeln Jugendlicher, 2007.

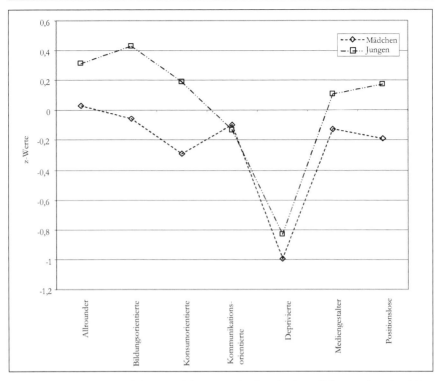

Abbildung 5.3.2.2: Durchschnittliche Kontrollüberzeugung bei deutschen Jugendlichen zwischen 12 und 20 Jahren, differenziert nach Clusterzugehörigkeit und Geschlecht

Quelle: Medienhandeln Jugendlicher, 2007.

Betrachtet man demgegenüber die mittlere *Kontrollüberzeugung* der befragten Jugendlichen in den verschiedenen Clustergruppierungen (vgl. Tab. 5.3.2.1 und 5.3.2.2 sowie Abb. 5.3.2.2), so ergeben sich – ungeachtet der auch hier beobachtbaren Niveauunterschiede zwischen den Geschlechtergruppen – statistisch signifikante Differenzen zwischen den ›Deprivierten‹ auf der einen und den »Kompetenzclustern« der ›Allrounder‹ und der ›Bildungsorientierten‹ auf der anderen Seite. Dieser Befund legt nahe, die geringe interne Kontrollüberzeugung der ›Deprivierten‹ in einen Zusammenhang zu stellen mit den beobachtbaren Kompetenzdefiziten der Angehörigen dieses Clusters, die neben einem Mangel an Medienkompetenz ebenfalls Bildungsdefizite resp. eine Unterausstattung an kulturellem Kapital umfassen.

Bilanzierend lässt sich an dieser Stelle zunächst festhalten, dass das verminderte Selbstwertgefühl und die ebenfalls geringe Kontrollüberzeugung die männlichen Jugendlichen aus dem Cluster der ›Deprivierten‹ tendenziell als eine *Problemgruppierung* ausweist. Die besondere Affinität der ›Deprivierten‹ zum Kriegsfilmgenre, wie in Abschnitt 5.3.1 (S. 183ff.) dokumentiert, unterstützt die Annahme, dass Filme dieses Genres für Jugendliche dieses Typs besondere Identifikationsmöglichkeiten bereithalten, die es ihnen ermöglichen, *Minderwertigkeits-* und *Ohnmachtsgefühle* zeitweilig und vorübergehend zu kompensieren (vgl. dazu auch Grimm 1999a: 719; Kleiter 1997: 450). Anreizstrukturen der beschriebenen Art finden sich insbesondere in solchen Kriegsfilmen, in denen das Handeln eines einzelnen Landserheroen im Mittelpunkt steht, der in einer feindlichen Umwelt für sich und seine Schicksalsgenossen mehr oder weniger erfolgreich Überlebensstrategien entwickelt. Die feindliche Gesinnung des kriegerischen Opponenten bleibt dabei in der Regel unhinterfragt und die Anwendung von Gewalt ihm gegenüber wird entsprechend als in hohem Maße legitim erlebt. Die Identifikation mit dem in der Regel eher einfachen Landser, der in einer scheinbar ausweglosen Situation mit Waffengewalt den Feind überwindet und sein Überleben sichert, kann ein Gefühl der *Machtlosigkeit* gegenüber der sozialen Umwelt und eine hiermit einhergehende schwache internale Kontrollüberzeugung vorübergehend kompensieren. Wie weit das Ausleben von Phantasien legitimer Gewaltanwendung im Kontext des Konsums von Kriegsfilmen bei dieser Klientel darüber hinaus möglicherweise ebenfalls zu einer erhöhten Gewaltbereitschaft führt, lässt sich auf Grundlage der uns verfügbaren Daten nicht mit hinreichender Sicherheit beantworten. Allerdings deuten die verstärkte Konzentration jugendlicher Skinheads in den Reihen der ›Deprivierten‹ und vor allen Dingen deren sehr stark ausgeprägte Präferenz für das Kriegsfilmgenre – mehr als 83 Prozent aller Skinheads aus dem Cluster der ›Deprivierten‹ geben an, Kriegsfilme besonders gerne zu sehen[143] – darauf hin, dass eine verstärkte Präferenz für Kriegsfilme mit einer erhöhten Gewaltbereitschaft einhergehen kann (vgl. hierzu Abschnitt 7.5.7.1.1 in Treumann/Meister/Sander et al. 2007: 362ff.).

Um zu überprüfen, wie weit unter Kontrolle von Einflusseffekten des Selbstwertgefühls und der Kontrollüberzeugung ein unabhängiger Effekt der Medienkompetenz auf die Präferenz zur Rezeption gewaltbezogener Medieninhalte bei Jugendlichen zu beobachten ist, wurden in einem weiteren Schritt binärlogistische Regressionsanalysen der Kriegsfilmpräferenz auf die Zugehörigkeit zum Cluster der ›Deprivierten‹ durchgeführt. Die Skala des Selbstwertgefühls und der Index der Kontrollüberzeugung dienten in diesem Zusammenhang neben der Altersgruppenzugehörigkeit und dem Geschlecht der Befragten als Kontrollvariablen der Analyse. Dabei wurde in einem ersten Modell der Einfluss der Clusterzugehörigkeit parallel zu den Effekten des Selbstwert-

---

143 In der Gesamtstichprobe äußern nur 65,4 Prozent aller Skinheads eine entsprechende Präferenz.

gefühls und der Kontrollüberzeugung auf die Genrepräferenz für Kriegsfilme untersucht. Ein zweites Modell überprüfte den Einfluss der genannten Effektgrößen unter zusätzlicher Kontrolle von Alters- und Geschlechtsunterschieden zwischen den Befragten. In einem dritten Modell wurden anschließend diejenigen Effekte der Untersuchungsgrößen dokumentiert, die im Rahmen einer schrittweisen Regression als statistisch bedeutsame Prädiktoren der Kriegsfilmpräferenz ausgewiesen werden konnten.

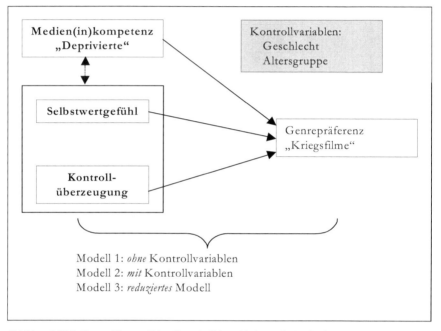

Abbildung 5.3.2.3: Genrepräferenz »Kriegsfilme« in Abhängigkeit von der Medienkompetenz und von Aspekten des Selbstkonzepts bei Jugendlichen, unter zusätzlicher Kontrolle von Geschlecht und Alter

Die Ergebnisse der Analysen (vgl. Tab. 5.3.2.3) zeigen in einem ersten Schritt (Modell 1), dass die Zugehörigkeit zum Cluster der ›Deprivierten‹ neben Unterschieden im Selbstwertgefühl und in der Kontrollüberzeugung einen signifikant positiven Einfluss auf die Genrepräferenz für Kriegsfilme aufweist. Kurz: Angehörige des Clusters der ›Deprivierten‹ weisen signifikant häufiger eine erhöhte Präferenz für Kriegsfilme auf als die Jugendlichen der Untersuchungsstichprobe insgesamt. Unabhängig von der Clusterzugehörigkeit zeigt sich im Rahmen der mit Modell 1 durchgeführten Berechnungen im Weiteren ein positiver Effekt sowohl des Selbstwertgefühls als auch der Kontrollüberzeugung auf die Genrepräferenz. Dies vermittelt erwartungswidrig den Eindruck, dass die Beliebtheit von Kriegsfilmen unter den Jugendlichen mit der Höhe des Selbstwertgefühls und der Kontrollüberzeugung ansteigt. Nach Nagelkerke lassen sich dabei auf Grundlage der Zugehörigkeit zum Cluster der ›Deprivierten‹ und gegebener Unterschiede im Selbstwertgefühl sowie in der Kontrollüberzeugung der befragten Jugendlichen allerdings nur 3,8 Prozent in der Varianz der Präferenz für das Kriegsfilmgenre innerhalb der Untersuchungsstichprobe aufklären.

Tabelle 5.3.2.3: Standardisierte Effektkoeffizienten der binär-logistischen Regression bezüglich der abhängigen Variable »Kriegsfilme«

| | AV Genrepräferenz »Kriegsfilme« | | |
	Modell 1	Modell 2	Modell 3
Medien(in)kompetenz			
Deprivierte: ja, nein	1,23***	1,10	–
Aspekte des Selbstkonzepts			
Selbstwertgefühl	1,25***	1,01	–
Kontrollüberzeugung	1,19**	1,10	–
Soziodemografische Faktoren			
Geschlecht[1]	–	2,85***	2,91***
Altersgruppe[2]	–	1,05	–
Modellanpassung			
p (Omnibustest)	<0,001	<0,001	<0,001
Nagelkerkes R^2	0,038	0,273	0,269
n	1.531	1.531	1.531

† $p \leq 0,100$; * $p \leq 0,05$; ** $p \leq 0,01$; *** $p \leq 0,001$.
1 Geschlecht: 1 = weiblich, 2 = männlich.
2 Altersgruppe: 1 = 12- bis 13-Jährige; 2 = 14- bis 15-Jährige; 3 = 16- bis 17-Jährige; 4 = 18- bis 20-Jährige.
Quelle: Medienhandeln Jugendlicher, 2007.

Kontrolliert man zusätzlich Alters- und vor allem Geschlechtsunterschiede in dem gegebenen Modellzusammenhang (Modell 2), so fallen die Prädiktorkraft sowohl der Clusterzugehörigkeit als auch des Selbstwertgefühls und der Kontrollüberzeugung für die Vorhersage der Kriegsfilmpräferenz hinter die Schwelle der tendenziellen statistischen Bedeutsamkeit von p=0,100 zurück. Eliminiert man schließlich schrittweise alle nicht-signifikanten Untersuchungsgrößen aus dem gegebenen Betrachtungsrahmen (Modell 3), so verbleibt als einzig vorhersagekräftiger Prädiktor der Kriegsfilmpräferenz die *Geschlechtszugehörigkeit* der Befragten in dem Modell. Auf ihrer Grundlage lassen sich nach Nagelkerke allein 26,9 Prozent in der Varianz der Präferenz für das Kriegsfilmgenre innerhalb der Untersuchungsstichprobe aufklären. Als vorläufiges Fazit der Analysen lässt sich an dieser Stelle entsprechend festhalten, dass die Annahme, ein Mangel an Medienkompetenz – so wie sie in diesem Kapitel der Untersuchung operationalisiert wurde – sei mit verantwortlich für die Ausbildung einer Präferenz für gewaltbezogene Medieninhalte, auf Grundlage der verfügbaren Daten nicht gestützt werden kann.

Tabelle 5.3.2.4: Standardisierte Effektkoeffizienten der binär-logistischen Regression der Genrepräferenz »Kriegsfilme« auf soziodemografische, sozialstrukturelle, sozialkulturelle und psychosoziale Einflussgrößen

	AV Genrepräferenz »Kriegsfilme«					
	Modell 1	Modell 2	Modell 3	Modell 4	Modell 5	Modell 6
Soziodemografische Faktoren						
Geschlecht[1]	2,90***	2,88***	2,89***	2,94***	2,91***	2,90***
Altersgruppe[2]	1,03	1,05	1,04	1,04	1,05	1,05
Kulturelles Kapital						
Formales Bildungsniveau[3]		$1,06^{-1}$	$1,06^{-1}$	$1,03^{-1}$	$1,03^{-1}$	$1,04^{-1}$
Soziale Einbindung[4]						
… in eine Freundesclique			1,14*	1,16*	1,17*	1,16*
Sozialkulturelle Orientierung[5]						
Jugendszene der Skinheads				1,19**	1,19**	1,19**
Subjektive Geborgenheit[6]						
… in der Familie					$1,08^{-1}$	$1,08^{-1}$
… im Freundeskreis					$1,01^{-1}$	$1,03^{-1}$
Aspekte des Selbstkonzepts[7]						
Selbstwertgefühl						1,01
Internale Kontrollüberzeugung						1,09
Modellanpassung						
p (Anova)	<0,001	<0,001	<0,001	<0,001	<0,001	<0,001
korrigiertes R²	0,268	0,267	0,270	0,283	0,282	0,286
n	1.606	1.601	1.571	1.547	1.523	1.477

† $p \leq 0,100$; * $p \leq 0,05$; ** $p \leq 0,01$; *** $p \leq 0,001$.
1 Geschlecht: 1 = weiblich; 2 = männlich.
2 Altersgruppe: 1 = 12- bis 13-Jährige; 2 = 14- bis 15-Jährige; 3 = 16- bis 17-Jährige; 4 = 18- bis 20-Jährige.
3 Bildung: 1 = niedrig (Haupt-, Sekundarschule); 2 = mittel (Real-, Gesamtschule [7-10], Berufsschule); 3 = hoch (Gesamtschule [11-13], Gymnasium).
4 Soziale Einbindung [Partnerschaft, Freundesclique]: 1 = ja; 0 = nein.
5 Jugendkulturelle Orientierung [Skinheads]: 1 = liegt vor; 0 = liegt nicht vor.
6 Subjektive Geborgenheit: 1 = gar nicht geborgen; 2 = wenig geborgen; 3 = ziemlich geborgen; 4 = sehr geborgen.
7 Selbstkonzept: hohe Werte = hohe Ausprägung; geringe Werte = geringe Ausprägung.
Quelle: Medienhandeln Jugendlicher, 2007.

Um jenseits gegebener typologischer Differenzen des jugendlichen Medienhandelns und hiermit verbundener Kompetenzunterschiede relevante Prädiktoren der Kriegsfilmpräferenz identifizieren zu können, wurden – wie in Tabelle 5.3.2.4 dargestellt – weitere Variablen in den gegebenen Betrachtungszusammenhang einbezogen. Durchgeführt wurden dabei sechs Analysen zur Regression der Kriegsfilmpräferenz auf soziodemografische, sozialstrukturelle, sozialkulturelle und psychosoziale Einflussgrößen. Die Modellbildung konzentrierte sich dabei zunächst (Modell 1) auf die Effektgrößen von Geschlecht und Alter, um das Analysemodell hierauf aufbauend im Rahmen nachfolgender Analysen sukzessive zu erweitern. In Modell 2 wurde zusätzlich das formale Bildungsniveau der Jugendlichen, in Modell 3 ihre Einbindung in eine Freundesclique, in Modell 4 ihre subjektive Zugehörigkeit zur Szene der Skinheads, in Modell 5 die subjektive Geborgenheit in Familie und Freundeskreis und in Modell 6 das Selbstwertgefühl und die internale Kontrollüberzeugung zusätzlich berücksichtigt (s. Tab. 5.3.2.3).

Die Ergebnisse der Analysen bestätigen zunächst die bereits in Tabelle 5.3.2.3 referierte Befundlage. So zeigt sich auch hier bereits in Modell 1 der überragende Einfluss der Geschlechtszugehörigkeit der Befragten auf die Kriegsfilmpräferenz. Unabhängig vom Geschlecht üben im gegebenen Modellzusammenhang lediglich die Faktoren der sozialen Einbindung in eine Freundesclique (Modelle 3 bis 6) und die subjektive Zugehörigkeit zur Jugendszene der Skinheads einen eigenständigen Einfluss auf die Kriegsfilmpräferenz der befragten Jugendlichen aus. Entsprechend gilt, dass sich – unabhängig von Geschlechts-, Alters- und Bildungsunterschieden zwischen den Jugendlichen sowie auch unabhängig voneinander – die Einbindung in eine Freundesclique und die Bindung an tendenziell rechtsextremistische Jugendkulturen überdurchschnittlich häufig mit einer erhöhten Sympathie für das Kriegsfilmgenre verknüpfen.[144] Auffällig ist im gegebenen Untersuchungszusammenhang ebenfalls, dass weder das Bildungsniveau der Jugendlichen noch Aspekte des Selbstkonzepts oder der subjektiven Geborgenheit in Familie und Freundeskreis auf die betrachtete Genrepräferenz Einfluss nehmen. Dies steht in Widerspruch zu Erwartungen, die eine verstärkte Präferenz für das Kriegsfilmgenre und eine hiermit möglicherweise einhergehende Gewaltaffinität als Ausdruck und Folge einer deprivierten Lebenslage von Jugendlichen begreifen.

Bezug nehmend auf die eingangs formulierte Forschungsfrage lässt sich an dieser Stelle entsprechend festhalten, dass sich auf Grundlage der verfügbaren Daten auch unter Kontrolle von Selbstwertgefühl und Kontrollüberzeugung – berücksichtigt man parallel hierzu ebenfalls Alters- und Geschlechtsunterschiede zwischen den Befragten – kein signifikanter Einfluss der Medienkompetenz auf die Ausprägung einer Präferenz für das Genre »Kriegsfilme« feststellen lässt. Überhaupt scheinen die Analysebefunde die Vermutung nahe zu legen, dass Aspekte der kulturellen Kapitalausstattung bzw. der kulturellen Kompetenz – so wie sie in dieser Untersuchung operationalisiert worden sind – für die Präferenz gegenüber dem Kriegsfilmgenre bei Jugendlichen ohne Bedeu-

---

144 Der Erklärungsanteil dieser Untersuchungsgrößen für die bezeichnete Genrepräferenz ist dabei aber mit 0,3 Prozent für die Cliqueneinbindung und mit 1,3 Prozent für die subjektive Zugehörigkeit zur Szene der Skinheads, verglichen mit dem Geschlechtseinfluss, als eher gering zu veranschlagen.

tung sind. Vielmehr legen die empirischen Befunde nahe, dass Peergroup-Zusammenhänge wie Freundescliquen und bestimmte sozio-kulturelle Orientierungen von Jugendlichen – nebst der Geschlechtszugehörigkeit beziehungsweise Spezifika der adaptierten Geschlechtsrolle – entscheidend dafür sind, wie weit Jugendliche eine Präferenz für Kriegsfilme entwickeln.

Kritisch anzumerken bleibt an dieser Stelle allerdings, dass die Präferenz für das Kriegsfilmgenre im Kontext der dokumentierten Analysen nicht zwischen dem Interesse an Kriegs- und Antikriegsfilmen differenziert. Letztere werden zwar vermutlich in weitaus geringerem Ausmaß produziert und von den Jugendlichen rezipiert, gleichwohl entsprechen sie hinsichtlich ihrer Dramaturgie und Handlung eher nicht dem Klischee des heroischen Landserfilms. Es ist daher nicht völlig auszuschließen, dass sich in der Präferenz für das Kriegsfilmgenre auf diese Weise neben primär Gewalt tolerierenden auch die eine oder andere Gewalt ablehnende Position widerspiegelt.

5.3.3 Genrepräferenz für Kriegsfilme bei gewaltorientierten Jugendlichen

Um im Kontext der Genrepräferenz für Kriegsfilme Gewalt tolerierende oder auch -befürwortende Orientierungen statistisch isolieren zu können, wurde deshalb in einem weiteren Schritt die entsprechende Genrepräferenz mit der subjektiven Zugehörigkeit zur Jugendszene der Skinheads – als Indikator für eine gewaltbefürwortende Orientierung – verknüpft.[145] Es wurde in diesem Zusammenhang angenommen, dass sich bei Jugendlichen, die sich der Jugendszene der Skinheads zugehörig fühlen, in der Genrepräferenz für Kriegsfilme tendenziell eher gewaltbezogene Orientierungen widerspiegeln als bei Jugendlichen mit entsprechender Genrepräferenz, die sich nicht dieser Jugendszene zugehörig fühlen. Erfasst werden sollte entsprechend eine erhöhte Gewaltorientierung bei Jugendlichen mit einer Genrepräferenz für Kriegsfilme. Der Anteil der in dieser Weise gewaltaffinen Jugendlichen mit Kriegsfilmpräferenz ist in der Untersuchungsstichprobe sehr gering und beträgt insgesamt nur 2,2 Prozent (vgl. Tab. 5.3.3.1). Die entsprechende Gruppierung lässt sich in Anlehnung an Zipfel und Kunczik (2004: 130) als eine potenzielle Problemgruppe auffassen, die bei grundsätzlich bestehender Gewaltbereitschaft bevorzugt gewaltaffine Medieninhalte konsumiert.

---

145 Die entsprechende Variable hatte ein dichotomes Format mit der Ausprägung »1« für den Fall, dass Jugendliche das Genre der Kriegsfilme präferieren *und* sich der Jugendszene der Skinheads zugehörig fühlen, und der Ausprägung »0« für den Fall, dass nur eine oder auch keine der beiden genannten Teilbedingungen zutrifft.

5.4 Zusammenfassung

Tabelle 5.3.3.1: Genrepräferenz »Kriegsfilm« *und* Orientierung an der Jugendszene der Skinheads, differenziert nach Clusterzugehörigkeit und Geschlecht (Angaben in Prozent)

	\multicolumn{3}{c}{Genrepräferenz »Kriegsfilm« und Szenezugehörigkeit »Skinheads«}		
	Mädchen	Jungen	Gesamt
Allrounder	–	1,2	1,0
Bildungsorientierte	–	2,2	0,6
Konsumorientierte	–	3,9	3,5
Kommunikationsorientierte	0,7	4,2	1,0
Deprivierte	8,7	7,8	7,9
Mediengestalter	–	–	–
Positionslose	–	4,2	2,7
Gesamt	0,5	3,6	2,2
Modellanpassung			
p (ANOVA)	<0,001	0,151	<0,001
Eta²	0,205	0,104	0,136
n	759	877	1636

Quelle: Medienhandeln Jugendlicher, 2007.

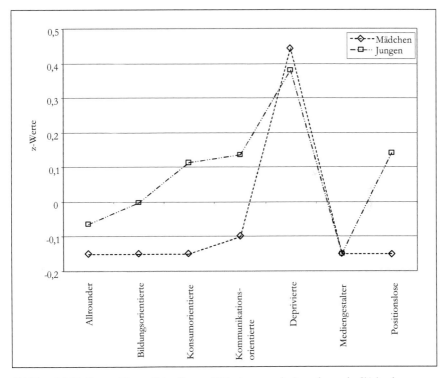

Abbildung 5.3.3.1: Genrepräferenz »Kriegsfilm« *und* Orientierung an der Jugendszene der Skinheads, differenziert nach Clusterzugehörigkeit und Geschlecht

Quelle: Medienhandeln Jugendlicher, 2007.

Betrachtet man den Anteil der Jugendlichen mit Kriegsfilmpräferenz *und* erhöhter Gewaltorientierung, differenziert nach Geschlecht, in den verschiedenen Clustern des Medienhandelns (vgl. Tab. 5.3.3.1 und Abb. 5.3.3.1), so zeigt sich zum einen erwartungsgemäß, dass Jugendliche des beschriebenen Typs stärker unter den männlichen als unter den weiblichen Jugendlichen konzentriert sind. Zum anderen wird deutlich, dass gewaltaffine Jugendliche mit einem Anteilswert von 7,9 Prozent am stärksten im Cluster der ›Deprivierten‹ repräsentiert sind. Die Sonderstellung des Clusters der ›Deprivierten‹ tritt dabei insbesondere bei den Mädchen in Erscheinung, wird aber auch bei den männlichen Jugendlichen – ungeachtet der hier ebenfalls erhöhten Anteile gewaltaffiner Jugendlicher in den Clustern der ›Konsumorientierten‹ (3,9 %), ›Kommunikationsorientierten‹ (4,2 %) und ›Positionslosen‹ (4,2 %) – deutlich.

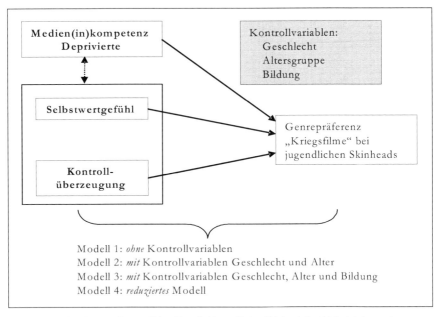

Abbildung 5.3.3.2: Genrepräferenz »Kriegsfilme« bei jugendlichen Skinheads in Abhängigkeit von der Medienkompetenz und von Aspekten des Selbstkonzepts, unter zusätzlicher Kontrolle von Geschlecht, Lebensalter und Bildung

In einem weiteren Schritt wurde auch hier im Rahmen binär-logistischer Regressionsanalysen überprüft, wie weit unter Kontrolle der Faktoren des Selbstwertgefühls und der Kontrollüberzeugung sowie soziodemografischer Merkmalsgrößen ein unabhängiger Effekt der Medienkompetenz – repräsentiert wiederum durch die Zugehörigkeit zum Cluster der ›Deprivierten‹ – auf die

Präferenz zur Rezeption gewaltbezogener Medieninhalte bei Jugendlichen zu beobachten ist. Dabei wurde in einem ersten Modell (vgl. Abb. 5.3.3.2) der Einfluss der Clusterzugehörigkeit parallel zu den Effekten des Selbstwertgefühls und der Kontrollüberzeugung auf die Gewaltorientierung bei Jugendlichen mit Kriegsfilmpräferenz untersucht. Ein zweites Modell überprüfte den Einfluss der genannten Effektgrößen unter Einbeziehung von Alters- und Geschlechtsunterschieden zwischen den Befragten. In einem dritten Modell wurden auf der Ebene der unabhängigen Variablen zusätzlich Bildungsunterschiede zwischen den Jugendlichen berücksichtigt. In Modell 4 wurden anschließend die Effekte der Untersuchungsgrößen dokumentiert, die im Rahmen einer schrittweisen Regression als signifikante beziehungsweise statistisch bedeutsame Prädiktoren der Kriegsfilmpräferenz ausgewiesen werden konnten.

Tabelle 5.3.3.2: Standardisierte Effektkoeffizienten der binär-logistischen Regression bezüglich der abhängigen Variablen Genrepräferenz »Kriegsfilme« *und* jugendkulturelle Orientierung als »Skinhead«

	AV Genrepräferenz »Kriegsfilme« *und* jugendkulturelle Orientierung als »Skinhead«			
	Modell 1	Modell 2	Modell 3	Modell 4
Medien(in)kompetenz				
Deprivierte: ja, nein	1,40**	1,32*	1,21	–
Aspekte des Selbstkonzepts				
Selbstwertgefühl	1,54*	1,30	1,38	–
Kontrollüberzeugung	1,45[-1]*	1,56[-1]**	1,50[-1]*	1,57[-1]**
Kontrollvariablen				
Geschlecht[1]	–	2,70***	2,63**	2,95***
Altersgruppe[2]	–	1,35	1,56*	1,52*
Bildung[3]	–	–	2,10[-1]***	2,14[-1]***
Modellanpassung				
p (Omnibustest)	<0,001	<0,001	<0,001	<0,001
Nagelkerkes R²	0,071	0,135	0,186	0,171
n	1.557	1.557	1.552	1.552

† p≤0,100; *p≤0,05; **p≤0,01; ***p≤0,001.
1 Geschlecht: 1 = weiblich; 2 = männlich.
2 Altersgruppe: 1 = 12- bis 13-Jährige; 2 = 14- bis 15-Jährige; 3 = 16- bis 17-Jährige; 4 = 18- bis 20-Jährige.
3 Bildung: 1 = niedrig (Haupt-, Sekundarschule); 2 = mittel (Real-, Gesamtschule [7-10], Berufsschule); 3 = hoch (Gesamtschule [11-13], Gymnasium).
Quelle: Medienhandeln Jugendlicher, 2007.

Die Ergebnisse der Analysen zeigen, dass Aspekte der *Medienkompetenz*, wie im vorliegenden Modell über die Zugehörigkeit zum Cluster der ›Deprivierten‹ operationalisiert, auch unter Kontrolle von Geschlecht und Alter für die Ausprägung gewaltaffiner Orientierungen im Kontext des Mediengebrauchs eine Rolle zu spielen scheinen (vgl. Tab. 5.3.3.2). So sind gerade Jugendliche mit rechtsextremistischer jugendkultureller Orientierung und einer ausgeprägten Kriegsfilmpräferenz im medieninkompetenten Cluster der ›Deprivierten‹ signifikant überrepräsentiert (vgl. Modell 1 und 2). Weitere Berechnungen (Modelle 3 und 4) zeigen allerdings, dass sich im Einfluss des Indikators der Medien(in)kompetenz auf die Ausprägung gewaltaffiner medienbezogener Orientierungen wesentlich allgemeine *Bildungsunterschiede* zwischen den Jugendlichen widerspiegeln. So verliert die Zugehörigkeit zum Cluster der ›Deprivierten‹ als Prädiktor der Gewaltorientierung bei Jugendlichen mit Kriegsfilmpräferenz dann an Bedeutung, wenn man zusätzlich Bildungsunterschiede zwischen den Befragten kontrolliert (Modell 3). Bemerkenswert ist dabei, dass der Bildungsfaktor im gegebenen Modellzusammenhang allein 5,1 Prozent in der Varianz der abhängigen Variablen des gewaltaffinen Mediengebrauchs erklärt. Der negative Exponent des Koeffizienten für den Bildungseffekt weist in diesem Zusammenhang darauf hin, dass die Wahrscheinlichkeit der Ausprägung gewaltaffiner medienbezogener Orientierungen bei Jugendlichen mit *steigendem* Bildungsniveau zurückgeht. Darüber hinaus wird mit Blick auf die Altersgruppenzugehörigkeit der Befragten deutlich, dass die Wahrscheinlichkeit der Ausprägung dieser Orientierungen mit dem Alter der Jugendlichen tendenziell ansteigt. So rekrutiert sich die *Problemgruppe* gewaltaffin orientierter Jugendlicher im Kontext des Mediengebrauchs, soziodemografisch betrachtet, wesentlich aus männlichen Schülern der mittleren und höheren Alterslage mit geringer Bildung.

Bemerkenswert ist im Weiteren, dass die Kontrollüberzeugung im gegebenen multivariaten Betrachtungszusammenhang wiederum einen signifikant negativen Effekt auf den gewaltaffinen Mediengebrauch der Jugendlichen ausübt. Es ist entsprechend davon auszugehen, dass es gerade Jugendliche mit einer vergleichsweise *geringen Kontrollüberzeugung* sind, bei denen sich eine Präferenz für das Kriegsfilmgenre mit gewaltbezogenen Orientierungen verknüpft.

Sucht man auch hier jenseits der typologischen Differenzen des jugendlichen Medienhandelns und hiermit verbundener Kompetenzunterschiede nach relevanten Prädiktoren des gewaltaffinen Mediengebrauchs (vgl. Tab. 5.3.3.3), so tritt neben den genannten Einflussgrößen von Geschlecht, Alter und Bildung und der internalen Kontrollüberzeugung der Jugendlichen ebenfalls die *subjektive Geborgenheit in der Familie* als bedeutsame Einflussgröße hervor. Dabei wird deutlich, dass insbesondere Jugendliche, die im familiären Kontext Geborgenheitsdefizite erleben, gewaltaffine Orientierungen entwickeln und tendenziell über das Genre Kriegsfilm Identifikationsmöglichkeiten suchen, die Deprivationsgefühle zeitweilig kompensieren oder betäuben. Auch Bofinger (2001), Raithel (2003a, b) sowie Raithel und Mansel (2003) ziehen aufgrund ihrer empirischen Untersuchungen den Schluss, dass »intakte« und einflussreiche Elternhäuser, stabile Familienverhältnisse sowie gute Beziehungen der Jugendlichen zu ihren Eltern eine *hemmende* Wirkung ›auf das Ausmaß des Konsums gewalthaltiger Computerspiele und Filme besitzen.

5.4 Zusammenfassung

Tabelle 5.3.3.3: Standardisierte Effektkoeffizienten der binär-logistischen Regression bezüglich der Genrepräferenz »Kriegsfilme« *und* jugendkulturelle Orientierung als »Skinhead« auf soziodemografische, sozialstrukturelle und psychosoziale Einflussgrößen

	AV Genrepräferenz »Kriegsfilme« *und* jugendkulturelle Orientierung als »Skinhead«				
	Modell 1	Modell 2	Modell 3	Modell 4	Modell 5
Kontrollvariablen					
Geschlecht[1]	2,67***	2,60***	2,52***	2,47***	2,65**
Altersgruppe[2]	1,13	1,39†	1,38	1,42†	1,46†
Bildung[3]		2,27^{-1}***	2,13^{-1}***	2,04^{-1}***	2,08^{-1}***
Soziale Einbindung[4]					
... in eine Freundesclique			1,46	1,43	1,41
Subjektive Geborgenheit[6]					
... in der Familie				1,37^{-1}†	1,37^{-1}†
... im Freundeskreis				1,03	1,04
Aspekte des Selbstkonzepts					
Selbstwertgefühl					1,40
Internale Kontrollüberzeugung					1,49^{-1}*
Modellanpassung					
p (Anova)	<0,001	<0,001	<0,001	<0,001	<0,001
korrigiertes R²	0,070	0,138	0,138	0,145	0,187
n	1.636	1.631	1.601	1.575	1.526

†p$\leq$0,100; *p$\leq$0,05; **p$\leq$0,01; ***p$\leq$0,001.
1 Geschlecht: 1 = weiblich; 2 = männlich.
2 Altersgruppe: 1 = 12- bis 13-Jährige; 2 = 14- bis 15-Jährige; 3 = 16- bis 17-Jährige; 4 = 18- bis 20-Jährige.
3 Bildung: 1 = niedrig (Haupt-, Sekundarschule); 2 = mittel (Real-, Gesamtschule [7-10], Berufsschule); 3 = hoch (Gesamtschule [11-13], Gymnasium).
4 Soziale Einbindung [Freundesclique]: 1 = ja; 0 = nein.
5 Jugendkulturelle Orientierung [Skinheads]: 1 = liegt vor; 0 = liegt nicht vor.
6 Subjektive Geborgenheit: 1 = gar nicht geborgen; 2 = wenig geborgen; 3 = ziemlich geborgen; 4 = sehr geborgen.
7 Selbstkonzept: hohe Werte = hohe Ausprägung; geringe Werte = geringe Ausprägung.
Quelle: Medienhandeln Jugendlicher, 2007.

Des weiteren machen unsere Analysen ebenfalls deutlich, dass für die hier thematisierte extremere Form der Gewaltorientierung im Kontext der Kriegsfilmpräferenz die Einbindung in eine Freundesclique, statistisch gesehen, von nur untergeordneter Bedeutung ist. Gleiches gilt für die subjektive Geborgenheit im Freundeskreis und für das Selbstwertgefühl.

Fasst man die Ergebnisse der Analysen zur Ausprägung gewaltbezogener Orientierungen bei Jugendlichen mit einer Präferenz für das Genre Kriegsfilme zusammen, so lässt sich festhalten, dass Aspekte der *Medienkompetenz* im Sinne unserer Operationalisierung als inhibierende Wirkungsgröße für die Ausprägung gewaltbezogener Orientierungen bei Skinheads unseren Daten zufolge ohne Bedeutung sind. Gleichwohl machen die Analysen ebenfalls deutlich, dass das *Bildungsniveau* der Jugendlichen – und hiermit verbunden Aspekte der kulturellen Kompetenz – auf die Ausprägung gewaltbefürwortender Orientierungen sehr wohl einen Einfluss ausüben. Die entsprechenden Befunde stützen in diesem Zusammenhang die Annahme, dass die Gewaltbereitschaft bei den entsprechenden Jugendlichen gegenläufig zum Bildungsniveau zunimmt. Das Bildungsniveau ist dabei neben dem *Geschlecht* der beste Prädiktor für die Ausprägung gewaltaffiner Orientierungen.

Bemerkenswert ist in diesem Zusammenhang ebenfalls die Prädiktorkraft zweier unabhängiger Variablen, die sich eher auf die psychosoziale Situation der Befragten beziehen: konkret das Erleben subjektiver Geborgenheit im Familienkontext und die internale Kontrollüberzeugung der Jugendlichen. Für beide Untersuchungsgrößen ist analog zur Bildung ein negativer Effekt auf die gewaltaffinen Orientierungen erkennbar. Entsprechend gilt, dass gewaltbezogene Orientierungen bei Jugendlichen mit Kriegsfilmpräferenz gegenläufig zum Ausmaß an subjektiver Geborgenheit im Familienkontext oder auch zur internalen Kontrollüberzeugung zunehmen. Gewaltaffine Orientierungen lassen sich in diesem Sinne als Folge einer *subjektiven Deprivation in der Familie* und parallel hierzu als Konsequenz erlebter *Ohnmachtsgefühle* mit Blick auf die Kontrolle und Steuerung der *eigenen Lebensverhältnisse* begreifen. Dies bestätigt partiell die Annahmen, die eingangs zum gewaltorientierten Medienkonsum bei Jugendlichen formuliert wurden. Ein weiterführendes *Forschungsprogramm* sollte sich nach unserer Einschätzung der Analyse solcher Gruppen Jugendlicher zuwenden, in denen psychosoziale Probleme *gehäuft* auftreten. Gerade die Rekonstruktion bzw. Entschlüsselung des komplexen Wechselwirkungsgefüges zwischen rezipierter medialer Gewalt und gewalthaltigen Orientierungen sowie Handlungen einerseits und Konstellationen *sozialer Benachteiligung* sowie *psychischer Deprivation* andererseits ist offenbar ein vielversprechender Weg der Erkenntnisgewinnung, den es einzuschlagen gilt. Ein weiterer Vorteil eines derartigen *problemgruppenzentrierten* Forschungsansatzes – jenseits repräsentativer Querschnittsbetrachtungen über alle Jugendlichen – ergäbe sich durch seine größere Praxisnähe im Hinblick auf präventive und intervenierende Aktivitäten sozial- und medienpädagogischer Art.

5.4 Zusammenfassung

Die vorliegende Untersuchung zielte darauf, die Bedeutung des Faktors der Medienkompetenz für die Rezeption gewaltbezogener medialer Inhalte empirisch auszuleuchten. Besondere Aufmerksamkeit galt in diesem Zusammenhang der Beantwortung der Frage, welche Wirkungsweise der Faktor Medienkompetenz in der Beziehung der Selbstwahrnehmung der Jugendlichen auf der einen Seite und der Rezeption gewaltbezogener Medieninhalte auf der anderen Seite entfaltet. Der Untersuchung lag dabei eine für drei ost- und westdeutsche Bundesländer (Mecklenburg-Vorpommern, Sachsen-Anhalt, NRW) repräsentative Befragtenstichprobe von Jugendlichen zwischen 12 und 20 Jahren zugrunde.

Die Analysen zeigen, dass gewaltbezogenen Genres bei Jugendlichen übergreifend eine *große Beliebtheit* zukommt. Insbesondere Jugendliche mit einer geringen Medienkompetenz zeigen dabei ein vergleichsweise sehr starkes Interesse am Spielfilmgenre des Kriegsfilms. Dies gilt insbesondere für männliche Jugendliche der mittleren und höheren Alterslage. Ein statistisch signifikanter Effekt der Medienkompetenz auf gegebene Präferenzen zur Rezeption gewaltbezogener Medieninhalte konnte im Rahmen der vorliegenden Untersuchung auf Grundlage der Operationalisierung für das Konzept der Medienkompetenz allerdings nicht belegt werden.[146]

Weiterführende Analysen machten in diesem Zusammenhang deutlich, dass Jugendliche, bei denen parallel und gleichzeitig eine erhöhte allgemeine Gewaltorientierung – operationalisiert über die subjektive Zugehörigkeit zur Jugendszene der Skinheads – und eine Präferenz für das Genre des Kriegsfilms auftreten, gegenüber ihren Altersgenossen durch ein formal *niedrigeres Bildungsniveau* sowie durch eine *psychosozial deprivierte Lebenslage* auffallen. Sie zeichnen sich durch einen erlebten Mangel an subjektiver Geborgenheit in ihrer Familie und durch eine geringe interne Kontrollüberzeugung aus. Die psychosoziale Situation dieser Jugendlichen scheint so auf verschiedenen Ebenen durch Erfahrungen eines Kontrollverlusts gekennzeichnet zu sein. Überlegungen aus dem Kontext der sozialen Lerntheorie legen in diesem Zusammenhang nahe, die erhöhte Gewaltorientierung dieser Jugendlichen wie auch ihre Präferenz für das Kriegsfilmgenre als Mittel zur *Verarbeitung* und *Kompensation* von Erfahrungen des Kontrollverlusts zu begreifen. Pädagogische Initiativen zur Anti-Gewalt-Erziehung sollten sich deshalb *nicht* vorrangig auf die *Tabuisierung gewaltbezogener Medieninhalte*, sondern sich *vielmehr* neben pädagogischen Initiativen im familiären Umfeld auf die erfahrungsbasierte *Vermittlung internaler Kontrollüberzeugungen* bei Jugendlichen konzentrieren.

---

146 Um einer eventuell entstehenden medienpädagogischen Enttäuschung vorzubeugen, sei an dieser Stelle angemerkt, dass diese für die *Präferenz* gewaltbezogener Medieninhalte erzielten Befunde nicht notwendigerweise eine generalisierende Aussage über die Bedeutung von Medienkompetenz für die intellektuelle und emotionale *Verarbeitung* rezipierter gewaltbezogener Medieninhalte erlauben.

6. Fazit: Zusammenfassung und medienpädagogische Empfehlungen zum Themenbereich mediale Gewalt

6.1 Zusammenfassung der Teilstudie »Mediale Gewalt«

Die Teilstudie zur »Rezeption, Wahrnehmung und Bewertung medialer Gewalt durch Jugendliche« beschäftigte sich mit der Frage, welchen Stellenwert gewaltbezogene mediale Inhalte im Rahmen jugendlichen Medienkonsums einnehmen. Dabei ging es insbesondere darum, die Bedeutung der Medienkompetenz für die Rezeption solcher Inhalte näher zu bestimmen. Zudem sollte aufgezeigt werden, durch welche lebensweltliche Einbindung und (selbst-)reflexive Verortung der Konsum gewalthaltiger Medieninhalte flankiert wird. Die quantitativen Analysen konzentrieren sich vornehmlich auf die Frage, welche Wirkungsweise Medienkompetenz in der Beziehung zwischen der Selbstwahrnehmung der Jugendlichen auf der einen Seite und der Rezeption gewaltbezogener Medieninhalte auf der anderen Seite entfaltet. Dabei war die Annahme leitend, dass reflexive Kompetenzen im Umgang mit Medien Jugendliche eher dazu veranlassen, Vorlieben für gewaltbezogene Medieninhalte auf ihre zugrunde liegenden Motive zu hinterfragen und gegebenenfalls abzubauen, wogegen eine geringe Reflexion mediale Gewaltpräferenzen eher zulässt. Qualitative Analysen ergänzen und erweitern diesen Ansatz, indem sie nach der lebensweltlichen Einbindung des Medienkonsums fragen und Aspekte medialer Reflexion und ethischer Bewertung als wesentliche Dimensionen von Medienkompetenz näher beleuchten.

6.1.1 Hoher Stellenwert von medialer Gewalt im Alltag von Jugendlichen

Ganz grundlegend verweisen die durchgeführten Analysen auf den hohen Stellenwert, den gewaltbezogene Inhalte im Kontext der Mediennutzung Jugendlicher einnehmen. Diese Beobachtung ist medienübergreifend zu konstatieren, betrifft damit also sowohl Neue als auch alte Medien. Mediale Gewalt wird von Jugendlichen z.B. in Form unterschiedlicher Fernsehgenres sowie Computerspiele rezipiert und gehört zum selbstverständlichen und damit alltäglichen Repertoire ihres Medienkonsums. Dieses verwundert nicht, treffen Jugendliche doch in zahlreichen Actiongenres, Krimis und Spielfilmen auf Bilder, die im Rahmen humoresker Einbindung Gewalt transportieren. Daneben stellen aber auch Horrorfilme ein beliebtes Mediengenre dar, dem sich Jugendliche in ihrer Freizeit widmen. Dass dabei freilich nicht bei allen Jugendlichen von einem gleichermaßen intensiven und motivational in ähnlicher Weise begründeten Medienkonsum ausgegangen werden kann, darauf verweisen insbesondere die Aussagen in den qualitativen Interviews, die wir mit Jugendlichen geführt haben. Nutzungsintensität und inhaltliche Präferenzen differieren zwischen den unterschiedlichen Typen jugendlichen Medienhandelns, die wir in unserer Studie ausmachen konnten. So sind es in besonderem Maße ›Allrounder‹, ›Konsumorientierte‹ und ›Deprivierte‹, die Nervenkitzel ebenso wie Spannung schätzen. Sie heben dabei den Erlebniswert gewaltbezogener Inhalte – ganz im Sinne der Theorie des mood-managements[147] – hervor, suchen, Langeweile durch diese Form der Unterhaltung zu vertreiben, und finden so eine Möglichkeit, sich schlicht zu entspannen. ›Bildungsorientierte‹, ›Mediengestalter‹ und ›Kommunikationsorientierte‹ hingegen distanzieren sich zumindest verbal eher von entsprechenden Formaten und scheinen Rezeptionsgenuss weniger aus der Darbietung medialer Gewalt zu ziehen.

6.1.2 Genuss an medialer Gewalt speist sich aus Realitätsferne

Sehen Jugendliche gewaltbezogene Darstellungen zur Unterhaltung, resultiert der damit verbundene Genuss in der Regel aus der Realitätsferne des Rezipierten zum eigenen Alltag sowie – und dieses trifft insbesondere auf die Nutzung von Horrorfilmen zu – aus dem Wissen um Fiktion und Inszenierung. Gleiches gilt für die Nutzung von Computerspielen, in denen sowohl die Darstellung als auch die Ausübung von Gewalt mitunter eine besondere Rolle spielen. So berichten einzelne Jugendliche, gerade aus dem spielerischen und damit gleichsam realitätsfernen Moment Befriedigung zu erhalten, und verweisen dabei gar auf eine kathartische Wirkung, wenn entsprechende Spiele eingesetzt werden, um sich im Wettkampf zu messen und alltägliche Aggressionen und Frustrationen abzubauen.

---

147 Die mood-management-Theorie geht im Wesentlichen auf Zillmann (1988) zurück. Sie geht davon aus, dass Personen Medien und ihre Inhalte nutzen, um eigene emotionale Befindlichkeiten mit deren Hilfe zu regulieren. In diesem Sinne versuchen Rezipienten, angenehme Stimmungen durch Medieninhalte beizubehalten und zu verstärken, unangenehmen Stimmungen hingegen mithilfe der Medien entgegen zu wirken.

6.1 Zusammenfassung der Teilstudie »Mediale Gewalt«

6.1.3 Nutzung medialer Gewalt ist sozial eingebunden

Wesentlich bei der Nutzung gewaltbezogener Inhalte ist die gemeinschaftliche Einbindung der Rezeption. Dabei geht es nicht nur um das gemeinsame Betrachten oder Spielen, ebenso wichtig sind der »fachliche« Austausch sowie die Möglichkeit, sich als Experte und trendaffiner Teenager zu positionieren. Gerade im gemeinschaftlichen Austausch entwickeln sich Formen von Medienkompetenz, die nicht nur helfen, das Gesehene einzuordnen und zu bewerten, sondern die mitunter auch zu dessen differenzierter Reflexion beitragen. Ein solches Genrewissen erhöht nicht nur die Faszination, es macht das Dargestellte zudem leichter konsumierbar, wenn Handlungsabläufe und Inszenierungen auf diese Weise kalkulierbar sind. Dass für eine ausgeprägte Reflexion allerdings entsprechende kognitive Kompetenzen eine wesentliche Voraussetzung sind, ist zweifellos aus unseren Analysen zu schließen. Zudem muss Jugendlichen mit Blick auf fiktionale Formate aber auch die Möglichkeit gegeben werden, sich mit solchen Genres auseinanderzusetzen, die nicht zwangsläufig auf das Wohlwollen Erwachsener stoßen. Nur so können sie sich eine entsprechende Genrekompetenz aneignen, die als Wegweiser durch den Mediendschungel Jugendlicher fungiert.

6.1.4 Risikofaktoren medialer Gewalt

So selbstverständlich und kompetent Jugendliche einerseits mit der Rezeption gewaltbezogener Inhalte umgehen, lassen sich andererseits aber auch Risikofaktoren ausmachen, die aufzeigen, wo die Grenzen unbedenklichen Medienhandelns zu ziehen sind. Diese Grenzen finden sich sowohl bei der Darstellung gewaltbezogener Inhalte als auch bei den Dispositionen der Rezipienten und damit deren Wahrnehmung und der Wirkung der Medieninhalte auf sie. Monokausale Erklärungsmuster für die Wirkung medialer Inhalte sind damit freilich nicht aufzuzeigen. Dennoch lassen sich Aspekte ausmachen, die im Rahmen jugendlichen Medienkonsums zu beachten und medienpädagogisch zu flankieren sind.

6.1.4.1 Faktoren einer Gewalt tolerierenden Haltung

Mit Blick auf die Generierung Gewalt befürwortender Orientierungsmuster lässt sich feststellen, dass das Fernsehen Jugendliche grundsätzlich nicht durch die Darstellung gewaltbezogener Inhalte zur Gewaltakzeptanz animiert. Wenn überhaupt, sind es spezifische Strategien der Präsentation und Aufbereitung im Kontext realer Gewaltdarstellungen, die indirekt zu einer Gewalt tolerierenden

Haltung führen und sich z.B. in dem Wunsch nach Vergeltung manifestieren können. Eine besondere Rolle spielen hier Prozesse der Identifikation mit Opfern von Gewalttaten, zu denen allerdings vornehmlich jüngere Jugendliche neigen. So tendieren sie durch die Personalisierung von Ereignissen zu einer stark ausgeprägten Empathie und ordnen Charaktere dabei schnell in festgelegte Ordnungskriterien von Gut und Böse ein. Rezeptionsschemata fiktionaler Formate werden hier auf reale Dokumentationen übertragen.

6.1.4.2 Handlungsroutinen bestehen insbesondere bei fiktionaler Gewalt

Mediale Gewalt wird durch Produktions- und Genrewissen, das sich die Jugendlichen im Kontext eigener Rezeptionserfahrungen angeeignet haben, im Rahmen ihnen bekannter und fiktionaler Genres vorhersehbar und kalkulierbar. Als dramaturgisches Mittel werden solche Darstellungen nicht nur geschätzt, sondern geradezu erwartet, um sich durch Spannung und Action zu unterhalten. Diese Rezeptionshaltung beschränkt sich aber ganz eindeutig auf fiktionale Formate. Entsprechend ist auch bei der Präsentation realer Gewalt darauf zu achten, dass nicht nur Kinder sondern auch Jugendliche hier sensibel reagieren und mitunter keine routinierten Rezeptionsstrategien und Handlungsmuster besitzen, um solche Darstellungen problemlos einordnen und verarbeiten zu können. Hier bedarf es nicht nur von medienpädagogischer Seite der Unterstützung, auch Programmmacher sollten sich in der Verantwortung sehen, wenn allzu spektakuläre Formen der Präsentation den Zuschauer offenbar eher irritieren als informieren.

6.1.4.3 Soziale Einbindung beeinflusst Wahrnehmung medialer Gewalt

Betrachtet man Gewaltdarstellungen im fiktionalen Kontext und wirft hier einen Blick auf die Konstitution der Rezipienten, zeigt sich, dass mit entsprechenden Inhalten insbesondere dann kompetent umgegangen wird, wenn deren Rezeption durch soziale Einbindung flankiert wird. Damit ist nicht nur das Gefühl subjektiver Geborgenheit im Elternhaus gemeint, sondern insbesondere auch eine peerspezifische Einbindung. Gemeinschaftliche Nutzung und die damit verbundene Kommunikation im Kontext von Cliquen Gleichaltriger konstituieren medienspezifische Orientierungsgrößen für adäquate Aneignungs- und Umgangsmuster und generiert Reflexions- und Bewertungsstile, die einen kompetenten Nutzungsstil untermauern. Fehlen entsprechende Strukturen, sind Jugendliche mit ihrer Rezeption alleine gelassen, wird eine eindimensionale Wahrnehmung und Einordnung des Gesehenen unterstützt.

6.1.4.4 Problemgruppen sind vorhanden

Schließlich konnten im Rahmen unserer Untersuchungen auch solche Typen von Jugendlichen ausgemacht werden, die unter medienpädagogischen Gesichtspunkten als Problemgruppe zu kennzeichnen sind. Diese Gruppe ist durch ein Zusammenspiel unterschiedlicher Faktoren charakterisiert: So handelt es sich vornehmlich um ältere männliche Jugendliche mit formal niedrigem Bildungsniveau sowie einer psychosozial deprivierten Lebenslage, die eine erhöhte allgemeine Gewaltorientierung aufweisen. Sie zeichnet sich ferner durch einen erlebten Mangel an subjektiver Geborgenheit in ihrer Familie und durch geringe internale Kontrollüberzeugung aus. Die psychosoziale Situation dieser Jugendlichen scheint so auf verschiedenen Ebenen durch Erfahrungen eines Kontrollverlusts gekennzeichnet zu sein. Auf der Ebene des Medienkonsums ist für diese Jugendlichen eine Präferenz für das Genre des Kriegsfilms kennzeichnend. Allein das komplexe Geflecht psychosozialer Faktoren macht deutlich, dass hier aber kaum von monokausalen Rückschlüssen medialer Präferenzen auf Gewalt befürwortende Orientierungsmuster geschlossen werden kann. Vielmehr kann das Kriegsfilmgenre auch als Mittel zur Verarbeitung und Kompensation von Erfahrungen des Kontrollverlusts begriffen werden, aber auch als Ausdruck individueller handlungsleitender Themen wie Isolation, Ohnmacht und Kampf als stete Auseinandersetzung mit den Widrigkeiten der eigenen Umwelt. Pädagogische Initiativen müssen diese Gemengelage subjektiver Faktoren berücksichtigen und dürfen dabei nicht einfach auf die Tabuisierung gewaltbezogener Medieninhalte abzielen.

6.2 Medienpädagogische Empfehlungen

Immer wieder gibt es dramatische Ereignisse, in denen Kinder oder Jugendliche ein erschreckendes Ausmaß an Gewalt gegenüber anderen ausüben und somit Diskussionen um den starken Einfluss medialer Gewalt auf die Einstellungen und das Handeln von Kindern und Jugendlichen aufleben lassen. Der Amoklauf eines Erfurter Schülers im Jahre 2002 ist hierfür ein beredtes Beispiel.

In unserer Ergebnisdarstellung der Studie zum Thema medialer Gewalt finden sich indes keine Hinweise für einen solchen kausalen Zusammenhang. Generell, so kann vielmehr gesagt werden, folgt weder dem »Medienerlebnis« Gewalt eine Stimulation, selbst Gewalt auszuüben, noch fühlen sich die Jugendlichen motiviert, den »Helden« im realen Leben nachzueifern. Insofern schwächen unsere Ergebnisse die Aufgeregtheit einer solchen Debatte merklich ab. Auf eine ganz unaufgeregte Weise gilt es aber dennoch, auf einige Aspekte hinzuweisen, die durchaus weiterer medienpädagogischer Flankierungen bedürfen. Denn bedenkenswert ist schon, dass mediale Gewalt im Prinzip bei allen Jugendlichen zum selbstverständlichen Bestandteil des Alltags gehört, wenn auch in unterschiedlichen Dosierungen, da beispielsweise Mädchen Gewalt in der Regel eher weniger, Jungen sie dagegen eher mehr schätzen. Dass diese Gewaltakzeptanz so durchgängig gegeben ist, hängt sicher auch damit zusammen, dass das »Medienerlebnis« Gewalt sehr stark eingebunden ist in Peerkontexte und in die Übernahme einer jugendspezifischen Ästhetik, die vornehmlich ausgerichtet ist auf Spannung, (technische) Effekte und die Erzeugung eines Angst-Lust-Gefühls, das sich nicht zuletzt aus der Realitätsferne des Gesehenen speist. Wie es zu diesem Bedürfnis nach spannender Unterhaltung kommt, kann an dieser Stelle selbstredend nicht geklärt werden. Für die Jugendlichen scheint aber ganz offensichtlich das Eintauchen in eine fiktionale Welt, die »Thrill« vermittelt, faszinierend zu sein. Mediengewalt symbolisiert hier anscheinend den Wunsch nach Handlungsalternativen in einer Welt, in der die Jugendlichen ansonsten eher Machtlosigkeit gegenüber bestehenden Strukturen empfinden.

Die Omnipräsenz medialer Gewalt im Leben von Jugendlichen und die unterschiedlichen Formen der Auseinandersetzung mit diesem Thema veranlassen das Forscherteam zu den folgenden medienpädagogischen Empfehlungen:

6.2.1 Bedarf an Reflexion und Auseinandersetzung mit dem Thema Gewalt

Über alle Cluster hinweg, so die Ergebnisse unserer Analyse, verbleibt die Nutzung medialer Gewalt generell zumeist oberflächlich, unterhaltungsorientiert und stimmungsbezogen. Mediale Gewalt dient den Jugendlichen oftmals zum mood-management und spricht damit zunächst die emotionale Gefühlsebene an. Mediale Gewalt ist zudem häufig auch ein Gruppenerlebnis, in dem die Entstehung und Adaption kollektiver Meinungen und Einstellungen befördert wird. Dieses kollektive Erlebnis, dem offenbar die meisten Jugendlichen folgen, führt letztlich dazu, dass mediale Gewalt eine so hohe Akzeptanz erfährt.

Die Ergebnisse veranschaulichen, dass eine Reflexion über den Zusammenhang des eigenen Lebens mit der Mediengewalt bei den Jugendlichen durchweg kaum stattfindet. Eine inhaltliche und ethische Diskussion darüber, welche Rolle Gewalt im eigenen Leben spielt und welche Haltung jeder für sich zu realer und fiktionaler Gewalt einnimmt, würde indes eine reflektierte Einstellung ausmachen. Doch auf diese Reflexionsebene lassen sich die Jugendlichen kaum ein. Teilweise gibt es zwar, wie bei den »Mediengestaltern« ein Bemühen, die Präferenzen für Mediengewalt zu legitimieren, indem sie beispielsweise darauf hinweisen, in einer Welt zu leben, die *»eh schon voller medialer Gewalt«* sei, womit sie ihre Präferenzen in einen sozialen Kontext stellen. Vielfach bleiben

6.2 Medienpädagogische Empfehlungen 215

die Begründungen für mediale Gewaltpräferenzen jedoch auf einer rein emotionalen Ebene wie bei den ›Positionslosen‹, die einfach nur *»ablachen und entspannen«* wollen, ohne sich *»doll anstrengen«* zu müssen. In dieser Gruppe bestehen zudem Schwierigkeiten, überhaupt eine eigene Einstellung und eine eigene Position zu bestimmten Themen wie zur Gewalt zu finden.

Vom Gesichtspunkt einer umfassenden Medienkompetenz aus betrachtet wäre es wichtig, die Reflexion über den Zusammenhang von Gewalt induzierenden Inhalten, Qualitäten des jeweiligen Medienerlebnisses und eigene Genussfähigkeit zu fördern. Denn nur so können sich die Jugendlichen von einem möglicherweise vorhandenen kollektiven »Gewaltdruck« lösen und eine eigene Haltung entwickeln, die zudem nicht einfach nur einem Bedürfnis nach moodmanagement nachgibt.

6.2.2 Jugendliche brauchen Orientierung und Selbstvergewisserung

Aus der entwicklungspsychologischen Forschung wissen wir, wie bedeutsam bei Jugendlichen die Auseinandersetzung mit Vorbildern und Autoritäten bei der Entwicklung der Identität ist. Selbstzweifel und Krisen korrespondieren in dieser Zeit auffallend häufig mit Allmachtsphantasien und dem Gefühl der Omnipotenz.

Gerade bei Computerspielen, die ja überwiegend von den männlichen Jugendlichen gespielt werden, fällt auf, dass die Spielspannung sehr häufig über Gewaltakte (Gegner töten) hergestellt wird. Die Faszination für diese Spiele speist sich für die Jugendlichen nicht zuletzt daraus, dass sie, wie dies bei den »Deprivierten« besonders deutlich wird, im Kontext dieser gewaltbasierten Handlungen entweder eine *»Mission«* zu erfüllen haben oder aber ein neues Level erreichen, das sie dann *»rundum zufrieden«* werden lässt. In diesem Zusammenhang ist es für die Jugendlichen dann subjektiv zweitrangig, dass sie sich in einer gewaltaffinen Spielumgebung aufhalten, sondern für sie sind lediglich das Gemeinschaftsgefühl mit den anderen Mitspielern und die für alle zu erledigende Aufgabe von Bedeutung. Über die hohe Identifikation mit der *»Mission«* und der Faszination für Möglichkeiten, die sich im Rahmen der technischen und grafischen Spieleaufmachung bieten, geraten die Inhalte, also die Handlungen, denen in diesem *»Spielsog«* nachgegangen wird, aus dem Blickfeld. Eine Legitimationsfigur, um das eigene Handeln und die damit implizierten Gewaltakte zu rechtfertigen, besteht nun darin, auf andere, noch *»schlimmere«* Spiele zu verweisen.

Medienpädagogisch bedeutsam scheint hier zu sein, dass die Jugendlichen Orientierung und Selbstvergewisserung im Computerspiel suchen und es offenbar gewaltbasierte Angebote gibt, die diesen Bedürfnissen entsprechen.

Da von den Jugendlichen aber die Inhalte ihrer Interaktionen nicht infrage gestellt werden, kann es dazu kommen, dass »unterschwellig« gewaltaffine Haltungen mittransportiert werden, die sich die Jugendlichen zunächst nicht eingestehen. Um eine Reflexion über eigene Werte und Haltungen zur Gewalt anzuregen, ist auch hier eine »selbstkritische« Reflexion nötig. Dass so etwas auch durch »singuläre« Ereignisse wie den Erfurter Amoklauf ausgelöst werden kann, zeigen die Ausführungen der befragten Jugendlichen, die sehr häufig dieses Thema als ersten Ansatzpunkt gewählt haben. Generell sind aber Reflexionen über Gewalt tolerierende Orientierungen eingebunden in allgemeine (gesellschaftliche) Diskussionen zu relevanten Lebenszielen, die nicht zuletzt durch die soziale Umgebung, geeignete Reflexionsanlässe und die Bildungsansprüche strukturiert werden.

6.2.3 Problemgruppen brauchen eine »extra Portion« Medienkompetenz

Ein Ergebnis der quantitativen Analyse war, dass es – zumindest auf der Ebene von standardisiert gemessenen Variablen – keinen eindeutigen Zusammenhang zwischen der Medienkompetenz und Präferenzen für die Nutzung medialer Gewalt gibt. Vielmehr lassen sich Problemkonstellationen eher über Geschlecht (männlich), Bildung (eher niedrige formale Bildung) und soziale Eingebundenheit (eher wenig subjektive Geborgenheit in der Familie) ausmachen. Die besondere Nähe zu Kriegsfilmen ist ein Kennzeichen einer solchen problematischen Gruppe, für die gewalthaltige Medienangebote einen hoch akzeptierten Bestandteil ihrer medialen Erfahrungen und Erlebnisse darstellen. Problematisch wird die Nutzung medialer Gewalt deshalb, weil bei dieser Gruppe die soziale Abfederung des medial Erlebten aufgrund von subjektiven Deprivationen im Familienkontext nicht in dem Maße wie bei anderen Jugendlichen gegeben ist. Hinzu kommt die Gefahr, dass erlebte Ohnmachtsgefühle im Hinblick auf die Kontrolle und Steuerung der eigenen Lebensverhältnisse überhandnehmen. Bei einer solchen Konstellation besteht zumindest die Gefahr, dass Gewalt zu einem allgemeinen Orientierungsmuster wird.

Aus medienpädagogischer Sicht können pädagogische Angebote zumindest flankierend eingesetzt werden, um Reflexionen über Gewalt und die Sinnsuche bei Jugendlichen zu befördern. Hierzu gehört etwa, Lieblingsgenres wie Kriegsfilme als Anlass zu nehmen, um die darin enthaltenen Muster unterschiedlicher Gewaltformen in Frage zu stellen. Mit einem auf die kritische Medienkompetenz der Jugendlichen zielenden Angebot werden so notwendige Irritationen geschaffen, die der Kontrolle und Steuerung der eigenen Lebensverhältnisse und damit auch der Selbstvergewisserung dienlich sind.

6.2.4 Stärkung des pädagogischen Jugendschutzes ist erforderlich

Mediale Gewalt gehört heute offenbar in einem bedeutenden Ausmaß zur Mediennutzung dazu. Die Durchdringung des Medienalltags mit Gewalt wird dabei von den meisten Jugendlichen weder in Frage gestellt noch kritisch reflektiert. Bei den ohnehin benachteiligten Gruppen macht sich dies besonders bemerkbar in Gestalt einer unhinterfragten Akzeptanz des Gebotenen, womit deutlich wird, wie stark sich soziale Benachteiligung auch im medienpädagogischen Bereich wiederfindet.

Um zu verhindern, dass sich die Akzeptanz medialer Gewalt auch auf andere Lebensbereiche ausdehnt, ist es aus medienpädagogischer Sicht notwendig, ein Bewusstsein für die Problematik dieses Themas zu stärken bzw. zu schaffen. Dies kann im Rahmen von medienpädagogischen Konzepten erfolgen. Notwendig erscheint es unseres Erachtens dabei, die unterschiedlichen Felder des pädagogischen Jugendschutzes zu integrieren.

So beginnt eine Reflexion über Einstellungen zur Gewalt und das Einüben medialer Nutzungsmuster in der Familie. Die Jugendlichen schildern vor allem »Großereignisse« wie den Erfurter Amoklauf als Anlässe, bei denen sie mit ihren Eltern über »Gewaltwirkungen« diskutieren. Doch diese Diskussionen bleiben vielfach an der Oberfläche, da sich die Jugendlichen mit einer kollektiven Kritik der (jugendspezifischen) Gewaltrezeption konfrontiert sehen, der sie mit einer kollektiven Abwehrhaltung entgegentreten. Die Jugendlichen weisen – zu Recht – die Annahme einer Gewaltbereitschaft aufgrund des medialen Gewaltkonsums zurück. Doch erst wenn Eltern und Kinder die verschiedenen Aspekte dieses Themas immer wieder diskutieren, und beide Seiten die jeweils anderen Argumente ernst nehmen, können Kinder und Jugendliche eine eigene Haltung entwickeln und übernehmen nicht nur unhinterfragt die Gruppenmeinung ihrer Peers. Das bedeutet gleichzeitig, dass Eltern gerade im Bereich der Einstellungen zu medialer Gewalt eine wichtige Orientierungsfunktion für die Kinder zukommt. Da Eltern mit diesen Ansprüchen auch überfordert sein können sowie unerfahren und unsicher in diesen Diskussionen sind, bieten Veranstaltungen der medienpädagogischen Elternarbeit Gelegenheit, hierfür einen Einstieg zu finden, der nicht zuletzt auch den Eltern selbst zur eigenen Selbstvergewisserung dienen kann.

Gefragt sind auch alle Bildungseinrichtungen, sich mit dem Thema Gewalt jenseits von Großereignissen auseinanderzusetzen. Bildungseinrichtungen, also schulische und außerschulische Angebote, sollten in einem viel stärkeren Maß dieses Thema aufgreifen, um so Defizite im Elternhaus auszugleichen und den Jugendlichen Orientierungen zu geben. Ein medienpädagogisches Bildungsziel ist hierbei, dass Lern- und Handlungsgelegenheiten geboten werden, sich in eine Welt einzusozialisieren, in der ein friedliches Miteinander gesellschaftlicher Konsens ist und die eigene Nutzung medialer Gewalt in einem ethisch vertretbaren Ausmaß zu gesellschaftlichen Normen in Beziehung setzen zu können. Medienkompetenz bedeutet also hier, Nutzungsformen sowie eine reflexive und analytische Betrachtung in Beziehung setzen zu können. Dies erfordert Sensibilisierungen, die nicht nur an Gymnasien betrieben werden dürfen, sondern gerade im Unterricht der Haupt-, Sekundar- und Berufsschulen zu entwickeln sind. Thematische Ansatzpunkte einer schulischen Medienpädagogik streben letztlich eine Verbesserung der Medienkompetenzen an und beginnen oftmals bei Beispielen, die die Jugendlichen aus ihrem Medienalltag kennen. So ließe sich das Thema Gewalt beispielsweise über ästhetische Gesichtspunkte fiktionaler Gewaltdarstellungen aufgreifen, die dann zu allgemeineren Fragen einer Ethik von Gewaltdarstellungen führen. Es können aber auch die verschiedenen Formen von Gewalt in ihren sozialen Kontexten betrachtet werden, die dann zur Frage nach den realen Lebensverhältnissen der Rezipienten führt.

Schließlich sind auch die Medien und Programmmacher mit in die Verantwortung zu ziehen. Sowohl fiktionale als auch non-fiktionale Gewalt wird vielfach in einem unnötigen Detaillierungsgrad gezeigt und scheint darüber hinaus oftmals als »Quotenbringer« eingesetzt zu werden, ohne dass sich die Programmmacher ihrer Verantwortung für Kinder und Jugendliche stellen. Auch wenn es gesetzliche Maßnahmen in diesem Feld gibt, so werden diese häufig nicht konsequent umgesetzt. In den Medien selbst wird zu wenig darüber reflektiert, warum so viel Gewalt in den Medien vorkommt und ob nicht eine andere Darstellungsweise für Kinder und Jugendliche angemessener wäre. Denn nicht nur Elternhaus und Schule haben einen Erziehungsauftrag in Sachen Gewalt, sondern auch die Medienproduzenten.

7. Literatur

Arnold, Katja (2003): Digital Divide. Zugangs- oder Wissenskluft? München: Reinhard Fischer.

Baacke, Dieter (1996): Medienkompetenz als Netzwerk. Reichweite und Fokussierung eines Begriffs, der Konjunktur hat. Medien praktisch, 2, S. 4-10.

Baacke, Dieter/Sander, Uwe/Vollbrecht, Ralf (1991): Medienwelten Jugendlicher. Opladen: Leske + Budrich.

Barthelmes, Jürgen/Feil, Christine/Furtner-Kallmünzer, Maria (1991): Medienerfahrungen von Kindern im Kindergarten. Spiele – Gespräche – Soziale Beziehungen. München: DJI.

Berghaus, Margot (1994): Multimedia-Zukunft. Herausforderung für die Medien- und Kommunikationsforschung. In: Rundfunk und Fernsehen. 42, (3), S. 404-412.

Bofinger, Jürgen (2001): Kinder – Freizeit – Medien. Eine empirische Untersuchung zum Freizeit- und Medienverhalten 10- bis 17-jähriger Schülerinnen und Schüler. München: Kopaed 2001.

Bohnsack, Ralf (2003[5]): Rekonstruktive Sozialforschung. Einführung in qualitative Methoden. Opladen: Leske + Budrich.

Bohnsack, Ralf/Przyborski, Aglaja/Schäffer, Burkhard (Hg.) (2006): Das Gruppendiskussionsverfahren in der Forschungspraxis. Opladen: Barbara Budrich.

Bonfadelli, Heinz (1994): Die Wissenskluft-Perspektive. Konstanz: UVK.

Bortz, Jürgen (2005[6]); Statistik für Human- und Sozialwissenschaftler. Berlin, Heidelberg: Springer.

Bortz, Jürgen/Döring, Nicola (1995): Forschungsmethoden und Evaluation. Berlin, Heidelberg: Springer.

Bourdieu, Pierre (1982): Die feinen Unterschiede. Kritik der gesellschaftlichen Urteilskraft. Frankfurt a.M.: Suhrkamp (zuerst Paris 1979).

Bourdieu, Pierre (1982): Die feinen Unterschiede. Kritik der gesellschaftlichen Urteilskraft. Frankfurt a.M.: Suhrkamp (zuerst Paris 1979).

Bourdieu, Pierre (1997a): Zur Genese der Begriffe Habitus und Feld. In: Ders., Der Tote packt den Lebenden. Schriften zu Politik & Kultur 2 (hg. von Margareta Steinrücke). Hamburg: VSA, S. 59-78.

Bourdieu, Pierre (1997b): Ökonomisches Kapital – Kulturelles Kapital – Soziales Kapital. In: Die verborgenen Mechanismen der Macht. Schriften zu Politik & Kultur 1 (hg. von Margareta Steinrücke). Hamburg: VSA, S. 49-79.

Coleman, James S. (1991): Grundlage der Sozialtheorie, Bd. 1: Handlungen und Handlungssysteme. München: R. Oldenbourg.

Cronbach, Lee J. (1951): Coefficient Alpha and the Internal Structure of Tests. In: Psychometrika 16, S. 297-334.

Fritz, Jürgen/Fehr, Wolfgang (1997) (Hg.): Handbuch Medien: Computer-Spiele. Bonn: Bundeszentrale für politische Bildung.

Fritz, Jürgen/Fehr, Wolfgang (2002): Computerspiele zwischen Faszination und Gewalt. Bundeszentrale für politische Bildung: www. Bpb.de/snp/referate/fritzst8.htm.

Fromme, Johannes/Kommer, Sven/Mansel, Jürgen/Treumann, Klaus Peter (Hg.) (1999): Selbstsozialisation, Kinderkultur und Mediennutzung. Opladen: Leske + Budrich.

Grimm, Jürgen (1999a): Fernsehgewalt. Zuwendungsattraktivität – Erregungsverläufe – sozialer Effekt. Opladen: Westdeutscher Verlag.

Grimm, Jürgen (1999b): Der Robbespierre-Affekt. Nicht-initiative Wege filmischer Aggressionsvermittlung. In: tv diskurs. Jg. 2, Heft 5, S. 18-29.

Hoffner, Cynthia/Buchanan, Martha/Anderson, Joel David/Hubbs, Lisa A./Kamigaki, Stacy K./Kowalczyk Laura/Pastorek, Angela/Plotkin, Richard S./Silberg, Kelsey J. (1999): Support for censorship of television violence: The role of the third-person effect and news exposure. In: Communication Research 26, S. 726-742.

Kaplan, Howard B. (1980): Deviant Behavior in Defense of Self. New York: Academic Press.

Katz, Elihu/Blumler, Jay G./Gurevitch, Michael (1974): Utilization of Mass Communication by the Individual? In: Blumler, Jay G./Katz, Elihu (Eds.): The Uses of Mass Communications. Current Perspectives on Gratification Research. Beverly Hills/London: Sage 19-32.

Katz, Elihu/Gurevitch, Michael/Haas, Hadussah (1973): On the Uses of Mass Media for Important Things. In: American Sociological Review 38, S. 164-181.

Kleiter, Ekkehard F. (1997): Film und Aggression – Aggressionspsychologie. Theorie und empirische Ergebnisses mit einem Beitrag zur Allgemeinen Aggressionspsychologie. Weinheim: Deutscher StudienVerlag.

Krampen, Günter (1979): Differenzierung des Konstrukts der Kontrollüberzeugung. In: Zeitschrift für experimentelle und angewandte Psychologie 26, S. 573-595.

Krampen, Günter (1981): IPC-Fragebogen zu Kontrollüberzeugungen (»Locus of Control«). Göttingen: Hogrefe.

Kuckartz, Udo (1999): Computergestützte Analyse qualitativer Daten. Eine Einführung in Methoden und Arbeitstechniken. Opladen/Wiesbaden: Westdeutscher Verlag.

Kunczik, Michael (1998[4]): Gewalt und Medien. Köln: Böhlau.

Kunczik, Michael/Zipfel, Astrid (2002): Medien und Gewalt. www.restena.lu/iees/mediause/pdf/0202 kunczik.pdf.

Kunczik, Michael/Zipfel, Astrid (2004): Medien und Gewalt. Befunde der Forschung seit 1998. Projektbericht für das Bundesministerium für Familie, Senioren, Frauen und Jugend. Mainz 2004; http://www.bmfsfj.de/RedaktionBMFSFJ/Abteilung5/Pdf-Anlagen/medien-und-gewalt-lang,property=pdf,bereich=,rwb=true.pdf.

Lamnek, Siegfried (1998): Gruppendiskussion. Theorie und Praxis. Weinheim: Psychologie Verlags Union.

Levenson, Hanna (1972): Distinctions within the concept of internal-external control: Development of a new scale. In: Proceedings of the 80th Annual Convention of the American Psychological Association 7, S. 261-262.

Mayring, Philipp (1997[6]): Qualitative Inhaltsanalyse. Grundlagen und Techniken. Weinheim/Basel: Beltz.

McQuail, Denis/Blumler, Jay G./Brown, J.R. (1972): The Television Audience: A Revisted Perspective. In: McQuail, Denis (Ed.): Sociology of Mass Communications. Selected Readings. Middlesex, England: Penguin Books, S. 135-165.

Peiser, Wolfram/Peter, Jochen (2000): Third-person perception of television-viewing behaviour. In: Journal of Communication, 50, S. 24-45.

Postman, Neil (1983[2]): Das Verschwinden der Kindheit. Frankfurt a.M.: Fischer.

Raithel, Jürgen (2003a): Delinquenz und Medien im Jugendalter. Befunde zu Kriminalität, Fernseh-/Filmkonsum und Computerspielnutzung. In: Unsere Jugend, 55, S. 179-185.

Raithel, Jürgen (2003b): Medien, Familie und Gewalt im Jugendalter. Zum Zusammenhang von Gewaltkriminalität, Erziehungsfragen, Filmkonsum und Computerspielkonsum. In: Monatsschrift für Kriminologie und Strafrechtsreform, 86, S. 287-298.

Raithel, Jürgen/Mansel, Jürgen (2003): Delinquenzbegünstigende Bedingungen in der Entwicklung Jugendlicher. In: Raithel, Jürgen (Hg.): Kriminalität und Gewalt im Jugendalter. Hell- und Dunkelbefunde im Vergleich. Weinheim: Juventa, S. 25-40.

Rosenberg, Morris (1986): Conceiving the self. Malabar: Krieger.

Rotter, Julian B. (1966): Generalized expectancies for internal versus external control of reinforcement, in: Psychological Monographs 80 (1, Whole No. 609).

Sander, Uwe/Vollbrecht, Ralf (1987): Kinder und Jugendliche im Medienzeitalter. Annahmen, Daten und Ergebnisse der Forschung. Opladen: Leske + Budrich.

Saxer, Ulrich (1988): Wissensklassen durch Massenmedien? Entwicklung, Ergebnisse und Tragweite der Wissenskluftforschung. In: Fröhlich, Werner D./Zitzlsperger, Rolf/Franzmann, Bodo (Hg.): Die verstellte Welt. Beiträge zur Medienökologie. Frankfurt a.M.: Fischer, S. 141-190.

Schnell, Rainer/Hill, Paul B./Esser, Elke (2005[7]): Methoden der empirischen Sozialforschung. München, Wien: Oldenbourg.

Schröer, Norbert (Hg.) (1994): Interpretative Sozialforschung. Auf dem Wege zu einer hermeneutischen Wissenssoziologie. Opladen/Wiesbaden: Westdeutscher Verlag.

Seipel, Christian/Rieker, Peter (2003): Integrative Sozialforschung. Konzepte und Methoden der qualitativen und quantitativen empirischen Forschung. Weinheim u. München: Juventa.

Soeffner, Hans-Georg/Hitzler, Ronald (1994): Hermeneutik als Haltung und Handlung. Über methodisch kontrolliertes Verstehen. In: Schröer, Norbert (Hg.): Interpretative Sozialforschung. Auf dem Wege zu einer hermeneutischen Wissenssoziologie. Opladen/Wiesbaden: Westdeutscher Verlag, S.29-56.

Sparks, Glenn G./Sparks, Cheri W. (2000): Violence, mayhem, and horror. In: Zillmann, Dolf/Vorderer, Peter (Eds.): Media entertainment The psychology of its appeal. Mahwah: Lawrence Erlbaum, S. 73-91.

7. Literatur 221

Theunert, Helga/Schorb, Bernd/Best, Petra/Basic, Natasa/Petersen, Dörte (1995): Mordbilder. Kinder und Fernseh-Information. Berlin: Vistas.

Tichenor, Philip J./Donohue, George A./Ohen, Clarcice N. (1970): Mass Media Flow on Differential Growth in Knowledge. In: Public Opinion Quarterly. 34, (2), S. 159-170.

Tittle, Charles R. (1995): Control Balance. Toward a general Theory of Deviance. Boulder: Westview Press.

Treumann, Klaus Peter (1998): Triangulation als Kombination qualitativer und quantitativer Forschung. In: Abel, Jürgen/Möller, Renate/Treumann, Klaus Peter: Einführung in die Empirische Pädagogik. Stuttgart u.a.: W. Kohlhammer, S. 154-182.

Treumann, Klaus Peter/Baacke, Dieter/Haacke, Kirsten/Hugger, Kai Uwe/Vollbrecht, Ralf (2002): Medienkompetenz im digitalen Zeitalter. Wie die neuen Medien das Leben und Lernen Erwachsener verändern. Opladen: Leske + Budrich.

Treumann, Klaus Peter/Meister, Dorothee/Sander, Uwe/Burkatzki, Eckhard/Hagedorn, Jörg/Kämmerer, Manuela/Strotmann, Mareike/Wegener, Claudia (2007): Medienwelten Jugendlicher. Mediennutzung und Medienkompetenz. Bielefeld Medienkompetenzmodell. Wiesbaden: VS Verlag für Sozialwissenschaften.

Vitouch, Peter (2000): Fernsehen und Angstbewältigung. Zur Typologie des Zuschauerverhaltens. Opladen: Westdeutscher Verlag.

Vogelgesang, Waldemar (1999): Stilvolles Medienhandeln in Jugendszenen. In: Hepp, Andrea/Winter, Rainer (1999): Kultur – Macht – Medien. Cultural Studies und Medienanalyse. Opladen: Westdeutscher Verlag.

Wegener, Claudia (2008): Medien, Aneignung und Identität.»Stars« im Alltag jugendlicher Fans. Wiesbaden: VS Verlag für Sozialwissenschaften.

Weise, Georg (1975): Psychologische Leistungstests. Göttingen: Hogrefe.

Willke, Helmut (2000[6]): Systemtheorie I: Grundlagen. Eine Einführung in die Grundprobleme der Theorie sozialer Systeme: Stuttgart: UTB.

Zillien, Nicole (2006): Digitale Ungleichheit. Neue Technologien und alte Ungleichheiten in der Informations- und Wissensgesellschaft. Wiesbaden: VS Verlag für Sozialwissenschaften.

Zillmann, Dolf (1988): Mood Management. Using Entertainment to full Advantage. In: Donohew, Lewis/Sypher, Howard-E./Higgins, E.-Tory (Hg.): Communication, social cognition, and effect. Hillsdale: Lawrence Erlbaum.

Zipfel, Astrid/Kunczik, Michael (2004): Gewalt und Massenmedien. Ein Überblick über die Theorien und Befunde der Medienwirkungsforschung. In: Walter, Michael/Kania, Harald/Albrecht, Hans-Jörg (Hg.): Alltagsvorstellungen von Kriminalität. Individuelle und gesellschaftliche Bedeutung von Kriminalitätsbildern für die Lebensgestaltung. Münster: LIT, S. 119-136

8. Verzeichnis der Tabellen

Tabelle 5.2.1.3.1: Reliabilitätskoeffizienten für die Indikator-Items des Selbstwertgefühls 181

Tabelle 5.3.1.1: Ausgewählte Genrepräferenzen bei Spielfilmen, differenziert nach Clusterzugehörigkeit (Angaben in %) 183

Tabelle 5.3.1.2: Ausgewählte Genrepräferenzen bei Spielfilmen und Serien, differenziert nach Clusterzugehörigkeit und Geschlecht (Angaben in Prozent) 186

Tabelle 5.3.2.1: Selbstwertgefühl und Kontrollüberzeugung bei deutschen Jugendlichen zwischen 12 und 20 Jahren, differenziert nach Clusterzugehörigkeit und Geschlecht (Varianzanalyse, Mittelwertvergleich von z-Werten) 192

Tabelle 5.3.2.2: Selbstwertgefühl und internale Kontrollüberzeugung bei den Angehörigen des Clusters der Deprivierten und in der Gesamtstichprobe, differenziert nach Geschlecht (Varianzanalyse, Mittelwertvergleich) 193

Tabelle 5.3.2.3: Standardisierte Effektkoeffizienten der binär-logistischen Regression bezüglich der abhängigen Variable »Kriegsfilme« 196

Tabelle 5.3.2.4: Standardisierte Effektkoeffizienten der binär-logistischen Regression der Genrepräferenz »Kriegsfilme« auf soziodemografische, sozialstrukturelle, sozialkulturelle und psychosoziale Einflussgrößen 198

Tabelle 5.3.3.1: Genrepräferenz »Kriegsfilm« *und* Orientierung an der Jugendszene der Skinheads, differenziert nach Clusterzugehörigkeit und Geschlecht (Angaben in Prozent) 201

Tabelle 5.3.3.2: Standardisierte Effektkoeffizienten der binär-logistischen Regression bezüglich der abhängigen Variablen Genrepräferenz »Kriegsfilme« *und* jugendkulturelle Orientierung als »Skinhead« 202

Tabelle 5.3.3.3: Standardisierte Effektkoeffizienten der binär-logistischen Regression bezüglich der Genrepräferenz »Kriegsfilme« *und* jugendkulturelle Orientierung als »Skinhead« auf soziodemografische, sozialstrukturelle und psychosoziale Einflussgrößen 205

9. Verzeichnis der Abbildungen

Abbildung 5.2.1.3.1: Hauptkomponentenstruktur der Items zum
Selbstwertgefühl bei ost- und westdeutschen Jugendlichen zwischen
12 und 20 Jahren (n=3.059) 182

Abbildung 5.3.1.1: Ausgewählte Genrepräferenzen bei Spielfilmen,
differenziert nach Clusterzugehörigkeit 185

Abbildung 5.3.1.2: Präferenzen gegenüber dem Spielfilmgenre
»Kriegsfilm«, differenziert nach Clusterzugehörigkeit und
Geschlecht 187

Abbildung 5.3.1.3: Präferenzen gegenüber dem Spielfilmgenre »Horror«,
differenziert nach Clusterzugehörigkeit und Geschlecht 188

Abbildung 5.3.1.4: Präferenzen gegenüber dem Spielfilmgenre »Krimi,
Thriller«, differenziert nach Clusterzugehörigkeit und Geschlecht 189

Abbildung 5.3.1.5: Präferenzen gegenüber dem Spielfilmgenre »Western,
Eastern«, differenziert nach Clusterzugehörigkeit und Geschlecht 190

Abbildung 5.3.2.1: Durchschnittliches Selbstwertgefühl bei deutschen
Jugendlichen zwischen 12 und 20 Jahren, differenziert nach
Clusterzugehörigkeit und Geschlecht 193

Abbildung 5.3.2.2: Durchschnittliche Kontrollüberzeugung bei
deutschen Jugendlichen zwischen 12 und 20 Jahren, differenziert
nach Clusterzugehörigkeit und Geschlecht 194

Abbildung 5.3.2.3: Genrepräferenz »Kriegsfilme« in Abhängigkeit von
der Medienkompetenz und von Aspekten des Selbstkonzepts bei
Jugendlichen, unter zusätzlicher Kontrolle von Geschlecht und
Alter 196

Abbildung 5.3.3.1: Genrepräferenz »Kriegsfilm« *und* Orientierung an der
Jugendszene der Skinheads, differenziert nach Clusterzugehörigkeit
und Geschlecht 201

Abbildung 5.3.3.2: Genrepräferenz »Kriegsfilme« bei jugendlichen
Skinheads in Abhängigkeit von der Medienkompetenz und von
Aspekten des Selbstkonzepts, unter zusätzlicher Kontrolle von
Geschlecht, Lebensalter und Bildung 202

10. Namensverzeichnis

A

Abenteuerspiele 79, 132
Actionfilme 50, 87, 112, 127, 139, 153, 167, 168, 179, 184, 186, 187, 190, 210
Actionspiele 80, 161
Age of Empires 161
Akte X 53, 54, 98, 113
Alarm für Cobra 11 – die Autobahnpolizei 88
Alien 113, 117
Alone in the Dark 120, 121
American History X 88
American Pie 125
Angel 139
ARD 99
Armageddon 113, 139
Arnold, Katja 26
Atreju 120

B

Baacke, Dieter 14, 18, 25, 180
Baal 78
Barthelmes, Jürgen 177
Berghaus, Margot 26
bin Laden, Osama 42, 43, 61
Blumler, Jay G. 21
Bofinger, Jürgen 204
Bohnsack, Ralf 38
Bonfadelli, Heinz 26
Bortz, Jürgen 181, 191
Bourdieu, Pierre 18, 21, 22, 23, 24
Brown, J.R 21
Buffy 139, 140
Bush, George W. 43

C

Carpenter, John 168
Carrie 98
Cheats 93, 133, 160
Coleman, James S. 102
Comedysendungen 87, 139, 152, 167
Command and Conquer 105
Computerspiele 75, 78, 79, 80, 81, 82, 83, 84, 85, 86, 90, 93, 94, 95, 96, 97, 104, 105, 106, 107, 109, 110, 111, 115, 121, 122, 123, 124, 127, 131, 132, 133, 134, 135, 136, 137, 138, 147, 148, 149, 150, 151, 160, 161, 162, 163, 164, 165, 171, 172, 173, 174, 210, 215
Counterstrike 78, 79, 80, 95, 132, 134, 135, 136, 150, 161, 162, 173
Craven, Wes 127
Crazy 125, 126
Cronbach, Lee J. 181
Crossfire 132

D

Daily Soaps 48, 49, 50, 99, 125, 126, 152
Darüber lacht die Welt 152
Der Exorzist 139
Der verrückte Professor 155
Desperado 105
Diablo 2 78, 81
Dirty Dancing 167
Donkey Kong 161
Döring, Nicola 181
Dragonball Z 87, 88, 113, 114, 115, 118

E

Ebay 106, 146
Egoshooter 78, 80, 105, 132, 149, 161, 162, 173
Eifelarena 159
Esser 181
Empire Earth 132
Ende, Michael 120
Engel und Joe 126
Erfurt, Amoklauf in 75, 84, 97, 109, 123, 136

F

Fantasy-Serien 139
Fantasy-Spiele 148
Fehr, Wolfgang 178
Feil, Christine 177
FIFA 78
Final Destination 115
Fleming, Ian 87
Forrest Gump 51
Freak Show 113
Friends 125
Fritz, Jürgen 178
Fromme, Johannes 15
Furtner-Kallmünzer, Maria 177
Futurama 152, 167, 169, 170

G

Galileo 152
Gameboy 164
Gamecube 163
Grimm, Jürgen 42, 178, 195
GTA 132, 134
GTA 3 134
Gurevitch, Michael 20, 21
Gute Zeiten, schlechte Zeiten 152
Gutenberg-Gymnasium, Erfurt 75

H

Haacke, Kirsten 14, 25
Haas, Hadussah 20
Half Life 105, 161, 162

Halloween – die Nacht des Grauens 168
Halloween H_2O 168
Herz im Kopf 126
Hill, Paul B. 181
Hill, Terence 88
Hinter Gittern 152, 153
Hitzler, Ronald 36
Hoffner, Cynthia 66
Horrorfilme 50, 72, 87, 88, 89, 98, 99, 115, 127, 128, 139, 154, 167, 168, 180, 189, 190, 210
House on Haunted Hill 127

I, J

Ich weiß, was du letzten Sommer getan hast 88, 127, 128
Jackass 100, 101, 113, 116
Jackie Chan 87, 88, 139
James Bond 87, 89, 105
Jedi Knight 79
John Cooper 106
Jump and Run-Spiele 78, 120, 148

K

Kampfspiele 132
Kaplan, Howard B. 178
Kartenhaus, Das 152
Katastrophenfilme 186, 187, 190
Katz, Elihu 20, 21
Kerkeling, Hape 152
King, Stephen 88, 98, 113
Kirby 161
Kleiter, Ekkehard 195
Kommer, Sven 15
Krampen, Günter 182
Kriegsfilme 179, 184, 186, 201, 204
Krimi 98, 179, 184, 186, 188, 210
Kuckartz, Udo 36
Kunczik, Michael 177, 188, 200

L

Lamnek, Siegfried 37
LAN-Partys 136, 147

10. Namensverzeichnis

Lebert, Benjamin 126
Levenson, Hanna 182
Lovecraft, Howard Phillips 120

M

Mansel, Jürgen 15, 204
Mario 148
Matrix 113
Mayring, Philipp 36
Medal of Honor 80
Meier, Sid 132
Meister, Dorothee M. 13, 17, 18, 23, 27,
30, 32, 34, 35, 36, 39, 45, 54, 85, 179,
180, 192, 195
MTV 100, 113, 152
Murphy, Eddy 155
Musiksendungen 125
My Girl 125, 126

N, O, P

Napster 106
Nintendo 162, 164
Ohen, Clarice N. 26
Peiser, Wolfgang 66
Peter, Jochen 66
Pferdeflüsterer, Der 167
Pikachu 161
Playstation 93, 163
Pokémon 115
Postman, Neil 62
ProSieben 87, 99, 125, 139, 152
Przyborski, Aglaja 38
Psychothriller 50

Q, R

Quake 105
Railroad Tycoon 132
Raithel, Jürgen 204
Raumschiff Enterprise 88
Return to Castle Wolfenstein 161
Rieker, Peter 27
Rollenspiele 79, 105
Rosenberg, Morris 180

Rotter, Julian 182
RTL 88, 99, 152
RTL2 65, 87, 113
Rush Hour 87

S

Sabrina 152, 167
Salesch, Barbara 65
SAM 65
Sander, Uwe 13, 17, 18, 23, 25, 27, 30,
32, 34, 35, 36, 39, 45, 54, 85, 179, 180,
192, 195
Sat.1 99, 152
Saxer, Ulrich 26
Scary Movie 88
Schäffer, Burkhard 38
Schilling, Tom 126
Schnell, Rainer 181
Schröer, Norbert 36
Seipel, Christian 27
Shining 88
Simpsons, Die 125, 152, 167, 169
SIMS, Die 120, 121, 132
Simulationsspiele 78, 93, 149, 161
Soeffner, Hans-Georg 36
Soldier of Fortune 80
Sonnenallee 126
Sparks, Glen G. und Cheri W. 66, 173
Spencer, Bud 88
Spiderman 90, 113, 127, 134, 153, 155
Sportspiele 78, 149
Stadelober, Robert 126
Star Trek – Raumschiff Voyager 88
Star Wars 79, 88, 91, 113, 115, 153, 155
Starcraft 105
Stargate 113
Strategiespiele 78, 105, 106, 107
Strotmann, Mareike 29
Sudden Strike 161
Super Mario Brothers 148, 161
Super Smash Brothers. Melee 161

T

Tactical Ops 78, 79
taff 65
Theunert, Helga 177
Thriller 72, 112, 127, 180, 184, 186, 188
Tichenor, Philip J. 26
Tittle, Charles R. 178
Tony Hawk 120
Treumann, Klaus Peter 13, 14, 15, 17, 18, 23, 25, 27, 30, 32, 34, 35, 36, 37, 39, 45, 54, 85, 179, 180, 192, 195
TV-Total 65, 87, 125, 126, 167

U, V

Unendliche Geschichte, Die 120
Verschwende deine Jugend 126
Vitouch, Peter 177
VIVA, VIVA Plus 152

Vogelgesang, Waldemar 177
Vollbrecht, Ralf 25

W

Was Guckst Du 87
Weise, Georg 181
Welt der Wunder 152
Western/Eastern 180
Willke, Helmut 14
Wirtschaftssimulationen 78
Wirtschaftsspiele 161
World of Warcraft 24

X, Y, Z

X-Faktor 167, 168, 169
Yanar, Kaya 87
Zillien, Nicole 26
Zillmann, Dolf 177, 210
Zipfel, Astrid 66, 177, 188, 200

11. Verzeichnis der Autorinnen und Autoren

Dr. Eckhard **Burkatzki:** Wissenschaftlicher Mitarbeiter, Internationales Hochschulinstitut Zittau, Lehrstuhl für Sozialwissenschaften.
Arbeitsschwerpunkte: Empirische Medienforschung, Theorien ethischen Entscheidungshandelns, Soziologie der Wirtschaftskriminalität, Methoden der empirischen Sozialforschung.
burkatzki@ihi-zittau.de

Dr. Jörg **Hagedorn:** Universität Augsburg: Assistent an der Professur für Pädagogik mit Schwerpunkt Elementarpädagogik, Kindheit und Jugend.
Arbeitsschwerpunkte: Empirische Kindheits-, Jugend-, Medien- und Schulforschung.
joerg.hagedorn@phil.uni-augsburg.de

Dipl. Pädagogin Manuela **Kämmerer:** Projektleiterin am institut für neue medien Rostock; freie bildungsgesellschaft gGmbH.
Arbeitsschwerpunkte: Schulische Medienbildung; strategische, bildungspolitische Bemühungen für nachhaltige, curriculare Verankerung von Medienbildung im schulischen Kontext in Mecklenburg-Vorpommern; handlungsorientierte Medienpädagogik im Bereich Fernsehen, transnationale Bildungsprojekte, Qualitätsmanagement.
kaemmerer@ifnm.de

Prof. Dr. Dorothee M. **Meister:** Universität Paderborn, Fakultät für Kulturwissenschaften.
Arbeitsschwerpunkte: Medienpädagogik, E-Learning, empirische Medien- und Bildungsforschung.
dm@uni-paderborn.de

Prof. Dr. Uwe **Sander:** Universität Bielefeld, Fakultät für Erziehungswissenschaft, AG 9.
Arbeitsschwerpunkte: Medienpädagogik, Medientheorie und -forschung, Jugendtheorie und -forschung.
uwe.sander@uni-bielefeld.de

Mareike **Strotmann:** Wissenschaftliche Mitarbeiterin, Freie Universität Berlin, Fachbereich Erziehungswissenschaften und Psychologie, AB Kleinkindpädagogik.
Arbeitsschwerpunkte: Mediensozialisation von Kindern und Jugendlichen, Medien und Migration, Qualitative Forschungsmethoden und Vorschulerziehung.
strot@zedat.fu-berlin.de

Prof. Dr. Klaus Peter **Treumann:** Universität Bielefeld, Fakultät für Erziehungswissenschaft, AG 9.
Arbeitsschwerpunkte: Qualitative und quantitative Forschungsmethoden sowie deren Kombination (Triangulation), E-Learning, empirische Medien-, Kindheits-, Jugend- und Schulforschung.
klaus.treumann@uni-bielefeld.de

Dr. habil. Claudia **Wegener:** Vertretungsprofessorin für Kinder- und Jugendkultur im Studiengang »Medienwissenschaft: Analyse, Ästhetik, Publikum« an der Hochschule für Film und Fernsehen »Konrad Wolf« Potsdam-Babelsberg.
Arbeitsschwerpunkte: Kinder, Jugend und Medien, Mediensozialisation und qualitative Forschungsmethoden.
c.wegener@hff-potsdam.de

Printed and bound by PG in the USA